HISTOIRE

DE

LA PEINTURE

FLAMANDE ET HOLLANDAISE

IMPRIMERIE DE H. FOURNIER ET Cⁱᵉ, RUE SAINT-BENOIT, 7

HISTOIRE DE LA PEINTURE

FLAMANDE ET HOLLANDAISE

PAR

ARSÈNE HOUSSAYE

PARIS

JULES HETZEL, ÉDITEUR
RUE DE MÉNARS ET RUE RICHELIEU
AUX BUREAUX DE L'ARTISTE REVUE DE PARIS

LA HAYE: K. FUHRI. — AMSTERDAM: BUFFA. — BRUXELLES: VANDALE, GÉRUZEZ, DECQ

MDCCCLXVI

INTRODUCTION.

DE L'ART. — DU BEAU DANS LES ARTS. — LE BEAU IDÉAL. — LE BEAU PITTORESQUE.
DES DESTINÉES DE L'ART.
NAISSANCE DE L'ART CHEZ LES FLAMANDS ET CHEZ LES HOLLANDAIS.
LES POETES ET LES HISTORIENS EN FLANDRE ET EN HOLLANDE.
LE COMMENCEMENT ET LA FIN.

I.

L'Art, dans sa mission suprême, doit aspirer sans cesse à l'infini en gravissant cette montagne invisible qui descend jusqu'à nos pieds et qui s'élève jusqu'à Dieu. C'est sur cette âpre montagne que fleurit l'Idéal. Mais l'art a plus d'une route ouverte devant lui; s'il manque de souffle pour atteindre aux plus hauts sommets, il suivra la Vérité qui sort du puits toute nue et toute ruisselante encore.

L'idéal, la vérité, l'exécution, voilà les trois caractères de l'art, trinité qui fait les chefs-d'œuvre; mais, après Dieu, quel est le radieux inspiré, sinon Raphaël, qui a rassemblé les trois faces de l'immortelle beauté? On ne demande pas tant de force, tant de grâce, tant d'âme et tant d'éclat pour saluer un chef-d'œuvre. Il ne faut pas exiger des artistes, même des grands artistes, ce qu'ils ne peuvent donner. Permettez à l'un d'être un peintre savant et philosophe, à l'autre d'être un peintre tendre, suave et délicat; à celui-ci d'être un poëte épris de la forme, à celui-là d'être un panthéiste amoureux de tout ce qui vit, sans chercher à comprendre.

Avant la main qui exécute, on placera toujours le front qui pense, les yeux de l'âme avant les autres. La pensée, c'est le génie : c'est surtout là que le grand artiste se révèle; car la pensée, c'est Dieu qui la donne. La pensée n'a point d'entraves; comme l'aigle de Jupiter, elle a tout l'espace devant elle; elle parcourt la terre et s'élève jusqu'aux splendeurs invisibles; elle est souveraine maîtresse du monde. L'exécution, fille de l'étude, est l'art matériel; elle porte les chaînes de l'imitation; elle est emprisonnée par les règles, les écoles, les modes même. Mais, précisément à cause des périls qui l'entourent, il faut la traiter avec un grand respect : le sculpteur grec, lorsqu'il traduisait la beauté dans le marbre, n'était-il pas grand comme Homère traduisant dans ses vers les passions humaines?

Hoogstraeten (1) et Hagedorn (2) ont raconté cette histoire :

A Leyde, Kniphergen, Van Goyen et Percellis, trois peintres de paysage et de marine, discutaient souvent, au fond de la taverne enfumée, pour faire prévaloir qui son dessin, qui sa couleur, qui sa manière. Dans ce temps-là, il n'y avait pas de critique d'art, ce qui n'empêchait pas de faire des chefs-d'œuvre. N'ayant point toutes créées les théories prêchées par les livres et par les journaux, on ne pouvait guère discuter longtemps. La phraséologie de l'art se résumait en quelques mots; on s'enthousiasmait, on s'injuriait et on buvait de la bière. Un jour que Kniphergen, Van Goyen et Percellis ne trouvaient plus d'injures à se dire, Van Goyen proposa de donner raison à celui d'entre eux qui du matin au soir ferait le meilleur tableau. La gageure fut acceptée; on appela des amis sans nombre pour décider de la lutte. Kniphergen fut le premier à l'œuvre : c'était un paysagiste qui reproduisait avec une grande vérité les sites, les eaux, les bois, les lointains. Il jeta un arbre sur la toile avec magie, comme s'il l'eût détaché tout entier de sa palette. Après avoir planté l'arbre, il créa le terrain; il fit le nuage avant de faire le ciel; il suspendit le rocher avant d'élever la montagne : pareil à ces rimeurs à qui la rime seule donne l'idée, Kniphergen trouva son paysage par hasard.

Van Goyen ne se demanda pas non plus ce qu'il allait faire. Il commença par répandre sur la toile toutes les couleurs les plus opposées. « Quand j'ai le chaos, disait-il, la lumière vient. » En effet, on vit bientôt sortir de son pinceau, sur cette toile confuse, une rivière, une prairie, des vaches vivantes, un clocher lointain; en un mot, tout ce qui avait frappé ses yeux dans ce bon pays hollandais. Il n'avait pas pensé, mais il avait cherché.

Cependant Percellis était depuis deux heures devant son chevalet, immobile, silencieux, sans donner un coup de pinceau. On commençait à le plaindre tout bas, surtout en voyant l'ardeur aveugle de Kniphergen et la hardiesse heureuse de Van Goyen; mais, au soleil couché, Percellis surprit et enthousiasma les juges par la beauté de sa marine. Il y avait dans cette œuvre, dans cette mer houleuse, dans ce vaisseau perdu sur l'immensité, dans ce ciel obscurci où le soleil se montrait sous la nue, je ne sais quoi de grandiose qui frappait l'âme autant que les yeux.

Les juges de la taverne donnèrent gain de cause à Percellis, c'est-à-dire à l'idée.

L'art existe beaucoup par la variété. Il ne faut pas le restreindre à un seul caractère; il faut

---

(1) *École de Peinture*, livre IV.   (2) Conrad Walther. —Dresde, 1760.

reconnaître la puissance et l'éclat de toutes les écoles, depuis celle qui idéalise la forme humaine pour rappeler son origine céleste jusqu'à celle qui saisit la nature dans toute sa brutalité puissante et mystérieuse. Il n'y a point de mauvaises écoles, il y a de mauvais peintres. Rembrandt a raison dans les brumes de la Hollande, comme Raphaël sous le ciel italien. Cependant l'école flamande et hollandaise, dans sa sève luxuriante, a trop méconnu les droits de la pensée et du sentiment. Plus inquiète des forces vivantes de la vérité que des suaves rêveries de l'idéal, elle n'a pu atteindre à cette beauté suprême dont la Grèce et l'Italie ont laissé de si précieux monuments.

La recherche du beau dans les arts a préoccupé tous les philosophes; les grands poëtes et les grands artistes sont arrivés à la beauté sans toujours la chercher, guidés par le génie qui vient de Dieu, rayon qui éclaire l'âme comme le soleil éclaire la figure. La philosophie qui raisonne sur l'art ressemble souvent à la tortue de la fable; la poésie a les ailes de l'aigle pour parcourir le même espace. Ovide, en parlant des poëtes, dit : « Il y a un Dieu au dedans de nous-mêmes. » Il aurait pu ajouter : C'est lui qui donne la vie à nos œuvres; il est la lumière de notre esprit; c'est par lui que nous découvrons le beau.

Le sentiment du beau est un sentiment profondément humain : c'est l'aspiration vers le monde des merveilles, c'est le rêve de l'amour et de la poésie. Celui-là est indigne de l'art qui cherche le beau dans les livres; il ne sera jamais l'interprète de Dieu et de la nature, si, comme OEdipe au sphinx, il n'arrache à son cœur le mot de l'énigme. Cependant, avant que le jour se lève pour son âme, il pourra demander au poëte le secret de la beauté; car Homère le découvrit avec la poésie, et Phidias le découvrit en lisant Homère. Les Grecs ne s'épuisaient pas en vaines discussions pour rechercher le caractère du beau : ils lisaient l'Iliade et s'agenouillaient devant le Jupiter Olympien de Phidias. Aucun peuple n'a eu plus d'aspiration vers le beau. A la vue des chefs-d'œuvre venus jusqu'à nous, on pourrait croire, comme a dit Schlegel, qu'ils étaient assis au conseil des dieux assemblés pour la création de l'homme.

Platon et Aristote, seuls entre tous les philosophes, voulurent étudier les lois du beau. Platon met en scène un sophiste qui se vante d'apprendre au monde où il le trouvera; mais bientôt Socrate vient le confondre en sa vaine science. Platon a surtout voulu montrer l'erreur des sophistes; mais, en disant ce que le beau n'est pas, dit-il ce qu'il est? La critique a vécu longtemps avec cette sentence du grand philosophe : « Le beau, c'est la splendeur du vrai. » Il faudrait plutôt dire : C'est le vrai dans sa splendeur, la nature sous un rayon du ciel. Dans un autre dialogue, Platon essaie encore de définir le beau : « C'est la puissance créatrice qui appelle l'inspiration. » Plus loin, il parle de son origine toute céleste; il le fait descendre parmi nous comme un reflet de l'essence divine qui se révèle au monde : aussi, dans le corps terrestre qui le renferme, rappelle-t-il toujours la source où il a été puisé. Le beau agite notre cœur comme une mélodie céleste, pour l'emporter dans les splendeurs où est Dieu. Aristote, qui a voulu tout dire, a déclaré que le beau était le vrai. Pour lui, l'art n'est qu'un miroir qui réfléchit le monde visible. Depuis l'antiquité jusqu'au xviii° siècle, la théorie du beau ne fut étudiée qu'au hasard par des esprits moins vastes. Au xviii° siècle, Locke en Angleterre, Leibnitz en Allemagne, voulurent démontrer systématiquement le beau. Le premier le chercha dans le sensualisme, le second dans le spiritualisme. On peut dire que ce furent les deux apôtres les plus opposés. Locke fut écouté, Leibnitz ne fut pas compris. Locke eut des échos en France et en Allemagne; Leibnitz n'eut même pas pour lui les hommes de sa nation; mais il ne tarda pas à être vengé (1). Que dirons-nous de Burke, qui ne trouva rien de mieux, comme définition du beau, que ces trois mots : la douceur, la légèreté, le poli? Kant a écrit en maître sur le sentiment du beau et du sublime; il a reconnu que le caractère du beau était l'apparition immédiate de l'infini dans le fini. Schiller a interprété en poète la philosophie de Kant. Avant Kant, Winkelman a parlé des arts comme Buffon de la nature; il a fait revivre l'antiquité en l'interprétant. Ce qu'il a dit du beau est un écho sonore de Platon; même devant l'œuvre de l'ancienne Grèce, il chante un hymne à la beauté morale. Mengs, qui a eu le tort d'écrire, parce que dès le premier jour où il a consigné ses principes il s'est regardé peindre, a dit que le beau consiste dans l'unité du rapport des choses représentées avec l'idée de leur destination. Mengs, le peintre méditatif et religieux, aurait mieux fait pour sa gloire de signer un tableau de plus. Lessing a admis la beauté diversifiée et non point la beauté unique; il a distingué la beauté architectonique de la beauté d'expression. Il conclut pour le beau idéal : « Imprégner l'œuvre de l'idée du beau réfléchie par l'âme dans toute sa pureté. » Fernow, flottant entre Platon et Aristote, entre Leibnitz et Locke, cherchait l'accord de l'idéal et de l'imitation. Goëthe, plus artiste que religieux, voyait plutôt la beauté dans la statuaire de Phidias que dans la peinture de Raphaël. Carstens fit fleurir le sentiment moderne dans un vase sculpté par un Grec. Les Schlegel ont expliqué le beau sans le comprendre, ou plutôt l'ont compris sans l'expliquer. Crouzas (2) dit que la beauté demande cinq caractères : l'unité, la variété, l'ordre, la proportion et la régularité. Le lecteur a déjà compris que, dans ces cinq caractères pompeusement décrits par Crouzas, on peut en supprimer trois : l'ordre, la proportion et la régularité, qui ne sont que des corollaires à l'unité, plantes stériles qui ont caché au philosophe la fleur du beau; car nous ne pouvons pas admettre que, suivant les cinq caractères de Crouzas, on arrive à créer une œuvre admirable. Nous aimons mieux le livre de Hutcheson (3), qui ne décide rien, mais qui fait penser. Hutcheson établit l'existence d'un sixième sens, sens interne « qui nous sert à distinguer les belles choses, comme celui de la vue à discerner les formes et les couleurs. » Nous croyons en effet à ce sixième sens,

---

(1) L'école de Leibnitz a décidé que le beau est la perfection; mais pourquoi l'école ne nous a-t-elle pas dit ce qu'était la perfection?
(2) *Traité du Beau.*
(3) *Recherches sur les idées de la Beauté et de la Vertu.* —

Parmi les penseurs anglais qui ont écrit sur le beau, on doit distinguer le célèbre Joshué Reynolds, esprit vaste et élevé. Hogarth a voulu aussi rechercher le caractère du beau; il ne comprenait que le beau pittoresque : « La ligne ondoyante est celle de la beauté. »

comme nous croyons à notre âme; c'est lui qui voit et sent le beau partout où il est naturellement, sans passer par les lois de l'habitude et de la convention. Diderot comprenait passionnément le beau. « Quand on considère certaines figures de Raphaël, on se demande où il les a prises : dans une imagination forte, dans les poëtes, dans les nuages, dans les accidents du feu, dans les ruines. » Ainsi Diderot prêchait le beau dans l'idéal; il voulait que la pensée ou le sentiment revêtît les formes les plus riches. Diderot, qui passait pour un athée, avait un culte fervent pour l'art. Il accordait au pinceau le privilége de sanctifier et de diviniser tout ce qu'il imitait dans la nature (1).

Les contemporains ont trouvé sur le beau des idées et des sentiments. Il faudrait étudier sur cette thèse Châteaubriand, Rémusat, Hugo, Jouffroy, Sainte-Beuve, Guizot, Vitet, Salvandy, George Sand, qui n'ont pas écrit sur le beau, mais qui çà et là, au passage, ont dit ce qu'il était. Lamennais l'appelle la forme du vrai; Cousin le voit dans l'expression : « Ce n'est que par l'expression que la nature est belle. » Lamartine s'est écrié :

Beauté, secret d'en haut, rayon, divin emblème,
Qui sait d'où tu descends? qui sait pourquoi l'on t'aime?
Pourquoi l'œil te poursuit? pourquoi le cœur aimant
Se précipite à toi comme un fer à l'aimant,
D'une invincible étreinte à ton ombre s'attache,
S'embrase à ton approche, et meurt quand on l'arrache?
Soit que, comme un premier ou cinquième élément,
Répandue ici-bas et dans le firmament,
Sous des aspects divers ta force se dévoile,
Attire nos regards aux regards de l'étoile,
Au mouvement des mers, à la courbe des cieux,
Aux flexibles roseaux, aux arbres gracieux ;
Soit qu'en traits plus brûlants sous nos yeux imprimée,
Et frappant de ton sceau la nature animée,
Tu donnes au lion l'effroi de ses regards,
Au cheval l'ondotment de ses longs crins épars,
A l'aigle l'envergure et l'ombre de ses ailes,
Ou leur enlacement au cou des tourterelles;
Soit, enfin, qu'éclatant sur le visage humain,
Miroir de ta puissance, abrégé de ta main,
Dans les traits, les couleurs, dont ta main le décore,
Au front d'homme ou de femme où l'on te voit éclore,
Tu jettes ce rayon de grâce et de fierté
Que l'œil ne peut fixer sans en être humecté,
Nul ne sait ton secret, tout subit ton empire;
Toute âme à ton aspect ou s'écrie ou soupire.

Nous ne suivrons pas toutes les autres rêveries que ce thème a inspirées aux philosophes; c'est un chaos d'où la lumière jaillit, mais comme un éclair qui passe. Cette matière repousse les formes arides de l'école; et, comme il faut sur ce point juger plutôt par le sentiment que par la métaphysique, par l'enthousiasme que par la raison, il nous semble que c'est à un poëte seul

---

(1) Le plus célèbre et le plus pauvre traité que nous ayons en France sur le beau est celui du père André, qui fut tour à tour trop vanté par les pédants et trop décrié par les esprits sérieux, passant ainsi du sublime au ridicule. Le père André divise le beau en quatre espèces : le beau visible, le beau dans les mœurs, le beau dans les ouvrages d'esprit, et le beau musical. Le beau visible est celui qui représente les arts; il est, comme les autres, subdivisé en trois espèces : l'essentiel, le naturel, l'artificiel. Comme Crouzas, comme tous ceux qui bâtissent un système avec des mots et non avec des idées, le père André s'égare dans la régularité, l'ordre, la proportion et la symétrie, sans arriver à rien d'élevé, sans répandre sur son passage le rayon lumineux d'un esprit bien doué.

Voltaire a réfuté avec toute sa raison l'auteur demeuré inconnu d'un *Essai sur le Mérite et sur la Vertu* où il est dit que l'utile est le seul fondement du beau. « Pour donner à quelque chose le nom de beauté, il faut, a dit Voltaire, qu'elle cause du plaisir et de l'admiration. » En effet, un portrait ressemblant est utile qu'une figure de fantaisie; mais qui ne découvrira plutôt le beau dans une figure de fantaisie que dans un portrait?

qu'il est réservé de dire ce que nous sentons tous. Mais déjà, bien avant Lamartine, un poëte français trop oublié n'a-t-il pas défini la beauté dans les arts en disant de la poésie : « C'est une peinture parlante, » et en disant de la peinture : « C'est une poésie muette (1)? » Oui, chaque fois que le peintre sera poëte, chaque fois que le poëte sera peintre, il arrivera naturellement à la beauté, car il embellira la vérité humaine par le souvenir du ciel.

La beauté rêvée par le sculpteur se retrouve autour de lui dans le monde qui s'agite à ses pieds, mais par fragments épars. La première femme que Dieu a créée était belle comme celle que rêve le sculpteur; mais peu à peu les formes si parfaites sous la main du divin Créateur s'altérèrent en passant par la main des hommes. On reconnaît encore la beauté, mais incomplète. Ici cette fille d'Ève a le cou noble et ondoyant, là cette autre a les yeux fiers et doux; celle-ci a les jambes admirablement modelées, celle-là a le pied léger comme Vénus courant sur les eaux; mais n'est-ce pas toujours la sublime allégorie de Zeuxis peignant Hélène?

Il peut s'écrier avec Zeuxis : AD ÆTERNITATEM PINGO, le peintre qui s'élève au-dessus des modes et des idées de son temps, pour que tous les siècles le comprennent, qui s'élève au-dessus de la nature locale et de la beauté individuelle pour atteindre, comme Phidias et Raphaël, au style sublime de la beauté idéale, pour saisir l'âme, la pensée, l'imagination, en même temps que les yeux.

Or, comment arrivaient-ils, ces deux maîtres immortels, à cette beauté si inaccessible? Écoutez Cicéron (2) : « Phidias, ce grand artiste, quand il faisait une statue de Jupiter ou de Minerve, n'avait pas sous les yeux un modèle particulier dont il s'appliquait à exprimer la ressemblance, mais au fond de son âme résidait un type accompli de la beauté, sur lequel il tenait ses regards attachés, et qui conduisait son art et sa main. » Ecoutez maintenant Raphaël lui-même, Raphaël, qui, sous le ciel italien, quand il avait la Fornarine sous les yeux, déclarait manquer de beaux modèles. Dans sa lettre à Castiglione, Raphaël parlant de la Galatée lui dit : « Comme je manque de beaux modèles, je me sers d'un certain idéal qui est dans ma pensée (3). »

Dans tous les siècles dignes des arts, les esprits rêveurs et enthousiastes ont tenté de s'élever au-dessus de la nature; toutes les âmes traversées d'un rayon d'en haut ont eu des aspirations infinies vers les sphères de l'intelligence divine. Ne trouve-t-on pas dans toutes les langues des mots pour exprimer cet amour de la perfection? Ainsi LE BEAU IDÉAL est consacré dans la nôtre.

---

(1) Ut pictura poesis erit; similisque poesi
Sic pictura refert per æmula quæque sororem;
Alternantque vices et nomina; muta poesis
Dicitur hæc, pictura loquens solet illa vocari.

L'Art de la Peinture, par DU FRESNOY.

Un autre poëte, un illustre poëte, Simonide, avait, avant le grand règne des arts, exprimé la même idée selon Plutarque :

Ζωγραφίαν εἶναι φθεγγομένην ἐν τὴν Ποιησίν, Ποιησιν δὲ σιγῶξαν τὴν Ζωγραφιαν.

(2) *Orator*. « Neque enim ille artifex (Phidias), cum feceret Jovis formam aut Minervæ, contemplabatur aliquem à quo similitudinem duceret; sed ipsius in mente insidebat species pulchritudinis eximia quædam, quam intuens in eâque defixus ad illius similitudinem artem et manum dirigebat. »

(3) « Essendo carestia e de' buoni giudici e di belle donne, io mi servo di certa idea che mi viene alla mente. »

Ce serait pourtant une idée arbitraire, qui forcerait l'artiste à chercher le beau idéal dans les régions imaginaires; pour ne pas imiter la nature, on arriverait à créer des monstres. Le beau idéal est sur la terre où nous vivons; c'est là qu'on doit le chercher; mais, outre qu'il faut le voir à travers les grandes idées, par l'âme comme par les yeux, il faut encore saisir l'instant où le beau individuel devient le beau idéal. C'est toujours par la nature qu'il faut commencer et qu'il faut finir. C'est par la nature qu'il faut s'élever jusqu'à Dieu; c'est par l'œuvre qu'il faut juger le maître. Si vous ne marchez pas avec le divin rayon des âmes poétiques, si la beauté n'est pas en vous, les arts, qui l'ont recueillie et fixée çà et là, vous permettront de la voir et de l'étudier. Dans Saint-Pierre de Rome, la merveille des merveilles, placez Niobé et ses filles; où, pour avoir face à face le beau idéal et le beau humain, placez l'Apollon du Belvédère et le Génie de la villa Borghèse; devant la Transfiguration de Raphaël, étalez pieusement quelques fragments de peinture antique; et, pendant que l'orgue résonnera sous les inspirations de Pergolèse ou de Mozart, ouvrez tour à tour Homère et Dante.

Pour trouver le beau, il faut savoir, comme Prométhée, dérober le feu du ciel; comme Ève, il faut mordre à la pomme fatale; comme la pécheresse de Samarie, il faut boire une goutte d'eau vive de l'amour de Dieu; comme Jésus-Christ, il faut avoir approché ses lèvres du calice amer. Le beau, tel que nous le voulons aujourd'hui, c'est un autel d'or et de marbre sculpté par Phidias, d'où s'élève jusqu'au ciel la flamme pure du divin sentiment; c'est la Vénus de Praxitèle versant les larmes de la Madeleine de Rubens; le beau, c'est le souvenir du ciel qui passe sur la créature humaine, c'est la vendangeuse qui s'incline sous le pampre avec un sourire de fête, c'est le héros tout couvert de sang qui pense à sa patrie. Le beau est partout; les poëtes l'ont rencontré à chaque pas, dans la fleur battue par l'orage, dans les roches moussues où jaillit la cascade, dans la mer sans bornes, dans la forêt profonde et ténébreuse. Homère l'a vu majestueux et grand comme Jupiter, Virgile l'a vu parfait comme Vénus, Eschyle l'a vu terrible comme une tempête sur l'Océan.

Le beau, c'est le souvenir de celle que vous adoriez au matin de la vie, à cet âge d'or où tous tant que nous sommes, enfants de Dieu, nous effeuillons sans y songer les fraîches primevères de la poésie. Cette jeune fille, tout admirable qu'elle fût, n'était pas belle de la souveraine beauté; un statuaire n'aurait voulu ni de ses pieds ni de son sein pour représenter l'altière chasseresse aux flèches d'or, ou la déesse aux beaux yeux, Vénus, reine de Chypre, couronnée de violettes; un peintre n'aurait trouvé dans cette jeune fille ni une vierge protégée par les anges, ni une pécheresse belle pour la passion. Cependant, dans vos souvenirs, à travers les voiles embaumés de votre jeunesse, vous la voyez apparaître sous la couronne radieuse de la beauté, élancée et svelte comme le jeune platane des forêts vierges, éclatante et fraîche comme l'arbre de Judée, quand les perles de rosée roulent sur les fleurs aux premiers soleils d'avril. Vous admirez ses pieds nus qui courent dans l'herbe, tout parfumés de thym et de marjolaine. Vous dénouez en tremblant ses longs cheveux, qui tombent à ses pieds comme les branches du saule pleureur. Votre bras s'enlace, comme le pampre à l'ormeau, sur sa hanche ondoyante. Vos yeux rencontrent ses yeux, qui se mouillent d'une larme, qui s'illuminent d'un rayon; vous tombez à ses pieds et vous saluez la beauté. Oui, pour vous, cette jeune fille, vue dans le prisme du passé, c'est la beauté. Elle n'était que l'ébauche; vous lui avez donné, dans vos rêveries de vingt ans, la grâce suprême, le contour exquis, le sentiment qui brille dans le regard, la volupté qui agite les lèvres; vous lui avez donné tout ce qui est splendeur et vie, si vous êtes un poëte ou un artiste, si vous devinez le ciel ou si vous vous en souvenez, si Dieu vous a confié la mission d'achever ici-bas son rêve commencé là-haut.

La beauté m'est apparue souvent; elle est plutôt dans notre âme que sous nos yeux, car je la vois aujourd'hui plus distinctement qu'au temps où elle m'apparaissait : l'âme lui a donné plus de grandeur et plus de grâce, plus de caractère et plus de charme, car l'âme est un rayon de Dieu qui colore la vie et la nature.

On demandait au Tasse : « Qu'est-ce que la poésie? » Comme il était sur une montagne, il répondit en indiquant la vallée et le ciel, le fleuve et le nuage, la forêt et le soleil, la nature et Dieu : « La poésie, la voilà! » Si vous me demandez ce que c'est que la beauté, je vous conduirai sur la montagne, quand le soleil est à son couchant, quand le ciel se dore et s'empourpre des teintes les plus riches, quand l'abeille abandonne la fleur du sainfoin pour retourner à la ruche, quand la moissonneuse renoue ses cheveux sur la gerbe embaumée, à l'ombre du château où l'on voit apparaître comme un songe quelque figure noble et pensive; et, après vous avoir indiqué silencieusement toutes les splendeurs du ciel et de la terre, je vous répondrai : « La beauté, c'est la nature vue à travers la poésie. »

La vraie patrie du beau humain, c'est la Grèce. Il y régnait, on peut le dire, la religion du beau, dans ces grands siècles où la jeunesse « n'avait d'autres voiles, pour cacher sa nudité, que la chasteté des Athéniens (1). » Socrate allait instruire ses disciples sur les places publiques, au spectacle des jeunes garçons et des jeunes filles qui luttaient de force et de grâce, soit dans les jeux des gymnases, soit dans les danses symboliques. Phidias avait là ses modèles ordinaires. C'était là qu'il étudiait les beaux contours, les beaux groupes, les belles attitudes. Sophocle, artiste autant que poëte, avait un culte fervent pour la beauté; le premier il donna sur le théâtre d'Athènes le spectacle de la nudité aux fêtes de Cérès. Phryné et Cratina voulurent être belles pour tous les yeux; elles se baignèrent devant toute la Grèce. Ce jour-là, l'artiste trouva Vénus naissant au sein de la mer. Praxitèle adorait Phryné et Cratina quand il sculptait la Vénus de Gnide.

En Flandre et en Hollande, la beauté ne s'est jamais épanouie sur les places publiques aux

---

(1) Winkelman.

yeux des poëtes et des artistes. Elle se cache, comme ces fleurs discrètes et craintives qui ne brillent que la nuit et dans la solitude. Aussi, quand l'art naquit dans ces pays sans soleil, ce fut pour exprimer le sentiment ou la couleur, et non pour rendre la grâce du contour. Il y eut deux mille peintres; il n'y eut pas un seul sculpteur.

Quel est le caractère du beau qui a préoccupé les Flamands et les Hollandais? La passion du coloris avait émoussé chez eux tout sentiment élevé. Ils ont avant tout cherché la force, l'exubérance, la fraîcheur et l'éclat, sans jamais perdre de vue la vérité. Ils ont aveuglément répété avec Platon : « Le beau est la splendeur du vrai, » mais sans interpréter la pensée du philosophe, comme ils ont fait pour celle d'Aristote : « L'art est l'imitation de la nature. » Ils ont voulu trop séduire les yeux : ce n'est pas l'œil, mais l'esprit, que le grand artiste doit captiver. Les Flamands et les Hollandais ont trop peu vu par l'esprit; ils ont eu ce qu'on appelle « le langage des peintres; » ils ont prouvé qu'ils savaient parler, sauf à ne rien dire quelquefois.

Il y a une beauté qui est un peu en dehors des grands caractères de l'art, c'est la beauté pittoresque. Elle vous frappe par sa divinité naïve et terrestre, elle vous séduit par sa grâce un peu chevaleresque et par sa noblesse un peu bruyante, par ses créations exubérantes, par son grand caractère de vie et de vérité. Elle apparaît dans les jeux de la lumière qui poétise le sombre intérieur de l'alchimiste, qui fleurit le vitrage gothique de la ménagère; on la découvre dans la franche gaieté de la kermesse, dans la philosophie des fumeurs et des buveurs de bière; elle vous saisit dans l'aspect de la tempête sur la mer sans bornes, du clocher aigu protégeant l'humble maison du pêcheur; elle vous touche au bord du bois, au déclin de l'automne, devant une cascade bruyante, sous la mélancolie du soleil couchant. Vous avez reconnu Van Eyck, Rubens, Van Dyck, Ostade, Teniers, Rembrandt, Ruysdael.

Après trois siècles de gloire, les Flamands et les Hollandais ont perdu peu à peu le sillon lumineux du génie national; ils se sont pour ainsi dire dépaysés. Au lieu d'imiter librement la nature comme leurs ancêtres, ils ont imité les peintres leurs voisins, abdiquant ainsi toute originalité. Mais les belles époques renaîtront pour eux comme pour nous. En aucun siècle, disons-le à la gloire du nôtre, un plus vif sentiment de l'art n'a pénétré dans les mœurs. Depuis vingt ans, de nobles enthousiasmes et de hautes tentatives ont prouvé que l'Europe entière était artiste ou le devenait. Jamais on n'a taillé plus de marbre, jamais on n'a broyé plus de couleur. Certes, bien des jeunes disciples qui sont partis pour combattre reviendront sans avoir vaincu; mais nous ne sommes pas de ceux qui désespèrent des hommes de leur temps. Nos contemporains ne dépasseront ni Raphaël, ni Michel-Ange, ni Poussin, ni Rembrandt, ni aucun des illustres maîtres qui sont la gloire du monde où nous vivons; mais l'art n'est pas au terme de ses destinées. Il n'y a que les esprits impuissants qui condamnent l'avenir par le passé.

On a dit qu'il fallait la foi à l'art, on a cité les pieux artistes du xive et du xve siècle; mais l'art est à lui seul une religion digne de toutes les autres. S'élever à Dieu par l'infini, par l'idéal, par la beauté, n'est-ce pas croire en lui comme en soi-même? Vasari rapporte que la cour de Rome allait élire Raphaël cardinal, s'il ne fût pas mort si tôt. Raphaël eût peut-être accepté, mais il fût demeuré artiste, aimant la Fornarina et peignant Galatée, s'élevant à Dieu par la montagne invisible de l'idéal.

Tant que le soleil luira sur la terre, il se trouvera des hommes épris de l'art; tant qu'il y aura un homme ici-bas, il y aura une aspiration vers l'infini : l'art est une seconde vie où vont tous les nobles cœurs. Dieu, l'Artiste suprême, ayant créé le monde et le voyant imparfait, ne daigna pas recommencer son œuvre; il aima mieux rêver un autre monde plus beau, plus grandiose, plus éblouissant, plus digne de lui-même, nouveau paradis terrestre où la poésie, Ève après le péché, se promène dans toute sa splendeur. L'art est cet autre monde. Le peintre qui marche avec la poésie, le poète qui marche avec la peinture, réalisent le rêve de Dieu.

II.

Les anciens Grecs n'ont cherché à rendre la créature humaine que dans son aspect extérieur; ils l'ont douée, il est vrai, de toute la force, de toute la grâce, de toute la beauté que Dieu a données à l'homme et à la femme; ils l'ont fait vivre de toutes les splendeurs visibles, exprimant même ses passions par les mouvements du corps; mais on peut affirmer aussi que ce rayon de divin sentiment qui a illuminé l'œuvre des peintres, depuis le Pérugin jusqu'à Prudhon, ils ne l'ont pas senti, ils ne l'ont pas deviné, ils ne l'ont pas vu briller sur leur palette. Les artistes grecs, qui étaient surtout des sculpteurs, ont divinisé l'homme par la forme corporelle, par les lignes exquises, par la grandeur, la force et la grâce du contour. Les Italiens de la renaissance, qui étaient pour la plupart plus penseurs qu'artistes, plus pénétrés de la religion du Christ que de celle de l'art, ont divinisé l'homme par l'expression surhumaine. Devant le beau idéal de Praxitèle, c'est l'admiration qui nous saisit; devant le beau idéal du Pérugin, c'est le sentiment religieux. Praxitèle éblouit les yeux avec Vénus reine de Chypre et déesse de la terrestre volupté; le Pérugin touche le cœur avec Marie reine des cieux et mère du Christ, ou avec Madeleine quand elle a bu aux sources vives de l'amour céleste. Tous les deux cependant se sont élevés jusqu'à Dieu, parce que tous les deux ont trouvé le beau idéal de la forme et du sentiment. Phidias, le Raphaël des Grecs antiques, Phidias, qui fut plus expressif dans sa sculpture que les peintres de son temps, est d'une majesté souveraine; on ne peut trop admirer la grandeur de ses attitudes, la beauté hardie de ses lignes, le caractère élevé de ses figures; mais, sous sa main toute-puissante, le marbre n'a jamais pleuré. C'est qu'alors la douleur de l'âme n'était qu'une faiblesse; le Christ en a fait une poésie. Si Phidias a été le Raphaël des dieux païens, Raphaël a été le Phidias du christianisme. En effet, Raphaël est presque païen; né dans le mysticisme, on peut dire qu'il a promené son regard à demi profane sur les souvenirs luxuriants de la poésie d'Homère; il a voulu que les Vierges sortissent tout idéalisées des formes de la Fornarina. Ses Vierges les plus pures et les plus suaves, on sent qu'il les a aimées; il y a dans ces figures, pourtant célestes, je ne sais quel accent d'amour profane.

Il peut sembler étrange, dans l'histoire de l'art, que nous devions à la Grèce la peinture ancienne et la peinture moderne. Phidias, élevant le Jupiter Olympien, ne se doutait pas que ce beau type serait, après bien des siècles, le modèle puissant et grandiose du Dieu des chrétiens. Il est hors de doute que les Byzantins ont suivi la tradition des anciens maîtres de la Grèce; ils ont pu les étudier dans les statues, dans les bas-reliefs, dans les mosaïques; sans les conciles, qui vinrent combattre l'idéalisation des figures en forçant les artistes à représenter les saints personnages avec la plus naïve fidélité, nous aurions peut-être salué une seconde fois l'art ancien dans l'épanouissement du génie moderne. Mais, malgré les docteurs de l'église, les Byzantins n'ont pu effacer dans les images chrétiennes toute trace de l'ancien idéal rêvé par Phidias.

La renaissance des arts a commencé par la sculpture. L'Italie, qui a eu trois époques de gloire, se montra, durant plusieurs siècles, la plus stérile des nations. Il ne faut pas accuser seulement les barbares de l'invasion, il faut accuser l'Italie elle-même, jusque dans son chef, saint Grégoire-le-Grand (1), qui fit briser et jeter dans le Tibre « comme idoles, ou du moins images des héros païens, » tout ce qui se retrouva des anciennes statues. Il s'est rencontré un pape pour ordonner cette mutilation; mais comment s'est-il trouvé à Rome des Italiens pour exécuter ces ordres sacriléges?

Les artistes byzantins avaient fini, dans le même temps, par compromettre le caractère qu'ils tenaient de la Grèce antique, à force de représenter les types consacrés par l'église. Ils copièrent et recopièrent sans cesse; sous leurs mains patientes, l'art n'était plus qu'un métier : ils avaient été majestueux et grossiers; ils étaient moins grossiers, mais ils n'étaient plus majestueux; ils s'étaient rapprochés de la nature individuelle, mais ils n'avaient plus de style pour rendre la nature dans son effet général. Un homme vint, Nicolas Pisano, qui retrouva l'art, tel que le comprenaient les Grecs de l'antiquité. Nicolas Pisano n'étudia pas avec des artistes byzantins devenus des ouvriers; il étudia, devant un sarcophage antique, quelque bas-relief représentant un tableau de l'Iliade (2). Ainsi fut renouée par la sculpture la chaîne d'or du beau.

---

(1) Selon Jean de Salisbury, Léon d'Orvietto, saint Antonin.

(2) « Parmi les sarcophages antiques de Pise, il y en avait un fort beau, qui a servi de tombe à Béatrix, mère de la célèbre comtesse Mathilde. On y voit une châsse d'Hippolyte, fils de Thésée. » — STENDHAL. — Ce bas-relief, dû sans doute à quelque grand maître, se retrouve sur plusieurs urnes antiques.

Mais comment la peinture retrouvera-t-elle son ancienne splendeur? Les Italiens arriveront-ils un jour à se montrer dignes des Grecs de l'antiquité? Le génie italien doit-il s'élever aussi haut que le génie grec sans le secours du passé? C'est tout un monde à créer. La lumière jaillira-t-elle de la palette de Cimabué? C'est un grand artiste, qui dédaigne les maîtres de son temps, qui veut aller en toute liberté. Il ne trouvera ni la beauté ni le sentiment, mais son œuvre marquera par quelque chose de fier et de terrible, son nom restera, parce que le premier il s'est tourné vers la lumière. Cependant c'est Giotto qui a indiqué que l'aurore se levait. La sculpture avait marché en avant : Giotto, peintre et sculpteur, fit marcher la peinture sur le même chemin. Le maître de Giotto, ce n'est pas Cimabué, mais Pisano, dont il étudiait les bas-reliefs. Ne peut-on pas dire qu'il suivit aussi l'école des maîtres de l'ancienne Grèce? Il avait étudié les marbres antiques de la cathédrale de Florence en même temps que les bas-reliefs du sculpteur toscan. Giotto le pâtre n'avait-il pas eu d'ailleurs la nature pour maître souverain? N'avait-il pas vu passer le long de la prairie, quand son troupeau ruminait, agenouillé dans l'herbe, la beauté rêvée par Dieu et réalisée par Phidias, sous la forme d'une brune Florentine dorée par le soleil? Ne l'avait-il pas suivie avec enthousiasme jusqu'à la fontaine solitaire, où elle avait renoué ses cheveux avec la grâce naïve?

C'est la même histoire pour l'école allemande; mais, en Allemagne, l'art byzantin eut une carrière plus longue; les Grecs du moyen âge furent plus écoutés que les Grecs de l'antiquité. Heureusement que l'Allemagne étudia les Byzantins de la bonne époque, ceux-là dont les créations grandioses, majestueuses et grossières étaient inspirées par les anciennes statues. L'école allemande eut donc un berceau byzantin, mais elle osa étudier la nature, si vivante autour d'elle. Dans l'art allemand, si on voit toujours passer un souvenir d'Italie, on y sent circuler la sève puissante des Flandres. Albert Durer, le grand maître de l'école, respirait à Anvers ou à Leyde, tout en regardant le ciel de Giotto et de Raphaël.

L'ancienne critique a eu tort de vouloir fondre l'école allemande avec l'école flamande et hollandaise. C'est une école de transition, qui a son règne et ses limites. Elle tient à la Flandre; mais ne tient-elle pas aussi à l'Italie? Si elle touche au naturalisme de Rembrandt, ne s'élève-t-elle pas aussi çà et là à la beauté idéale de Raphaël? Entre ces deux écoles, elle-même a son caractère, parce qu'elle a sa vie. Tout en s'inspirant du Nord et du Midi, elle va à la recherche de l'art en toute liberté.

L'école flamande à son début, comme l'école hollandaise dans toute sa carrière, semble ne devoir son caractère qu'à la sève du pays. Elle se montrera d'abord avec quelques réminiscences byzantines, mais plutôt dans les fonds d'or de ses cadres que dans les figures qu'elle anime. Dès le premier âge, elle abandonne la tradition. La peinture puise dans le sol de la patrie tout le lait qui va jaillir de ses fécondes mamelles. De Van Eyck à Rubens, de Rubens à Rembrandt, que de fois les peintres des Pays-Bas ont, sans y songer, représenté cette peinture puissante et libre sous la figure d'une de ces florissantes paysannes du pays d'Anvers ou du pays de Leyde, non pas belles de l'immortelle beauté que soutiennent les anges sous un trépied d'or, mais belles de la beauté humaine et périssable, belles par la grâce que donne la force, par l'éclat que donne la santé!

L'école des Pays-Bas fut d'abord panthéiste, plus tard protestante, enfin matérialiste. Depuis l'aube jusqu'au déclin, les Flamands, les Hollandais surtout, sont plus soucieux de l'œuvre de Dieu que de Dieu lui-même, plus inquiets de la vérité que du symbole. On sent bien, à la vue des œuvres de cette école, que la plus forte réaction contre l'idéalisme a dû prendre naissance sur cette terre d'où est sorti Spinosa, cette terre qui fut le berceau et le refuge de la réforme (1).

Aristote avait dit : « L'art est l'imitation de la nature, » ce qui n'était pas une idée de grand philosophe; Platon, qui était plus qu'un philosophe, Platon, qui avait aussi ses jours de poésie, avait écrit dans un moment d'inspiration : « L'art est l'interprétation de la nature. » Les écoles avaient choisi tantôt l'une, tantôt l'autre définition, selon leurs aspirations vers l'idéal ou vers la réalité. L'école flamande et hollandaise, que n'avait jamais dirigée une foi aveugle, que n'avait jamais guidée une haute philosophie, que n'avaient jamais entraînée les passions fécondantes qui palpitent sous de plus beaux soleils, donna raison à Aristote; elle demeura attachée au sol avec amour, sans vouloir égarer son regard vers les lointains horizons de la pensée et de la poésie. Si elle contempla le ciel, ce fut moins en levant les yeux qu'en regardant les nuages au bord du lac ou sur les rivages de la mer. Pour cette école, l'art fut donc l'imitation de la nature. En donnant raison à Aristote, elle se donna raison à elle-même; car que lui eût servi de vouloir rayonner dans les splendeurs de l'idéal? Serait-elle arrivée à la poésie comme Raphaël, au sentiment comme Albert Durer, à la philosophie et au style comme Poussin? Il y avait une bataille à gagner dans le domaine de l'art, c'était de peindre la nature sans l'interpréter, avec toutes les richesses de la couleur, la nature familière et naïve dont un rayon de soleil est la poésie, dont la tristesse des jours d'automne est le sentiment, dont le clocher aigu

---

(1) Malgré l'influence italienne, l'école flamande conserva toujours un caractère à part, dont la raison doit être principalement recherchée dans la différence des races et de l'histoire antérieure des deux peuples : il y avait en elle quelque chose de trop spontané, un génie trop original, pour qu'elle pût cesser d'être elle-même. De là vint qu'en cédant ainsi au mouvement général qui emportait l'humanité hors des voies qu'elle avait suivies pendant le moyen âge, elle ne remonta point, comme l'Italie, vers l'antiquité, elle ne substitua point l'idéal grec à l'idéal chrétien. De celui-ci, sans intermédiaire, elle tomba graduellement dans la simple imitation de la nature, non pas même d'une nature choisie, mais de la nature vulgaire que le peintre avait sous les yeux. Quelques hommes éminents, Rubens surtout, ne laissèrent pas de porter l'art à un degré d'élévation que l'on a peu dépassé; mais leurs compositions se distinguent beaucoup moins par l'étude de la forme, par le goût dominant du beau tel que l'avaient conçu les anciens, que par de puissants efforts de couleur, et, qu'on me permette ce mot, une abondance de vie organique qui diminue sans doute le sentiment chrétien, mais sans l'étouffer complétement. Il y reste au moins comme un souvenir traditionnel et révéré, tandis que l'on en voit promptement disparaître jusqu'aux dernières traces dans la partie des Pays-Bas qu'envahit le protestantisme.

— LAMENNAIS. —

4

« montrant du doigt le ciel, » la faux du moissonneur et le troupeau du pâtre sont toute la pensée. Cette bataille, l'école des Pays-Bas l'a gagnée avec éclat (1).

Les premiers entre tous les peintres de l'ère moderne, les Flamands et les Hollandais ont eu l'œil simple dont parle le grand physionomiste. « OEil simple, qui vois les objets tels qu'ils sont, à qui rien n'échappe et qui n'y ajoutes rien, combien je t'aime! Tu es la sagesse même (2). » Tout en s'éloignant du ciel par la pensée, on peut dire qu'ils se sont rapprochés de Dieu par l'ŒIL SIMPLE; ils ont reproduit la nature, l'œuvre du divin Maître, avec une fervente et pieuse fidélité.

III.

La Néerlande n'a trouvé que dans les ateliers du peintre ses poètes et ses historiens. Je ne parle pas d'Érasme, qui est un homme de tous les pays. La poésie ne peut pas naître dans une contrée qui vogue sur l'eau sans connaître les joies de la nature, là où la vigne n'étend pas ses pampres lascifs, là où la Muse du printemps ne se montre que tout effarouchée, entre une giboulée et un ciel brumeux.

Dans les Pays-Bas, la peinture a été toute la littérature. A Bruxelles, à Anvers, à La Haye, à Amsterdam, il n'y a point de bibliothèque nationale; il y a un musée. Là mieux que dans les plus graves historiens, mieux que dans les plus grands poètes, on peut étudier l'histoire de la Néerlande, sa poésie, ses mœurs, ses fêtes, ses costumes, ses beaux jours et ses mauvais jours, ses habitudes et ses croyances, son ciel et ses eaux, ses bourgmestres et ses soldats, ses princes et son peuple, ses paysages, ses monuments, tout son caractère intime et pittoresque. Quand on a cette poésie-là, ne peut-on pas se passer de l'autre? Rembrandt ne vaut-il pas Molière et Ruysdael La Fontaine?

(1) Châteaubriand ne donne pas raison à l'école flamande et hollandaise; il ne veut pas que l'art soit une imitation de la nature. « Quand les hommes imitent la nature, leurs copies sont toujours petites. Il n'en est pas ainsi de la nature, quand elle a l'air d'imiter les travaux des hommes en leur offrant en effet des modèles. C'est alors qu'elle jette des ponts des sommets d'une montagne aux sommets d'une autre montagne, suspend des chemins dans les nues, répand des fleuves pour canaux, sculpte des monts pour colonnes, et pour bassins creuse des mers. » Ceci est dit en prose, mais on sent trop que c'est un poète qui parle. Cependant il y a dans ce passage une leçon à recueillir : il faut imiter la nature comme elle a l'air d'imiter les hommes.

Ce qui a fait la force et la gloire des Flamands et des Hollandais, c'est qu'ils ont imité la nature librement et non servilement. Les vrais artistes de ces deux pays ont bien plus cherché l'effet que l'illusion. Si les peintres patients comme Miéris et quelques-uns de ses élèves, par leur manière mesquine, ont réduit l'art à de trop petites proportions, les Brauwer, les Rembrandt, les Hoog, les Teniers, les Ostade, les Berghem, les Ruysdael, ont imité la nature, mais ne l'ont pas copiée.

(2) Lavater.

Dans les musées de la Hollande, l'histoire est écrite de point en point : la Hollande sur mer, la Hollande sur terre, la synagogue, la taverne, l'intérieur du forgeron, l'intérieur du bourgmestre, les joies de la kermesse, les effrois de la tempête, les bœufs au bord du canal, les matelots sur le vaisseau, les grands seigneurs, les charlatans, les soldats empanachés, les mendiants qui secouent leurs guenilles, toute la Hollande est là, vivante, animée, épanouie.

Mais les vrais poètes de la Hollande sont surtout les paysagistes; on les lit au coin du feu, avec un charme inépuisable, durant huit à dix mois de l'année, durant cet hiver sans fin qui voile la nature du Nord sous un manteau de frimas. On se console des mauvais jours avec un Berghem et un Ruysdael; on a le printemps éternel sous les yeux; avec eux, le soleil luit toujours, la prairie est verdoyante, les bois sont mystérieux, le ciel a des horizons empourprés, la nature tout entière est éloquente (1). A Amsterdam, autrefois, quand un vieux marin se trouvait assez riche pour acheter une maison de campagne, il flottait indécis entre un paysage de maître et une villa rustique. S'il avait le bonheur de tomber sur un Ruysdael, sur quelque chute d'eau bruyante à l'ombre des chênes, avec une prairie sur le premier plan, avec un lointain poétiquement nuagé, où l'on découvrait quelques bouquets de bois dorés d'un rayon d'automne, la joie du marin était sans bornes; il accrochait le paysage au-dessus de sa table, il s'y promenait quatre heures par jour, comme il s'était promené sur mer, c'est-à-dire sans faire un pas. On décrirait mal tout son bonheur intime : ce paysage était à lui dans toute son étendue; à lui le rayon de soleil si doux en Hollande, à lui ces beaux arbres vivants et agités, ces eaux impatientes, ces vaches sur la prairie; à lui toutes ces richesses que l'art a encadrées avec tant de bonheur.

Le paysage nous vient des Flandres, du moins le paysage qui reproduit la nature mot à mot (2). En Italie, c'est l'inspiration qui a fait les chefs-d'œuvre; en Allemagne et en France, c'est aussi l'inspiration, mais surtout la pensée; en Flandre et en Hollande, c'est la nature.

---

(1) Quelques peintres hollandais ont su prêter à la nature un langage indéfinissable, qui touche, émeut, provoque la rêverie, et l'attire doucement comme on des espaces infinis. Dites-moi par quelle mystérieuse magie ils nous retiennent des heures et des heures plongés dans une vague contemplation devant ce que la nature a de plus ordinaire et de plus simple en apparence? Une prairie avec un ruisseau et quelques vieux saules, une vallée que traverse un torrent grossi par l'orage, dont les derniers restes, où se jouent les feux du couchant, fuient et se dissipent à l'horizon; sur une grève déserte, une cabane au pied d'un rocher nu, la mer au-delà, une mer agitée, et dans le lointain une voile qui s'incline entre deux lames sous l'effort du vent : ne voit-on pas qu'ici c'est la pensée de l'artiste, sa vie intime qui se communique à vous, s'empare de vous? C'est l'art qui vous emporte, sur ses ailes puissantes, en des régions plus hautes que tout ce que peuvent atteindre les sens. Ne discernez-vous pas sous la forme extérieure, dans les animaux de Paul Potter, une vie intime propre à chacun d'eux, une manifestation de leur nature essentielle, typique? L'allure, la pose, le regard, tout parle en eux. — LAMENNAIS. —

(2) D'après ce qui nous reste des anciens, il est hors de doute que c'est à la peinture moderne qu'est dû le paysage. La traduction, l'imitation, l'interprétation de la nature nous appartient, non pas comme un héritage, mais comme une science découverte par nous-mêmes. Homère et Théocrite n'ont pas eu la joie de saluer un Poussin, un Paul Potter, un Claude Lorrain, un Ruysdael. Les Grecs peignaient quelquefois des paysages, mais des paysages de fantaisie, qu'on pourrait appeler des fictions de la nature.

On s'étonne d'abord à la pensée que ces beaux paysages nous soient venus d'une contrée où le soleil se montre à peine, où le blé n'a jamais balancé que des tiges étiolées; triste pays sans moissons et sans vendanges; éternelle prairie baignée dans l'eau, non pas encadrée de ces haies en fleurs où chante le gai bouvreuil, mais traversée partout, là par le ruisseau, ici par le canal, plus loin par la mer elle-même. Cependant on arrive peu à peu à comprendre pourquoi le paysage nous est venu si beau, si franc, si poétique, de cette contrée où la nature n'a le plus souvent que des mamelles stériles. En Hollande, un jour de beau temps est un jour de joie. Quand par hasard, au-dessus de Harlem ou de La Haye, le soleil, déchirant la nue, répand sa douce lumière sur les toits, sur les eaux et sur les prairies, il semble que des nuages se dissipent en même temps sur le cœur du Hollandais; il respire, il ouvre sa fenêtre si longtemps fermée, il salue le soleil, il court en pleine campagne, s'enivrant des rayons, des brises, des parfums de la nature en fête. Au lieu d'un vieux marin, d'un marchand de la cité, d'un juif qui compte son or, supposez que le rayon qui vient de réveiller la ville assoupie frappe tout à coup un jeune cœur ardent à la vie, poëte comme on l'est à vingt ans, épris des splendeurs de la nature : le premier il s'élance dans la campagne comme un voyageur altéré qui trouve l'oasis; la campagne lui apparaît alors sous des couleurs vives et charmantes. La veille encore, elle était glacée, elle manquait d'accent et de lumière; des tons blafards l'enveloppaient uniformément : ce n'était point la mort; peut-être était-ce plus triste, car ce n'était point la vie. Aujourd'hui la nature est une jeune femme qui s'élance toute fraîche et toute vermeille d'une couche brûlante; son sein se gonfle, sa bouche s'entr'ouvre, la vie et l'amour éclatent en elle. Le jeune homme, enthousiasmé de cette métamorphose, ne se contente point d'admirer la nature; il l'aime, il lui parle, il l'écoute; la nature a mille voix pour lui répondre; il ne la quitte qu'à la nuit, après avoir vu les dernières splendeurs du couchant. Le lendemain il s'éveille et court à sa fenêtre, mais tout a fui comme un rêve : le soleil, le ciel pur, l'horizon radieux. Le souvenir d'un beau jour, l'espérance d'un jour pareil, en faut-il davantage pour faire un poëte comme Théocrite ou un paysagiste comme Ruysdael?

Mais en Hollande il n'y a ni pâtres ni bergers, la poésie ne court pas les champs effeuillant les bluets ou les primevères, l'amour ne rit qu'au coin du feu. Au milieu du silence éternel de ce paysage qui ne s'anime que par hasard, que dira le poëte? Répétera-t-il les beuglements du

---

Dans les rares paysages qui se rencontrent dans les peintures de Pompeï et d'Herculanum, on ne trouve ni plan, ni proportion, ni perspective. Au lieu d'imiter la nature, les artistes grecs imitaient les artistes égyptiens, ou même les artistes indiens. On pourrait même comparer leurs œuvres à des peintures chinoises pour la crudité des lignes, pour les singularités impossibles de l'architecture, les formes bizarres des arbres et des animaux. Les Italiens de la renaissance n'étaient pas plus paysagistes que les Grecs de l'antiquité. Avant le xve siècle, on commence à voir quelques arbres et quelques montagnes s'élever sous leurs ciels; mais ces paysages sont d'une manière sèche, maigre, petite. Raphaël lui-même, dans ses premiers tableaux, n'a point des paysages qu'avec de petites formes et de maigres détails, au temps où déjà les Flandres avaient produit et produisaient des chefs-d'œuvre.

taureau et les mugissements de la génisse? Quelque riche que soit sa langue, il manquera toujours de couleur pour rendre tout le caractère du tableau qu'il a sous les yeux. Ce n'est donc point un poëte, mais un peintre, qui va se révéler. En Hollande, où il n'y a ni monuments, ni ruines, ni enthousiasme religieux, la poésie ne trouverait pas ce qu'elle cherche. Là, il faut se contenter de peindre la nature telle qu'elle est, telle que Dieu l'anime, telle qu'elle apparaît aux yeux du peintre. Seulement, quand le peintre s'appelle Ruysdael, il y met son âme. Est-il une églogue de Virgile qui soit plus poétique qu'un paysage de Ruysdael? La poésie est partout, parce que le grand artiste la porte avec lui.

Les Flandres n'ont pas eu seulement des paysagistes pour leur littérature nationale. Quel historien et quel théologien que Jean Van Eyck! Avons-nous de plus aimables romanciers que Terburg, Ostade, Metzu, Teniers? Quel philosophe profond, quel mystérieux penseur que Rembrandt! Quel rêveur que Breughel de Velours, avec ses paradis bleuâtres! quel fantaisiste que Breughel d'Enfer, avec ses créations si sombres dans leur folie! Quel poëte épique Anvers avait dans Rubens! quel historien dans Van Dyck! quel poëte comique dans Brauwer! Mais chaque ville des Flandres était une capitale pour le génie.

IV.

L'art flamand et hollandais forme trois âges bien distincts : l'âge religieux, qui ouvre l'histoire sous les Van Eyck et finit un siècle après avec Michel Cocxie; c'est l'époque des vitraux, des fresques, des prie-Dieu sculptés, des heures imagées, des manuscrits à découpures. L'âge héroïque va poindre à Anvers au moment où l'âge religieux est à son déclin : la noblesse prend dans la peinture la place du clergé; le palais l'emporte sur l'église; tous les peintres de cette seconde période sont nobles, anoblis, ou vivent noblement en grands seigneurs, avec des laquais et des équipages; ainsi Rubens, Van Dyck, de Crayer, Breughel, Teniers. Après l'âge héroïque, la peinture remonte vers le nord, où elle enfante Rembrandt, Potter, Ruysdael : la noblesse et la religion ne sont plus rien dans leurs œuvres; c'est la nature, cette fois, qui règne dans toute sa force, son éclat et sa beauté. De l'église au palais, il n'y avait qu'un pas; maintenant, du palais à la maison, il n'y a qu'un seuil à franchir. La Vérité sort du puits sans voiler son sein tout humide encore; le génie du foyer et des mœurs patriarcales l'attend à la porte; ils pénètrent ensemble dans l'atelier du peintre.

L'art et la poésie viennent d'un pays étranger surprendre une nation encore dans les ténèbres. Avant que le jour n'apparaisse, on voit briller à l'horizon un point lumineux qui annonce déjà le soleil. Cette aurore, les Flamands l'ont vue poindre vers l'Allemagne; mais ce fut bien sur eux, ce fut bien sur leurs prairies couvertes de grands bœufs, sur leurs canaux agités sous les barques, sur leurs villes de briques, que le soleil se leva radieux.

L'art flamand, après avoir puisé aux sources sublimes des vieux maîtres Wilhelm et Stéphan, est parti pieusement de Cologne pour aller s'établir à Bruges et à Gand; il emportait le souvenir de cet ineffable sentiment, de ces tons tour à tour dorés et bleuâtres, de ces aspirations à la beauté qui séduit l'âme plutôt que le regard, le souvenir enfin de tout ce qui a été le caractère, de tout ce qui a fait la gloire de l'école de Cologne. Mais, si l'art flamand est né à Cologne, on peut dire que dès son berceau, qui fut à Gand et à Bruges, il renia presque sa patrie. La sève et le parfum d'une nature plus pittoresque et plus féconde que grandiose lui donnèrent des forces qui le tinrent plutôt dans l'éclat de la vérité humaine que dans les rayonnantes splendeurs de l'extase religieuse.

A Gand et bientôt à Bruges, c'est Dieu et toujours Dieu que l'art veut glorifier; mais déjà, à l'école des Van Eyck, l'art s'éprend d'amour pour l'œuvre de Dieu. Ce n'est plus seulement pour les chrétiens agenouillés dans l'ombre des sanctuaires qu'il va représenter les pages sublimes de l'Évangile, c'est aussi pour la joie des yeux, les yeux qui sont panthéistes, même quand l'âme est chrétienne. Il demande à la couleur tout ce qu'elle peut donner de vie et d'éclat. Comme aux temps antiques, le sculpteur s'est épris de sa statue; il ne se contente pas de la faire vivre de la vie idéale, il veut lui donner la vie qui agite son cœur. L'art est descendu un peu des hauteurs de l'idéal, mais il s'est presque relevé par la vérité. Tout en demeurant religieux, le regard levé au ciel, il sent qu'il est bien de ce monde. Dans ses fonds d'or, Wilhelm avait détaché les célestes figures de tout souvenir terrestre; Jean Van Eyck place Dieu sur la terre. Dans les tableaux que peignait Wilhelm avec l'accent byzantin dans le cadre en ogive, le Dieu des chrétiens ne descendait pas de son trône d'azur; dans les tableaux de Van Eyck, Dieu conserve toute sa sereine majesté, mais déjà près de lui on voit poindre la nature : là-bas le coteau verdoie, les arbres s'élèvent, timides encore, mais tout à l'heure ils cacheront le ciel. Dans Dieu lui-même on voit percer l'homme. Les vieux maîtres flamands se sont trop rappelé ces paroles de Moïse : « Dieu créa l'homme à son image. » Or, chez eux, l'homme cachera bientôt Dieu comme les arbres du paysage cachent déjà le ciel. La vie matérielle éclatera sur la vie immatérielle, les fraîches couleurs de la santé vont éteindre les rayonnements de l'âme. C'est l'éternelle histoire dont Pan ferme d'une main la première page, qui est Dieu, quand de l'autre il ouvre la dernière, qui est la nature.

Les Van Eyck ramenèrent donc l'art à un accent plus humain que céleste. L'idéal, qu'ils ont vu de trop loin, ils le tempèrent par le réel; ils ne suivent pas l'exemple des anciens, qui prenaient la grandeur, la beauté, la grâce dans le monde universel. Ils représentent un sentiment par une seule figure. En vain Hemling qui souffrit, Hemling dont l'âme put s'élever plus haut par la douleur, ramena le style allemand et italien : il ne fit pas école. Il dépassa les maîtres de Cologne par l'austérité de la touche et l'élévation du sentiment; mais, malgré l'exemple donné par cet homme de génie, la peinture flamande ne voulut pas subir le joug de la grâce immatérielle.

Le Dieu de Hemling nous saisit et nous transporte. C'est le Dieu de ceux qui ont aimé, de ceux qui ont souffert. Mais, Hemling mort, c'est l'école des Van Eyck qui triomphe. Plus tard, sous Rubens, Van Dyck, Rembrandt, c'est l'homme qui domine, mais l'homme ennobli par l'art, c'est l'intelligence humaine, c'est l'œuvre de Dieu après Dieu. Plus tard encore, comme l'art, entraîné par le naturalisme, tend toujours à descendre, il ne représente plus que l'homme des mœurs privées, celui qui va boire au cabaret ou qui fume au coin de son feu. Voilà Steen, Hals, Brauwer, Metzu, Terburg, qui peignent la créature humaine dans toute sa vérité naïve, se contentant d'imiter et ne songeant pas à interpréter. Maintenant c'est la nature qui va régner en souveraine maîtresse. La voyez-vous qui palpite sous les mains de Paul Potter et de Ruysdael? L'homme lui-même va disparaître. Dès les premiers jours de l'école flamande, la nature s'était montrée timide et recueillie, mais attrayante déjà. Après avoir fleuri sous les mains patientes et amoureuses de Jean Van Eyck, Schoreel, Breughel le Drôle, Breughel de Paradis, Bril, Kuyp, Everdingen, Paul Potter, Berghem, Ruysdael, Hobbéma, comme elle s'est épuisée à toutes ces richesses, elle n'a plus rien à donner, ou plutôt nul d'entre ses enfants ne trouve la force de se suspendre à ses mamelles toujours fécondes. Qui oserait traduire encore ces poëmes et ces églogues, après tant de chefs-d'œuvre immortels? Cependant, comme les paysagistes ont voulu peindre la nature dans ses effets, dans ses contrastes, dans ses aspects variés, ils ont négligé quelque détail qui pourrait tenter le génie. Van Huysum va venir, qui mettra la nature dans un vase de fleurs. Ces fleurs sont des merveilles; il ne leur manque que le parfum, comme aux portraits de Rembrandt il ne manquait que la parole. Tout ce que Dieu a prodigué d'éclat, de délicatesse, de nuance et de charme dans un bouquet, Van Huysum le rend sans l'affaiblir. C'est encore la nature, mais à sa dernière expression. Ici gît l'art flamand et hollandais, qui a commencé, avec Van Eyck, par peindre Dieu dans sa gloire plus terrestre que céleste, qui a ensuite, avec Rembrandt et Paul Potter, reproduit l'œuvre de Dieu, qui a fini, avec Van Huysum, par représenter Dieu dans une tulipe.

Pourtant l'art comme la nature ne meurt pas tout-à-fait. Les hivers passent sur lui, mais il soulève le linceul de neige par les fleurs éclatantes du printemps ou plutôt du renouveau. L'art flamand et hollandais renaîtra. Déjà, à La Haye et à Bruxelles, ne voyons-nous pas poindre l'aube d'une vie nouvelle?

Jusqu'ici on n'a presque pas écrit sur l'art flamand et hollandais; Winkelman, Reynolds,

Diderot, en ont parlé pour ainsi dire entre parenthèses. Les écrivains flamands et hollandais (1) se sont contentés d'expliquer les moyens techniques, mais jamais l'idée; ils ont raconté les détails de la vie du peintre, mais ils n'ont pas dit un mot du caractère poétique de l'homme. Bayle, J.-B. Rousseau, Voltaire, l'abbé Prévost, tous les réfugiés en Hollande et en Belgique, n'ont pas écrit une ligne sur les peintres flamands et hollandais. Il y a bien peu de temps que l'art a pénétré dans la littérature. Winkelman ne dirait plus à notre époque : « La plupart des écrivains ne sont pas plus en état de parler des œuvres d'art que les pèlerins ne le sont de donner une description exacte de Rome. » Pour moi, je dois avouer que j'ai vu plus de tableaux que je n'ai ouvert de livres; cependant j'ai voulu consulter les auteurs qui ont étudié cette grande page de l'histoire de l'art.

(1) Luc de Heere, Heinecker, Carle Van Mander, Sandraert, Slingelandt, Cornille de Bie, Arnold Houbraeken, Campo Weyermans, Johan Van Gool, Mathieu de Wisch, Hagedorn, Descamps, qui était plutôt Flamand que Français.

HISTOIRE DE LA PEINTURE

FLAMANDE ET HOLLANDAISE

I

NAISSANCE DE L'ART EN FLANDRE

LES VAN EYCK

I

Dès le xe siècle, on vit poindre l'art en Flandre (1) dans les églises, dans les châteaux, dans les manuscrits, dans les verrières, dans les châsses, dans les mosaïques. C'est l'art grossier et majestueux des Byzantins. Il y avait dans les premières œuvres l'aspect grandiose, sombre et terrible des apparitions fantastiques. Dieu se montrait à travers les nuages; c'était l'art de l'esprit et non l'art des yeux. Mais la peinture nationale n'existait pas encore en Flandre. Des artistes étrangers y étaient venus, comme Jean de Liège, qui avaient formé quelques élèves, mais des ouvriers et non des disciples. Avant le xive siècle, on trouve quelques fragments précieux; mais, si on cherche une œuvre d'art digne d'étude et d'admiration, il faut aller jusqu'aux

---

(1) L'empereur Othon III amena d'Italie un peintre nommé Jean (né entre 960 et 970), auquel il fit peindre son oratoire, qu'il nomma ensuite évêque, et qui, n'ayant pu se faire accepter par son diocèse, reprit ses travaux et finit par élever l'église Saint-André, à Liége. — HIPPOLYTE FORTOUL. — *Des Peintures byzantines.*

frères Van Eyck (1). Tout le génie flamand éclata à la fois; on vit dans le même temps des peintres, des graveurs sur cuivre et des graveurs sur bois (2).

Le berceau de l'art flamand est la petite ville de Maaseyck, sur les bords de la Meuse, province du Limbourg, pays de Liége. Peut-être plutôt est-ce à un quart de lieue de là, au village de Eyck, qu'il faut marquer ce berceau. Dans la ville ou dans le village naquit, au xiv° siècle, vers 1345, un peintre estimé dont le talent s'est dispersé dans les vieilles églises de l'architecture gothique, dans les missels, dans les livres des couvents et des châteaux. Son nom même n'a pu être recueilli dans l'histoire de l'art; mais du moins cet homme vivra, parce qu'il a été le père des Van Eyck : Hubert, Jean et Marguerite. On pense qu'il avait étudié à Cologne, sous Stéphan ou Wilhelm : la tradition affirme qu'il peignait dans le sentiment austère de ces deux maîtres. On peut affirmer avec plus de raison que son fils Hubert, qui fut le seul maître de Jean, était de l'école de Cologne; il est aisé de s'en convaincre par les majestueux fragments signés de leur nom et venus jusqu'à nous.

Dans le célèbre tableau, le *Triomphe de l'agneau pascal*, commencé par Hubert et terminé par Jean, les deux frères se sont peints parmi les cavaliers, « guerriers du Christ qui représentent avec leurs bannières les confréries qui, avant l'existence des armées permanentes, formaient la milice nationale et urbaine. » Hubert a je ne sais quoi de paternel qui indique bien qu'il fut le maître de Jean; c'est une figure pensive et déjà vieillie. Le peintre est coiffé d'un bonnet orné de fourrure, d'une forme singulière et retroussé par-devant. Jean est représenté jeune encore; sa figure, plus noble et plus singulière, a une vive expression; il est coiffé d'un bonnet en forme de turban; il est vêtu d'une robe noire; il a un chapelet rouge à la main, et au bras une médaille pendante.

Hubert et Jean Van Eyck, attirés par Josse de Vydt, seigneur de Pamelle, échevin de Gand, allèrent, vers le commencement du xv° siècle, ouvrir un atelier dans cette ville. Ce fut pour le seigneur de Pamelle qu'Hubert entreprit le *Triomphe de l'agneau pascal.* Il fut très recherché

---

(1) Un des plus anciens ouvrages que possède le musée d'Anvers est un tableau peint dans la manière appelée gothique, et représentant la fête du serment des archers d'Anvers (*gengen Handboog*). Ce sont de curieux mémoires historiques sur l'époque où il fut fait, qui est sans doute la fin du xv° siècle, car les armes d'Espagne et d'Anvers, qu'on voit réunies en plusieurs endroits du tableau, semblent rappeler les fêtes qui eurent lieu pour le mariage de l'archiduc Philippe d'Autriche avec Jeanne-la-Folle, héritière des rois catholiques et mère de Charles-Quint. Ce tableau, qu'on a longtemps attribué au vieux maître Hans Verbeck, ou Hans de Malines, est maintenant sans nom d'auteur, ainsi qu'une *Adoration des Mages*, fine, douce et charmante, qui a passé pour l'œuvre de Josse Van Cleef, surnommé le fou.

Le premier par ordre de dates des ouvrages signés est un vieux et curieux triptyque de Jean Von Calcar, représentant une *Sainte Famille* au centre, et, sur les volets, la famille des commettants, père, mère, fils et filles. — L. VIARDOT. — *Musées de Belgique.*

(2) Seltsame mannen Neerlandts beroemen,
Uwe wercken laeten dit blycken :
Broeders Van Eycke weerdig te neomen,
Engelbrecht en Cornelis bloemen :
Wel door u boven alle de rycken.
Hunne fame moet men niet dedycken ;
Niemand en zal hun licht achterhaelen.
Noch jan Van Eyck den principaelen.
— LUC DE HEERE. — *Poème des Peintres Néerlandais.*

par les grands du pays pour son talent à peindre le portrait. Il suivait la nature pas à pas, quelquefois servilement, se complaisant avec trop de sollicitude dans l'esprit du détail; mais c'était un peu pour cela qu'il était admiré. Son frère Jean et sa sœur Marguerite vivaient avec lui comme en famille, dans une touchante communauté de fortune, de talent et de gloire.

Il n'est rien resté de Marguerite, du moins rien qu'on lui puisse attribuer avec certitude. Cependant, au musée d'Anvers et au musée de Madrid, on trouve deux éditions du même tableau, attribué à Marguerite Van Eyck. C'est un *Repos en Égypte;* la sainte famille voyageuse s'arrête au milieu d'un paysage de Flandre plein de vie et de saveur. Au second plan, des paysans conduisent la charrue; saint Joseph, courbé sur son bâton, apporte un pot de lait à la divine nourrice. En effet, pourquoi la sainte famille n'aurait-elle pas traversé la Flandre? La bonne Marguerite traduisait le livre sacré, sinon dans le grand style, du moins avec une naïveté touchante. Le tableau du musée de Madrid, comme celui du musée d'Anvers, est finement touché, avec de poétiques intentions. Les vieux biographes disent que Marguerite fut célèbre dans son siècle; ils assurent que telle était sa passion pour la peinture, qu'elle refusa les joies sacrées du mariage et de la maternité, craignant que les devoirs de l'épouse et de la mère ne l'empêchassent de peindre.

Jean, élevé dans les principes sévères de la ligne, montra de bonne heure un talent accompli, moins sûr peut-être, mais plus large que celui de son frère. Aussi, peu à peu le vieux Hubert fut détrôné par Jean. Peut-être mourut-il à temps, en septembre 1426, non qu'il dût être jaloux de son frère, qu'il regardait comme son fils, mais parce qu'il est toujours triste, pour un cœur fervent épris de l'art, de survivre à sa gloire. Le seigneur de Pamelle lui donna la sépulture dans la chapelle de sa famille. Le marbre du tombeau du vieux peintre représentait un squelette tenant en main une planche de cuivre où était gravée cette épitaphe en vers flamands :

« Vous qui marchez sur moi, imitez-moi; j'étais vivant comme vous, je suis à présent en bas, mort, enterré; je me nommais Hubert Van Eyck, aujourd'hui je suis la pâture des vers. Autrefois j'étais connu et j'avais beaucoup de réputation dans l'art de la peinture; peu de temps après, tout était évanoui! Ce fut l'année de la naissance de Notre-Seigneur 1426, durant le mois de septembre, le dix-huitième jour, que je rendis avec souffrance mon âme au Seigneur. Puissé-je avoir miséricorde devant sa face! Priez pour moi, vous qui aimez le talent. Évitez le péché, faites le bien, car à la fin, comme moi, vous devez mourir. »

Dans une histoire de Flandre de 1668, Marc Vaernewick, qui écrivait avec un vif sentiment des arts, rapporte que l'os du bras d'Hubert Van Eyck, auquel avait été attachée la main habile de ce peintre, fut longtemps exposé à la vénération du public. » L'historien ajoute qu'il a vu lui-même cette relique dans une armoire de fer à la porte de l'église.

Marguerite fut enterrée dans la même église, d'après ces vers de Luc de Heere gravés dans la chapelle de Josse de Vydt : « Ici est enterré Hubert ; sa sœur n'est pas loin. Elle aussi étonnait le monde par ses tableaux. »

Philippe-le-Bon, duc de Bourgogne, avait, en 1420, sa cour à Bruges. C'était un prince protecteur des arts. La renommée des Van Eyck l'avait frappé ; sans doute il était allé les visiter à Gand, sans doute il avait tenté de les attirer à sa cour. Il faut supposer que Hubert voulut mourir le peintre et serviteur dévoué de Josse de Vydt, son ami et royal protecteur. Jean n'avait pas la même religion pour le seigneur de Pamelle. Dès la mort de son frère, on voit qu'il se laisse entraîner à la cour de Philippe-le-Bon, même avant d'avoir terminé le *Triomphe de l'agneau pascal*. Ainsi, quoique ce tableau n'ait été livré à Josse de Vydt que le 6 mai 1432, on a la preuve (1) que, du 19 octobre 1428 au 11 octobre 1429, Jean Van Eyck fut de l'ambassade que le duc de Bourgogne envoya en Portugal pour demander en mariage la fille du roi. Le peintre de Gand avait la mission de faire le portrait d'Isabelle. Au retour de cette heureuse mission, il retourna à Gand continuer son grand tableau ; mais, quoiqu'il ne vînt habiter Bruges qu'en 1432, il y passa sans doute le meilleur de son temps, occupé à peindre toutes les figures de la cour.

Il vécut familièrement avec le duc de Bourgogne, qui le nomma son conseiller privé. Sa renommée de plus en plus brillante le fit rechercher par tous les hommes de marque de son temps. Bruges était, au xve siècle, la plus riche entre toutes les villes commerçantes de l'Europe. Jean Van Eyck se trouva sur le chemin d'une fortune rapide. Frédéric, duc d'Urbin, lui paya ce qu'il voulut un tableau représentant un bain ; Laurent de Médicis lui acheta d'avance plusieurs tableaux ; les négociants de Florence ne trouvèrent rien de mieux à donner à Alphonse, roi de Naples, qu'un tableau du peintre de Bruges. En voyant ce tableau à Naples, Antonello de Messine, émerveillé du talent du peintre et de la fraîcheur du coloris, abandonna sa famille et son œuvre pour aller à Bruges demander à Jean Van Eyck le secret de sa manière de peindre.

Il s'était marié on ne sait où et en quelle année. Le portrait de sa femme peint par lui, qui est à l'académie de Bruges, est daté de 1439 ; une inscription, d'usage autrefois, nous apprend que cette femme était âgée de trente-trois ans. Selon un document des archives de Bruges, elle lui aurait survécu, car ce document mentionne une dame, veuve de Jean Van Eyck. A en croire le portrait du musée, elle n'était pas belle. C'est une vraie Flamande, blonde et mal coiffée. Elle a le nez pointu, l'œil perçant, la lèvre mince. Jean Van Eyck, heureusement, ne la regardait pas quand il peignait les visages de ses tableaux. Il mourut jeune, c'est-à-dire n'ayant pas atteint sa cinquantième année, en 1445. Dans une ode hollandaise, Luc de Heere chante tristement : « De bonne heure, cette noble fleur s'en alla de ce monde. » Plus tard, Van

---

(1) *Documents inédits concernant l'histoire de la Belgique*. — GACHARD. — *Messager des Arts*, publié à Gand.

Waerne Wick, qui écrivait à Gand son histoire des Belges, dit que Jean mourut jeune, et que, s'il avait pu vivre, « il eût surpassé tous les peintres du monde. » Selon Van Mander, Jean fut enterré à Bruges, dans l'église Saint-Douart, « où l'on voit son épitaphe en latin, sur un pilier. » Cette épitaphe a disparu, mais l'écrivain hollandais l'a recueillie :

« Ci-dessous repose Jean, célèbre par ses vertus, dont le talent fut en grand renom chez les connaisseurs, et dont l'art fit paraître vivante la nature morte. Il donna la vie aux herbes, aux champs, aux fleurs; Phidias et Apelles doivent lui céder le pas, Polyclète aussi s'efface devant lui. C'est à juste titre qu'on peut appeler les Parques cruelles de nous avoir enlevé un tel homme. Des pleurs sont inutiles, tel est le destin irrévocable. Priez pour lui; que son âme en paix repose auprès de Dieu. »

Avant de parler de l'œuvre et de l'école des frères Van Eyck, voyons quel fut celui des deux qui inventa la manière de peindre à l'huile (1).

II.

ORIGINE DE LA PEINTURE A L'HUILE.

Les anciens ne peignaient qu'à fresque et en détrempe; malgré tous les débats, toutes les interprétations, tous les démentis des historiens, c'est une opinion désormais inattaquable (2). Mais trouvera-t-on dans les temps modernes l'origine certaine de la peinture à l'huile? Un

---

(1) Le journal commencé par l'abbé Prévost, *le Pour et le Contre*, est le premier livre où il soit question en France de l'origine de la peinture à l'huile. — *Tome XI, p. 297 et suivantes.* — L'article est rédigé par un homme qui n'a pas approfondi la matière. Ces pages, qui fourmillent d'erreurs, sont plus curieuses qu'utiles à consulter. L'auteur attribue la découverte à Jean Van Eyck, sans indiquer la source de son opinion.

(2) RASPE, — LESSING, — MONTABERT. — « Il est bien avéré aujourd'hui qu'avant Jean de Bruges l'on ne peignait qu'en détrempe. Les tableaux qu'on cite à l'huile ne sont que des essais malheureux. Cet éclat à la Corrége, qui frappe dans les anciennes peintures grecques, vient peut-être de ce que les ouvriers employaient aussi le blanc d'œuf ou la cire pour vernir leurs tableaux. Quoi qu'il en soit, après l'an 1300, on ne trouve plus que des tableaux en détrempe, sans éclat comme sans mérite. Des érudits ont voulu que l'art de peindre à l'huile nous vînt des Romains. La grande preuve sur laquelle on se fonde est une antiquaille conservée à Verceil et respectée des savants sous le nom de tableau de sainte Hélène : c'est une espèce de broderie composée de morceaux d'étoffe de soie cousus ensemble de manière à représenter une Madone portant l'enfant Jésus. Les ombres des vêtements sont faites à l'aiguille, et en grande partie avec le pinceau. Les têtes et les mains sont peintes à l'huile. La couture est l'œuvre de sainte Hélène, mère de Constantin; la peinture à l'huile fut ajoutée par les peintres de sa cour : voilà ce que disent les érudits. Malheureusement l'usage de peindre Jésus sur le sein de sa mère est postérieur au IVe siècle, et le papier du tableau de Verceil est du papier de linge. » — DE STENDUAL.

« L'usage de délayer des couleurs avec de l'huile, pour rendre ces couleurs plus solides, était assurément connu

moine allemand appelé Théophile, qui écrivait vers le xie siècle, peut-être sur la fin du xe, a laissé un manuscrit intitulé : *De omni scientia picturæ artis*. Ce manuscrit, où l'auteur enseigne la manière de peindre à l'huile, a-t-il été connu des Van Eyck? Lessing a voulu, ce manuscrit en main, revendiquer pour les Allemands la découverte de la peinture à l'huile; mais, en étudiant ce manuscrit, on se convainc bientôt que Théophile n'y enseigne que le procédé de remplir par des teintes plates, sans ombres et sans gradations, des contours de figures, comme dans les vases étrusques et dans les anciennes miniatures; même en admettant que Théophile ait connu et décrit le procédé de la vraie peinture à l'huile, on a cherché vainement dans les anciens tableaux des xiie, xiiie et xive siècles, des traces de ce procédé. Théophile n'aurait donc voulu parler que d'une expérience de laboratoire. Mais ces paroles du manuscrit viennent encore nous prouver que le moine allemand ne considérait l'huile que comme effet partiel : « Il serait trop long et trop ennuyeux d'user de cette méthode dans les figures (1). »

Toute l'Italie, de Messine à Bologne, de Naples à Venise, a voulu pareillement s'attribuer la découverte de la peinture à l'huile. Son titre principal est un traité de peinture de Cennino Cennini, daté de 1437, où ce peintre parle « de la manière de travailler à l'huile, sur mur, sur panneau, sur fer et sur quoi tu voudras. » Il n'y a qu'une réponse à faire aux laborieux savants qui argumentent avec ce livre oublié : Cennino Cennini n'a jamais peint à l'huile.

Sans nous arrêter davantage à toutes les recherches non moins tardives qui ont attribué cette précieuse découverte à Antonello, écoutons Vasari, qui a écrit au temps où la vérité se pouvait recueillir, c'est-à-dire peu de temps après la mort d'Antonello : « Antonello rapporta la nouvelle manière de colorier de la ville de Bruges, où Jean de Bruges la lui avait enseignée. » S'il y avait eu seulement un doute sur ce point important de l'histoire de l'art, Vasari eût-il dépouillé un compatriote pour rendre hommage à un étranger? Une autre preuve : en 1463, Andrea Castagno tua son ami Dominico, « afin d'avoir seul, à Florence, un secret encore ignoré en Toscane. » En 1463! c'est-à-dire un demi-siècle après la découverte en Flandre! La

---

des anciens; mais l'application des couleurs ainsi disposées à la *peinture* proprement dite, il ne semble pas qu'ils l'aient connue : on n'en trouve nulle trace ni dans les livres ni dans les monuments. Rollin, homme assez compétent sur quelque matière que ce soit d'antiquité, avance que « les anciens ne peignaient qu'à fresque ou en détrempe. » Il faut ajouter qu'ils peignaient aussi, non pas à l'huile, mais à l'encaustique, et cela, soutiennent les amateurs de ce dernier procédé, parce qu'ils l'avaient reconnu de beaucoup supérieur à celui de l'huile. Vitruve dit, à la vérité, que les anciens frottaient d'huile les murailles peintes; mais il est clair que ce n'est pas là peindre à l'huile, tout au plus est-ce vernir. » — SCHOELCHER. — *Origine de la peinture à l'huile*.

(1) Cependant il y a des contradictions dans ce traité du moine allemand : ainsi il dit aussi que, pour mieux peindre les visages, les oiseaux, les feuilles, il faut broyer ses couleurs avec de l'huile de lin : « Accipe colores quos imponere volueris terrenis eos diligenter oleo lini sine aqua, et fac mixturas vultuum ac vestimentorum sicut superius aqua feceras, et bestias, sive aves, aut folia variabis suis coloribus prout libueris. » Peut-être n'a-t-il manqué à Théophile que d'être un grand peintre comme le furent les Van Eyck pour faire prévaloir sa découverte.

manière de peindre à l'huile fut découverte à Bruges par les Van Eyck, de 1410 à 1415 (1). Seulement la gloire en revient-elle à Hubert ou à Jean? En 1415, Jean n'avait pas vingt ans (2).

Ce qui est sans conteste, c'est que ce fut la statue de Jean et non celle de Hubert que la ville de Bruges éleva glorieusement dans ses murs. Cependant, pourquoi Jean plutôt qu'Hubert, Hubert, l'aîné et le maître, Hubert, qui commença le fameux tableau qui est encore, à cette heure, dans l'église de Saint-Bavon de Gand, *le Triomphe de l'agneau pascal*, vers 1420, à peine vingt ans après la naissance de Jean, selon les traditions les plus sérieuses?

Dans *la Flandre illustrée*, parmi les inscriptions monumentales dues à la sollicitude de Christophe de Huerne, et recueillies par Sanderus, on rencontre celle qui se trouvait autrefois sur la bordure du tableau :

> Pictor Hubertus e Eyck, major quo nemo repertus,
> Incepit; pondusque Johannes, arte secundus,
> Perfecit lætus, Judoci Vydt prece fretus.

« Le peintre Hubert de Eyck, le plus grand qui ait jamais existé, a commencé l'ouvrage, et Jean, le premier de son art après lui, l'a terminé à la prière de Josse de Vydt. »

En 1572, il parut une galerie de portraits de peintres flamands. Lampsonius, le graveur, détacha les têtes d'Hubert et Jean Van Eyck du panneau capital du tableau des deux frères, *le Triomphe de l'agneau pascal*. Or, à cette époque où il n'y avait pas encore sur l'art flamand d'histoire écrite, on n'écoutait sans doute que la tradition; voici donc comment parlait la tradition par la bouche de Lampsonius, qui était graveur, peintre et poëte latin :

Pour le portrait d'Hubert. — « Aux louanges que ma Muse vous a données, on peut encore ajouter : c'est qu'ayant eu votre frère pour disciple, par vos soins ce disciple a de beaucoup surpassé son maître. »

Jean Van Eyck se parlant à lui-même : « C'est moi qui, avec mon frère, inventai la manière de mélanger les couleurs avec de l'huile de graine de lin. Les premiers, nous avons inventé la peinture à l'huile, découverte qui ne fut pas même connue d'Apelles. »

On pourrait, par d'autres citations, prouver que la tradition a, sinon accordé à Hubert la découverte, du moins partagé cette gloire avec son frère.

L'histoire écrite a tout bouleversé, voici comment : Antonello ne vint en Flandre que vingt ans après la mort d'Hubert; il ne connut donc que Jean, dont la renommée s'était accrue de toute la gloire du défunt. L'école de Bruges, jeune et soumise, admirait Jean, son vrai maître,

---

(1) VASARI, *Vie d'Agnolo Gaddi*.   (2) WAAGEN, PUCCINI, DE BAST.

oubliant le pauvre Hubert, qui avait été le maître de Jean. Antonello n'alla pas interroger à Gand le tombeau du frère aîné. Il venait chercher le secret de peindre à l'huile, et non saluer l'auteur de la découverte. Quand il retourna en Italie, il dut parler du génie de Jean, qui émerveillait tous les artistes du Nord, sans même songer à Hubert, qui n'avait laissé qu'une œuvre inachevée. Vasari écrivit son histoire, comme tous les historiens du temps, sur la version la plus naturelle. Celui-là est très excusable; mais l'historien flamand, Van Mander, qui copia Vasari, peut-il être excusé? L'erreur, copiée religieusement par tous ceux qui sont venus ensuite, Ridolfi, Borghini, Lanzi, Félibien, Descamps et tant d'autres, s'est continuée jusqu'au jour où la statue de Jean fut élevée aux acclamations de la ville de Bruges; mais, dès le lendemain, de Bast, bourgeois de Gand, et Waagen, docteur de Berlin, par de savantes recherches, ont à peu près prouvé que c'était à Hubert et non à Jean que la ville de Bruges reconnaissante devait élever un monument (1).

Cependant quelques historiens de bonne foi, Descamps entre autres, assurent que Jean, quoique bon peintre, avait une inclination décidée pour d'autres sciences, surtout pour la chimie. En cherchant le moyen de purifier ses couleurs pour les rendre plus durables, il avait trouvé un vernis qui donnait plus d'éclat et de force à ses tableaux. « Mais ce vernis ne se séchait point de lui-même, il fallait exposer le tableau au soleil. Un jour, le soleil, dans son ardeur, sépara en deux le tableau exposé, qui était sur bois. La douleur de voir ainsi détruire le fruit de ses travaux lui fit avoir recours à la chimie pour tenter si, par le moyen des huiles cuites, il ne pourrait pas trouver celui de faire sécher son vernis sans le secours du soleil ou du feu. Il se servit des huiles de noix et de lin comme les plus *siccatives*, et, en les faisant cuire avec d'autres drogues, il composa un vernis beaucoup plus beau que le premier. Il prouva de plus que les couleurs se mêlaient mieux avec l'huile qu'avec la colle ou l'eau d'œuf, dont il s'était jusqu'alors servi, ce qui détermina notre artiste à suivre cette nouvelle méthode. » On voit que le hasard se montre ici comme dans toutes les découvertes. On ne peut nier ce récit des anciens auteurs, qui a tout l'accent un peu vulgaire de la vérité; mais pourquoi n'est-ce pas aussi bien Hubert que Jean qui se trouve dans ce récit? Jean, on l'a vu, est né au commencement du xve siècle, et, dès 1419, on a des traités, aux archives de Gand, où des peintres s'engagent à faire, non plus des « mises en couleur de statues ou de murailles, mais des tableaux en bonnes couleurs à l'huile. » D'ailleurs, on l'a vu, *le Triomphe de l'agneau pascal* fut commencé vers 1420; ce n'était pas le lendemain de la découverte que Hubert se fût hasardé à entreprendre une telle œuvre avec un nouveau procédé (2). Or, était-ce à quinze ou dix-huit ans que Jean eût pu faire cette découverte, qui ne demandait pas un homme de génie, mais au moins un studieux

(1) *Messager des Arts de Gand*, années 1823, 1824 et 1825.
(2) Nous avons sous les yeux *le portrait d'un peintre du temps* (peinture à l'huile) attribué à Hubert Van Eyck, daté de 1413.

observateur? Qui sait? peut-être fallait-il la hardiesse aveugle d'un écolier pour arriver à cette découverte si simple? Mais, puisque ce sont deux frères, qu'importe? c'est le même nom, c'est le même cœur. Hubert, s'il revenait, serait le premier à saluer la statue de Jean.

Vasari, Van Mander et Descamps ont calomnié les Van Eyck quand ils ont écrit que ces deux célèbres artistes ne permettaient à personne d'entrer dans leur atelier pendant l'heure du travail, afin de garder toute leur vie le secret de leur découverte. Roger de Bruges et Van der Goës trouvèrent bon accueil dans leur atelier. Peut-être Jean Van Eyck se montra-t-il moins empressé à accueillir Antonello de Messine, qui, pour lui, était moins un artiste qu'un étranger avide de faire sa fortune avec cette découverte. Cependant Antonello retourna bientôt en Italie avec le secret d'Hubert et l'amitié de Jean.

III.

L'ŒUVRE DES VAN EYCK.

Dans *le Triomphe de l'agneau pascal* peint par Hubert et Jean, on remarque de grandes beautés de style et d'expression; le coloris a conservé toute sa fraîcheur primitive, toute sa force, toute son éclatante poésie. Les Vénitiens n'ont pas mieux possédé le génie de la couleur (1). *Le Triomphe de l'agneau pascal* est un tableau à volets composé de douze pièces, quatre de fond et huit volets peints en dedans et en dehors. Le génie de Hubert avait un caractère plus naïf et plus grandiose, mais Jean peignait avec plus de science et de souplesse. Hubert a naïvement développé son sujet sur les volets extérieurs. Au-dessus du panneau capital et sur la même largeur, le Père éternel, en longue barbe noire, tient d'une main un sceptre de cristal; l'autre

---

(1) « Pendant que l'Italie proclamait la résurrection de sa peinture et célébrait ses nouveaux triomphes, la Flandre voyait s'opérer chez elle une révolution non moins éclatante. Otto Venius, à son retour d'Italie, s'était mis à peindre avec la chaleur de ton et la magie de couleur des Vénitiens. A vrai dire, il ne faisait que rendre à son pays ce que Venise lui avait emprunté, car ce sol brumeux de la Flandre, malgré son pâle soleil, est bien sans contredit la mère-patrie du coloris. Ce n'est pas seulement l'art de peindre à l'huile que Van Eyck a inventé; il a connu et pratiqué la science de tous les grands effets lumineux. Voyez, dans le musée de Bruges, cet archevêque en grands habits sacerdotaux, entouré de son clergé; peut-on pousser plus loin non-seulement le relief des carnations et de tous les détails du costume, mais même l'harmonie générale, la dégradation des plans, le fondu et l'empâtement des couleurs? On a peine à comprendre comment, après de tels exemples, les successeurs de Van Eyck tombèrent si vite et restèrent si longtemps dans une sécheresse plate et décharnée. L'influence allemande les avait subjugués; mais, au premier signal donné par Otto Venius, les vieux instincts du pays se réveillèrent, et de ce jour l'école flamande redevint essentiellement coloriste. » — L. VITET.— *Eustache Lesueur.*

main est levée et semble bénir. Le peintre a représenté Dieu dans toute sa jeunesse et dans toute sa majesté; l'air de tête est tout à la fois noble, ferme et profond. A la droite de Dieu, la figure inclinée, la Vierge lit un livre qu'elle tient des deux mains. C'est la Vierge pleine de grâce, bénie entre toutes les femmes; sa bouche est entr'ouverte avec une candeur infinie. On voit que c'est la science du ciel et non celle des hommes qui passe dans son âme. Saint Jean, assis comme elle à côté de Dieu, lit aussi; un livre est posé sur ses genoux; sa tête, d'une grande expression, est maigre et pensive; sa barbe et sa chevelure, d'une longueur démesurée, achèvent de lui donner l'aspect inculte qui convient au Précurseur. Ces trois figures, de grandeur naturelle, se détachent sur des tapisseries brochées, à part les têtes, radiées sur un fond d'or couronné d'inscriptions. Dieu est revêtu d'un manteau et coiffé d'une tiare où Hubert a semé d'une main prodigue des pierres précieuses, dignes du lapidaire autant que du peintre. Le bâton de cristal est, par sa transparence, une merveille d'exécution. La Vierge est enveloppée d'habits somptueux. Saint Jean lui-même porte, par-dessus sa peau de mouton, un manteau brodé avec agrafe d'or et de rubis. Mais ce qui frappe surtout, c'est la beauté idéale de Dieu, de la Vierge et de saint Jean. C'est l'œuvre d'un grand peintre, puisqu'on reconnaît les célestes figures sous les habits humains.

Aux deux extrémités, les deux volets représentent Adam et Ève, les seules figures nues du tableau; entre l'homme et la femme, des groupes d'anges largement drapés chantent les louanges de Dieu. Toutes les têtes sont variées dans leur vive expression. Ève tient, contre la tradition, une figue et non une pomme à la main. Selon Van Mander, Hubert était un érudit ayant puisé son idée dans saint Augustin et les pères de l'église, qui disent qu'après leur chute Adam et Ève couvrirent leur nudité d'une feuille de figuier.

Voilà l'œuvre d'Hubert, voyons celle de Jean. Chez lui, la nature s'annonce déjà; il a placé l'agneau debout sur une table au milieu d'une prairie verdoyante tout émaillée de fleurs; en avant, une fontaine jaillit et ruisselle dans des bassins délicatement sculptés; c'est la fontaine d'eau vive de l'amour divin. Deux anges portant les insignes de la passion et armés de l'encensoir gardent l'agneau sans tache; un nombre infini d'hommes et de femmes entourent la table où la victime sans péché répand son sang, par une blessure à la gorge, dans un calice béni: ce sont ceux qui aspirent à la fontaine d'eau vive où l'agneau conduit tous les fidèles. Dans cette multitude, on distingue les martyrs avec des palmes, les prophètes, les papes, les évêques, les cardinaux, enfin, prosternés sur le devant, « les vingt-quatre vieillards qui ont des trônes à l'entour de Dieu, » selon l'Apocalypse. Au milieu de la foule sont les pèlerins, les ermites, les justes juges et les guerriers du Christ. « Et j'entendis toutes les créatures qui sont dans le ciel, sur la terre, sous la terre et dans la mer, et tout ce qui est dans les cieux, qui disaient à celui qui est assis sur le trône et à l'agneau: Bénédiction, honneur, gloire et puissance dans les siècles des siècles! » Jean Van Eyck a su animer cette foule gravement échelonnée avec la fécondité d'un génie puissant; tout y est varié à l'infini, l'air de tête comme le costume, l'attitude comme le caractère.

Toutes les passions humaines se montrent dans cette œuvre sous un rayon de piété rendu avec un profond sentiment, on pourrait dire avec une candeur primitive. Le paysage est attrayant; les plantes sont d'une grande vérité, bien que le peintre ait bizarrement rapproché des arbres de divers climats; la composition, toute compliquée qu'elle soit, semble naturelle; les draperies rappellent Albert Durer; les tons ont conservé toute leur fraîcheur : les rouges, les pourpres et les bleus sont aussi vifs qu'au premier jour. On regrette que l'artiste se soit trop complu au fini, comme dans les cheveux, les barbes, les crins de chevaux.

La critique a voulu expliquer ce tableau et y découvrir des symboles. Peut-être n'est-il que l'expression naïve de l'artiste plutôt que du penseur; voici d'ailleurs une explication digne d'être reproduite. « Pour peu qu'on ait étudié les œuvres d'art du moyen âge, auquel cette peinture touche encore, et que l'on sache les idées symboliques et *encyclopédiques* à la fois qui occupaient l'esprit de tous les artistes, il est impossible de croire que les figures et les volets que nous venons de décrire aient été pris au hasard par Hubert, et n'aient pas, dans sa conception, formulé quelque chose. Ce sont plusieurs tableaux, si l'on peut dire, qui concourent à n'en faire qu'un seul. Dieu le Père, avec la tiare à triple couronne et bénissant, nous paraît représenter l'être trinitaire de la religion catholique. Le livre où lit saint Jean, le dernier des prophètes, doit être celui de *la promesse*, de *l'ancienne alliance*, le Vieux-Testament enfin; le livre dans lequel lit la Vierge, mère du Rédempteur, doit être celui de *l'accomplissement*, de *la nouvelle alliance*, le Nouveau-Testament. Placez, à côté de ces personnages de la mythologie chrétienne, les concerts des anges qui exaltent la grandeur du Très-Haut; Adam et Ève, les deux générateurs de l'humanité; puis, au-dessous, les fidèles prosternés devant l'agneau sans tache, dont le sang coule pour nous racheter, les guerriers, les pèlerins, les princes, les ermites qui accourent du fond des vallées, du sommet des montagnes, afin de prendre part au sacrifice de la victime immaculée : vous aurez un résumé concret de la foi chrétienne tout entière (1). »

Autrefois les Gantois ne permettaient de voir ce tableau que les jours solennisés par l'église. Van Mander compare la foule qui venait s'agenouiller et s'extasier devant cette œuvre à un essaim d'abeilles autour d'une corbeille de figues et de raisins.

On retrouve encore à l'académie de Bruges Hubert et Jean Van Eyck : Hubert dans une petite *Adoration des Mages* très assombrie, Jean dans une *Vierge glorieuse*, vaste composition où l'on remarque une singulière vigueur de pinceau et en même temps une grande sollicitude pour les détails (2).

---

(1) Schoelcher. — *Origine de la peinture à l'huile.*
(2) Cette œuvre, datée de 1456, serait, selon les critiques, dans le goût et le style du Pérugin. Il faudrait alors admettre que Van Eyck fut un des maîtres de l'école italienne, car le Pérugin naquit en 1446, dix ans après. Antonello de Messine ne serait donc pas seulement venu en

Une composition non moins considérable est *le Calvaire* du musée d'Anvers. Le Christ est en croix au milieu d'une église gothique, entouré de la Vierge, de la Madeleine et de saint Jean. Sept autres groupes représentent les sept sacrements en action. La belle architecture de ce tableau prouve que le génie de ce vieux maître était vaste et varié. Cette œuvre est d'un grand effet. En l'étudiant, on ne peut qu'admirer la perfection du travail.

A la Pinacothèque de Munich, Jean Van Eyck apparaît dans tout son fier et candide génie. On a réuni dans ce musée trois *Adorations des Mages*, dont l'une est surtout remarquée pour un charmant paysage d'hiver; mais le tableau capital est *saint Luc peignant la Vierge*. Jean Van Eyck, par un touchant et fraternel souvenir, a peint son frère sous les traits de saint Luc, qui fut, selon la légende, le premier peintre chrétien. La Vierge, qui tient Jésus endormi sur son sein, est animée d'une expression maternellement divine. Il y a, dans ce tableau, je ne sais quel souvenir du ciel.

On voit, au Louvre, deux chefs-d'œuvre de Jean Van Eyck, chefs-d'œuvre par le sentiment profondément humain, sinon splendidement céleste, chefs-d'œuvre par l'intelligence de la composition, mais surtout par l'éclat du coloris. Van Eyck semble avoir eu le secret de la fraîcheur éternelle; ces deux tableaux semblent sortir de l'atelier; et encore de quel atelier! Le premier représente la Vierge couronnée par un ange, ensevelie dans une draperie bleue. Jean Van Eyck ne pouvait se décider à peindre des anges nus; il ne créait pas les habitants du ciel d'après ses rêves, il les créait d'après les habitants de la terre. La Vierge de Van Eyck est dans un intérieur charmant; le salon est pavé en mosaïque. Tous les détails témoignent d'un goût parfait; mais ce qui ravit dans cette œuvre, ce qui indique surtout où est le sentiment du peintre, c'est le paysage si doux et si poétique qu'on voit se dérouler sur les rives de la Meuse par une grande fenêtre en ogive. Le second tableau représente *les Noces de Cana*; ce sont des noces de Cana en Flandre. Cependant il ne faudrait pas s'imaginer que déjà les Ostade ou les Teniers se montrent dans Jean Van Eyck; non, Jean Van Eyck est profondément naïf et chrétien, il ne lui manque qu'un peu plus de poésie pour s'élever dans les hautes régions. Jean Van Eyck a mis à table un petit nombre de personnages, qui, à défaut de l'accent judaïque, ont au moins l'accent flamand. Comme dans tous ses tableaux, Jean Van Eyck montre un très-joli goût pour l'architecture: la salle du festin s'ouvre par des arcades sur une place où l'on peut admirer le caractère architectural, à la fois sévère et gracieux, de la ville de Bruges.

Hubert Van Eyck a perdu en vieillissant l'éclat primitif de son coloris. Jean Van Eyck a conservé toute sa vigueur de ton. On le reconnaît à une nuance pourprée qui illumine poétiquement toutes ses pages.

Flandre pour emporter le secret de la peinture à l'huile, mais encore pour imiter la manière du peintre de Bruges. Il y a là grave matière à discussion; mais, selon nous, les critiques ont trop légèrement reconnu le style italien dans le style flamand (il serait plus juste alors de dire le style flamand dans le style italien).

Les Van Eyck étaient de studieux artistes, qui, séduits par la couleur éclatante, ont manqué de la science d'harmonie. Ils n'ont pas su sacrifier quelques tons trop vifs, ce qui donne souvent aux ouvrages de leur temps, quelquefois à leurs tableaux, un aspect de découpures heurtées. On peut dire aussi que leur dessin manquait un peu d'élégance. Mais, quand on songe que les grâces de l'antique leur étaient voilées, quand on étudie la candeur de leur pinceau, défaut ou plutôt qualité que nous ne retrouverons pas, quand on se rappelle leur imagination si vive et si vaste en ce pays de Flandre où jusqu'alors l'Art avait à peine secoué ses langes, où la Poésie n'était jamais passée et ne devait jamais passer, si ce n'est pour accompagner sa sœur, la Peinture, on aime et on salue les frères Van Eyck, même en oubliant qu'ils ont découvert la peinture à l'huile, qui nous permettra d'admirer toujours dans leur éternelle fraîcheur Raphaël et Rubens.

IV.

ÉCOLE D'HUBERT ET DE JEAN VAN EYCK : — ROGER DE BRUGES, — HUGO VAN DER GOES, — GUÉRARD VAN DER MEER.

Roger de Bruges imitait les Van Eyck dans la manière de peindre, mais non dans le sentiment. Il aimait les sujets familiers, comme les mascarades, qu'il peignait de grandeur naturelle. Van Mander assure que c'était un élève digne de son maître. Il avait vu de ce peintre plusieurs grandes pages qui, selon l'usage des XIVᵉ et XVᵉ siècles, servaient de tapisseries dans les appartements. Il y a aussi de lui des tableaux religieux dispersés dans les églises; mais c'étaient un peu les mascarades de la religion, car il manquait de cette candeur qui était souvent l'âme et le génie des Van Eyck.

Hugo Van der Goës (1), né à Bruges, fut meilleur élève et plus tard meilleur maître que Roger. Il a représenté des Vierges d'un sentiment élevé. Il excellait à bien rendre les herbes, les cailloux, les feuilles, les petits détails de la nature. On vantait beaucoup un tableau de lui, *Abigaïl allant au-devant de David*. David était représenté à cheval avec sa suite, dans un paysage merveilleusement étudié. Les femmes qu'on y voyait avaient toutes un grand air de noblesse biblique et de douceur primitive.

Esraël Van Mekenen (2) imita le style de Jean Van Eyck, sans toutefois renier les Byzantins.

(1) 1400-1480.   (2) Né en 1440.

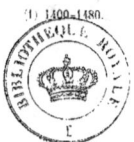

C'était un artiste puissant, mais un peu lourd, ainsi que le témoignent ses tableaux religieux du musée de Munich.

Guérard Van der Meer, né à Gand vers le commencement du xv° siècle, imita la manière des Van Eyck. Il se fit remarquer par des tableaux sacrés et profanes d'un beau fini et d'une couleur vivante. On a beaucoup admiré de lui une Lucrèce d'une beauté contestable, mais d'un caractère surprenant (1).

Mais la gloire de l'école fut Cornelius Enghelbrechtsen, qui fut élève des Van Eyck par tradition et qui devint le maître de Lucas de Leyde.

L'histoire a négligé de recueillir le nom des autres élèves ou imitateurs des Van Eyck (2). Le nombre ne fut pas grand, à en juger par les œuvres du même style qui se reconnaissent dans quelques villes de Flandre. Hemling, le grand maître, qui montra tant de génie quand les glorieux Van Eyck furent couchés dans leurs tombeaux, Hemling ne créa pas d'imitateurs en Flandre. Ceux qui n'avaient pas vu le Pérugin et qui ne pressentaient pas Raphaël pouvaient-ils comprendre toute la suprême majesté de la poésie et du style de Hemling, le maître qui s'éleva sur son génie jusqu'au ciel pour trouver le sentiment?

---

(1) On trouve à Gand, dans la cathédrale de Saint-Bavon, un tableau de Van der Meer, dont les têtes surprennent par leur étrange conformation. Van der Meer, plus qu'aucun vieux peintre, a cherché, par la largeur outrée du front, à exprimer dans les figures chrétiennes la suprême vie de l'intelligence.

(2) Un manuscrit flamand de la fin du xv° siècle cite de Josse de Gand parmi les élèves de Hubert. Selon le même manuscrit, Guérard Van der Meer aurait étudié sous les yeux mêmes de Hubert. Descamps, qui le fait naître vers 1450, se tromperait donc de cinquante ans?

Pierre Christophoro, dont on retrouve çà et là quelques panneaux représentant des sujets religieux, fut aussi élève des Van Eyck.

II.

NAISSANCE DE L'ART EN HOLLANDE

ALBERT VAN OUWATER. — GUÉRARD DE SAINT-JEAN. — DIRCK D'HARLEM. — JEAN MANDYN. — JÉROSME BOSCH. — JEAN BOSCH. — CORNILLE ENGHELBRECHTSEN. — JEAN SWART. — RICHARD ÆRTSZ. — ÉRASME.

I

Pour l'histoire de l'art en Hollande, il est impossible de trouver dans les livres, les catalogues, les traditions ou les musées, un souvenir avant Albert Van Ouwater. Tandis que Bruges, l'austère et bruyante cité, s'ennoblissait par la peinture, Harlem, la ville du silence et de la poésie intime, la ville du repos et des jardins, allait briller à son tour des splendeurs de l'art. Ce n'était pas seulement sur un point des Pays-Bas que devait éclore la fleur vivace de la peinture; la Hollande, comme la Flandre, voulait marquer glorieusement sa place dans l'histoire du génie humain.

Le Van Eyck de Harlem fut donc Albert Van Ouwater; la guerre espagnole a dispersé ses œuvres. Il naquit vers la fin du XIVe siècle. Sans doute, il étudia à l'atelier de l'un ou de l'autre Van Eyck, car il peignait à l'huile en même temps qu'eux ou peu après. Entre autres tableaux de Van Ouwater, on remarquait une *Résurrection de Lazare* et un *saint Pierre et saint Paul*. Van Mander, qui a vu une copie ébauchée de la *Résurrection de Lazare*, a jugé que la figure était bien dessinée pour le temps, quoique nue. Le fond était d'une belle architecture, les apôtres et les femmes d'une grande expression. Hemskerck (1) rapporte qu'il a souvent été voir et admirer ce tableau avec son fils, qui fut son élève, sans pouvoir apaiser son admiration. L'original doit se retrouver en Espagne. Le *saint Pierre et saint Paul* que Van Ouwater avait peint pour la chapelle des pèlerins, dans la cathédrale de Harlem, était surtout un tableau capital; les figures, de grandeur naturelle, ne manquaient ni de vérité ni d'élévation. Au-dessous du panneau principal, Van Ouwater avait peint un paysage d'une perspective merveilleuse; on y voyait des pèlerins sans nombre, les uns en marche, les autres en repos, ceux-ci animés de la plus pieuse ardeur, ceux-là se prélassant à un repas champêtre. Il n'y avait presque rien à dire ni contre le dessin ni contre la couleur. « Le paysage, dit Van Mander, passait pour le meilleur du temps; » s'il faut en croire les peintres anciens, « ceux de Harlem ont été les premiers paysagistes de bon goût. » Sans doute, après Jean Van Eyck, Van Ouwater fit école à Harlem : son élève reconnu fut Guérard de Saint-Jean, né, vers le commencement du xve siècle, à Harlem, dans le monastère de Saint-Jean. Quoique mort à vingt-huit ans, l'histoire a pieusement recueilli ce nom déjà si glorieux. Guérard de Saint-Jean ou Guérard de Harlem a beaucoup dépassé son maître dans l'ordonnance des sujets, dans l'élégance du dessin et dans la noblesse de l'expression. On admira longtemps, au grand autel de l'église de Saint-Jean, un tableau représentant *Jésus crucifié*. Au sac de Harlem, un seul volet de cette œuvre échappa à la fureur des soldats. Jusque-là on n'avait jamais peint avec plus d'art et de vérité la douleur sur la figure des saintes femmes et des apôtres. Les artistes du temps regardaient ce tableau comme le plus beau du siècle. Ce fut pour voir les œuvres de Guérard de Saint-Jean qu'Albert Durer fit le voyage de Harlem. En les voyant, il disait tout haut : « Il faut être bien favorisé de la nature, pour en venir à ce point de perfection (2). »

Vers le même temps, Dirck peignait à Harlem, où il était né. On pense qu'Albert Durer étudia beaucoup la manière de ce peintre, manière tout aussi fine et moins sèche que celle du maître allemand. Van Mander dit avoir vu de lui un tableau d'autel avec deux volets dans la ville de Leyde. L'intérieur représentait Jésus-Christ, l'un des volets saint Pierre, et l'autre saint Jean. Ce tableau, daté de 1462, montrait un goût presque puéril pour le fini des détails. On ignore l'époque de la mort de Dirck. On sait qu'il voyageait dans les Flandres, s'arrêtant dans les monastères pour y peindre des tableaux religieux. On a gardé à Louvain un souvenir de son passage en cette ville.

Au temps où il quittait Harlem, Jean Mandyn commençait, pour ainsi dire, l'ère de la peinture bouffonne et grotesque, çà et là traversée par des souvenirs religieux. On pense que Jean Mandyn et Jean Bosch se connurent, sinon en se rencontrant, du moins par leurs tableaux.

---

(1) Surnommé le Raphaël hollandais.　　(2) Van Mander.

En effet, ils peignaient dans le même temps, dans le même goût et dans les mêmes idées, le premier à Harlem, le second à Bois-le-Duc.

Jérosme Bosch naquit à Bois-le-Duc. Un des premiers il peignit à l'huile; mais sa manière est moins dure, ses draperies sont plus simples et plus variées que celles de ses contemporains. Il recherchait tour à tour et tout à la fois les sujets gais et terribles. Le premier, en Flandre, il peignit les scènes grotesques ou solennelles de l'enfer. Les Breughel étudièrent plus tard ses compositions si vivement originales. Une eau-forte, d'après un de ses tableaux, m'a permis de juger toute sa puissance. C'est un *Enfer* où le Seigneur délivre les anciens patriarches. Cet *Enfer* de Jérosme Bosch a dû jeter feu et flamme avec une singulière illusion; cette illusion subsiste même dans l'eau-forte. La composition témoigne d'une imagination très bizarre : les diables, attroupés, saisissent Judas par le cou pour l'aller pendre. On retrouve dans les Pays-Bas et en Espagne des tableaux de Jérosme Bosch. Van Mander a beaucoup loué une *Fuite en Égypte*, où saint Joseph demande le chemin à un paysan. Le sujet principal du tableau était exécuté avec un vrai sentiment chrétien; mais, dans le fond du paysage, Jérosme Bosch avait donné carrière à sa bizarrerie. On apercevait dans le lointain, au pied d'un rocher escarpé, un petit cabaret flamand; non loin de là, toute une peuplade égayée assistait à une danse d'ours. Il est arrivé quelquefois à ce peintre de faire un tableau sérieux de point en point. On en cite un entre autres qui représentait *Jésus portant sa croix*. On a vanté, dans le genre gai, sa *Dispute entre un religieux et des hérétiques* : le religieux offre pour dernière épreuve de mettre de part et d'autre leurs livres au feu, disant que ceux qui ne seront pas épargnés par les flammes seront jugés mauvais; or, les flammes dévorent tous les livres, excepté celui du religieux.

La manière de Jérosme Bosch était trop facile; tous ses tableaux paraissent faits de rien et manquent d'étude et de patience. Il peignait tout au premier coup, sans jamais revenir le lendemain sur son travail de la veille; cependant ses tableaux n'ont jamais changé. Sur l'impression de ses panneaux qui était blanche, il savait ménager des tons transparents qui donnaient à son coloris un air vif et chaud. Dans tous ses tableaux, on aperçoit l'impression des panneaux et des tons à peine glacés et heurtés avec esprit. Descamps, tout en rendant justice à ce génie incomplet, s'écrie naïvement : « Quel dommage que Jérosme Bosch n'ait jamais conçu que des idées monstrueuses et terribles! Ce qui surprend, c'est que ses tableaux ont été fort chers; à quel prix auraient-ils donc été, s'il eût traité des sujets riants? »

Jean Bosch vivait à Bois-le-Duc dans le même temps sans doute; il était de la famille de Jérosme, mais il ne peignait pas dans les mêmes idées. Jean Bosch fut le premier, dans les Pays-Bas, qui s'attacha à reproduire la nature morte. Poëte amoureux de l'œuvre de Dieu, il excellait à peindre des fruits et des fleurs avec une vérité frappante et un fini merveilleux. Il a surpris tous ses contemporains par la fraîcheur du coloris. Van Mander affirme qu'on ne pouvait pas aller plus loin vers l'illusion. Sur ses pêches et ses abricots on voyait couler la rosée du matin; dans ses bouquets, d'une variété sans exemple, on voyait vivre toute la peuplade des insectes. Il a passé sa vie dans une retraite silencieuse comme les fleurs qu'il aimait, au fond d'un jardin qui était tout un monde pour lui. Van Mander n'a pu découvrir l'époque de sa naissance ni celle de sa mort.

Cependant la ville de Leyde ne devait pas demeurer étrangère à ce beau mouvement des arts qui se produisit dans le Nord avec tant d'éclat. Un de ses enfants, Cornille Enghelbrechtsen, né en 1468, avait pris pour guide les ouvrages de Jean Van Eyck. Il peignit tour à tour à l'huile et en détrempe avec beaucoup d'expression et de délicatesse. Les tableaux de Lucas de Leyde, qui fut son élève par tradition, donnent bien l'idée de sa manière noble et un peu sèche. Cornille Enghelbrechtsen était un peintre rêveur et philosophe ainsi que Lesueur et le Poussin; et, comme il avait étudié longtemps les mouvements de l'âme, les physionomies de ses personnages offrent une singulière variété d'expression. Il a représenté, entre autres grands sujets, un *Sacrifice d'Abraham,* un *Christ en croix entre les larrons,* une *Descente de croix* entourée de petits tableaux qui font voir les douleurs de la Vierge. L'ouvrage capital de Cornille Enghelbrechtsen était un tableau à deux volets, destiné à la chapelle mortuaire des seigneurs de Lockhorst. Le panneau du fond représentait l'agneau de l'Apocalypse au milieu d'une multitude de figures disposées avec intelligence et peintes avec un pinceau savant et délicat (1). Cornille Enghelbrechtsen mourut à Leyde, âgé de soixante-cinq ans, très estimé des peintres de son siècle et très honoré des grands de son pays.

Il laissa deux fils, ses élèves, Cornille Kunst et Cornille-le-Cuisinier. Cornille Kunst naquit en 1493 et mourut en 1544. Il imita, dans ses petits panneaux religieux, la manière délicate de Hemling, mais sans s'élever au style inaccessible de ce grand peintre. On a souvent parlé d'un portrait de Cornille Kunst, assis dans son jardin, à Leyde, « avec ses deux femmes, » dit Van Mander sans commenter ce passage si digne de commentaires. Son frère, Cornille-le-Cuisinier, fut ainsi nommé parce qu'il fut obligé, « pendant la guerre, d'être alternativement peintre et cuisinier, étant chargé d'une nombreuse famille. » Il avait huit enfants et une femme adultère! Craignant de périr à la peine dans sa ville natale, il voulut tenter fortune ailleurs; il passa en Angleterre avec toute sa maison; Henri VIII l'accueillit et le protégea. Depuis, on n'eut jamais de ses nouvelles. Il peignait, comme son frère, à l'huile et en détrempe, des figurines expressives et d'une jolie couleur (2).

Vers le même temps on vit poindre l'aurore des arts jusqu'à Groningue, en Ost-Frise, jusqu'à Wyck-sur-Mer, province de Noort-Hollande. Jean Swart naquit à Groningue vers 1480. Il fut le premier peintre hollandais qui entreprit le voyage d'Italie. Il demeura longtemps à Venise,

(1) Vanden Bogaart.   (2) Luc de Heere.

où il tenta de fondre le goût hollandais dans le goût vénitien. Il revint en Hollande avec un style qui marqua une nouvelle ère pour la peinture. Schooreel, que Franc Floris a surnommé le flambeau des peintres flamands, se servit des études de Jean Swart, qui peignait également bien l'histoire et le paysage. Ses ouvrages sont assez rares. Des graveurs en bois ont reproduit quelques-uns de ses tableaux, comme les Turcs à cheval armés de flèches et de carquois, le Christ prêchant dans un bateau. Schooreel, par ces gravures qu'on retrouve çà et là, a pu étudier le goût distingué de ce peintre.

Richard Ærtsz, ou plutôt Richard à la jambe de bois, naquit à Wyck-sur-Mer, en 1484. Ses parents étaient de pauvres pêcheurs, qui ne songeaient qu'à faire de leur fils un marchand de poissons; mais, tout jeune encore, Richard s'étant brûlé le pied, on le transporta de Wyck à Harlem, près d'un fameux médecin, qui fut bientôt contraint de lui couper la jambe. Il passa quelques années sans faire un pas, comme emprisonné. Ne sachant comment perdre son temps, il s'était avisé de charbonner les murs de sa chambre. Quelques personnes, reconnaissant dans ses dessins barbares un grand instinct d'artiste, le placèrent chez un des peintres alors célèbres, Jean Mostaert, qui peignait encore sous la direction de son maître, Jacques de Harlem. Au bout de quelques années, on lui confia un tableau d'autel; il commença par peindre les volets. Sur le premier, il représenta les frères de Joseph venant acheter des blés en Égypte; sur le second, Joseph assis sur son trône. Voyant Richard à l'œuvre, Jacques de Harlem l'embrassa comme son fils et lui demanda la faveur de peindre le fond du tableau. Richard à la jambe de bois, quand il eut un talent accompli, voulut retourner dans sa famille. Il peignit des tableaux religieux pour toutes les églises de Frise, où on les cherche encore, mais presque toujours en vain. Il finit par fixer sa demeure à Anvers; il y fut admis à l'académie en 1520. C'était un homme aimable, quoique dédaigneux, tour à tour enjoué et chagrin; il avait une belle tête, expressive et pittoresque. Franc Floris l'a représenté, dans ses tableaux religieux, sous la figure de saint Luc. Il mourut à quatre-vingt-quinze ans, au mois de mai 1577. Presque aveugle depuis longtemps, il peignit cependant jusqu'à la dernière année de sa vie. Aussi ses panneaux avaient quelquefois, en certaines parties, une épaisse couche de couleur. Le public ne goûtait pas cette manière de peindre, mais le vieux Richard à la jambe de bois conservait pour ses œuvres dernières tout l'orgueil de son meilleur temps; il disait : « Je n'y vois presque pas, mais le public est encore moins éclairé que moi (1). »

Ce n'est point ici le lieu d'étudier Érasme dans sa vie et dans ses œuvres. Abandonnons à d'autres le philosophe et le savant; contentons-nous de noter au passage que ce grand esprit, une des plus vives lumières de son siècle, n'était pas étranger au mouvement des arts. S'il faut en croire Dirck Van Blayswych (2) et quelques historiens ou amateurs du temps, Érasme,

---

(1) SLINGELANDT.   (2) *Description de la ville de Delfts.* — Introduction.

s'étant retiré dans le monastère d'Emmaüs ou Tensteene, près de Gouda, se mit à peindre, d'abord par distraction, bientôt par goût, enfin par passion. Il avait choisi ce monastère pour la bibliothèque, qui était la plus belle du siècle. Mais que voulez-vous que fît un savant comme Érasme dans une bibliothèque? Un livre, pour un philosophe, est un ami qu'on cherche à connaître; mais une bibliothèque, c'est le chaos. Mieux vaut ouvrir la fenêtre et lire dans le grand livre que Dieu déploie sur la nature. Érasme eut le bon esprit de ne point trop secouer la poussière de la plus belle bibliothèque du monde. Il se mit donc à peindre. La Bible et l'Évangile étaient alors comme aujourd'hui, pour les penseurs et les peintres, la plus solennelle poésie. Parmi le grand nombre de tableaux composés par Érasme, on remarquait surtout un Calvaire où Notre-Seigneur était représenté à l'instant même de son supplice. Cornille Muscius, prieur du monastère, le conserva toute sa vie avec vénération. Tout a disparu, le monastère, la bibliothèque et les tableaux; il n'est resté que le nom d'Érasme et quelques souvenirs. Plus d'un érudit a voulu révoquer en doute le talent d'Érasme pour la peinture; nous ne pouvons rien affirmer; nous nous contentons de reproduire les témoignages des contemporains. Selon Van Mander, qui a écrit son histoire des vieux peintres flamands et hollandais avec beaucoup d'étude et de bonne foi, « le mérite des tableaux d'Érasme est attesté par les artistes de son temps. »

Au temps où Érasme peignait, l'art avait pris profondément racine dans toute la Hollande. Lucas de Leyde et Jean Schooreel allaient apprendre leur gloire à l'Allemagne et à l'Italie. Ce pays déshérité du ciel, qui n'avait eu pour enfants que des matelots courant le monde, venait de trouver une sublime distraction à ses éternels brouillards. Les Hollandais n'avaient pu vivre dans leur pays; le génie et les œuvres de quelques-uns de leurs frères allaient les attacher pour jamais à cette grasse prairie qui jusque-là n'avait eu pour eux ni saveur ni poésie.

III

L'ART NATIONAL

HANS HEMLING. — LUCAS DE LEYDE

I

Ce n'est pas le hasard qui rapproche ici sur la même ligne ces deux noms glorieux, honneur suprême de la Flandre et de la Hollande avec Rubens et Rembrandt. Hans Hemling et Lucas de Leyde ont élevé l'art national, dès l'origine, aux hauteurs inespérées par la seule force de leur génie.

Pendant que le naturalisme menaçait d'envahir, à sa naissance, l'art en Flandre et en Hollande, un homme de génie, Hans Hemling (1), vint protester par un culte fervent pour l'expression, par un profond sentiment de l'idéal. Quel était son maître? Dans quel poétique et sublime atelier avait-il appris la science du style et du sentiment? Était-il le dernier et le plus intelligent disciple des maîtres de Cologne, ou bien avait-il, dans ses voyages en Italie, saisi les inspirations de Verrocchio et de Pérugin? On ignore comment il devint un homme de génie.

---

(1) On l'appelle Hemmelinck à Anvers et Hemling à Bruges. Puisque Bruges est son pays, du moins le pays où il a laissé ses chefs-d'œuvre, nous l'appellerons Hemling.

Savait-il lui-même qu'il était un grand peintre inspiré? On s'inquiéta si peu de son génie pendant longtemps (1), qu'aujourd'hui on ne sait où saluer son berceau. L'Allemagne et la Flandre se disputent l'honneur d'être sa mère-patrie. Les Allemands le font naître à Cologne, les Flamands lui assignent Damme, aux environs de Bruges, pour pays natal. Ce qui est hors de doute, c'est qu'en 1478 un soldat blessé, qui avait couru le monde et les aventures, vint demander un refuge à l'hôpital de Saint-Jean, à Bruges. Quoiqu'à peine âgé de trente-trois ans, comme il avait traversé une jeunesse orageuse, il était si abattu et si ravagé par le chagrin, que les sœurs de l'hospice voulurent toutes le secourir et le veiller. Le soldat blessé, c'était un grand artiste inconnu, comme presque tous l'étaient au xv° siècle. Il s'appelait Hans Hemling, du moins c'est le nom qui demeure attaché à son œuvre (2). Il était venu à l'hôpital en demandant un lit pour mourir; autour de ce lit il trouva une si exquise charité, qu'il reprit du cœur à la vie. Selon les légendes, lui qui avait jusque-là aimé des filles de cabaret et de corps de garde, il s'éprit d'une chaste, austère et divine passion pour une des jeunes religieuses qu'il avait vues prier au pied de son lit. L'homme de talent, car sans doute il avait appris à peindre dès sa jeunesse, devint un homme de génie; le cœur guida la main, le sentiment rayonna sur la palette.

Quand il eut la force de reprendre son pinceau, il peignit avec une ferveur ardente quelques sujets religieux pour l'hôpital où il avait retrouvé la vie, où il avait, on peut le dire, retrouvé son cœur. La tradition dit qu'il paya ainsi, en monnaie d'artiste, la touchante sollicitude des sœurs de Saint-Jean. Sans doute, il vécut quelques années encore; cependant on n'a plus de date certaine après 1480, peut-être 1485. Son tombeau est perdu comme son berceau; il a passé sur la terre comme un doux rayon, sans laisser d'autres traces que les fleurs de génie écloses sous lui. Mais qu'importe l'église où reposent ses os, puisque nous pouvons l'aimer éternellement dans ses chefs-d'œuvre? Il a d'ailleurs laissé son portrait dans *l'Adoration des Mages*: c'est un malade de l'hospice (on le reconnaît à sa robe), penché à une lucarne derrière le roi nègre. Hemling porte une petite barbe et une épaisse chevelure. Cette tête vous frappe par sa douceur mélancolique et sa naïve intelligence. On peut y découvrir l'histoire d'une vie trop agitée. En étudiant l'œuvre de Hemling, on peut aussi pénétrer dans sa vie; il s'est peint quel-

---

(1) Carle Van Mander et les autres historiens de l'art flamand ne s'arrêtent qu'à peine à ce grand artiste, qui n'est pour eux qu'un peintre de plus. Descamps se contente d'indiquer que Hemling « s'enrôla par libertinage et que, se voyant réduit à la dernière misère dans l'hôpital de Saint-Jean de Bruges, il ouvrit les yeux sur son inconduite. » Quelques contemporains ont reconnu avec enthousiasme le génie de Hemling. « Maître pieux, en remuant au fond de mon cœur les secrets de tristesse qui nous viennent de Dieu et qui nous rappellent à lui, c'est vous qui, le premier, m'avez fait sentir et comprendre l'art!

Étoile mélancolique de ma jeunesse, c'est vous qui m'avez conduit dans mes voyages et dans mes études! Après avoir connu la douleur, il faudrait savoir se résigner au repos, pour se conformer à l'idéal que vous avez réalisé dans vos figures souffrantes et calmes, ami secourable que je me suis fait dans l'éternité. » — HIPPOLYTE FORTOUL. — *L'Art en Allemagne*.

(2) On lit sur la bordure de *l'Adoration des Mages*, à l'hôpital de Saint-Jean de Bruges : « *Opus Johannis Hemling*, M,CCCC,LXXIX. »

quefois avec la barrette rouge et la longue robe des Florentins. Ses paysages représentent ou rappellent les bords du Rhin, où la nature a tant de style pittoresque; il est donc permis de croire qu'il étudia tour à tour les maîtres de Cologne et les maîtres d'Italie. Le hasard, sans doute, l'a conduit à Bruges; peut-être a-t-il voulu lutter, par la noblesse et l'élévation de la peinture ogivale, contre le génie des Van Eyck, qui étaient venus régner dans son pays et y répandre les premières sources du naturalisme. On est d'autant plus fondé à le croire, qu'il a toujours dédaigné l'invention de la peinture à l'huile. Ce qui reste de lui, peint à l'eau d'œuf, n'en conserve pas moins une admirable fraîcheur.

Selon Van Mander et Arnold Houbraeken, Hemling possédait peut-être son talent, mais n'était qu'un pauvre soldat et non un glorieux artiste, quand il alla frapper aux portes de l'hôpital. Dès qu'on le vit à l'œuvre, on reconnut un grand peintre. « On publia cette découverte; on obtint son congé. » En ces derniers temps, on a beaucoup écrit sur Hemling, on a longuement disserté sur son œuvre, mais on n'a pu rien dire de certain sur sa vie. J'aime à me représenter un enfant né pauvre, insouciant, vagabond. Comme Dieu l'a doué d'une étincelle de poésie, il ne peut se plier comme les autres aux habitudes de la vie matérielle. Il ne prend point racine dans son pays; il court le monde, à la recherche d'une étoile qui rayonne pour lui. Dans son enfance, il a entendu vanter le talent des frères Van Eyck; le hasard l'a conduit à Cologne, et, à la pensée des frères Van Eyck, au spectacle des tableaux de Wilhelm, il a poussé le cri révélateur du Corrége. Sans doute, à Cologne, à la source même du génie allemand, il a trouvé un peu de place et un peu de pain dans un atelier. La guerre l'a surpris le pinceau à la main. Cœur ardent, esprit généreux, il a déposé son pinceau pour prendre le mousquet; il a offert sa vie à son pays. Dans le rude métier des armes, il a oublié peu à peu qu'il était né peintre; il a vécu comme ses camarades de camp, peut-être comme autrefois ses camarades d'atelier; il a jeté son cœur à toutes les folles et dévorantes passions, jusqu'au jour où, fatigué de tout, même de la vie, il est allé demander à l'hôpital de Bruges un lit pour mourir. Mais, à peine à l'abri du passé dans ce refuge chrétien, il s'est senti renaître, comme dans une atmosphère douce, sereine et pieuse. Il a voulu vivre, vivre encore, mais désormais de la vie contemplative des âmes poétiques. A ces lèvres dévorées par les mauvaises passions il manquait la goutte d'eau vive du sentiment divin. Dans l'hôpital, un Christ en bois grossièrement sculpté veille sur les malades et les aguerrit dans leurs souffrances, en leur ouvrant par son regard les perspectives d'azur. Hemling est touché par la sublime résignation de celui qui fut couronné d'épines; un nuage épais se déchire à son horizon et lui laisse entrevoir les joies bénies du ciel. Ce n'est pas tout : parmi les sœurs de l'hospice que la charité chrétienne attire au lit des malades, il en est une plus tendrement dévouée que les autres; quand Hemling souffre, elle ne dort pas et lève au ciel ses grands yeux, doux comme la pervenche. Le peintre est frappé de cette angélique figure, qui semble détachée comme par un miracle des fonds d'or du maître de Cologne. Hemling ne sait plus s'il doit adorer Dieu dans l'image du Christ ou de la sœur de l'hospice. Dès qu'il a repris un peu de force, il demande des crayons, une palette, des pinceaux; et le secret qu'il a si longtemps cherché, le secret d'imprimer sur la toile la majesté de Dieu et la beauté idéale de l'homme, il le découvre comme par une soudaine révélation.

Il y eut, dans cette régénérescence de Hemling, quelques apparences de miracle, du moins pour les religieux et religieuses de l'hospice. Les tableaux qu'il y a peints y sont encore, malgré les royales tentatives pour échanger ces chefs-d'œuvre contre des monceaux d'or et d'argent. L'hospice garde fièrement et saintement ce que lui a donné l'humble soldat blessé, comme il garderait la robe du Christ ou les cheveux de Madeleine. Pour l'hôpital de Saint-Jean, Hemling n'est pas seulement un grand peintre, c'est un saint personnage, doué en son temps de l'esprit de Dieu. L'hôpital de Saint-Jean, à Bruges, est donc un musée pour les voyageurs; c'est là qu'il faut pénétrer le profond sentiment du soldat-artiste. Un temple en miniature, une petite chapelle gothique de deux pieds de haut, renfermant autrefois les reliques de sainte Ursule, œuvre curieuse d'orfévrerie, ciselée et peinte, attire surtout les admirateurs de Hemling. Sur l'une des façades le peintre a représenté, dans des cadres d'or artistement découpés, une Vierge entre deux religieuses qui l'adorent. Sur l'autre façade, sainte Ursule, armée de la flèche mortelle, abrite des jeunes filles sous son manteau. La légende du martyre de sainte Ursule est écrite par tout le petit monument. Là c'est Dieu le père et Dieu le fils qui couronnent la sainte, ici ce sont des anges qui jouent de la mandoline et du violon. Enfin c'est toute l'histoire des vierges de Cologne, leur voyage à Rome, leur retour et leur martyre. C'est tout un poëme animé d'un beau sentiment religieux. Ce n'est pas une œuvre de patience, comme les Flamands en ont trop produit; c'est un travail d'une large manière, une miniature impossible, car un miniaturiste ne s'élève jamais si haut.

Le Mariage mystique de sainte Catherine est une grande composition d'une touche aussi délicate, mais d'un aspect plus majestueux. Le panneau central de ce triptyque représente une Madone assise sous un dais; un ange tient un livre dont elle tourne les feuillets, un autre joue d'un petit orgue. Sur le devant, la sainte agenouillée reçoit l'anneau nuptial des mains du Bambino. Les peintures latérales sont la décollation devant Hérodiade et les visions apocalyptiques de saint Jean. Les volets extérieurs offrent à la vue deux religieux et deux religieuses de l'hôpital, saint Jacques et saint Antoine, sainte Agnès et sainte Claire. Les deux religieux étaient les amis de Hemling; mais de ces deux femmes quelle était celle qu'il aimait?

Il y a d'autres peintures de ce maître à l'hôpital de Saint-Jean, une *Adoration des Mages*, autre triptyque plus petit, mais plus parfait peut-être; une *Descente de croix*, figurines admirables, d'une céleste expression; une *Sibylle* en haut bonnet, vêtue à la flamande; enfin un diptyque, portrait de Martin de Wewenhoven en adoration devant la Madone. Nous n'étudierons pas tous les tableaux de Hemling que le hasard et la guerre ont dispersés en Europe (1), mais surtout en Flandre et en Allemagne. A la Pinacothèque de Munich, parmi les neuf compositions de ce maître, il faut citer sa célèbre tête du Christ, « qui passe pour être l'image véridique et traditionnelle du fils de Marie. Touchée avec une finesse extraordinaire, elle a le don de s'animer sous le regard et de jeter une mystérieuse clarté qui vous force bientôt à baisser la paupière. Mme Johanna Schopenhoer prouve longuement que cette figure ressemble au portrait tracé par la lettre apocryphe du consul Lentulus (2). »

Hemling était un savant artiste, d'un esprit cultivé. Les formes symboliques lui étaient devenues familières; original dans ses compositions, il ne déparait cependant jamais ses tableaux par un effet bizarre, tant son style, quel que fût le sujet, conservait de grandeur sereine. Si on voulait le peindre en un mot, il faudrait dire qu'il fut naïvement sublime.

II.

Lucas Dammesz, ou plutôt Lucas de Leyde, naquit en cette ville vers la fin de mai 1494. Si on peut admettre les miracles de la nature, il faut dire qu'un des plus beaux, le miracle de l'intelligence, s'opéra dans Lucas de Leyde. Selon Van Mander, Vasari, Descamps, selon le témoignage de tous les contemporains, Cornille Enghelbrechtsen, Albert Durer, Jean Schooreel, « à peine était-il né, que Lucas de Leyde prit des mains de son père le pinceau et le burin (3). » Son père, Hugues Jacobs, était un bon peintre sans génie, qui chercha à développer les merveilleuses aptitudes de cet enfant sublime. Sa mère, dont il a reproduit la douce et calme figure parmi les saintes femmes de ses panneaux et de ses estampes, cherchait au contraire à le détourner de l'étude opiniâtre où il se complaisait, disant que ces enfants si merveilleusement doués, Dieu les retire toujours à leurs mères. C'était tous les soirs un combat entre elle et son

---

(1) Une des plus admirables compositions de Hemling est à Douai chez un fervent amateur de l'ancienne école flamande, M. le docteur Escalier. Ce morceau se compose d'un panneau central et de quatre volets doubles. Le panneau central représente la Trinité : sur un trône d'or, au milieu d'un splendide palais où s'agenouillent des groupes d'anges, on peut admirer le naïf et sublime style de Hemling dans les trois divins personnages. Sur les côtés, le peintre a réuni merveilleusement toute l'histoire de la religion chrétienne par des symboles et des légendes.

Le musée du Louvre possède une petite *Instruction pastorale* où l'on retrouve beaucoup de la ravissante manière de ce maître.

(2) *L'Art en Allemagne.*

(3) « On prétend qu'il apprit à graver chez un armurier qui faisait mordre à l'eau-forte des ornements sur des cuirasses; on ajoute qu'il se perfectionna depuis chez un orfèvre. » — Descamps.

Vasari se trompe en faisant voyager Lucas de Leyde en Italie; il passa toute sa vie dans sa ville natale. Il ne la quitta que pour voyager en Flandre. En 1527, recherchant une noble distraction, il fit équiper à ses frais un navire pour aller voir Jean de Mabuse à Midelbourg. Après avoir donné une fête brillante aux peintres de cette ville, il alla, accompagné de Mabuse, à Anvers, à Gand et à Malines, visiter les peintres flamands dans le faste d'un souverain étranger. Il donna partout des fêtes dont l'histoire a conservé le souvenir. « Chaque repas lui coûtait soixante florins. Il fit toujours une belle figure. Mabuse était habillé en drap d'or, et Lucas de Leyde (il n'avait pas de dettes) avec un camelot de soie jaune du même éclat. »

Ce voyage fastueux fut le dernier plaisir de ce grand peintre; il retourna malade à Leyde, où il vécut encore six années, mais, pour ainsi dire, dans la préface de la mort, car il n'eut plus une heure de santé; ce fut à peine s'il descendit vingt fois de sa maison pour aller respirer au soleil. Il demeurait des semaines entières dans son lit, effrayé de la mort, qui venait lentement,

belles peintures du grand maître Rudiger. J'ai vu aussi les deux cadeaux apportés du Mexique au roi. C'est un soleil d'or large d'une toise d'une part, et de l'autre une lune d'argent, égale en grosseur au soleil, et, par-dessus le marché, toutes sortes de vaisselles, de harnais, d'ameublements étrangers, de plats d'or et de vermeil si splendides, qu'on en trouverait difficilement de semblables. Tout cela est si précieux, qu'on l'estime 100,000 livres d'or. Je n'ai jamais rien vu de ma vie qui m'ait tant réjoui que cela, car j'ai admiré ces choses d'or si finement ouvragées, et je me suis étonné de l'habileté et du génie subtil des hommes des pays éloignés. Madame Marguerite m'a fait dire que j'avais en elle une protectrice auprès du roi Charles; elle s'est montrée toute dévouée à moi; je lui ai envoyé une belle épreuve de ma gravure de *la Passion*. Lorsque je suis allé à la chapelle de la maison de Nassau, j'ai vu l'admirable portrait qu'a fait le grand maître Hugo. Le maître Bernhardt, le peintre, m'a invité à dîner. Le repas était si magnifique, que je ne pense pas que Bernhardt en ait été quitte pour dix pièces d'or. A ce repas assistaient plusieurs notables que Bernhardt avait invités pour me tenir compagnie, entre autres le trésorier de madame Marguerite, dont j'ai fait le portrait, le chambellan du roi, appelé Meteni, le trésorier de la ville, M. de Palsadis, auquel j'ai envoyé une épreuve de *la Passion* gravée sur cuivre, et qui, en échange, m'a fait remettre une escabelle noire du goût espagnol qui vaut bien trois pièces d'or. J'ai envoyé aussi une épreuve de *la Passion* à Érasme de Rotterdam, secrétaire de Bonisius. Ensuite j'ai fait le portrait au charbon de maître Bernhardt, peintre de madame Marguerite, et j'ai fait encore une fois celui d'Érasme de Rotterdam. Mais six personnes dont j'ai fini les portraits à Bruxelles ne m'ont rien donné. Je suis allé ensuite à Aix-la-Chapelle; j'y ai vu le couronnement de l'empereur Charles-Quint. Le vendredi, je sortis d'Aix pour aller à Louvain; le samedi, j'étais à Cologne, où j'achetai pour cinq deniers d'argent un traité du docteur Luther, et je donnai un denier pour le livre intitulé *la Condamnation du saint homme Luther*. A Bruxelles, Aix et Cologne, j'avais ma libre entrée chez les seigneurs envoyés de Nuremberg, Léonard Grolard, Hans Ebner et Nicolas Haller. A Cologne, je vis, le dimanche, les fêtes et les réjouissances, et j'assistai au banquet qui fut donné en l'honneur du couronnement. (Dans la suite, Albert Durer fit une gravure de cet événement.) Le lundi, je reçus des mains de l'empereur le diplôme de peintre de la cour.

« Le samedi après Pâques, nous partîmes pour Bruges avec Hans Lixben d'Ulm et San-Plos, fameux peintre né dans cette ville. Je vis dans la maison de l'empereur la chapelle peinte par Rudiger et les tableaux d'un ancien maître, vraisemblablement Hemling. Chez Jacob, je vis encore des tableaux de haut prix de Rudiger, de Hugo et d'autres grands maîtres; je vis la statue de la Vierge en albâtre que Michel-Ange a faite, ainsi que les tableaux de Jean (Van Eyck) et d'autres peintres. On me donna encore un superbe banquet : les conseillers de la ville, Jacob et Pierre Mostans, me firent passer douze pintes de vin, et la compagnie, qui se composait de soixante personnes, m'accompagna chez moi après le repas. De là j'allai à Gand : le doyen des peintres et les notables me reçurent avec enthousiasme et me firent souper avec eux. Le mercredi, de bonne heure, ils me conduisirent tous à la haute tour de Saint-Jean. J'y vis le fameux tableau de Jean Van Eyck, si beau, si merveilleusement beau, que cela n'a pas de prix; surtout la vierge Marie et le Père Éternel sont d'une expression admirable. »

mais qui venait toujours, cherchant à s'aveugler sur sa fin prochaine par un travail opiniâtre. Il ne cessa de peindre et de graver que la veille de sa mort. Jamais un homme ne sentit avec plus de regrets, avec plus de colère, fuir le rivage de la vie. Son caractère, empreint de rêverie et de douceur, devenait chagrin et méchant; il accusait tout le monde de sa mort, surtout les peintres flamands (1) qu'il avait visités avec Jean de Mabuse : « les jaloux m'ont empoisonné (2). » Les esprits sérieux n'ont jamais ajouté foi à ces accusations d'un esprit malade; il mourait non pas empoisonné par ses admirateurs, mais épuisé par le travail, tué par le génie, qui, à huit ans, ne lui avait pas laissé le loisir d'aspirer toute la sève que Dieu donne aux enfants joueurs.

Neuf jours avant sa mort, sa fille accoucha d'un fils. L'illustre malade demanda quel était le nom de cet enfant. Quand on lui dit qu'il s'appellerait Lucas de Leyde comme son aïeul : « Allons, allons, murmura-t-il avec regret, on ne cherche qu'à se débarrasser de moi, puisqu'on m'a substitué un autre Lucas. » Cependant, avant l'heure suprême, il se réconcilia avec tout le monde, il retrouva sa poésie et sa sérénité. Voyant un rayon de soleil jouer sur les vitres de sa fenêtre, il demanda avec instance à voir le ciel; « il se fit transporter dehors. »

La Bible était familière à Lucas de Leyde, il ne l'ouvrait qu'avec respect; il en a exprimé la plus pure poésie. L'Évangile aussi était son livre sacré, la source vive de son inspiration; aussi a-t-il répandu dans ses œuvres un beau sentiment religieux. Il y a, dans ses tableaux et dans ses gravures, un souffle de vie venu du ciel après avoir traversé le paradis terrestre, le pays de Jacob et Jérusalem. Les plus admirés parmi ses tableaux étaient un *Adam et Ève*, un *Jéricho*, un *Jugement dernier*, un *Veau d'or*, une *Rébecca*, des *Descentes de croix*. Il avait réuni dans ses Vierges tout ce qu'il avait vu d'amour dans les yeux de sa mère, de sa femme et de sa fille. Sa touche était vive et légère, quoique très-étudiée, son dessin net et ferme comme celui d'un graveur. Il peignait le nu en homme qui a sérieusement étudié la nature. Ses femmes sont d'une grande délicatesse de pinceau et d'une remarquable fraîcheur de coloris. Comme les peintres de son temps, comme l'harmonieux Hemling lui-même, il ignorait l'art de fondre les figures avec les fonds; ses carnations, toutes belles qu'elles soient, tranchent trop vivement, surtout du côté de la lumière. Mais faut-il descendre à de tels détails en étudiant un homme de génie? Si Lucas de Leyde a emprunté aux Van Eyck leur couleur empourprée, il a su lui donner un aspect nouveau par la douceur idéale des nuances. Lucas de Leyde se détache d'ailleurs de l'école de Bruges, tout en demeurant fidèle à sa naïveté suave par la finesse des contours, par une grâce attrayante, par une volupté de touche digne de l'antique. Avait-il deviné

---

(1) « Ce voyage, qui devait lui servir de délassement, lui coûta la vie; le public et lui-même accusèrent les peintres jaloux de sa gloire de l'avoir empoisonné. » Van Mander.

(2) *Histoire du pays de Leyde*. — Notes sur la maison de Boshuysen.

l'antique ou l'avait-il étudié dans les livres (1)? On pourrait répondre oui et non; oui, puisqu'il vivait à Leyde, la ville des érudits, et puisqu'il fut l'ami du savant Albert Durer; non, puisque le génie lui vint comme par une grâce divine. Celui qui savait peindre à dix ans ne devait-il pas deviner à vingt le caractère de l'art qui avait séduit Praxitèle et Zeuxis?

Lucas de Leyde s'est plusieurs fois peint et gravé lui-même. Le portrait le plus connu le représente à mi-corps, sans barbe, un bonnet sur la tête, comme Hubert Van Eyck, avec des espèces d'ailerons. Il tient sur sa poitrine une tête de mort qui contraste tristement avec son grand air de jeunesse.

---

(1) « La gravure apprit au maître hollandais ce que la sculpture avait enseigné au maître florentin. Albert Durer put aussi contribuer un peu à lui dévoiler l'antiquité. » — H. FORTOUL.

IV

ALLIANCE DU STYLE ITALIEN AVEC LE CARACTÈRE FLAMAND ET HOLLANDAIS

CONIXLOO. — METZYS. — VAN DER WEYDE. — VAN ORLEY. — COCXIE. — SUSTERMANN. — JEAN DE MABUSE.

I

Hemling n'eut pas de disciples; l'école des Van Eyck ne le reconnut pas. Le naturalisme avait séduit les yeux et étouffé les aspirations de l'âme. Qui sait si Hemling fut compris pour sa naïve et sublime majesté? Mais pourtant, presque au début, ce naturalisme envahissant fut tempéré par le caractère raphaëlesque. Les Van Eyck avaient presque donné la couleur aux Italiens; Raphaël allait presque donner le style aux Flamands. L'imitation italienne se trahit déjà dans le vieux Van Conixloo. Même sur les tryptiques à volets, il avait, avec une touche toute flamande, transporté le goût de l'école florentine-romaine, témoin *la Sainte Famille* de ce maître qui est encore au musée de Bruxelles.

Le premier grand artiste qui apparut à Anvers fut Quintin Metzys, surnommé le maréchal ou le forgeron d'Anvers. Il naquit vers 1450, comme Hemling. Jusqu'à vingt ans, il exerça le pénible métier de maréchal-ferrant. Il était né pauvre. Son père était mort jeune; il se trouvait seul pour nourrir sa mère. Il devint amoureux d'une jeune fille du voisinage, dont la beauté lui révéla son génie. Il tenta de lui inspirer sa passion. « C'est mon plus cher espoir, mais mon père me destine à un peintre. » Metzys ne comprit pas bien. « Un peintre! Pourquoi ne serais-je pas peintre? » Il se fit initier : un ami le présenta dans l'atelier de celui même qui allait épouser la jeune fille. Comme il avait de l'intelligence, celle que donne le cœur, il étonna bientôt son maître, qui s'en alla partout vanter le génie du maréchal-ferrant, même dans la maison de la jeune fille. Il arriva, par la volonté de la jeune fille, que le maître fut éconduit et que le disciple l'épousa bientôt (1). Il fut heureux dans son talent et dans son amour. Il mourut à quatre-vingts ans, sans avoir quitté Anvers (2), laissant un fils, Jean Metzys, qui a suivi sa manière.

Quintin Metzys peignit à la fois des sujets religieux, des portraits et des tableaux de genre, comme ses *Peseurs d'or*. Le naturalisme l'avait envahi; pourtant ses sujets religieux se distinguent presque toujours par un sentiment élevé. Il a laissé des Madones et des crucifiements qui empruntent leurs contours tendres et leurs formes ogivales aux chefs-d'œuvre de l'art primitif. Le triptyque du musée d'Anvers nous révèle une heureuse alliance du style gothique et du style italien : la naïveté, la couleur et la science des attitudes. Ses portraits et ses tableaux de genre ne sont pas largement exécutés : il se complaisait trop dans un fini froid et sec, indigne d'un tel artiste. On l'a d'ailleurs un peu trop exalté : c'était un de ces esprits rétrospectifs qui vivent des conquêtes de leurs prédécesseurs sans agrandir eux-mêmes l'espace conquis; aussi n'a-t-il point eu de postérité. Mais les attributs qui entourent son médaillon représentent d'un côté la forge du maréchal-ferrant et de l'autre un de ses tableaux : ce contraste ne témoigne-t-il pas assez de la distance qu'il a dû parcourir (3)?

Roger Van der Weyde (1480-1529) fut remarqué parmi les vieux peintres de Bruxelles. L'expression était pour lui l'idéal de l'art; aussi étudiait-il avant tout les passions de l'âme, mais surtout la douleur et la vengeance. On a beaucoup vanté, pour la force de l'expression, sa fameuse *Descente de croix*, qui, envoyée en Espagne, échappa miraculeusement à la tempête, quoique le vaisseau où elle était fût submergé. Les quatre tableaux qu'il peignit pour la salle du conseil de Bruxelles sont d'un effet saisissant. Celui qui frappe plus vivement représente un vieillard au lit de mort. Il embrasse son fils convaincu d'un crime, mais en même temps il l'égorge pour le punir lui-même. Sa tête est terrible : c'est bien le caractère de la douleur et de la vengeance. Van der Weyde a peint plusieurs portraits de grands personnages qui sans doute

---

(1) « Cet échange du marteau contre le pinceau se raconte encore autrement. On rapporte qu'une procession anciennement établie pour les lépreux ou autres malades, dans laquelle on distribuait des images de confréries gravées en bois, lui donna lieu de connaître son talent. Il lui tomba entre les mains une de ces images, qu'on lui conseilla de copier pour se désennuyer, ce qu'il fit avec tant d'ardeur et de dispositions, qu'il continua depuis et devint bon peintre. » — DESCAMPS. — Pourquoi ne pas croire sans commentaires la première version, qui est la plus poétique et même la plus vraie?

(2) Florent Lecomte s'est trompé en faisant voyager Quintin Metzys en Italie.

(3) Metzys était déjà un artiste devant la forge. On conserve pieusement à Anvers un puisard, un chef-d'œuvre, de l'humble forgeron qui allait devenir un grand peintre.

le payaient bien, car il mourut riche. Comme il n'avait pas de famille, il légua tout ce qu'il avait aux pauvres de Bruxelles.

Van der Weyde était en pleine renommée quand Bernard Van Orley (1490-1560) saisit un pinceau. Il était né à Bruxelles. Il étudia d'abord dans la tradition des maîtres de Bruges; mais, étant allé en Italie, il devint disciple de Raphaël. Le divin maître enseigna le grand style à Bernard Van Orley. De retour en Brabant, il plut à Charles-Quint et peignit pour lui les chasses royales de la forêt de Soignies, où était représenté l'empereur au milieu de toute sa cour. Vers le même temps, il exécuta ce magnifique tableau du *Jugement dernier* qui transmettra le nom de Bernard Van Orley aux siècles futurs. Il s'est montré dans ce tableau, comme dans le *Saint Luc peignant la Vierge,* le digne disciple du Sanzio par la fierté du dessin, la pureté du style, l'harmonie des tons (1).

Bernard Van Orley est représenté coiffé d'un chapeau à cornes, avec des moustaches, dans un grand déshabillé (2). Ses yeux sont fiers, sa bouche est dédaigneuse; il y a dans toute sa figure une expression inculte qui annonce du caractère.

Son élève reconnu fut Michel Cocxie, qui, à quinze ans, peignait déjà sous sa direction. Michel Cocxie naquit à Malines en 1497 et mourut à Anvers, près d'un siècle après, en 1592. Bernard Van Orley avait encore, dans sa manière italienne, un souvenir vivant de l'école flamande; Michel Cocxie voulut amener la domination absolue du caractère raphaëlesque. Il alla en Italie, à l'imitation de son maître, « puiser aux sources du génie, » comme il le disait. Raphaël était mort, mais Cocxie retrouva Raphaël dans son œuvre. Aidé des conseils de Van Orley et des tableaux du plus admiré des peintres, il parvint à imiter la manière pure et suave de Raphaël, comme si Raphaël lui-même lui eût enseigné les voies presque inaccessibles du génie. Il fût devenu un grand maître sans doute, s'il ne se fût permis que l'imitation intelligente; mais bientôt le savant imitateur ne fut plus guère qu'un adroit copiste. Il s'était marié à Rome; il revint habiter Malines, précédé par une renommée déjà puissante. Il fut surnommé *le Raphaël flamand.* En peu d'années, il devint riche; le premier, il donna l'exemple de ce luxe et de ce faste qui éclatèrent plus tard si vivement dans Rubens et Van Dyck. On comptait à Malines jusqu'à trois hôtels qu'il habitait en même temps et qu'il avait enrichis de ses tableaux. Appelé à Anvers, malgré ses quatre-vingt-quinze années, pour peindre l'hôtel-de-ville, il y fit une chute et mourut peu de jours après.

Rubens aimait beaucoup ce peintre; il allait souvent admirer, à Notre-Dame d'Anvers, une *Sainte Famille* d'un caractère noble et grave que Raphaël eût admirée lui-même (3). Michel

---

(1) Il avait fait dorer le panneau; de là les beaux transparents du ciel, les tons chauds et brillants qui donnent tant de vie à cette œuvre immortelle.

(2) Gravure de Wisbrood.

(2) « Cocxie s'est rendu célèbre par la gravité de ses compositions et la physionomie sévère et virile de ses personnages. Il étudia à Rome en peignant des fresques imitées de Raphaël. » — VASARI.

Cocxie a laissé plus d'une œuvre durable où il a mis son âme, mais il lui est trop souvent arrivé de ne donner qu'une empreinte étrangère. Dans la plupart de ses tableaux, on reconnaît à la première vue des fragments tout entiers pris à Raphaël ou à son école. Il avait plus de talent que de génie, plus de science que d'invention. Un de ses historiens (1) le juge sévèrement pour cette aptitude à s'approprier telle figure ou telle attitude d'un peintre illustre. « On reconnaît le larcin dans tous ses ouvrages; aussi fut-il très-fâché lorsqu'un graveur (2) donna l'œuvre du maître italien. On prit le copiste sur le fait. Ainsi les traductions des écrivains étrangers découvrent les vols secrets qu'ils nous font et ceux que nous leur faisons. »

Lambert Sustermann ou Lambert Lombardus (1506-1560) doit prendre ici sa place. Il étudia à Liége, où il était né, l'architecture et la perspective. Il voyagea en France, qui fut, pour ainsi dire, le pays natal de son talent. « Il y dessina les édifices ruinés par les ravages de la guerre. » Il parcourut l'Allemagne et l'Italie, étudiant le caractère de toutes les écoles. Il revint à Liége et ouvrit lui-même une école où il substitua le goût de l'antique au gothique flamand. Franc Floris, Wilhelm Key, Hubert Goltzius, sont sortis de l'atelier de Sustermann, qui n'était pas seulement un peintre très-estimé, mais un poëte et un philosophe dont la ville de Liége s'enorgueillit encore.

Jean Gossaert ou Jean de Mabuse (de Maubeuge) (3), contemporain de Michel Cocxie (1499-1562), laissa une œuvre moins glorieuse, mais plus originale. Il naquit à Maubeuge, eut une jeunesse agitée, parcourut l'Italie, revint en Flandre, et fut peintre ordinaire d'un grand seigneur qui le considérait autant comme un histrion que comme un homme de génie. Pourvu que Mabuse pût courir la nuit les tavernes et s'enivrer avec les filles, il consentait à faire des chefs-d'œuvre. Un seul trait de sa vie donnera une idée de sa passion pour le vin. Charles-Quint devait passer chez son protecteur, qui voulut le recevoir dignement. Il donna des ordres pour que tous les officiers de sa maison fussent habillés en damas blanc. Quand le tailleur vint prendre la mesure du peintre, Mabuse lui demanda l'étoffe, disant qu'il voulait imaginer une coupe plus noble. Dès qu'il eut l'étoffe, il la vendit pour boire, « et, lorsqu'il fallut paraître, il se fit une robe de papier blanc qu'il peignit en beau damas. Quand la marche fut réglée, ils défilèrent tous sous un balcon où était l'empereur; le peintre passa bravement, entre un philosophe et un poëte. La beauté du damas frappa tout le monde, Charles-Quint surtout. » Mabuse finit par abuser de la patience de son protecteur; il persista dans ses débauches, fut emprisonné pour dettes et mourut, comme il avait vécu, un verre d'une main, un pinceau de l'autre, le front rayonnant sous l'ivresse et sous l'inspiration. Son portrait ne donne pourtant pas l'idée d'un ivrogne. C'est presque une tête vénérable par la barbe blanche et les lignes sévères de la figure.

(1) DESCAMPS.
(2) JÉROME KOCK.

(3) Plusieurs de ses panneaux sont signés: *Johannes Malbodius pingebat*.

Le premier, il rapporta d'Italie en Flandre la manière de peindre le nu et de rendre l'histoire par l'allégorie (1). Il a traduit les plus belles pages de la Bible; il se complaisait surtout à peindre Adam et Ève sous l'arbre de science. On sent bien dans son œuvre l'impression de la nature : il l'avait eue pour premier maître, il l'avait toujours consulté. Albert Durer alla tout exprès d'Anvers à Middelbourg pour voir une *Descente de croix* de Mabuse (2). « Un des plus frappants entre tous ses ouvrages est un tableau en camaïeu presque sans couleur, représentant une décollation (3). » Mabuse abusait un peu du fini, mais sans perdre de vue le style. Il aimait la nature et ne cherchait pas ailleurs son idéal. On a beaucoup vanté un de ses tableaux représentant *la Vierge et l'enfant Jésus* : la Vierge, c'était la marquise Van Werenn; l'enfant Jésus, c'était le fils de la marquise.

Mabuse, pénétré du goût italien, quoique fidèle encore aux traditions de l'école de Bruges nous ramène naturellement en Hollande; en allant s'y fixer, il y porta ces divers éléments, le style et le naturalisme, le caractère et la vérité, qui avaient fait la gloire de l'Italie et de la Flandre.

II.

SCHOOREEL. — MORO. — VERMEYEN. — VAN MEHLEM. — HEMSKERKE. — VAN KALCKER. — GOUDA. — BARENTSEN.

Comme Hemling, Lucas de Leyde était inimitable. Quel disciple assez heureux eût pu reproduire la grâce charmante, le sourire ineffable, la naïveté sublime de ces deux maîtres qui allaient si haut chercher leurs inspirations? Schooreel et Hemskerke tentèrent d'abord de perpétuer les principes de Lucas de Leyde, mais l'éclat de l'école italienne les entraîna loin de leur pays. Ils allèrent étudier en Italie sans toutefois dépouiller le caractère de l'art national. Que fût-il advenu cependant, si l'art flamand et hollandais eût été abandonné dès le début à lui-même comme un enfant prodigue dans les premiers élans de la passion? Le naturalisme l'eût sans doute étouffé; peut-être eût-on salué Rubens et Rembrandt un siècle plus tôt; mais, à coup

---

(1) « Jean de Mabuse fut, pour ainsi dire, le premier qui porta d'Italie en Flandre l'art de peindre le nu et de traiter les sujets poétiques. » — VASARI.

(2) « Une *Descente de croix* de Van Hemmisten rappelle tout-à-fait Mabuse par la naïveté noble du style et la délicatesse du pinceau. » — L. VIARDOT. — *Musée de Bruxelles*.

(3) VAN MANDER. — Cet historien parle de très-beaux dessins au crayon noir de Mabuse que se disputaient les peintres du temps.

sûr, l'école flamande et hollandaise n'en eût été ni plus féconde ni plus glorieuse. Rien ne pouvait altérer la sève puissante des vigoureuses racines de cet arbre couvert de branches; les purs rayons d'un soleil plus doux devaient réjouir l'arbre et non le dessécher.

Schooreel a su allier, avec une suave harmonie, l'art du Nord à l'art du Midi. Dans plusieurs de ses tableaux, on reconnaît tout à la fois Van Eyck, les maîtres de Cologne et Raphaël. Le naturalisme flamand et hollandais s'était adouci sous son pinceau par la grâce onctueuse du génie italien. On peut étudier, dans presque tous les musées, le talent tour à tour naïf et savant de ce grand artiste. Franc Floris, dont les jugements étaient recueillis avec respect, a surnommé Schooreel le flambeau des peintres flamands et hollandais, plutôt encore sans doute par sa science et par ses voyages que par son génie. En effet, il parlait toutes les langues, et, même avant Bernard Van Orley, il avait franchi les Alpes, pour étudier en Italie les débris de l'antique et les merveilles de Raphaël. Il revint dans son pays pour ouvrir une école où l'on suivait tout à la fois les traditions vivantes des Van Eyck, le sentiment naïf des Byzantins, la grâce ineffable du Sanzio et la majesté sculpturale des anciens Grecs. Mais déjà, comme nous l'avons remarqué, Jean Schwartz de Groningue avait, au retour d'un voyage à Florence et à Rome, initié quelques peintres de la Hollande au style du Midi.

Jean Schooreel, tout à la fois peintre, poëte, musicien, savant, orateur, naquit en 1495, le 1ᵉʳ août, dans le bourg de Schooreel, au voisinage d'Alcmaer. Orphelin de bonne heure, il comprit qu'il devrait tout à lui-même. Il dépensa le peu d'argent qu'il avait hérité de sa famille à apprendre le latin. Dès qu'il sut manier la plume, il se surprit une passion sérieuse pour le dessin. « Le papier, le verre, et jusqu'aux écritoires de corne, tout devint, sous sa main, figures, animaux et plantes. Il était le dessinateur gagé de tous ses camarades (1). » C'est toujours la même histoire. Schooreel quitta l'école à quatorze ans pour l'atelier. Il reçut les premières leçons de peinture de Guillaume Cornelitz, artiste médiocre, qui s'enivrait tous les jours pour croire à son génie. Schooreel eut le bon esprit de s'apercevoir que la nature était un autre maître, éternellement grave et inépuisable dans sa science. « Les fêtes et les dimanches, il allait hors de la ville, et il peignait d'après nature des perspectives et des arbres avec une touche nouvelle dans son temps (2). » Schooreel ayant vu une *Descente de croix* d'un grand effet du frère de son maître, Jacques Cornelitz, il partit pour Amsterdam où demeurait ce peintre, et lui demanda la grâce d'entrer dans son atelier. Jacques Cornelitz accueillit le jeune enthousiaste avec une amitié soudaine, qui ne s'altéra jamais. Non-seulement il donna un gîte assuré à l'élève de son frère, mais il le paya avec générosité, reconnaissant bientôt que Schooreel n'avait plus besoin de maître. Schooreel peignit, dès son entrée à l'atelier, les fonds des tableaux de Jacques Cornelitz.

(1) Van Mander.   (2) Mathieu de Visch.

Schooreel comptait déjà dix-sept ans; Jacques Cornelitz avait une fille de treize ans à peine. Le disciple en devint amoureux, du moins par pressentiment. « Votre fille est si jolie, que je l'aimerai avec fureur quand viendra son temps. » A cette déclaration, le père, un peu effrayé, répondit par ces paroles mémorables : « Mon ami, je vous conseille de voyager. — C'est cela, reprit Schooreel; je vais faire le tour du monde avec le souvenir d'Ursule. J'irai en France, en Allemagne, en Italie, au-delà des mers. Quand je reviendrai, votre fille aura vingt ans; mais m'aura-t-elle attendu jusque-là? Qui peut répondre du cœur d'une femme pendant sept ans? »

Quand Schooreel partit, Ursule pleura. « J'avais bien raison de compter sur elle, dit le jeune peintre; le ciel nous réserve la même destinée. » Schooreel s'arrêta à Utrecht, chez Jean de Mabuse, qui était alors au service de l'évêque Philippe de Bourgogne. Schooreel se laissa d'abord aller aux folles dissipations qui avaient envahi Jean de Mabuse. A Utrecht, il ne se contenta plus seulement des passions sérieuses de l'atelier; il joua la comédie, apprit la musique et versifia des propos galants. Il devint en peu de mois homme de cour accompli. Heureusement pour lui, le souvenir d'Ursule le détacha bientôt d'un peintre enclin à toutes les brutalités de la débauche. Il partit pour l'Allemagne, où il voyagea à petites journées, s'arrêtant à chaque ville pour y visiter les artistes. Il étudia à Cologne les précieuses traditions de Wilhelm et de Stéphan; il étudia à Spire l'architecture et la perspective. Il passa quelque temps à Strasbourg et à Bâle. Il descendit à Nuremberg chez Albert Durer, qui avait déjà vu de ses œuvres et qui l'accueillit avec éclat. Comme c'étaient deux peintres savants, ils discutèrent beaucoup et finirent par se brouiller sur un point de théologie. Schooreel alla se consoler à Stiers, en Carinthie, chez un baron protecteur des artistes, qui, émerveillé du talent du peintre hollandais, lui offrit sa fille et sa fortune. Bien que la fille fût jolie et que la fortune fût grande, Schooreel refusa, en racontant au baron qu'il voyageait avec une passion dans le cœur pour Ursule Cornelitz, la fille de son maître.

Après avoir amassé beaucoup d'argent, il partit de Stiers pour Venise, où il vécut en familiarité intime avec quelques peintres d'Anvers. En ce temps-là, on partait tous les jours de Venise pour la Terre-Sainte; Schooreel s'embarqua, en compagnie d'un religieux hollandais, pour la Palestine. Il s'arrêta dans les îles de Chypre et de Candie, dont il prit au passage toutes les vues curieuses. Il avait vingt-cinq ans à son arrivée à Jérusalem. Bien qu'il ne fût pas un chrétien très-orthodoxe, il alla s'agenouiller, en pensant à Ursule, devant le tombeau du Christ. Il s'arrêta au couvent de Sion et courut les bords du Jourdain, dessinant à la plume tout ce qui frappait son regard. Le couvent de Sion a gardé longtemps un tableau de Schooreel, *Saint Thomas portant ses doigts à la plaie de Notre-Seigneur*. Schooreel prépara en Palestine plusieurs tableaux qu'il exécuta plus tard, comme *la Ville de Jérusalem* et *le Tombeau de Jésus-Christ*. Dans ce dernier tableau, il se représenta lui-même dans une troupe de chevaliers. Au retour de ce voyage, il passa par l'île de Rhodes; le grand-maître lui en fit royalement les honneurs. Revenu à Venise, il s'y établit, pour fixer sur la toile ses souvenirs de voyage. Il fut appelé à Rome par le pape Adrien VI, son compatriote, qui avait ouï parler avec éloge du peintre-voyageur et qui lui donna la conduite du Belvédère. Schooreel, après avoir peint un admirable portrait du pape, revint en Flandre tout chargé d'or, plus que jamais amoureux d'Ursule Cornelitz. Cette douce et fraîche image n'avait pas quitté un instant son imagination ; il l'avait vue flotter partout, sur les bords du Jourdain, sur les lagunes de Venise, sur les vagues plaintives de la Méditerranée. Peut-être avait-il aimé d'autres femmes dans ce long voyage ; mais ces passagères amours n'avaient pu bannir Ursule de son cœur. Deux lettres du père étaient venues, à longs intervalles, lui apprendre que celle qu'il avait quittée enfant devenait une fille accomplie, aussi belle que sage. « Il va sans dire qu'elle vous attend, » écrivait Jacques Cornelitz dans sa dernière lettre. Dès que Schooreel toucha le sol des Pays-Bas, il demanda à tout le monde des nouvelles de Jacques Cornelitz et de sa fille. Quelques-uns lui répondirent que Jacques Cornelitz était toujours un bon peintre, mais de sa fille point de nouvelles. A Utrecht, enfin, il se trouva quelqu'un pour lui parler d'Ursule. « Vous l'avez vue ? demanda Schooreel avec un sourire d'amour. — Oui, lui répondit-on ; je l'ai vue le jour de ses noces. » Lasse d'attendre, Ursule avait épousé un orfèvre d'Amsterdam.

Dans sa douleur, Schooreel ne trouva qu'une consolation, ce fut de peindre sans relâche, ce fut de reporter vers l'art toute sa passion pour Ursule. Il demeura à Utrecht, où il peignit, entre autres pages importantes, une *Entrée de Jésus-Christ dans Jérusalem* et une *Mort de la sainte Vierge*. Ce fut alors que François I*er*, qui comprenait si bien que les grands artistes font les grands règnes, écrivit lui-même à Schooreel pour le prier de venir à la cour de France. Schooreel, fatigué des voyages, voulut s'en tenir aux triomphes qu'il trouvait dans sa patrie. Il ne quitta plus Utrecht que pour passer quelques années à Harlem. Dans ces deux villes, il avait ouvert une école, dont Martin Hemskerke fut le suprême élève. Dans ses heures de temps perdu, il cultivait encore la poésie et la musique, discutait avec les plus célèbres théologiens de Leyde, ou tirait de l'arc à désespérer les plus adroits. Il mourut de la gravelle, à Utrecht, le 6 décembre 1562, admiré de toute la Hollande comme le plus grand paysagiste, peut-être comme le plus grand peintre de son temps.

On lit au bas d'un portrait de Schooreel ces deux vers latins, datés de 1560, et signés Antonius Morus :

> Addidit huic arti decus, huic ars ipsa decorum :
> Quo moriente mori est, hæc quoque visa sibi.

J'ai vu la gravure de ce portrait d'Antoine Moro. Schooreel a un accent un peu rude ; l'œil est pensif, le front est caché sous un bonnet en forme de parasol. Le peintre sexagénaire est vêtu d'hermine. Dans les attributs du cadre, on distingue un tireur d'arc assis sous un mélèze, au bord de la mer du Nord, et, comme contraste, un pèlerin sur les bords du Jourdain.

Parmi les élèves remarquables de Schooreel, outre Hemskerke, que nous allons étudier, l'histoire a conservé les noms d'Antoine Moro, de Cornille Vermeyen et de Van Mehlem. Antoine Moro, d'Utrecht, fut célèbre, à juste titre, pour ses portraits (1). Il avait voyagé en Italie, voulant apprendre à dessiner après avoir appris à peindre. En Espagne, en Portugal et en Angleterre, tous les grands personnages posèrent devant lui et firent sa fortune. Il vécut en familiarité intime avec Charles-Quint. « Un jour, l'empereur frappa Moro sur l'épaule en badinant: Moro en fit autant avec son appuie-main sur l'épaule du roi (2), » ce qui fut regardé par les inquisiteurs comme un crime de lèse-majesté. Moro s'enfuit en toute hâte, et quitta l'Espagne sans dire où il allait. Sa manière rappelle à la fois Schooreel et Titien. Cornille Vermeyen fut aussi peintre ordinaire de Charles-Quint : il le suivit dans toutes ses campagnes. Il s'est représenté dessinant, sous la garde de quelques soldats, la ville de Tunis. Il s'habillait en turc et portait une barbe plus longue que lui : « Charles-Quint s'est souvent diverti à marcher dessus (3). » Étrange divertissement pour un empereur ! Ses dessins de campements et de batailles ont servi de modèles pour les tapisseries. Il peignit des tableaux d'autel qui appartiennent un peu à toutes les écoles. On a admiré quelques fêtes marines où le nu des figures était traité de main de maître. Né à Beverwyck, près de Harlem, en 1500, il mourut à Bruxelles en 1559. Il fut inhumé dans l'église de Saint-Gorick. Jean Van Mehlem rappelait à la fois les Hollandais et les Flamands de la première époque avec un dernier accent de l'école du Bas-Rhin. Il est du nombre de ces artistes méconnus du xve et même du xvie siècle, dont l'histoire a dédaigné jusqu'au nom. On ne trouve guère aujourd'hui ce nom, digne de respect, qu'à la Pinacothèque de Munich.

Martin Hemskerke ou plutôt Van Veen, né dans le village d'Hemskerke, fut surnommé le Raphaël hollandais. Son père était un maçon campagnard qui n'attachait aucun prix à la peinture, et qui, loin de cultiver les heureuses dispositions du jeune homme, le jeta violemment dans les plus durs travaux de la campagne. Hemskerke était tour à tour aide-maçon, pâtre et laboureur; mais, dévoré par le génie de la peinture, il n'attendait qu'une occasion pour fuir la maison paternelle et aller à Delft, dans quelque atelier où, grâce à sa bonne volonté, on daignerait lui accorder un peu de place et un peu de pain. Un jour, — les plus graves historiens ont noté ce détail, — Hemskerke, revenant du melplaets, rapportait à la maison un seau plein de lait. Son père, impatient, lui cria de se hâter. Hemskerke, peu disposé à faire ce métier indigne de lui, renversa le seau avec colère et s'enfuit à toutes jambes. Le père le poursuivit pour le

---

(1) « Moro est tenu en haute estime; ses ouvrages luttent de vérité avec la nature. » — Vasari.

(2) Van Mander.

(3) Descamps.

battre, mais ne parvint pas à l'atteindre. La nuit, cependant, Hemskerke vint rôder autour de la maison paternelle. Sa mère ne dormait pas; il s'en doutait bien. Il l'appela doucement; elle vint à lui. Pendant deux heures, ce ne furent que larmes et embrassements. Elle-même l'encouragea à partir. « Il me battra peut-être, lui dit-elle, mais je penserai à toi et je me consolerai. » Là-dessus elle courut à l'armoire et rapporta à son fils tout l'argent qu'elle y trouva. « Adieu, lui dit-elle; quand tu seras sans ressources, reviens la nuit; tu n'auras pas besoin de parler bien haut pour que je t'entende. » Il partit; il ne revint pas. Lucas de Delft, plus ouvrier qu'artiste, mais pourtant ouvrier intelligent, l'admit parmi ses élèves. Hemskerke, séduit par la renommée déjà bruyante du jeune Schooreel, alla à Utrecht lui demander la grâce de peindre sous ses yeux. Schooreel lui donna généreusement ses palettes et ses pinceaux; pourtant il faut l'avouer, car on doit la vérité à l'histoire, au bout de peu de temps, Schooreel, voyant s'annoncer le génie de Hemskerke, lui ferma rudement sa porte. Mais, dès ce jour, Hemskerke n'était plus un disciple, c'était un maître. Il fut appelé par presque tous les amateurs d'Utrecht et de Harlem, qui, ne pouvant obtenir de tableaux de Schooreel, voulaient bien se contenter du talent de son élève. Il peignit Apollon et Diane, Adam et Ève, tous les gracieux tableaux de la théologie païenne et chrétienne. Il fut très-admiré, mais tout le monde lui reprochait d'avoir pris la manière de Schooreel. En effet, il imitait Schooreel à s'y méprendre. Son œuvre capitale avant de partir pour Rome, mais toujours dans la manière de son maître, représente *Saint Luc peignant la sainte Vierge*. Les têtes étaient remarquables par la beauté comme par l'expression. Hemskerke s'était placé dans le tableau derrière saint Luc, sous la figure d'un homme couronné de lierre. C'est une tête effilée avec une barbe en pointe et de grands yeux rêveurs. On voyait encore dans cette œuvre, par une fantaisie du peintre, un perroquet dans sa cage. Hemskerke avait sans doute pris des leçons de poésie à l'école de Schooreel, car il avait inscrit des vers en l'honneur de saint Luc sur un livre ouvert dans le tableau.

Il voulut voir Rome à son tour. Il partit pour l'Italie à trente-quatre ans, avec des recommandations puissantes. A son arrivée à Rome, un cardinal lui offrit le gîte et la table. Il étudia avec passion les vestiges de l'antique et les œuvres de Michel-Ange. On raconte qu'un jour un Italien pénétra dans sa chambre et enleva deux tableaux avec tous ses dessins. Hemskerke découvrit la retraite du voleur; il alla à lui et parvint à reprendre son bien. Mais ce voleur était un grand coupable qui pouvait se venger. La peur saisit le peintre, qui partit à la hâte pour retourner dans son pays. C'était une nature timide, une femme devant le danger; « il redoutait surtout les armes à feu, dit Van Mander : on l'a vu monter sur une tour pour voir passer la marche des arquebusiers, sans se croire à l'abri du danger. Au siége de Harlem, en 1572, il obtint seul, entre tous les hommes, la permission de sortir de la ville avec un convoi de femmes et d'enfants. » En débarquant à Dordrecht, il descendit dans une auberge que lui avait recommandée un de ses compatriotes étudiant à Rome. L'aubergiste l'invita à souper avec toute sorte de prévenances; mais, heureusement pour lui, il partit le soir même pour Rotterdam. Le lendemain, l'aubergiste était arrêté; la justice découvrait dans une cave de l'auberge une vingtaine de cadavres arrêtés là pour l'éternité.

De retour en Hollande, Hemskerke fut appelé partout où il y avait des églises et des amateurs. Il avait changé sa manière : les bords de ses contours étaient moins tranchants. On sentait bien encore qu'il était parti de Schooreel, mais son originalité éclatait avec puissance. Son génie était fécond; il peignait en même temps les Vénus et les Diane, les Marie et les Madeleine, s'inspirant tour à tour, avec un égal bonheur, du sentiment antique et du sentiment moderne : seulement sa grâce était plus aimable que touchante. Il composait admirablement. On peut lui reprocher un peu de sécheresse, surtout dans ses figures nues. Son œuvre capitale était une *Bacchanale* grandiose, toute pleine de fureur, où le plaisir soulevait la peuplade échevelée comme les flots de la tempête.

Il s'était établi à Harlem peu de temps après son retour de Rome; il y épousa une des plus belles filles de la ville. Il comptait beaucoup sur elle et sur les enfants qu'elle lui donnerait pour fleurir sa vieillesse; mais sa femme mourut en couches et l'enfant survécut à peine à la mère. Ayant pris l'habitude du mariage, il chercha une autre femme; il ne trouva qu'une vieille fille. Elle était laide; il allait passer outre : elle était riche, il l'épousa. Il sentit bien plus l'absence de sa chère Marie Jacobs. Cette vieille fille n'avait qu'une passion, celle de l'argent. Elle finit par la donner à Hemskerke, qui fut bientôt un des plus riches de Harlem. « Après sa mort, dit Van Mander, on trouva son habit garni de pièces d'or, que le vieux peintre, trop prévoyant, avait cousues une à une dans sa doublure. » Il avait fait plusieurs legs extraordinaires. Il a laissé une terre dont le revenu sert à doter quatre jeunes filles. Mais le légataire a imposé une condition vraiment singulière, presque lugubre pour les jeunes filles, peut-être consolante pour lui; il a exigé que le mariage se fît sur son tombeau. Il fut inhumé dans la grande église de Harlem, dont il avait été longtemps marguillier. Il s'était vengé de son père le maçon en l'accablant de biens. Son père mort, il fit élever sur sa tombe un obélisque de pierre bleue, où il tailla lui-même le portrait du paysan. Il légua aussi un revenu pour entretenir ce tombeau. Il donna beaucoup à ses amis et beaucoup aux pauvres. Il mourut, glorieux et aimé, à l'âge de soixante-seize ans (1).

Parmi les disciples de Hemskerke, un jeune homme de Gouda (2) fut remarqué par une intel-

---

(1) « Hemskerke fit, à Medenblick, un tableau d'une grande beauté, où l'on voit les quatre fins de l'homme, la mort, le jugement, l'enfer et le paradis. Rien ne frappe davantage que les expressions différentes, la peur, la crainte, le désespoir et la joie. On remarque partout le spirituel et savant artiste. Ce tableau fut fait pour son élève Jacques Rauwaert, grand amateur, et en état de le bien récompenser. Il paya son maître d'une façon peu commune, en lui comptant des doubles ducats si longtemps et en si grand nombre, que le peintre, étonné, s'écria plusieurs fois : En voilà assez ! » — Descamps.

(2) Cornille Van Gouda, né en 1520, mort vers la fin du XVIe siècle.

ligence précoce. Il composait de grandes pages religieuses avec une hardiesse qui put surprendre et annoncer un génie hors ligne. Mais la passion de l'art s'éteignit chez lui dans la passion des filles, bientôt dans la passion du vin. Les inspirations qui l'avaient saisi à l'atelier ne le suivirent pas au cabaret : il survécut à son talent et à son cœur.

Nous avons dit qu'à son retour d'Italie, Hemskerke descendit dans une auberge de Dordrecht dont la cave était pleine de cadavres. La nuit même que Hemskerke devait passer dans ce gîte de malheur, un jeune homme du pays de Clèves, connu depuis sous le nom de Jean Van Kalcker, s'y endormait paisiblement, bercé par les propos galants de la fille de l'aubergiste. Cette fille jeune et belle n'était sans doute pas complice des crimes de son père. Le lendemain, quand la justice de la ville eut découvert l'odieuse hospitalité, cette fille supplia Van Kalcker de l'emmener en Italie, car il attendait à l'auberge le prochain départ d'un navire. Heureusement pour elle, le bâtiment allait mettre à la voile; elle se déguisa en homme et accompagna le jeune peintre. Ils parcoururent ensemble l'Italie et se fixèrent à Venise. Van Kalcker, qui s'était formé dans la manière hollandaise, entra à l'atelier du Titien, abandonna ses premiers principes et devint un des principaux élèves du grand coloriste. Plus d'un portrait de Van Kalcker est à cette heure inscrit dans les musées sous le nom du Titien; c'est la même pâte et la même touche. Selon Vasari (1), qui a connu Van Kalcker, il était impossible d'apercevoir dans ses tableaux les moindres traces de l'école hollandaise. Van Kalcker maniait le crayon et la plume avec beaucoup d'adresse; il a dessiné tous les portraits de peintres, sculpteurs et architectes, dont Vasari a écrit la vie. Il mourut à Naples en 1546, à peine âgé de quarante-sept ans.

Dirck Barentsen d'Amsterdam (1534-1592) devint aussi élève du Titien, après avoir étudié les procédés et les traditions de la peinture hollandaise. Son père, Barent-le-Sourd, qui a peint des supplices et des séditions, lui donna les premiers principes. Comme Schooreel, comme Hemskerke, comme la plupart des peintres du xvie siècle, il avait étudié les belles-lettres avec fruit. Il était né musicien; il jouait de la viole avec passion. Il partit fort jeune pour l'Italie. Le Titien l'accueillit pour sa figure aimable et s'attacha à lui pour son esprit. Tous les lettrés de Venise le recherchèrent bientôt. Le Titien lui avait dit : « Vous êtes mon fils, ma maison est la vôtre; recevez-y vos amis comme j'y reçois les miens. » Il passa sept années dans cette maison, qui était nommée à juste titre le paradis des arts. Il revint en Hollande avec un de ses amis de Venise, le seigneur d'Aldegonde, qui lui conserva toujours son amitié et sa protection. Il épousa à Amsterdam une jeune fille de haut rang, qui lui donna des enfants, de la fortune et de la considération. On ne tarda pas d'ailleurs à reconnaître que Barentsen était un grand portrai-

---

(1) « Van Kalcker fit avec succès la figure en grand et en petit; il eut un merveilleux talent pour le portrait. Nous placerons hors ligne Van Kalcker comme disciple du Titien. » — VASARI.

tiste et un grand peintre d'histoire. Il fut appelé partout. Il a laissé des portraits à la manière du Titien, mais où se trahit pourtant le caractère du génie hollandais. Il a peint, entre autres œuvre remarquées, une *Vénus*, une *Judith*, une *Madeleine*, une *Chute de Lucifer*. Il conserva jusqu'à sa mort une grande manière pour sa composition, mais il avait perdu peu à peu sa vivacité de touche.

Cependant la renommée de Franc Floris nous rappelle à Anvers, où nous allons trouver, dans sa puissante école, une nouvelle ère pour la peinture. C'est encore l'alliance du caractère national avec le style italien; mais l'imagination allemande y vient jeter ses reflets brillants et ses ombres mystérieuses. Jusque-là, hormis Hemling et Lucas de Leyde, les peintres flamands et hollandais s'étaient avant tout préoccupés du dessin et de la couleur, de la composition et du style; la pensée ne leur était guère venue que par le sentiment religieux : elle allait frapper quelques-uns d'entre eux par toutes ses formes saisissables.

V

L'ÉCOLE FLAMANDE ET HOLLANDAISE A LA RENAISSANCE.

FRANC FLORIS. — LUCAS DE HEERE. — LES PORBUS. — LES FRANCK. — MARTIN DE VOS. — KOEBERGER. — VAN MANDER. — HUBERT ET HENRI GOLTZIUS. — SPRANGER. — WILHELM KEY.

I

Si les peintres flamands et hollandais ont dû certains rayons de leur génie aux principes des écoles étrangères; si l'Orient, si l'Italie et l'Allemagne ont indiqué dès l'origine aux artistes des Pays-Bas la couleur, le style, la grâce, la pensée, le sentiment, on peut affirmer hautement que les principes de l'art flamand et hollandais, la puissante individualité des Van Eyck, d'Ouwater, de Hemling, de Lucas de Leyde, ont exercé une grande influence sur les écoles étrangères. Au xve siècle, on retrouve déjà sur les bords du Rhin le caractère des têtes des Van Eyck; bientôt leur puissante manière pénètre dans toute l'Allemagne. Frédéric Herlin, Schœngauer, Holbein-le-Vieux, Wohlgemuth, sont des Allemands envahis par le naturalisme flamand. Comme à toutes les époques glorieuses, les artistes recherchaient des maîtres illustres. Cologne n'avait plus d'école; l'Italie en avait déjà trop. Les Van Eyck étaient au plus haut point de leur renommée. Les peintres allemands, même ceux qui ont imprimé leur caractère original, étudièrent pieusement l'exécution des maîtres de Bruges. Dans leurs tableaux, on reconnaît l'agencement des groupes, l'expression des têtes, les procédés techniques du coloris. Si on consulte les historiens du temps (1), on voit que, dès le xv° siècle, l'Italie elle-même étudiait beaucoup l'œuvre des Van Eyck, d'Ouwater, de Hemling, de Bosch, de toute la puissante pléiade qui avait si glorieusement inauguré dans les Pays-Bas le règne de l'art. Nous pourrions ici invoquer l'autorité de quelques juges sérieux (2). Venise, Naples, Florence, tour à tour se fortifièrent par le naturalisme flamand et hollandais. Les artistes voyageurs des Pays-Bas allaient emprunter aux Italiens, mais ils portaient et laissaient dans cette autre patrie je ne sais quel souffle fécond, quel parfum savoureux des campagnes de Bruges et de Leyde.

L'influence de cette école créait la peinture en Espagne, ou du moins l'art espagnol était encore dans l'enfance, quand Jean Van Eyck, Roger de Flandre (sans doute Roger de Bruges), Flamenco (3) (peut-être Hemling), Vermeyen, Coexie, Moro, vinrent à la cour d'Espagne peindre des portraits et des tableaux d'histoire. Les Flamands et les Hollandais, amoureux du soleil qu'ils entrevoyaient à peine, semblent avoir voulu perpétuer ses rayons sur leurs panneaux. La lumière, cette fois, était venue du Nord pour l'art du Midi.

Quand Franc Floris se reconnut peintre, vers 1535 (il était né à Anvers en 1521), on était à ce point radieux et fertile de la renaissance où toutes les nobles races s'étaient mêlées dans une union tout à la fois sympathique et forcée, où le génie pouvait enfin puiser à toutes les traditions. L'art, partout épanoui, partout couronné, marchait en pleine lumière, éclairé par la gloire des maîtres de Cologne, de Bruges, de Nuremberg, de Leyde, de Florence, de Rome et de Venise. Franc Floris fut un de ces artistes féconds qui reflètent toutes les nuances éparses; mais ce Flamand habillé en Florentin, le regard élevé au ciel comme les rêveurs d'Albert Durer, les lèvres rouges et ardentes aux passions comme les lèvres qu'avaient touchées les épaules frémissantes de quelque signora vénitienne peinte par le Titien, conservait bien toutefois le caractère de son pays.

La famille de Franc Floris tout entière devait s'épanouir dans les arts. Son père, Cornille de Vriendt, humble tailleur de pierre, était né sculpteur et architecte; son oncle, Claude Floris, était un excellent sculpteur sur pierre et sur bois; son frère, Cornille, réalisa le rêve du père, qui n'avait pas eu le temps de cultiver son génie : Cornille fut sculpteur et architecte; on lui doit les plus beaux édifices d'Anvers, l'Hôtel-de-Ville, l'Ooster-Huys et autres petits monuments du xvi° siècle. Ses deux autres frères se nommaient Jacques et Jean : Jacques fut un bon peintre

---

(1) FACIUS. — VASARI.

(2) M. L. Vitet, dans son beau travail sur Lesueur, reconnaît que la Flandre est la mère-patrie de la couleur; que quand Otto Venius, à son retour d'Italie, rapportait la chaleur de ton des Vénitiens, « il ne faisait que rendre à son pays ce que Venise lui avait emprunté. »

« On ne saurait nier l'influence exercée par Van Eyck et ses disciples sur les œuvres vénitiennes des premières périodes. » — JEANRON ET LÉOPOLD LECLANCHÉ.

(3) Il est connu en Espagne sous le nom du grand Flamand : « Hoc oratorium a magistro Kogel, magno et famoso Flaudresco, fuit depictum. » — FIORILLO. — *Histoire de la Peinture en Espagne.*

sur verre, Jean un potier de génie (1). En outre, Franc Floris eut deux fils, un peintre et un miniaturiste ou imagier. Ainsi, à elle seule, la famille pouvait bâtir un palais et l'animer à l'intérieur comme à l'extérieur de toute la magie des arts : les sculptures, les fresques, les verrières, les tableaux, les crédences, les dressoirs, les faïences, le livre à images. Mais la puissante famille se dispersa comme les oiseaux au sortir du nid ; l'un mourut en Espagne, l'autre en Italie ; Franc Floris seul revint mourir à Anvers, à peine âgé de cinquante ans.

Franc Floris fut sculpteur jusqu'à vingt ans sous la direction de son père et de son oncle ; mais, étant à Liége et visitant Lambert Lombard (2), il se reconnut peintre et abandonna le ciseau pour la palette. Dès le même jour, il peignit dans l'atelier de ce maître. La transformation ne fut pas longue à s'accomplir ; le jeune sculpteur, né coloriste, était depuis longtemps familiarisé avec la noblesse des formes et la pureté des contours ; il peignit du premier coup sans hésitation. Lambert Lombard fut émerveillé de cette soudaine métamorphose. Dans le même atelier, Franc Floris eut pour condisciples Wilhelm Key et Hubert Goltzius, qui, plus tard, devinrent célèbres comme lui. Lambert Lombard, voyant que Franc Floris l'imitait au point de le tromper lui-même, lui conseilla « d'aller boire dans un autre verre. » Franc Floris partit pour Rome, où l'attirait la grande image de Michel-Ange. A Rome, il dessina à la sanguine, d'une touche libre et fière, la plupart des œuvres du peintre de la chapelle Sixtine. Il revint d'Italie à Anvers, où l'on admira bientôt son dessin moelleux, le goût nouveau de ses compositions, le génie qu'il montrait à fondre harmonieusement les principes de toutes les écoles. Comme il était homme d'esprit aussi bien que grand artiste, il fut recherché par le prince d'Orange, les comtes de Horn et d'Egmont, par tous les grands seigneurs du pays. Il se maria, et acquit rapidement une fortune inespérée ; mais, quand le rameau sacré de la gloire eut touché son front, quand il crut avoir gaspillé toutes les richesses de l'art, quand il put puiser à pleines mains dans son coffre-fort, il sentit que tous les biens de la terre ne réalisaient pas son rêve. Il tomba dans un profond chagrin et ne se consola qu'avec le sang généreux des vignes de Bourgogne. Le grand et glorieux Franc Floris devint un ivrogne. « Je passe sous silence ses paris extravagants ; il ne s'enorgueillissait plus que de boire comme quatre (3). » Au

---

(1) « Le Bernard de Palissy de la ville d'Anvers. » — E. Gens.

(2) Nous avions, sur la foi de quelques historiens, confondu Lambert Lombard avec Sustermann. L'histoire de Lambert Lombard se raconte en peu de lignes. Il devint artiste à la vue des gravures d'Albert Durer. Il voyagea et réforma le goût flamand à son retour d'Italie. Il ne reste rien de ce maître ; mais, selon le témoignage de Goltzius, « nul ne le surpassait en érudition. C'était un artiste profond, sévère pour le dessin, abondant pour la couleur, sachant mieux que tout autre ménager les ombres. » Selon Sandrart, « il a immortalisé son nom par les progrès surprenants qu'il a fait faire à la peinture, la sculpture, l'architecture, et surtout à l'architecture. » *Académie des peintres*. Il mourut pauvre, à soixante ans, dans un hospice. Cependant il avait de hauts et puissants seigneurs pour amis ; il était échevin de la cour de justice du quartier d'Avroi. Mais l'artiste a toujours été la cigale chanteuse qui s'enivre aux beaux jours des rayons et des parfums de la vallée : l'hiver la surprend sans gîte et sans pain.

(3) Arnold Houbraeken. « Son ami, le poëte Coornhuert, lui écrivit une lettre en vers où il lui raconta qu'Albert Durer lui était apparu en songe pour admirer et plaindre l'artiste et l'ivrogne. »

cabaret, il se disait mauvais peintre, mais bon tailleur de pierre et excellent sculpteur, comme son père et son oncle. Il le voulut prouver en faisant bâtir un palais à colonnes. Toute sa fortune y passa. A mesure que l'âge venait, il se croyait plus jeune, et, partant, plus fou. Au lieu de peindre pour réparer les brèches, presque irréparables d'ailleurs, de sa fortune, il s'amusait à mille enfantillages. Ainsi il peignit toute sa maison au dehors en bas-reliefs, pour imiter le bronze. Il était arrivé à peindre comme en se jouant. Il fut choisi par le conseil communal d'Anvers pour faire des arcs de triomphe à l'arrivée de Charles-Quint. En un jour, il peignit sept grandes figures personnifiant les victoires de l'empereur. A l'entrée triomphale de Philippe II, il termina en un jour un grand tableau sur toile représentant *la Victoire enchaînant des vaincus*. Les divinités païennes, les muses et les nymphes lui étaient aussi familières que les graves images de la Bible. Il traitait admirablement le nu; on a beaucoup vanté ses anges rebelles et ses dieux marins (1). Il avait de la magie dans le pinceau; quelques touches de lui sur des tableaux de ses élèves donnaient, comme par enchantement, le style et la vie. Lucas de Heere a chanté une des plus belles pages de Franc Floris. C'était un tableau à volets représentant, à l'intérieur et à l'extérieur, *la Vie de saint Luc*. « Ce tableau est très beau, vu de près; quand on le voit de loin, on y découvre de nouvelles beautés. La manière de ce peintre est inimitable (2). » Cependant Franc Floris a laissé cent cinquante élèves, qui ont plus ou moins saisi sa manière. On cite ses deux fils, qui moururent trop jeunes: Jean Kies d'Amsterdam, excellent dessinateur; Benjamin Sameling de Gand, portraitiste distingué; Broecke d'Anvers, qui peignait bien le nu; Antoine Blocklant, artiste et gentilhomme, qui lui-même eut un élève de talent dans Mirevelt; François Manton, d'Alcmaer, peintre et graveur; Joseph de Beer, d'Utrecht, peintre religieux; mais les élèves qui font honneur à Franc Floris, et qui furent sa vraie postérité, sont Lucas de Heere, les Porbus, les Franck et Martin de Vos.

Franc Floris fut surtout un peintre de transition. Quoique sa manière fût hardie, sa touche franche et ferme, il se révèle dans son œuvre une véritable indécision. On voit trop qu'il était préoccupé des divers caractères du génie italien et du génie flamand. Mais comme ses études avaient été fortes et sérieuses, comme il était né sous ce rayon de vie intelligente qui crée le grand homme dans l'enfant, il donna à son œuvre une individualité assez puissante pour s'élever au-dessus de tous les artistes serviles qui ne vivent que par l'imitation.

Lucas de Heere signa plus d'une fois ses tableaux du nom de Franc Floris, sur la demande de son maître, qui trouvait ainsi à les débiter avec avantage. C'est assez faire l'éloge du talent et du cœur de Lucas de Heere. Il était né à Gand en 1534. Son père, Jean de Heere, était le plus grand sculpteur de son temps; sa mère, Anne Smyters, peignait très-agréablement en

---

(1) Cornille Coort a gravé beaucoup de planches d'après F. Floris. Entre autres estampes, on cite dix pièces d'après les travaux d'Hercule et sept pièces représentant les Arts.

(2) Van Mander.

détrempe des tableaux imperceptibles. Selon Van Mander, « elle a représenté un moulin à vent avec ses voiles tendues : le meunier montait l'escalier, un sac de blé sur le dos; sur la terrasse, un cheval était attelé à une charrette; à l'opposite, on voyait passer des paysans. » Un grain de blé pouvait couvrir la surface de ce tableau merveilleux, qui semblait l'œuvre d'une fée (1). Lucas de Heere eut donc d'abord son père et sa mère pour maîtres. Il passa à l'atelier de Franc Floris pour y étudier les grandes figures. Il vint en France, où la reine-mère l'accueillit avec bonne grâce et lui commanda des dessins pour les tapisseries. Il étudia dans le palais de Fontainebleau; ce fut là son voyage d'Italie. Il retourna en Flandre et s'y maria; il y peignit des tableaux d'église et des portraits avec une grande intelligence de dessin et de composition. C'était un peintre bel esprit (2), un savant chronologiste et un bon poëte; il a laissé une vie en vers des peintres flamands dont nous avons déjà reproduit des strophes. Mais son vrai titre en l'art d'écrire est un poëme intitulé *le Jardin de la Poésie*. Il avait fréquenté nos poëtes du XVIe siècle; il avait traduit quelques pages de Marot et de Ronsard. Il est regrettable qu'avec un vif sentiment de l'art et un excellent esprit critique il n'ait point laissé un monument durable sur les peintres flamands de la première époque. Ses strophes, il faut bien le dire, sont plutôt une nomenclature qu'une histoire.

Franc Floris avait dit de Franc Porbus : « Ce jeune homme, qui est mon élève, sera un jour mon maître. » Franc Porbus (3) devint un peintre de beaucoup de talent, mais ne dépassa pas Franc Floris, quoi qu'en dise Descamps. Franc Porbus, que nous jugeons un peu trop aujourd'hui comme portraitiste, était aussi peintre d'histoire et d'animaux; il saisissait la nature avec beaucoup de force. Sa couleur était harmonieuse dans sa fermeté, sa touche était belle et franche, mais il manquait de science et de distinction dans son dessin. Un voyage à Rome, dans un temps où déjà on n'apprenait plus à dessiner qu'en Italie, eût été d'un grand secours à son talent; mais à vingt ans, au moment de partir pour le pays de Raphaël, il fut arrêté par son mariage avec la fille de Floris le sculpteur. Une ménagère flamande, quel que fût son sentiment sur les arts, ne permettait jamais à son mari de voyager. Franc Porbus, né en 1540, admis à l'académie d'Anvers en 1564, mourut en 1580, après une vie laborieuse. Outre ses portraits, il reste de lui une *Adoration des Mages*, un *Martyre de saint George*, un *Paradis terrestre* où il se révèle excellent paysagiste et bon peintre d'animaux, mais sans beaucoup de caractère.

---

(1) L'art, dès sa naissance, s'était complu à ces singularités : on sait que Timante représenta un cyclope dormant sur une pièce de cuivre de la longueur de l'ongle, entouré de satyres qui lui mesuraient gravement le pouce avec une gaule.

(2) « Étant en Angleterre, l'amiral le chargea de lui représenter, dans une galerie, diverses nations avec leurs habillemens. Il avait peint les Anglais à nu, avec toute sorte d'étoffes auprès d'eux et les ciseaux d'un tailleur, pour marquer qu'il lui serait impossible d'habiller une nation qui change tous les jours de mode. » — DESCAMPS.

(3) Franc Porbus était fils de Porbus, peintre et géographe, qui vécut à Gouda et à Bruges. Il a peint des tableaux religieux et des paysages géographiques. Son dernier ouvrage est un portrait du duc d'Alençon, « qui passait pour le plus beau portrait du temps, » selon Van Mander. Peut-être que Franc Porbus et son fils tenaient de famille leur talent de portraitistes.

Il laissa un fils, François Porbus, portraitiste et peintre d'histoire, qui voyagea longtemps et vint s'établir à Paris. A ce nom seul de François Porbus, on voit apparaître Henri IV sous toutes les formes, armé ou sans armes, fièrement équipé pour la guerre ou galamment équipé pour l'amour. François Porbus fut un bon coloriste, qui apporta en France le sentiment de la vérité.

Les trois Franck étudiaient en même temps dans l'atelier de Franc Floris. Ils étaient fils de Nicolas Franck d'Herentals. Jérôme Franck voyagea en France. Henri III le retint à Paris pour son peintre ordinaire. Il avait laissé de lui une telle estime dans l'atelier de Floris, qu'à la mort de ce maître tous les élèves vinrent en corps à Paris lui demander la faveur de leur continuer les leçons de Floris. Un tel honneur sembla ne pas le toucher beaucoup, car il quitta Paris vers ce temps-là pour aller étudier en Italie. On voit que l'inquiétude, qui est le caractère du génie moderne, saisissait déjà quelques fortes natures de la renaissance. Le génie est toujours le génie, un composé d'homme et de dieu, un mélange de ciel et de terre, qui ne se trouve bien nulle part, qui passe les années à chercher sa patrie sans la découvrir. L'Italie donna du caractère au talent de Jérôme Franck. Il vint mourir à Anvers, où il laissa toute une galerie de petits tableaux composés avec beaucoup d'intelligence d'après l'Écriture sainte et l'histoire romaine (1).

Franck-le-Vieux ne quitta point Anvers et demeura fidèle à la manière de Floris. On ne sait rien de sa vie, qui sans doute ne fut pas très aventureuse. Entre autres pages religieuses dignes d'admiration, on remarque encore aujourd'hui, à Notre-Dame d'Anvers, un *Jésus au milieu des docteurs*, qui fut sans doute son œuvre capitale.

Franck-le-Jeune ou Ambroise Franck surpassa ses trois frères. Avant lui, les Flandres n'avaient point eu de meilleur peintre d'histoire. Sa vie n'est pas plus connue que celle de Franck-le-Vieux. On sait que l'évêque de Tournay, protecteur de tous les artistes du temps, le retint plusieurs années en son hôtel et lui inspira ses tableaux religieux.

Franck-le-Vieux eut un fils, ce fut sans doute Sébastien Franck. Il est bien regrettable que l'histoire de l'art ne puisse recueillir des documents certains sur toute cette puissante famille, qui a rempli le xvi° siècle de son nom et de ses œuvres. Selon Van Mander, « Sébastien Franck s'est instruit de la peinture chez Adam Van Oort. Il trouvait son génie en peignant des batailles, des haltes et des paysages. » Nous croyons, d'après ce que nous avons pu voir de Sébastien Franck, qu'avec sa touche légère et sa couleur lumineuse il excellait surtout à représenter des assemblées galantes. Son *Enfant prodigue* attablé avec des courtisanes est un chef-d'œuvre de composition, de verve et d'expression. Il eut un fils, Jean-Baptiste Franck, qui devint célèbre par des tableaux de chevalet représentant des cabinets ornés de peintures, de bustes et de chinoiseries. Un de ces ouvrages montrait Rubens et Van Dyck jouant au trictrac

---

(1) Ses tableaux sont signés H.-F. Hieronimus (Jérôme) Franck.

dans un cabinet garni de tableaux. Non-seulement Rubens et Van Dyck étaient deux portraits achevés; mais, dans les tableaux accrochés sur les murailles, on distinguait la manière des divers maîtres flamands par la composition, le dessin et la couleur. Tout en suivant les traditions de son père, Jean-Baptiste Franck avait pris pour modèles les deux illustres Anversois. Il y eut d'autres Franck, mais l'histoire, trop peu inquiète de ce nom digne de gloire, les a passés sous silence. On sait à peine que Gabriel et Constantin furent directeurs de l'académie d'Anvers, le premier en 1634, le second en 1694. Il y eut encore Maximilien Franck; mais tous ces maîtres ont été confondus, parce que tous étaient bien de la même famille par la touche, par l'imagination et par le coloris. Voilà pourquoi nous les avons tous réunis à la même page de notre livre, bien que le premier soit né en 1544 et que le dernier soit mort vers 1750.

Les de Vos ne sont pas en aussi grand nombre que les Franck; on n'en compte que quatre, de Vos-le-Vieux, Martin de Vos, son fils, Pierre de Vos, son second fils, enfin Guillaume de Vos, fils de Pierre de Vos. Mais Martin de Vos résume et surpasse son père, son frère et son neveu. Il naquit à Anvers vers 1520. Le vieux de Vos venait d'être reçu à l'académie; il étudia d'abord dans l'atelier paternel. « Les attentions d'un père, dit le bon et naïf Descamps, pour un fils qui embrasse sa profession sont plus vives et plus soutenues que celles d'un maître étranger; la véritable mère a plus de soin de son enfant qu'une nourrice. » Il ne tint pas au vieux de Vos que son fils sortit de chez lui avec tout le génie de la peinture, mais le maître n'était pas à la hauteur du père; les exemples n'étaient pas dignes des préceptes. Le vieux de Vos avait le talent que donnent l'étude et la patience, mais il n'avait jamais vu tomber sur sa palette ce rayon de génie qui illumine l'œuvre des grands peintres. La jeunesse est cruelle : Martin de Vos quitta l'atelier de son père pour entrer dans celui de Franc Floris. En peu d'années, il y fut reconnu le premier disciple. Dès qu'il n'y trouva plus à lutter avec ses camarades, il pensa à chercher ailleurs de nouvelles victoires. Il partit pour Rome, où il étudia longtemps; de Rome il alla à Venise, pour admirer l'œuvre du Titien sous le soleil qui avait inondé sa palette. Il se présenta à l'atelier du Tintoret, lui demandant ses conseils. Le Tintoret devint son ami plutôt que son maître; il l'employa bientôt à peindre les paysages de ses tableaux. Tout en imitant le Tintoret, Martin de Vos garda un caractère original; c'était la même manière, mais avec moins de science et plus de naturel, moins de style et plus de vérité. Il devint célèbre à Venise; mais la gloire ne touche point le cœur loin du pays natal : Martin de Vos revint à Anvers. Il peignit de grandes pages pour toutes les églises de la ville; d'après les archives de l'académie, il y fut admis avec éclat en 1559. Il mourut vieux et riche, laissant en très-grand nombre des tableaux et des disciples. Parmi ses œuvres, on cite une *Adoration des Mages*, une *Nativité*, un *Combat de Naïades*, une *Noce de Cana*, un *Paradis terrestre*, témoignages de la diversité de son génie. Parmi ses élèves, on ne remarque guère que Kocberger.

Venceslaus Koeberger naquit à Anvers vers le milieu du XVIᵉ siècle. Sans doute, il fût toujours demeuré dans cette ville, près de Martin de Vos, qui l'aimait comme son fils et qui lui voulait donner la main de sa fille; mais Koeberger était éperdument amoureux de Mˡˡᵉ de Vos, qui, malgré les prières de son père, ne voulut jamais se décider à devenir la femme de Koeberger. Le jeune peintre partit désespéré pour l'Italie. Il se consola, car, à peine débarqué à Naples, il se prit d'un grand amour pour la fille d'un peintre flamand (1). Il avait cru retrouver son amour perdu. Cette fois on daigna l'écouter et lui répondre. Une fois marié, il accepta Naples pour sa patrie. Cependant il avait laissé à Anvers les premières révélations d'un beau talent. Ses amis d'enfance, ses camarades d'atelier, gardaient pieusement son souvenir; ils lui écrivirent qu'il manquait à la gloire de l'académie d'Anvers. Il ne voulut pas revenir, mais il leur envoya un magnifique tableau représentant *Saint Sébastien avant son martyre*. Tous les Anversois vinrent en foule pour voir son tableau; ce fut un enthousiasme sans bornes. Mais l'envie, qui est de toutes les fêtes, comme la mauvaise fée du banquet, se glissa sans doute parmi les admirateurs de Koeberger, car deux belles têtes de femmes qui étaient peintes sur le devant du tableau disparurent un jour « comme par sortilège; on n'a jamais pu découvrir l'auteur de cette mutilation (2). » Cependant, en Italie, Koeberger était devenu non-seulement un grand peintre, mais encore un poëte distingué, un savant antiquaire et un habile architecte. Toujours désiré par ses amis, il finit par revenir à Anvers, mais il ne fit qu'y passer; l'archiduc Albert d'Autriche l'appela à Bruxelles et le nomma son peintre ordinaire. On ignore l'époque de sa mort. Il mourut très-vieux, à en juger par un de ses portraits où il est représenté sous l'aspect d'un cardinal : il porte une longue barbe et incline le front sous la pensée.

Lucas de Heere est surtout célèbre par son disciple Carle Van Mander, qui fut le premier historien de l'art flamand et hollandais. Van Mander naquit à Maulebecke, au voisinage de Courtray, en mai 1548. Presque tous les peintres de son pays ont vu la pauvreté sourire tristement à leur berceau; Van Mander fut salué par la fortune. Il y avait des évêques et des ambassadeurs dans sa famille. On le destina aux belles-lettres. Il étudia la langue latine, source intarissable de doctes inspirations, et la langue française, qui déjà comptait avec orgueil des poëtes, des historiens, des philosophes. Comme Van Mander révélait autant d'instinct pour la peinture que pour la science et la poésie, son père pria Lucas de Heere de diriger son jeune esprit. Durant toute sa vie, soit en Flandre, soit en Italie, soit en Hollande, Van Mander fut tout à la fois poëte et peintre, voulant, comme Dufresnoy, que les deux immortelles sœurs marchassent vers la même inspiration. Il composa des farces et des mystères, des comédies et des tragédies dignes de notre vieux théâtre, qui furent joués, aux applaudissements des Flandres, par des acteurs

---

(1) Franco; peut-être était-ce un des Franck.
(2) Houbraeken en renvoya le tableau à Koeberger, qui répara l'outrage. Ce *Saint Sébastien* est aujourd'hui à Notre-Dame d'Anvers.

habillés par lui, avec des décors qu'il avait peints lui-même (1). En 1574, il partit pour l'Italie. Comme il était né gentilhomme, il portait noblement l'épée; cependant il reçut l'ordre de garder son épée chez lui; mais le pape, ayant vu un de ses paysages, lui dit : « Je vous permets de porter l'épée. » Van Mander trouva toute l'Italie en décadence; en effet, en 1575, Venise seule était digne d'elle-même, grâce à Véronèse et au Tintoret; mais à Bologne, à Sienne, à Rome surtout, il n'y avait plus qu'une ombre de vie pour les arts. Aussi Van Mander, qui reconnut cet appauvrissement, « fréquenta plus les vivants que les morts. » Il étudia Michel-Ange, dont le style épique l'avait toujours frappé d'enthousiasme. C'était au temps où l'on voulait apprendre l'histoire du passé par son aspect matériel, par son côté visible aux yeux. On fouillait les débris du vieux monde romain. En peintre érudit, Van Mander voulut dessiner tous les fragments, tous les débris de temples et statues antiques (2) : ses trois années de passage en Italie furent donc trois années d'études. On ne cite guère de lui, pendant ce séjour, que des fresques et un tableau représentant *le Massacre de la Saint-Barthélemy*. Il était en grande amitié avec Bartholomé Sprauger et Gaspard de Puglia. Il retourna dans son pays avec de précieux cartons. A peine de retour à Maulebecke, il apprit son nom à toutes les Flandres, en signant un *Adam et Ève dans le paradis terrestre*. C'était une œuvre savante, très-remarquable, surtout dans son pays, par une religieuse sollicitude pour la ligne. Il venait d'épouser une jolie fille de Maulebecke; il croyait que des jours de joie amoureuse et d'étude poétique allaient lui tomber doucement du sein de Dieu; mais celui qui répand les fleurs et les rayons souffle aussi les orages et les tempêtes : la guerre vint chasser rudement Van Mander et sa femme de la maison où ils avaient rêvé le bonheur pour longtemps. Déjà il était presque ruiné par les ravages des Malcontents, qui désolaient les châteaux et les villages, quand il se résigna à demander un abri à une grande ville. Un jour d'hiver, il mit son atelier, toute sa fortune, sur une charrette et partit résolument avec sa femme, l'épée à la main, conduisant lui-même les chevaux à travers les dangers de la guerre et des chemins perdus sous la neige. A peine en route, il fut attaqué par une bande de Malcontents dégénérés en voleurs de grands chemins. Il résista vaillamment; mais on le désarma, on le jeta sur la neige, on lui lia les mains sur le dos. Sa femme sanglotait et priait Dieu. Les bandits lui proposèrent de choisir un supplice pour son mari; elle les supplia au nom de leur mère : il y a des hommes qui n'ont jamais eu de mère. Comme ceux-là étaient au pied d'un arbre, ils résolurent que Van Mander serait pendu sans

---

(1) « L'histoire de Nabuchodonosor, le jugement de Salomon, divers récits bibliques, lui fournirent les sujets de ses pièces. Le plus brillant de tous ces drames montra aux spectateurs la reine de Saba visitant le roi des Juifs : on le mit en scène durant la Pentecôte; des chameaux, plusieurs bêtes non moins rares et cinquante acteurs y parurent. Le concours du peuple fut immense. » — A. MICHIELS. — *Histoire de la Peinture flamande*.

(2) « Quelques auteurs lui attribuent même l'honneur d'avoir découvert le premier l'existence des Catacombes à Rome. » — VAN HASSELT. — *Les Belges illustres*.

plus tard, se réservant de décider plus tard sur la destinée de la jeune épouse agenouillée dans la neige, plus belle que jamais dans sa pâleur et dans ses larmes. Les chefs de la bande passèrent la corde au cou du peintre exaspéré, qui luttait vainement : il fut pendu en bonne forme. Déjà les Malcontents s'amusaient de ses grimaces, quand Dieu, voulant conserver un grand artiste qui n'était qu'au commencement de son œuvre, lui envoya comme par miracle un secours inespéré. Van Mander allait expirer, emportant au ciel la voix suppliante de sa femme, quand un cavalier passa sur le chemin. Ce cavalier, Van Mander l'avait connu à Rome; il le reconnut : — *Fratel mio,* dit-il d'une voix mourante. — *Mio Carlo!* s'écria l'étranger en mettant pied à terre et en s'élançant vers son ami expirant. Quelques secondes plus tard, c'en était fait de l'historien des peintres flamands et hollandais. Van Mander arriva à Bruges vêtu comme un pauvre, sans asile, sans trouver de quoi acheter une toile, une palette et des pinceaux. L'amitié l'avait sauvé de la corde, l'amitié le sauva de la faim; mais à peine respirait-il, à peine voyait-il un sourire dans les yeux de sa femme, qui veillait auprès d'un berceau, que la peste se répandit à Bruges. Il voulut fuir cet autre ennemi, contre lequel son épée ne pouvait rien. Il s'embarqua pour la Hollande; il était d'ailleurs attiré à Harlem par Henri Goltzius et Cornille Korneliszen. Il se fixa dans cette ville, où il ouvrit une académie de dessin et de peinture. Il fut un des réformateurs du goût hollandais, qui n'était plus contenu par Schooreel et Hemskerke. On s'abandonnait déjà trop à l'imitation servile de la nature : il ramena les nouveaux venus aux principes de l'étude et de la tradition. C'était un excellent maître : il savait dire, il savait faire. Il avait le génie abondant et varié; il passait sans effort de l'histoire profane à l'histoire sacrée, des tableaux de fleurs aux *paysanneries*, flottant, sur ce dernier point, entre Breughel-le-Drôle et David Teniers.

Il n'abandonna jamais la poésie écrite : il ne se contentait pas des poëmes de la palette; il composa cinq mille vers sur la peinture, une explication des *Métamorphoses* d'Ovide, une traduction de l'*Iliade*. Tous ces ouvrages, il les imprimait surtout en vue de son école, qu'il voulait initier au monde poétique des Grecs et des Romains, qu'il voulait instruire dans les préceptes consacrés. Mais son titre immortel à la reconnaissance de sa patrie (1), c'est l'histoire des peintres de l'antiquité, des peintres italiens, de ceux de Flandre et de Hollande. Nous qui écrivons avec son livre à la main, nous saluons ici avec respect son érudition et son sentiment poétique, comme déjà nous l'avons salué dans ses tableaux, comme nous le saluerons encore dans ses élèves (2). Il mourut en mai 1606, à Amsterdam, où il s'était fixé depuis peu de temps. Sa femme et ses sept enfants assistèrent à ses funérailles. « Il fut couché, la tête couronnée de lau-

---

(1) Le *Schilder Roeck*. « C'est la source la plus riche qui nous soit parvenue sur les maîtres flamands et hollandais qui vécurent jusqu'en 1603. » — Van Hasselt.

(2) Le meilleur fut Franc Hals. On cite, parmi les bons, Molhero, Maertens, Enghilsen, Krius, Gerretzs Verrant et Carle Van Mander, son fils.

riers, dans la vieille église d'Amsterdam, avec une pompe extraordinaire. Presque tous les écrivains de la Hollande le célébrèrent dans leurs vers; et les odes, les élégies et les sonnets qu'ils écrivirent pour cette circonstance, forment un volume qui fut imprimé à Harlem en 1609 (1). »

Hubert Goltzius, comme Van Mander, étudia les belles-lettres et les beaux-arts. Il partagea sa vie entre la plume et le pinceau. Un de ses historiens dit qu'il eut les talents, les vertus et les chagrins domestiques de Socrate. Socrate n'eut qu'une mauvaise femme; Hubert Goltzius en eut deux.

Cet homme remarquable naquit à Venlo vers 1521, et mourut à Bruges en 1583. Sa vie fut des plus laborieuses; il étudiait comme un bénédictin; il avait une imprimerie dans son atelier. Il commença par publier un grand volume renfermant la *Vie des Empereurs romains*, accompagné de portraits d'après les médailles du temps. Il se traduisit lui-même du latin en flamand et en allemand. Il publia ensuite *les Fêtes et les Triomphes des Romains*, depuis la fondation de Rome jusqu'à la mort d'Auguste, accompagnés de médailles gravées par lui-même. Le sénat de Rome le reconnut noble citoyen romain. Il publia encore l'*Histoire des Grecs et la Description de leurs villes*. Tous ces grands ouvrages portèrent en triomphe dans tous les pays savants le nom de Hubert Goltzius. Bien que ses historiens affirment qu'il peignit beaucoup, ils ne citent de lui qu'un portrait de moine et un tableau exécuté pour la maison d'Autriche, *la Conquête de la Toison d'or*. Chez lui, la science étouffa le génie naïf.

Il y eut toute une famille d'artistes du nom de Goltzius. « Les grands-pères et les oncles de Henri Goltzius étaient tous savants ou peintres, témoin Hubert (2). » Jean Goltzius, père de Henri, était un excellent peintre sur verre : il donna à son fils les premières leçons. Henri Goltzius devint un des meilleurs peintres et graveurs de son siècle. Le fameux Coornhert, surpris de son talent instinctif à manier la pointe, l'employa non point en écolier, mais en maître. Jeune et déjà célèbre, il fut atteint du mal d'Italie; mais il s'était marié, il se devait à sa jeune famille. Cependant ce mal d'Italie fut si violent, qu'il en tomba dangereusement malade et fut abandonné par les médecins. « Eh bien! dit-il un jour résolument en descendant de son lit comme un spectre, puisqu'il faut mourir, je veux mourir à Rome. » Malgré les représentations de ses amis et de sa femme, il partit, recommandant à ses élèves de travailler comme s'il était toujours là. Il s'embarqua à Amsterdam; il allait déjà mieux. En arrivant en Italie, il respira la santé, il reprit racine dans la vie, il se sentit plus fort que jamais. Il étudia d'après l'antique et revint à Harlem continuer son œuvre. Le laborieux artiste retomba malade; il lui fallut se condamner au lait de chèvre et bientôt au lait de femme : il vécut trois ans à ce régime. Il était arrivé à sa dernière heure, de l'avis de tous les médecins du pays; une seconde fois il secoua

(1) Van Hasselt.   (2) Arnold Houbraeken.

les ombres qui s'étendaient sur lui, descendit de sa couche presque funèbre et se remit à voyager. A force de vouloir vivre, il vécut jusqu'à cinquante ans (1).

Passionné pour la gravure, il ne commença à peindre qu'à quarante-deux ans; il n'en laissa pas moins beaucoup de tableaux. Quoiqu'il se complût trop à l'esprit de détail, il avait l'art de saisir par l'effet. Comme son père, il peignit d'admirables verrières pour les églises de Hollande. Mais son talent se révèle surtout à un très haut degré dans la gravure. Il fut digne, par sa science et son style, de recueillir l'héritage d'Albert Durer et de Lucas de Leyde. Il grava le plus souvent d'après Hemskerke, Franc Floris et Spranger. On cite parmi ses élèves Jacques Mastran, de Gheyn et Pierre de Jode.

Bartholomé Spranger, bien que né à Anvers, doit être revendiqué par les Italiens et surtout par les Allemands. Il étudia cependant la peinture à Harlem sous Mandyn et Mostaert. Mais il fallait à son génie de plus vastes horizons : il passa en France, où il ne trouva pas une seule école digne de lui. Enfin il alla en Italie, où le cardinal Farnèse lui offrit un atelier dans son hôtel. Le pape Pie V, ayant vu les beaux paysages à fresque peints par Spranger dans la maison de campagne du cardinal, le nomma son peintre et le logea au Belvédère. Spranger peignit sous les yeux du pape un *Jugement dernier* où on comptait plus de cinq cents têtes. C'était une œuvre immense, digne en tout point d'un grand artiste. A la mort du pape, Spranger fut appelé à Vienne par l'empereur Maximilien II; il demeura à la cour jusqu'à sa mort, tantôt à Prague, tantôt à Vienne. Son atelier était dans l'appartement même de l'empereur, qui cherchait une distraction intelligente dans la conversation de l'artiste. Il lui accorda la noblesse pour lui et pour ses descendants. En présence de toute la cour, au milieu d'une fête, il lui passa au cou une chaîne d'or à trois rangs, avec prière de la porter toute sa vie. Cependant Spranger, au milieu de ses triomphes et de sa fortune, n'avait pas oublié son pays. L'empereur, le voyant triste un jour, lui demanda ce qui manquait à son cœur. « Il y a trente-sept ans, dit Spranger, que je n'ai vu mon pays. » L'empereur lui donna mille florins et lui dit d'aller en Flandre et en Hollande. Le beau temps pour les arts et pour les artistes! Spranger fut reçu dans toutes les villes comme un triomphateur. « Partout sa renommée marchait au devant de lui : à Amsterdam, les magistrats lui présentèrent le vin d'honneur (2). » La chambre de Rhetorica salua son passage par une pièce composée et représentée pour lui, *les Honneurs de la Peinture*. Mais les joies de ce monde sont comme les morts de la ballade, elles vont plus vite que le vent. A son retour, Spranger perdit sa femme; il avait des enfants, tous suivirent bientôt leur mère. Bartholomé Spranger se trouva seul en face de la vieillesse, seul pour mourir. Mais, s'il ne laissait pas d'enfants pour hériter de sa noblesse et de sa fortune, il laissait des œuvres impérissables : les œuvres de l'artiste sont souvent sa vraie famille.

(1) 1558-1607.   (2) V. Joly. — *Les Belges illustres.*

Wilhelm Key, condisciple de Franc Floris, étudiait avec le souvenir des tableaux de Cocxie. Parlant de ces trois maîtres, Dominique Lampsonius dit que « il faut les comparer à trois musiciens, dont chacun exécute avec perfection sa partie dans un beau trio. » Il n'est peut-être pas inutile de remarquer que messire Lampsonius écrivait ses jugements en vers.

Wilhelm Key, né à Bréda vers 1520, reçu à l'académie d'Anvers en 1540, mourut dans cette ville en 1568. Il avait étudié à Liége sous Lambert Lombard. Dès qu'il s'établit à Anvers, il y fut recherché et commença sa fortune. Homme assez simple au fond, il aimait le faste et vivait en grand seigneur. Au xvie siècle, l'art était la noblesse. On admirait la maison et l'habit de Wilhelm Key comme d'un goût fort pittoresque; il trônait assez royalement dans son atelier. Il ne daignait faire le portrait que des hommes célèbres par l'éclat des armes, de la science ou de la magistrature. Le duc d'Albe l'appela en son hôtel pour son portrait. Pendant qu'il peignait cette figure tourmentée d'idées sinistres, le duc d'Albe parla sans détours avec les juges criminels du supplice du comte d'Egmont et du comte de Horn. Le peintre n'eut plus la force de tenir son pinceau; il dit au duc qu'il reviendrait le lendemain, mais il ne revint pas : la frayeur d'un pareil assassinat l'avait frappé au point qu'il se coucha à son retour chez lui et ne se releva plus. « Il mourut le jour même de l'exécution du comte d'Egmont et du comte de Horn; d'autres disent même qu'il mourut de frayeur en voyant la physionomie du duc d'Albe (1). »

Wilhelm Key n'était pas né avec le génie de Franc Floris; il n'avait pas cette noble fierté de touche, cette belle et féconde imagination que nous avons admirée dans son condisciple; mais, avec moins de feu, il avait plus de gravité; s'il trouvait moins vite, il jugeait plus sainement (2). Avec une palette moins riche, il avait un pinceau plus moelleux.

Tout en demeurant fidèle aux principes que Cocxie et Lombard avaient puisés en Italie, à force de faire des portraits, il se retrempa souvent dans le naturalisme; peut-être même fut-il un de ceux qui ont contribué à étouffer les traditions étrangères. Nous allons assister à cette lutte toujours vive de l'art national contre l'importation italienne. L'esprit du protestantisme a envahi les Flandres; il éteint les dernières flammes de l'inspiration chrétienne. Pourquoi aller encore en Italie imiter sans foi les chefs-d'œuvre créés par la foi? Les morts sont couchés pour jamais dans leurs tombeaux de marbre; on aura beau leur souffler la vie, ils ne renaîtront pas.

(1) DESCAMPS.

(2) « Wilhelm Key, de Bréda, homme de sagesse, de gravité et de jugement. Key imita fidèlement la nature; il se distingua en outre par le bon goût de ses inventions et la suavité de son coloris. S'il ne brille pas avec autant de facilité et de vigueur que Franc Floris, il n'en est pas moins, à bon droit, regardé comme un maître excellent. »

— VASARI. —

VI

SECONDE PÉRIODE DE L'ART NATIONAL.

AERTGEN. — MOSTAERT. — BLOEMAERT. — AERTSEN. — BEUCKALAER. — BACKER. — CORNELIS. — LASTMAN. — PINAS. — SCHOOETEN.

Pendant que Franc Floris et ses cent cinquante disciples allaient puiser leur génie à toutes les sources, en Italie, en Allemagne, en France et en Hollande, quelques hommes bien doués, plus franchement épris de la palette que de la poésie chrétienne, plus amoureux des vierges en sabots des Pays-Bas que des madones de Raphaël, continuaient avec une naïve ferveur l'œuvre des Van Eyck et d'Ouwater.

Aertgen ou Klaesson peignit, avec un accent original, dans la manière de Schooreel et d'Hemskerke aussi bien que dans la manière de Cornille Engelbrechtsen, qui fut son maître. Il naquit à Leyde en 1498, et mourut dans la même ville, âgé de soixante-six ans. Il eut toujours plus d'esprit que de science. C'était un bonhomme, qui eût été désolé de devenir un artiste célèbre. Il peignait par plaisir, pour gagner gaiement sa vie, et non pour l'appât de la gloire. Il empruntait tous ses sujets à l'Ancien et au Nouveau-Testament; il allait vite en besogne. Franc Floris disait que Aertgen eût escaladé le ciel sur ses œuvres. Il groupait ses figures avec beaucoup d'art; il composait du premier coup et ne retouchait jamais : aussi manqua-t-il d'harmonie et de correction. Ce qui faisait son caractère, c'était la vérité naïve, souvent brutale, avec un certain air grandiose. Franc Floris, allant à Delft, s'écarta de sa route pour voir Aertgen. On lui indiqua une petite maison sur les remparts. Il n'y trouva point Aertgen, mais ses élèves, qui l'introduisirent dans un grenier. Franc Floris se découvrit et s'écria : « Quoi ! c'est là l'atelier d'un si grand peintre? » Il prit un charbon et traça sur la muraille la tête de saint Luc, une tête de bœuf et les armes de la peinture, après quoi il salua les toiles ébauchées et poursuivit sa route. A son retour à l'atelier, Aertgen reconnut la main d'un maître dans les lignes hardies de Franc Floris; il se découvrit à son tour et s'écria : « Franc Floris est venu ici, car lui seul a pu tracer ces figures. » C'est la vieille histoire d'Apelles et de Protogène. Franc Floris rencontra plus tard Aertgen et lui fit des remontrances sur sa manière de vivre, car il vivait tour à tour dans un grenier et dans un cabaret. Il répondit qu'il aimait mieux sa vie ignorée dans une bicoque que celle d'un roi dans un palais. Les biographes disent qu'il mourut dans l'eau et dans le vin : il était ivre, il tomba dans un canal. Il fut beaucoup admiré pour ses quatre œuvres principales, un *Passage de la mer Rouge*, un *Jugement de Salomon*, une *Madeleine embrassant la croix* et un *Sacrifice d'Abraham*. Une franche originalité, on pourrait dire singularité, domine ces œuvres; il est bien de la famille des peintres qui doivent tout à leur génie ou à leur pays.

Jean Mostaert était d'une famille illustrée par l'héroïsme d'un Mostaert aux croisades et au siége de Damiette (1). Jean Mostaert eut pour maître Jacques de Harlem, peintre estimable qui lui enseigna savamment la pratique, sinon le génie. Le jeune homme était de bonne famille et d'aimable figure; il fut bientôt recherché, pour sa personne comme pour son talent, par tous les grands seigneurs des Pays-Bas. Marguerite, sœur de Philippe Ier, roi d'Espagne, le nomma son premier peintre. Après avoir suivi cette princesse durant dix-huit ans, il revint, comblé d'honneurs et de richesses, en sa chère ville de Harlem, où il mena grand train, sans jamais perdre sa passion pour la peinture. Ses soupers, toutefois, étaient plus célèbres encore que ses tableaux. On soupait en belle et folle compagnie dans son atelier, qui était d'un luxe de roi et d'artiste. Né en 1499, il mourut en 1555. On citait parmi ses tableaux une *Naissance de Jésus*, un *Ecce Homo*, divers portraits, entre autres le sien, un *Festin des dieux*. Il excellait dans l'expression, recherchant d'ailleurs beaucoup plus la vérité que le caractère. C'était un peintre physionomiste, qui s'en rapportait tout simplement à la nature qu'il avait sous les yeux. Il ne voulut jamais entendre parler des beautés de l'antique. « Avec un tel esprit et un tel jugement, disait Hemskerke, on dépasse les anciens sans les avoir vus : ainsi a fait Mostaert. » Il faut toujours en rabattre beaucoup sur l'enthousiasme des contemporains; le bon juge est celui qui a vu passer au moins un demi-siècle sur l'œuvre soumise à son appréciation.

Abraham Bloemaert passa toute sa jeunesse à chercher un maître; il mourut à plus de quatre-vingts ans sans en avoir rencontré un seul, ce qui sans doute donne à ses tableaux un

---

(1) « Un jour il rompit trois sabres en combattant contre les infidèles sous les yeux de l'empereur, qui, pour marque de distinction, lui donna dans ses armes trois sabres d'or sur un champ de gueules. » — DESCAMPS.

caractère un peu étrange. Il allait d'atelier en atelier, demandant la lumière et ne trouvant que la nuit profonde. Il travailla d'abord chez Beer d'Utrecht, élève de Franc Floris, qui lui donna à copier des ustensiles de cuisine; ensuite chez Van Heel, qui voulut faire de lui un valet de chambre; enfin chez Wythoeck, où il trouva une ménagère jalouse, qui, pressentant son talent, lui défendit bientôt la porte de l'atelier domestique. Désespérant de son pays, Bloemaert passa en France, où maître Bassot et maître Hery lui donnèrent les exemples d'un génie médiocre. Il retourna dans son pays, résolu de peindre sans autre maître que la nature. Il surprit bientôt les amateurs d'Utrecht et d'Amsterdam par la variété de son talent; son pinceau passait tour à tour, avec la même agilité et le même éclat, du grotesque au grandiose, de *la Marchande de morue* au *Festin des dieux*. L'empereur Rodolphe commença la fortune de Bloemaert en lui achetant une *Niobé* d'un beau caractère (1). Il a laissé un grand nombre de tableaux qui sont de puissantes tentatives où déjà l'on croit pressentir Rubens. Un des premiers il abusa du maniérisme et des ressources du clair-obscur. Dans la gravure de Sornique, la tête de Bloemaert est admirable par la noblesse des lignes comme par l'intelligence qui frappe le front et le regard. Né à Gorcum en 1567 (2), il mourut à Utrecht en 1647.

Pierre Aertsen, surnommé Pierre-le-Long, était né avec un génie fier et aventureux; il fut tour à tour un peintre de genre et un peintre à grand fracas, ne s'effrayant ni de l'espace ni du nombre des figures. Il étudiait à Amsterdam chez Alaert Claessen, portraitiste recommandable; mais sa manière large et hardie n'appartient qu'à lui-même. Il étudia aussi à Anvers chez Jean Mandyn. Il se fixa dans cette ville par le mariage. Son talent à peindre des intérieurs de cuisine fit rapidement sa fortune : on n'avait jamais été si pittoresque et si lumineux. Cependant, comme il y avait en lui un grand artiste, il se prenait quelquefois en pitié et ébauchait de main de maître une grande page religieuse. Bien qu'il fût de l'académie d'Anvers, il quitta cette ville, où il était trop connu comme peintre de cuisine, pour retourner à Amsterdam, où il ne voulut signer que des tableaux d'histoire. On reconnut son talent dans sa ville natale; pourtant on fit venir Coxcie pour peindre un tableau de maître-autel. Le peintre de Malines, à son arrivée à Amsterdam, visita les églises. Quand il vit à Notre-Dame un tableau d'Aertsen représentant *la Mort de la sainte Vierge* (3), il dit avec un peu d'humeur : « Pour-

---

(1) « Niobé et ses enfants percés de flèches par Apollon et Diane, figures grandes comme nature. » — SANDRART.

(2) Houbraeken veut qu'il soit né en 1564.

(3) « Pierre Aertsen, dit Pierre-le-Long, a laissé à Amsterdam, sa patrie, un tableau muni de volets, qui a coûté deux mille écus, et qui représente la Vierge. » — VASARI.

Vasari juge à la légère, en passant, pour ainsi dire, les artistes flamands de la première et de la seconde époque. Il est vrai qu'il ne voyait guère leurs œuvres; il s'en rapportait habituellement aux détails fournis par le peintre Stradan de Bruges et par le sculpteur Bologne de Douai. Avant de dépasser l'époque où il vivait et dont il a voulu juger les artistes, reproduisons encore ces quelques lignes :

« Quelques femmes se sont aussi illustrées dans la peinture et la miniature. On cite particulièrement Suzanne, sœur de Guérard Horebout. Elle fut appelée en Angleterre par le roi Henri VIII, qui la garda à son service tant qu'elle vécut. On cite encore Clara Anna, fille de maître Seghers, médecin, et Lévina, fille de maître Simon Bénic

quoi me faire venir de si loin, quand on a un peintre de cette force? » Il partit sans vouloir travailler. Aertsen se mit à l'œuvre sur la prière de ceux qui avaient écrit à Coexie. Sur un tableau à quatre volets, il représenta avec beaucoup de naïveté *l'Annonciation, la Naissance de Jésus-Christ, l'Adoration des Rois* et *la Circoncision.* Mais *le Martyre de sainte Catherine,* qu'il avait peint en dehors des volets, était surtout une œuvre forte et grande. Il rendait avec intelligence les fonds, l'architecture et la perspective; il drapait avec une belle tournure; il entendait savamment le nu; son pinceau était toujours vigoureux et chaud. Il s'essaya dans les petites scènes, mais ses kermesses et ses marchés n'étaient pas dignes de ses cuisines. Il mourut à Amsterdam, où il était né (1519-1573).

Joachim Beuckalaer (1530-1570), son élève et son neveu, ne parvint qu'avec beaucoup de peine à peindre avec intelligence. Il n'était pas né peintre; pourtant, à force de copier la nature, il arriva à la comprendre, Aertsen aidant; il finit même par alléger sa touche au point que ses tableaux semblent faits de rien, sans les ressources visibles du métier. Sa couleur est naturelle et harmonieuse. Son oncle ayant quitté Anvers, il le remplaça comme peintre de cuisine. Mais, avec un vrai talent, il eut si peu de vogue, qu'il fut obligé de se mettre à la merci d'Antoine Moro, qui le payait à raison de quinze florins par jour, tout juste de quoi manger du pain et dormir sur la paille. Beuckalaer mourut jeune, sans avoir pu secouer la misère, laissant d'inappréciables petits tableaux qui ne furent reconnus excellents que quand le pauvre peintre n'eut plus besoin de rien.

Jacques de Backer ou Palermo mourut jeune aussi (1532-1562), inconsolable de laisser trop peu d'œuvres dignes de lui survivre. Il peignait avec la même ferveur naïve des Adam et Ève, des Christ et des Madeleine, des Vénus et des Junon. Ses ouvrages ont une beauté robuste et franche qui appartient à son pays. Il est cité comme un des meilleurs coloristes d'Anvers.

Cornille Cornelis, né à Harlem en 1562, commença à étudier un couteau à la main, taillant partout, sur la pierre et sur le bois, des figures de toutes les formes. Il entra chez Pierre-le-Long et le surpassa bientôt. Il voulut voyager en France et en Italie; mais, la peste l'ayant chassé de Rouen, il retourna vers son pays. Il s'arrêta à Anvers, à l'atelier de Franc Porbus. Les peintres de la ville admirèrent tous sa manière franche et crue. Il saisissait la nature avec des formes abruptes, mais naturelles. Il aimait surtout à peindre le nu, non d'après l'antique, mais d'après le contour flamand. Il a peint un *Déluge,* travail immense, d'une admirable composition, chef-d'œuvre par l'ensemble comme par les détails (1), où la vie éclatait sous la vérité. Il

---

de Bruges. Lévina alla, comme Suzanne Horebout, en Angleterre, où son talent la fit marier noblement par le roi Henri, et lui valut les bonnes grâces de la reine Marie et de la reine Élisabeth. Catherine, fille de maître Jean d'Emsen, se rendit en Espagne, et entra plus tard au service de la reine de Hongrie, qui lui assigna une forte pension. »

(1) Il peignait merveilleusement les pieds et les mains. Selon Houbracken, il refusa soixante florins d'un pied qu'il avait peint en se jouant.

a laissé beaucoup de portraits largement touchés. Il avait aussi ses jours de paresse et de fantaisie : de là nous viennent d'admirables pots de fleurs. Il mourut en 1638, « laissant un grand nom, des élèves fameux et des tableaux admirés : que pourrait-on ajouter à sa gloire (1)? »

Son principal élève, Pierre Lastman, né en 1564, a été oublié par l'histoire. Son œuvre, dispersée, ne se retrouve plus. Il voyagea en Italie, où Van Mander le rencontra en 1604. Tout en étudiant les maîtres étrangers, il demeura fidèle à ses instincts et aux leçons de son maître. C'était la même franchise de touche, le même sentiment de vérité pittoresque (2). Pierre Lastman avait sous sa direction, en Italie, Jean Pinas, né à Harlem vers la fin du XVIe siècle, dont la manière, un peu rembrunie, a séduit Rembrandt dans ses premières années d'études.

George Van Schooten, né à Leyde en 1587, sut dessiner avant de savoir écrire; les lettres de l'alphabet n'étaient pour lui que des lignes et des contours. Sa famille s'opposa toujours à ses instincts d'artiste; il finit par convaincre son père qu'un bon peintre peut arriver honorablement à la fortune. Mais, quand il voulut voyager, ce père indomptable le fixa pour toujours à Leyde en le mariant. Van Schooten n'étudia guère que la nature de son pays; aussi ses portraits, ses assemblées populaires, ses tableaux d'histoire, ont-ils bien la saveur robuste du génie hollandais.

Si déjà l'on pressent Rubens dans Franc Floris et son école, ne pressent-on pas Rembrandt dans Aertsen, Cornelis, Lastman, Pinas et Schooten? Le génie le plus franc et le plus primesautier a toujours été fécondé par un rayon du génie des autres. Le génie n'est pas une plante sauvage qui éclot soudainement sur le sommet des montagnes vierges dont le chamois seul connaît la neige immaculée; le génie est lent, même dans sa marche la plus rapide; il habite le monde connu. Tous les grands poëtes sont nés d'un maître; Homère seul fut le disciple de Dieu.

---

(1) Descamps. — Van Mander et Houbracken ne sont pas moins enthousiastes.

(2) On cite parmi les autres élèves de Cornelis Gérard Picters, Jacobs, Engelshens, Gérard Hop, Zacharie d'Alcmaer.

VII

LES BREUGHEL

BREUGHEL-LE-DRÔLE. — BREUGHEL D'ENFER. — BREUGHEL DE VELOURS OU DE PARADIS.

I.

Le beau idéal est de tous les pays; mais il est né en Grèce, sous la splendeur d'un ciel pur, en Grèce, où la poésie n'a trouvé que des accents sublimes, où la nature, l'amante du soleil, est dans toute sa souveraine grandeur. Le Nord est surtout le pays de la rêverie. En attendant le soleil qui vient si peu, l'artiste penche son front au-dessus de l'âtre; il ne peut vivre, comme ses frères du Midi, sous ce rayon qui fait éclore les fleurs de l'âme comme les plantes de la terre; il vit en lui-même, en dehors de la nature, qui n'est trop souvent qu'une marâtre pour lui. Il évoque les songes familiers, l'esprit des légendes, les lutins du foyer, les fées du monde impossible; il peuple les solitudes, il ranime les morts au cimetière, il court au sabbat, il s'égare avec un doux et amer entraînement dans l'empire sans bornes du mystère. Où ne va-t-il pas? Il pénètre dans le paradis et dans l'enfer, que lui a dépeints le prêtre à son dernier prêche. Il confond bientôt le monde visible et palpable avec le monde des fictions : il n'y a plus de limites pour son esprit; les images qu'il a vues la veille à la fenêtre voilée ou dans la sombre église ne sont pas plus vraies pour lui que les images flottantes de sa rêverie. Sait-il qu'il rêve? Mais la vie elle-même n'est qu'un songe plus long que les autres, ni plus fou ni plus vraisemblable. Dès l'origine, la peinture flamande et hollandaise a eu ses heures de rêverie qui l'ont livrée à tous les poétiques dangers du symbole. Van Eyck dans un *Enfer*, Hemlinck dans *le Mariage mystique de sainte Catherine,* Metzys dans ses *Peseurs d'or troublés par des apparitions,* Bosch dans ses créations bouffonnes, Lucas de Leyde dans ses interprétations de la Bible, avaient déjà cet accent mystérieux qui éclata, au xvie siècle, dans Breughel d'Enfer et dans Breughel de Paradis. Quelques historiens ont voulu que ce nouveau caractère de l'art flamand et hollandais fût un emprunt aux écoles d'Allemagne. Pourquoi s'obstiner à dépouiller les Pays-Bas de tout génie d'initiation? Pourquoi le fantastique n'aurait-il pas pris naissance à Leyde ou à Bruges comme à Cologne ou à Nuremberg? Partout où l'imagination a fermenté dans l'ombre, il s'est levé au-dessus d'elle des images vaporeuses, des fées, des fantômes, des apparitions.

Les Breughel contrastent singulièrement entre eux, quoiqu'ils soient bien de la même famille, par la tendance au fantastique, par l'esprit du trait et le feu du coloris. Ils s'étaient partagé l'univers de cette façon. Pierre Breughel, le premier venu, avait pris la terre pour domaine; Jacques Breughel s'était emparé de l'enfer; Jean Breughel avait choisi le paradis. Le père était surnommé Breughel-le-Drôle pour les scènes naïves qu'il saisissait autour de lui avec une vérité piquante. Son premier fils fut surnommé Breughel d'Enfer pour ses diableries, et son second fils Breughel de Velours ou de Paradis pour ses guirlandes de fleurs et ses horizons tout célestes. Ces trois peintres étaient de vrais poètes par l'imagination et la fantaisie; ils nous font assister avec beaucoup de charme, de terreur et de gaieté, aux scènes curieuses qui se jouent là-haut et ici-bas. Cette bizarre trinité ne peut-elle pas être étudiée dans un seul cadre?

Pierre, né à Breughel en 1510, prit le nom de son village, selon la coutume du temps. Son père était laboureur. Il allait à Aelst, une fois par semaine, vendre le bétail de sa cour, le grain de son champ ou les fruits de son verger. C'était un franc paysan, croyant que Dieu l'avait mis sur la terre pour la cultiver. Un jour, le hasard l'ayant conduit à l'atelier de Pierre Koeck, où se faisait peindre le seigneur de son village, il fut si émerveillé de cet art de reproduire la création divine, qu'il retourna à sa chaumière dans le dessein de faire étudier la peinture à son fils. Le soir, au coin du feu, le bonhomme raconta à sa femme et à un voisin les merveilles qu'il avait vues à Aelst; il parla de Koeck comme d'un demi-dieu ou d'un sorcier qui, avec une espèce de baguette enchantée, évoquait des figures sur des panneaux. Le fils, accroupi dans un coin de la cheminée, écouta le récit de son père avec une curiosité un peu distraite. Il comptait treize ans à peine; il avait déserté les bancs de l'école de Breughel, et déjà il avait donné à la terre son premier coup de bêche. Quand le père parla de l'emmener à l'atelier de Pierre Koeck, il craignit de retrouver là un autre maître d'école enseignant l'ennui; il ne consentit qu'à regret à quitter la chaumière.

Le vieux Breughel voulut non-seulement faire un artiste de son fils, mais encore il paya son école en beaux et bons ducats. Il arriva ce qui doit toujours arriver quand le père pousse son fils dans les arts : le fils fut rebelle. Nul ne tient plus à son libre arbitre que l'enfant qui commence à prendre sa place au soleil; presque toujours sa première action est de donner tort à son père. Ainsi fit Pierre Breughel : après quelques mois de dégoût, il s'enfuit de l'atelier pour revenir à son village. Cependant le père de Pierre Breughel finit par avoir raison : une fois de retour à la chaumière, le disciple de Koeck se souvint de l'atelier avec un charme qui le surprit. La campagne, naguère ses délices, lui apparut sous des couleurs moins attrayantes. Il ne l'avait vue, trois mois auparavant, que comme le théâtre de ses jeux; l'ardent travail de son père lui apprit bientôt que le plus petit héritage est arrosé de sueurs et de larmes. Il demanda à retourner chez son maître.

Pierre Koeck (1500-1553) avait imité, avec Van Orley, la manière italienne, mais son génie instinctif l'avait ramené au naturalisme des Van Eyck. Il devint surtout célèbre par son voyage en Turquie, d'où il rapporta des tableaux de mœurs d'une grande vérité.

Koeck étudia les instincts de Pierre Breughel, dont la physionomie heureuse l'avait séduit. Voyant que son élève n'avait pas, comme lui, l'amour des grandes lignes, il lui enseigna l'art de peindre la nature flamande. Chose surprenante, le maître avait bien jugé l'élève. Pierre Breughel apprit donc de bonne heure à représenter ce qui se passait autour de lui. Sa jeunesse au village de Breughel lui fut bonne à quelque chose; elle répandit sur toute son œuvre un parfum agreste qui est plein de charme.

Pierre Breughel, ayant vu partir son maître pour Constantinople, passa à l'atelier de Jérôme Kock (1), paysagiste et graveur sur bois. Il comprit bientôt que le meilleur paysagiste à étudier, c'était Dieu dans son œuvre; il se mit en voyage pour voir la nature sous toutes ses faces. Il traversa la France, passa les Alpes, parcourut l'Italie, ne se lassant pas de reproduire dans des cadres à miniature les paysages de ces belles contrées.

Il revint à Anvers peindre des noces et des fêtes de village, toujours dans des cadres à miniature. Un riche négociant d'Anvers, Jean Franckaert, devint son Mécène et son ami. Ils coururent ensemble les kermesses déguisés en paysans, dansant, buvant, chantant comme les plus intrépides, se faisant admettre à toutes les noces par le présent seigneurial qu'ils offraient à la mariée. Pierre Breughel fut le premier peintre de *paysanneries*. Il étudiait plus profondément que David Teniers. David Teniers, passant en carrosse devant une fête ou une noce de village, avertissait trop les paysans qu'il y avait un spectateur pour leurs danses joyeuses; les paysans posaient un peu : qui ne pose pas ici-bas? Il n'est pas jusqu'aux vaches qui ne lèvent nonchalamment le cou quand elles voient le paysagiste. Pierre Breughel, prenant l'habit et les manières du paysan, pouvait aller plus avant dans la nature; il surprenait ainsi plus d'un secret intime qui a échappé à David Teniers, quoique ce peintre recherchât l'exactitude avant

---

(1) Jérôme Kock avait plutôt le goût du commerce que le goût des arts; cependant il gravait à l'eau-forte avec beaucoup d'éclat (1500-1560). Les paysagistes hollandais ont recherché ses études.

tout. Les paysans de Teniers, qui peignait la première scène venue, font bien ce qu'ils font au moment où on les voit agir. Certains paysans de Pierre Breughel, qui choisissait son monde, montrent ce qu'ils font, ce qu'ils viennent de faire et ce qu'ils vont faire.

Il était revenu d'Italie à Anvers en compagnie d'une aventurière napolitaine qui l'accusait de l'avoir séduite. Pour se délivrer de cette femme, qui était sa maîtresse et sa gouvernante, il se fût résigné à l'épouser, s'il n'eût été demandé en mariage par la fille de son premier maître, mort depuis peu de temps. Cette fille était jeune et jolie; elle lui rappelait les fraîches et souriantes années de sa jeunesse; il répondit à Marie Bessemmers, la veuve de Pierre Koeck, qu'il serait heureux et fier d'épouser la fille de ce grand peintre, mais qu'il était poursuivi par une maîtresse obstinée. « L'aimez-vous? lui demanda Marie Bessemmers. — Pourquoi l'aimerais-je? Tout en elle n'est que mensonge et perversité. Mais comment me délivrerai-je de ce démon, à moins de l'épouser? — Il y a un moyen plus simple, c'est d'épouser ma fille. Partons pour Bruxelles sans avertir votre Napolitaine. » Pierre Breughel partit en tremblant et se maria en tremblant. Il ne voulut jamais retourner à Anvers, où il était bien placé à l'académie et dans le monde, craignant d'y retrouver sa maîtresse.

Peu d'années après son mariage, pressentant sa mort prochaine, il voulut à toute force revoir son cher village de Breughel, où il avait encore une sœur. Sa femme, sa belle-mère et ses enfants furent du voyage. A la vue du clocher pointu et du maigre cep qui s'enroulait à la façade de la chaumière natale, le peintre mourant se sentit renaître. « C'est ici qu'il faut vivre, » dit-il en embrassant sa vieille sœur. Tous ceux qui ont revu avec amour le coin du monde où ils sont nés comprendront la joie enfantine de Pierre Breughel; il allait, il venait, de la cour à l'étable, de la maison au jardin, respirant avec délices mille et mille souvenirs confus qui répandaient jusqu'à son cœur un parfum de jeunesse. Il s'agitait comme un fou, il riait avec des yeux humides de larmes. Il prenait tour à tour les enfants sur ses bras, il leur parlait de son père le laboureur. « C'est ici qu'il se reposait, c'est là que sa bonne vieille femme filait ou battait le beurre en l'écoutant. C'est sur cette dalle que j'ai marché pour la première fois, c'est sur ce seuil vénérable que j'ai vu ma mère pour la dernière fois. Quel souvenir! J'allais partir pour l'Italie; mon père me conduisait jusqu'au-delà du Melplaets, ma mère ne pouvait me conduire au-delà du seuil; tu t'en souviens, ma sœur? La pauvre femme mourut bientôt. Je la vois toujours sur ce seuil, me faisant des signes d'adieu, un adieu éternel! » Ainsi ramené sur le théâtre de sa jeunesse, Pierre Breughel racontait vingt épisodes de sa vie à ses enfants, qui n'écoutaient pas, j'imagine. Quand il se fut bien retrempé dans ses souvenirs, il parla de retourner à Bruxelles; mais bientôt, se ravisant, il déclara à sa femme et à sa belle-mère qu'il voulait mourir à Breughel, que ce ne serait pas long, qu'elles pouvaient bien attendre un peu pour l'assister à sa dernière heure et jeter de l'eau bénite sur sa fosse. Comme c'était un homme de résolution, il fallut que toute la famille se résignât à rester à Breughel dans une chaumière.

Un mois se passa; le peintre, quoique toujours souffrant, n'avait pas la mine d'un homme qui va mourir. Le seigneur de l'endroit, qui avait ouï parler de son talent, vint lui offrir à lui et aux siens un appartement au château. Une fois installé au château, le peintre s'y trouva si bien, qu'il vécut encore près de six mois, quoique abandonné des médecins. A l'heure de la mort, il eut une longue conférence avec un curé. Comme il avait peint le diable sous toutes les formes, horribles et grotesques, il s'imagina qu'il allait voir le diable. Le curé ne contribua pas peu sans doute à augmenter ses terreurs; car, dès qu'il se fut confessé, Pierre appela sa femme et lui ordonna de brûler, à l'instant, sous ses yeux, tous ses dessins de diableries. Sa belle-mère vint, qui voulut en vain lui faire des remontrances, lui disant que c'était jeter au feu le pain de ses enfants. « Vous ne savez ce que vous dites, s'écria le moribond en colère; il vaut donc mieux perdre une âme qu'un morceau de pain? » Sa femme accomplit le sacrifice à l'instant même.

Pierre Breughel a laissé des tableaux sans nombre, de styles divers, mais tous marqués d'un cachet original. Ses compositions sont merveilleusement entendues, son dessin est joli, sa couleur est fraîche, ses têtes et ses mains sont touchées avec esprit, ses habillements sont d'un goût gracieux. Il a créé quelques œuvres sévères : un grand tableau d'un travail inouï, représentant *la Tour de Babylone*, un *Christ portant sa croix*, un *Massacre des Innocents*, une *Conversion de saint Paul*. Le fond de ce dernier tableau est un des plus beaux paysages que les Alpes aient inspirés à la peinture : du haut des montagnes, on découvre tout un monde à demi caché par des nuages transparents qui eussent désespéré Claude Lorrain.

Dans ses jours de franche gaieté, Pierre Breughel, comme pour ouvrir la route à Breughel d'Enfer, peignait quelques pages bouffonnes, des métamorphoses grotesques et des diableries de toutes les inventions. De là surtout lui vint le nom de Pierre-le-Drôle, que ses historiens ont conservé. Mais ce qui caractérise ce peintre, c'est qu'il a surpris la nature dans sa joie naïve. Il est plaisant et non burlesque, comme on l'a prétendu. Il charme et fait sourire. Malgré tout son amour pour la vérité, il ne prend à la vérité que ce qui lui plaît. David Teniers saisit la vérité qui sort du puits toute ruisselante encore d'eau et de vase; Pierre Breughel saisit la vérité un peu plus loin, quand elle a jeté une légère écharpe sur ses épaules, l'écharpe de la fantaisie.

On peut étudier au Louvre la jolie manière de Pierre Breughel dans les sujets mignons. Ce sont les plus petites toiles du Musée; pour les payer, il faudrait les couvrir vingt fois d'or. L'une représente une danse de village, l'autre un hameau de Flandre. Ce sont deux chefs-d'œuvre : le ciel, l'eau, les maisons, les arbres, les personnages, tout y est touché avec une finesse et une légèreté merveilleuses, avec un coloris précieux et charmant, avec une vérité qui frappe et qui séduit. Du reste, son talent ne fut jamais méconnu (1).

---

(1) « Pierre Breughel est considéré, pour ses grands et petits tableaux, comme un excellent maître. » — VASARI.

Les dessins de ce maître sont remarquables à plus d'un titre. Ses figures, presque toujours correctes, sont surtout pleines d'expression. Ses paysages découvrent l'infini. Cependant son crayon était un peu lourd, même au temps où son pinceau pétillant était si léger. Dans ses dessins, les contours arrêtés à la plume sont lavés à l'encre de Chine ou au bistre (1). Au frontispice de son œuvre de dessinateur, on voit son portrait d'une expression abrupte et fière (2).

Pierre Breughel mourut en 1570, laissant deux enfants presque au berceau; sa jeune veuve le suivit de près chez les morts. Dieu sembla épargner sa belle-mère, Marie Bessemmers, qui, malgré son grand âge, éleva les deux enfants. Comme elle peignait un peu, elle en fit deux peintres. De bonne heure, elle leur mit le pinceau à la main. « Prends ce pinceau, Jacques, c'est celui de ton père. — Prends cet autre, Jean, c'est celui de ton grand-père. Voilà, mes enfants, la plus belle part de leur héritage. » Van Mander raconte avec une naïveté charmante comment la veuve de Koeck, âgée de plus de quatre-vingts ans, présidait aux premiers essais de Jacques et de Jean. Tout jeunes qu'ils fussent, leurs caractères se dessinaient déjà : l'un recherchait tout ce qui était sombre et terrible; il aimait à peindre des incendies, des gibets, des tortures, des scènes de l'enfer; de là son surnom de *Breughel d'Enfer*. L'autre, plus doux et plus tendre, aimait le soleil et les fleurs, tout ce qui est beau, tout ce qui aime, tout ce qui sourit : on le surnomma *Breughel de Paradis*.

II.

Les historiens de la peinture flamande ne disent presque rien de Breughel d'Enfer. Il naquit à Bruxelles vers 1566; on ignore en quel pays et en quelle année il mourut. D'après ce qui reste de son œuvre, on juge qu'il méritait, comme tant d'autres, une page de biographie; mais ceux qui ont étudié les Breughel n'ont vu que son père et son frère. C'est l'histoire d'Abraham Teniers, pareillement étouffé entre Teniers-le-Vieux et Teniers-le-Jeune. On a poussé l'oubli et l'injustice envers Breughel d'Enfer jusqu'à attribuer à son père ses meilleures toiles. Les graveurs eux-mêmes, en reproduisant ses piquantes diableries, ont omis de distinguer Breughel-le-Drôle de Breughel d'Enfer.

Sa grand'mère, après lui avoir donné les premières leçons, le confia à Gilles de Coninxloo, qui avait étudié naguère avec son fils. Ce maître l'emmena dans ses voyages en France, en Allemagne et en Zélande, où Breughel d'Enfer fit un grand nombre de paysages à vol d'oiseau. De retour à Anvers, il reconnut son vrai maître en voyant des panneaux de Jérôme Bosch, qui peignait d'un côté des intérieurs flamands et de l'autre des intérieurs d'enfer. Il s'inspira de

---

(1) Cornille Vischer, Hollart, Henri Kock, Nieulant, Hondins, ont gravé d'après lui.

(2) Pierre Breughel, qui fit école, n'eut qu'un élève reconnu, P. Guesche, paysagiste d'un goût distingué.

la manière de ce vieux peintre, il rechercha toutes les scènes horribles : incendies, tempêtes, supplices, diableries. Cependant il revenait çà et là à la grâce de son premier maître. Ainsi, l'archiduc lui ayant dit un jour : « Vous avez tort de faire l'enfer si laid, vous allez en dégoûter tout le monde, » il lui promit un gracieux intérieur d'enfer. Il peignit *Orphée jouant de la lyre devant Pluton et Proserpine assis sur leur trône.*

Il s'entendait d'ailleurs merveilleusement à peindre l'enfer chrétien ; ses flammes épouvantaient par leur vérité. On raconte que Terburg, ayant dans son atelier un *Enfer* de Breughel, y passait les mains en hiver comme pour se chauffer. Ses diables, vraiment dignes d'habiter ces flammes par leurs grimaces, leurs espiègleries et leurs malices, ont dû inspirer Callot. La manière de Breughel était libre et soudaine ; la plupart de ses tableaux paraissent faits de rien. Une grande énergie respire dans ses combats, où le coloris est heurté à propos. Ses incendies jettent des flammes, comme ses tempêtes jettent des lames d'eau. Quoique d'une vive allure, il se complaisait aux petits détails ; il répandait son idée à l'infini dans tous les coins du tableau. J'ai vu une gravure d'après lui qui représente *le Voyage du Temps et de la Mort.* Rien n'est plus grotesque ni plus horrible : la Mort, montée sur son cheval pâle, chasse devant elle le Temps, qui est en voiture. Il y a mille détails curieux jetés autour de ces deux personnages. En voyant la gravure, on regrette bien de ne pas voir le tableau original, qui eût enthousiasmé Dante et Callot par la grandeur et la fantaisie de la conception.

Breughel d'Enfer croyait fermement à la sorcellerie, comme Callot croyait au diable. Au XVI° siècle, cette croyance était répandue partout, en Flandre plus encore qu'ailleurs. Que de peintres naïfs qui pensaient être possédés du diable, ou tout au moins ensorcelés ! Combien il y eut alors d'exorcismes merveilleux ! Breughel d'Enfer voyait des diables et des sorciers à chaque pas, au détour du sentier, au bord de la forêt, dans les nuages, sous les rideaux de son lit, partout. Ses amis les alchimistes lui avaient tourné la tête ; aussi ses diableries et ses sorcelleries sont l'œuvre d'une imagination plus malade qu'extravagante. Au premier abord, en voyant sa galerie, on est tenté de rire ; mais bientôt on est frappé de l'effroi qui inspirait le peintre. Breughel d'Enfer était dominé au plus haut point par les croyances populaires : l'univers n'était, à ses yeux égarés, qu'un masque souriant qui cachait toutes sortes de sabbats et d'enfers. Pour les poëtes antiques, Pan jouait de la flûte dans les roseaux, les naïades fuyaient en troupes folâtres sur les rives du fleuve, les faunes et les sylvains habitaient les arbres ou les fleurs. Breughel d'Enfer découvrait dans la nature une tout autre fiction, fiction sans grâce et sans poésie ; il ne se contentait pas de voir sortir un démon de chaque arbre, une sorcière de chaque grotte, un lutin de chaque fontaine : ses lugubres visions lui apparaissent dans tout ce qui se voit et dans tout ce qui ne se voit pas. Rien n'est sacré pour le diable de Breughel ; il se métamorphose en tilleul ou en pampre, en rose ou en rossignol. Enfin cet esprit du mal envahit tout : ce n'est que par l'eau bénite et les signes de croix qu'on déjoue ses infernales manœuvres. Dans les tableaux de Breughel d'Enfer, le diable sort de la cheminée ou de la marmite. Vous croyez que la cafetière et le grillon babillent dans l'âtre : détrompez-vous, c'est le diable qui parle; vous croyez entendre la bise battre les contrevents, c'est le diable qui passe; ce chat qui fait la roue auprès des chenets, ce chien qui se réveille en levant la patte vers vous, c'est le diable : voyez plutôt sa queue. Cette femme, qui est la vôtre par-devant notaire et par-devant Dieu, bien et dûment enregistrée, prenez garde, c'est le diable.

Un savant qui a passé ses plus belles années à rechercher les *causes célèbres* de sorcellerie a été frappé d'un trait de lumière en voyant des tableaux de ce peintre étrange. Tout ce les sorciers racontaient de leurs visions; tout ce que ces cerveaux malades renfermaient d'images lugubres, il le voyait dans Breughel d'Enfer. Si on voulait *illustrer* le livre du savant, on n'aurait qu'à graver quelques-uns des tableaux du peintre.

III.

On a beaucoup écrit sur Jean Breughel, ou Breughel de Velours; on a même disserté sur son nom; les uns ont dit Breughel de Velours parce qu'il s'habillait de cette étoffe, les autres ont imprimé *Breughel de Vlour*, quelques-uns enfin le nomment *Breughel de Paradis*, parce qu'à l'opposé de son frère, Breughel d'Enfer, il ne peignait que des scènes de joie, des guirlandes de fleurs, des souvenirs de paradis (1).

On sait déjà qu'orphelin dès l'âge de cinq ou six ans, il fut élevé par sa grand'mère, qui lui apprit à peindre en miniature. Pendant que son frère étudiait sous Coninxloo, il fut admis chez Pierre Goé-Kindt, qui avait un musée plutôt qu'un atelier. Il imita les divers maîtres qui ornaient l'atelier. Ce travail l'ennuya bientôt. Un jour, Goé-Kindt le surprit encadrant d'une fraîche guirlande de fleurs une mauvaise copie de Franc Floris. « Où as-tu copié ces fleurs? lui demanda le maître. — Elles ont poussé toutes seules au bout de mon pinceau, » répondit le jeune Breughel. Goé-Kindt lui conseilla de faire des arbres. En quelques jours, il peignit une lisière de forêt, où l'on reconnaissait au feuillage plus de vingt espèces d'arbres. Le maître, émerveillé, lui dit d'aller étudier la nature dans un plus beau pays. Breughel venait de perdre sa grand'mère; son frère voyageait avec Coninxloo; il quitta sans regret un pays où il n'avait plus de famille que dans les cimetières. Il alla à Cologne, sans autre ressource que sa bonne volonté. Un joli tableau fit bientôt sa fortune en cette ville : c'était un *Jugement de Salomon* encadré de fleurs et de fruits. La reine de Saba présente au roi d'Israël six fleurs de lis natu-

---

(1) Les historiens de l'art flamand, Van Mander, Arnold Houbraeken, Campo Weyermans, les poëtes hollandais D. Scheltz et Vondel, ont beaucoup écrit sur Breughel de Velours. Le peintre Mathieu de Visch a publié sur ce gracieux artiste des notes curieuses, qui ont le caractère de la vérité.

relles et six fleurs de lis artificielles, mais si artistement faites, qu'on ne pouvait sans peine les distinguer des véritables. Salomon, dans sa souveraine sagesse, lâche une abeille qui va droit aux fleurs naturelles.

Breughel de Velours partit riche de Cologne pour l'Italie, où il fut bien inspiré pour ses *Paradis terrestres*. Tous les petits princes italiens s'inscrivirent sur le registre du peintre pour avoir un paradis. Il se contentait le plus souvent de livrer le premier paysage venu, disant que c'était là le vrai paradis. En effet, il répandait tant de charme et de poésie dans ses horizons bleuâtres, tant de mystères amoureux sous ses bosquets touffus, tant d'éclat et de fraîcheur sur ses gazons fleuris, qu'on pouvait se croire, en voyant son œuvre, transporté dans l'Éden.

Après ces voyages, il vint se fixer à Anvers, voulant mourir dans sa patrie; il était jeune encore, déjà célèbre et déjà riche. Il fit son entrée à Anvers dans un carrosse traîné par quatre chevaux, à la suite de l'archiduc, qui l'avait noblement accueilli à Bruxelles. Grande fut la surprise des Anversois, que Rubens, Van Dyck et Teniers n'avaient pas encore accoutumés à voir un peintre dans l'équipage d'un prince. Rubens lui offrit son amitié, quoiqu'il le trouvât un peu extravagant : Breughel de Velours choquait le grand peintre d'Anvers par la coquetterie toute féminine de son costume. Ils n'en devinrent pas moins de francs amis. Toutes les grandes maisons de la ville furent ouvertes au nouveau venu, tous les jeunes seigneurs recherchèrent sa compagnie. Il ouvrit un vaste atelier qui fut presque une académie et un musée. Les grands peintres du temps y discutèrent et y peignirent, entre autres Rubens, Van Balen, Cornille Schut, Rottenhamer.

Breughel s'était pris d'une violente passion pour la belle Madeleine Van Alstoot, qu'il avait rencontrée à une fête de l'archiduc. Madeleine était orpheline ou veuve. Elle avait, selon Cornille Schut, qui l'a chantée en vers enthousiastes, certains airs de parenté avec la Madeleine de l'Écriture. Voici son portrait en peu de lignes, tel que l'a peint Rubens. Ses cheveux bruns éparpillés en longues boucles prenaient au soleil des couleurs de flamme; ses yeux, d'un bleu de pervenche, étaient ombragés de beaux cils noirs. Née à Gand, elle était bien Flamande par son éclat robuste, mais avec le regard passionné d'une Espagnole et le sourire coquet d'une Française.

Ce qui surtout avait séduit Jean Breughel, c'était un certain parfum de volupté nuageuse que Madeleine Van Alstoot répandait autour d'elle. Le peintre se mit à l'adorer comme une madone et comme une amante, avec les yeux de l'esprit et les yeux du cœur. Elle se laissa épouser de très-bonne grâce, fière d'avoir un mari qui fût un grand peintre et un grand seigneur, espérant courir le monde avec lui, enfin se créant une vie toute de soie et d'or, de fêtes et de chansons. Mais à peine cet hymen fut-il célébré, que Breughel changea brusquement de manière de vivre; un peu fatigué du monde, séduit par le doux et calme horizon de l'amour dans le mariage, il voulait se reposer à l'abri du foyer.

Mme Breughel, qui n'avait pas connu le monde, ne voyait pas la vie sous le même aspect. Elle trouvait qu'on a toujours trop le temps de rester chez soi. Elle disait que les belles fleurs ne s'épanouissent qu'au soleil, que Dieu ne l'avait pas créée pour la voir s'éteindre dans la cellule du mariage, que le vrai soleil des femmes était le lustre d'une salle de bal. Ce qu'elle aimait avant tout, c'était la danse. Il fallait la voir, elle qui n'avait rien d'aérien, s'élancer avec la légèreté d'un faon, enlevée par la musique et le plaisir. Breughel, qui ne dansait plus, regardait danser avec trop de philosophie; il trouvait que la danse n'aboutit à rien de bon pour les maris. Breughel était jaloux. Loin d'être touchée de sa jalousie, Madeleine en fut irritée; l'ardeur de la coquetterie, qui n'était d'abord qu'un caprice, devint bientôt chez elle une vraie passion. Elle supplia son mari de la conduire aux fêtes d'Anvers. Breughel se contentait de la conduire en pleine campagne, lui parlant sans cesse du paradis terrestre, qui n'était habité que par Adam et Ève. Madeleine, ennuyée de ce cours de solitude, répondait, avec une moue charmante, qu'Ève ne s'était pas fort amusée dans le paradis et qu'elle s'était empressée d'en sortir après avoir poussé la curiosité jusqu'à prêter l'oreille aux discours du serpent.

Ce fut vers ce temps-là que Breughel commença ce merveilleux poëme en peinture, *le Paradis terrestre*, cette grande page écrite avec tant de patience en un si petit espace, ce souvenir biblique éclairé d'un rayon divin. Breughel, qui peignait ce tableau sous les yeux de sa femme, se garda bien de montrer le serpent dans le paradis. Toute la création est là qui palpite, qui vole dans les airs, qui chante dans les branches, qui sommeille sur les herbes, qui se baigne dans les eaux. Ils sont tous là, l'abeille qui bourdonne, le cygne nonchalant, le lion superbe qui se repose; ils sont tous là, hormis le serpent. Le premier entre tous les peintres, Breughel représentait le paradis sans le fruit défendu. Vous avez vu ce paradis charmant dont chaque feuille vous sourit, dont le moindre bruit vous enchante, dont la lumière vous transporte. Que l'ombre est douce au pied de ces arbres, que cette eau qui coule est embaumée par les fleurs aquatiques, que ces horizons égaient bien l'âme par leurs vapeurs aériennes! On respire à chaque pas la paix et l'amour, la sérénité et le bonheur, le calme et la joie; à chaque pas, c'est un songe charmant qui vous arrête. Les fleurs secouent une neige odorante, les plus beaux fruits semblent là pour apaiser la soif du corps et de l'âme; il y a tous les fruits, hormis la pomme amère, comme il y a tous les animaux, hormis le serpent.

Breughel ne montra donc pas le serpent dans le paradis terrestre, il y montra Dieu; c'était moins piquant et moins poétique, mais c'était plus orthodoxe, maritalement parlant. Il eut beau faire un chef-d'œuvre, il eut beau créer dans cette toile immortelle un personnage invisible, l'Amour, qui l'inspirait dans ses promenades avec Madeleine, il ne put la convaincre des charmes de la solitude; elle persista à dire qu'on s'ennuyait beaucoup dans tous les paradis du monde, même dans celui de Breughel. « Insensée! s'écriait le peintre, tu ne vois donc pas rayonner la joie sur le chaste front d'Ève, qui se promène dans les bosquets touffus en compagnie de Dieu et d'Adam? Quand nous nous promenons ensemble par cette belle campagne, foulant du pied l'herbe fleurie, écoutant le merle qui siffle, respirant l'arome des violettes sous ce beau ciel qui nous sourit, n'es-tu pas, comme Ève, avec Dieu et avec Adam? — Hélas! disait Mme Breughel, tout cela était à merveille quand il n'y avait que Dieu et Adam. » On comprend que, loin de s'apaiser par les raisonnements de sa femme, la jalousie de Breughel n'en devint que plus violente. Il avait brisé avec le monde, quoiqu'il y trouvât pour lui-même l'argent comptant de la gloire, c'est-à-dire des louanges sans nombre. On s'étonnait à bon droit de cette retraite; on avait bien de la peine à comprendre pourquoi ce peintre si élégant et si mondain était devenu tout d'un coup, comme par une métamorphose d'Ovide, un misanthrope farouche. C'était bien la peine d'épouser la belle Madeleine Van Alstoot. On le trouvait ridicule d'avoir une femme pour lui seul. « Qu'il nous montre sa femme et qu'il cache ses tableaux, à la bonne heure! »

Sans trop s'inquiéter du vain babil du monde, Breughel poursuivait gravement son œuvre; s'il déposait le pinceau, c'était pour une étude d'histoire naturelle au bord d'un bois ou d'un étang. En digne spectateur du grand drame de la création, il prenait plaisir aux moindres scènes : pas un acteur qui ne le touchât ou ne l'amusât; il suivait, dans son poétique vagabondage, le papillon ou la demoiselle, mais le plus souvent, comme Madeleine était près de lui, il oubliait tout le reste de la création pour Madeleine. La folâtre jeune femme ne lui savait point gré de son culte amoureux; il lui avait fermé les portes du monde au moment où le monde séduit, enivre, éblouit les imaginations de vingt ans par le bruit et l'éclat; à cette heure trompeuse où tous les cœurs qui souffrent cherchent à s'oublier dans le tourbillon, où toutes les figures prennent un sourire pour masque : elle rouvrait par la pensée ces portes dorées qui lui cachaient le monde et qui la cachaient au monde (1).

Breughel de Velours mourut riche, vers 1625. Sa veuve ne lui survécut guère. Sa fille Anne,

---

(1) On nous permettra de placer ici, sous ce cadre sévère, quelques pages d'une vérité romanesque. Bientôt, en nous arrêtant à Cornille Schut et à Teniers, nous userons du même privilège.

Breughel finit par s'ennuyer lui-même de cette retraite trop conjugale; à son retour à Anvers, il avait organisé des bals vénitiens, de plus en plus à la mode dans l'austère ville flamande. Un soir, sachant qu'il y avait une fête de carnaval chez un jeune seigneur de ses amis, il ne put s'empêcher d'y paraître un instant. Il avait un costume de chevalier français du temps des croisades; il le revêtit, et partit pour la fête sans prévenir sa femme. Mais Mme Breughel fut avertie par une suivante; mille desseins extravagants lui montèrent à la tête : elle voulait se déguiser, aller au bal, danser, faire damner ce pauvre Jean Breughel, se venger ainsi de sa jalousie et de ses mystères. Comment se déguiserait-elle? Elle avait un magnifique costume napolitain; mais, depuis qu'elle n'allait plus au bal, ce costume était plutôt à ses amies qu'à elle-même. Une jeune veuve de son voisinage devait s'en parer pour cette fête. Comme il n'y avait pas de temps à perdre, elle mit trois valets en campagne pour lui trouver un déguisement digne d'elle; un petit marchand juif nouvellement débarqué à Anvers lui apporta, sur la demande d'un de ses valets, un joli costume d'odalisque.

Quand elle arriva au bal, elle chercha vainement, d'un regard ébloui, Breughel de Velours; l'éclat des lumières et des costumes, le bruit des paroles et de la musique, achevèrent de lui tourner la tête, au point qu'elle oublia bientôt pourquoi elle était venue. A son entrée, elle fut

qui épousa David Teniers, fut élevée sous la tutelle de Van Balen, de Rubens et de Cornille Schut. Elle était bien digne des autres œuvres de son père; aussi fut-elle la plus grande joie de son mari. Il laissa quelques élèves, entre autres Daniel Seghers et Lucas de Wael, tous deux peintres de fleurs, qui ont retrouvé la couleur fraîche et la touche délicate du maître.

Dans le portrait d'Eysen, on voit Breughel drapé dans un manteau de velours; sa tête pen-

recherchée des plus brillants danseurs. Malgré son masque, on devinait encore sa beauté à la première vue. En dansant, elle retrouva toute l'ivresse étourdissante de ses jeunes années; çà et là, cependant, le souvenir de Breughel venait glacer son cœur et paralyser ses pieds, mais le bruit des violons et l'amour de la danse ranimaient ses pieds et son cœur; elle s'élançait, plus folle que jamais, comme ces pécheurs insensés qui oublient la trompette du jugement. Breughel, à l'encontre de sa femme, n'avait trouvé à la fête que le bruit et l'éclat de la folie. Pour la première fois, il avait jugé que ces oripeaux dorés cachaient bien des cœurs malades. Il s'était réjoui d'avoir, depuis son mariage, suivi le bon chemin, le chemin de la science, le chemin du bonheur. Il avait pris en pitié tous ces pauvres fous qui riaient sans gaieté et qui aimaient sans amour; il s'était enfui en toute hâte vers Madeleine, qui devait dormir du sommeil des anges. Il arrive à sa maison, il ne s'inquiète point de la surprise de ses serviteurs, il va droit à la chambre de sa femme. Cette chambre est encore un poème digne de ses tableaux. Jamais grande-duchesse italienne n'a vu tant de trésors autour d'elle : toutes les richesses de l'Orient sont là éparpillées par une main prodigue. Porcelaines du Japon, étoffes des Indes, tapis de Perse, pierreries de Golconde, forment le paradis terrestre de cette autre Ève curieuse. Il voulut lui parler en entrant, lui confier qu'il avait été au bal et qu'il en revenait plus désabusé que jamais sur les plaisirs qu'on y recherchait; qu'il était mille fois heureux d'avoir pour compagne dans la vie une femme comme Madeleine, qui renfermait toutes les joies de l'univers. Sa surprise fut grande, quand il s'aperçut que sa femme n'était pas couchée; il appela la suivante, qui trouva tout simple de lui dire que Mᵐᵉ Breughel était allée le rejoindre au bal. Cette découverte fut un coup terrible qui le frappa au cœur; lui aussi, il perdit la tête. Après s'être promené quelques minutes dans la chambre, il sortit soudainement pour aller retrouver Madeleine. Sa jalousie venait de s'allumer plus ardente; il rentra à la fête sans pouvoir cacher son inquiétude. Il dévora du regard tous les groupes de danseurs, il parcourut tous les salons. La jalousie le troublait au point qu'il ne voyait rien, n'entendait rien; s'il ne se fût retenu, il eût, à chaque pas, arraché un masque. Enfin, après de vaines recherches, son regard fut frappé du costume italien que sa femme avait maintes fois revêtu. « La cruelle! s'écria-t-il, la voilà qui danse avec tout l'abandon et toute l'ardeur d'une femme qui ne croit ni à Dieu ni à son mari! » A cet instant, un jeune seigneur qui dansait en face de la femme au costume italien lui saisit la main et la baisa mystérieusement. Loin de s'irriter, elle parut sourire; elle poursuivit son pas avec plus de grâce et de nonchalance; il semblait que le baiser surpris lui eût donné tout le charme de la volupté. Éperdu, Breughel de Velours se précipita vers elle, saisit le poignard qu'elle avait à la ceinture, et l'en frappa dans le sein avec égarement. Elle poussa un cri perçant, qui retentit dans toute la salle; la gaieté s'évanouit tout d'un coup, la musique se tut, les danseurs furent paralysés, tout le monde courut vers cette victime de la jalousie. Elle était tombée à demi morte dans les bras de son cavalier. Breughel, pâle et glacé d'horreur, regardait tour à tour le poignard et celle qu'il croyait sa femme. Tous les démons de l'enfer étaient dans son cœur, il ne tenait à rien qu'il ne se donnât à lui-même un coup de l'arme fatale. Peut-être eût-il accompli cette seconde vengeance, si on n'eût démasqué sa victime. — Grand Dieu! s'écria-t-il en découvrant que ce n'était pas sa femme. Il se vit soudain entouré d'un cercle de jeunes seigneurs, qui se démasquèrent tous pour lui demander raison de ce crime insensé. Le peintre se démasqua lui-même. — Breughel de Velours! s'écria-t-on de toutes parts. — Oui, Breughel de Velours, dit-il en jetant l'arme ensanglantée. — Vous êtes donc devenu fou? lui demanda un ami. — Oui, fou! si vous voulez. — Que vous avait donc fait Mᵐᵉ Van Artwelt? — Vous ne devinez donc pas? Je croyais que c'était ma femme.

Il se jeta aux pieds de Mᵐᵉ Van Artwelt; il voulut parler, mais la parole expira sur ses lèvres. Que pouvait-il dire, d'ailleurs? On emporta la dame, en avertissant qu'un médecin était là. Breughel, relevé par ses amis, voulut mourir. — Où est ma femme? demanda-t-il d'un air farouche. — Elle était là tout à l'heure, lui répondit-on.

Il parcourut la salle avec désespoir. Le bruit se répandit que la blessure n'était pas dangereuse; la lame du poignard avait glissé sur le satin. — Dieu soit loué! s'écria-t-il; si je frappe encore, je saurai qui je frappe et où je frappe.

Disant ces mots, il échappa à ses amis et courut chez lui, croyant y rejoindre sa femme. Madeleine n'était point revenue; le peintre passa le reste de la nuit dans un sombre désespoir. — Hélas! disait-il en se tordant les bras, si je l'avais trouvée à mon retour, nous serions morts tous les deux; j'échappais ainsi au ridicule, je laissais mon nom sans tache! Qu'ai-je à faire maintenant? Mourir? Il est trop tard. Le monde ne pardonnerait pas un accès de ja-

sive semble portée par une fraise à grands plis; il a toute sa barbe, qui est blonde et ondulée. Les deux médaillons qui sont de chaque côté de cette figure caractérisent mal son génie : ils représentent un intérieur flamand et un groupe devant une maison. Il fallait une guirlande d'un côté et un paysage de l'autre.

Rubens aimait beaucoup Breughel de Velours. Il a existé entre ces deux maîtres une vraie lousie qui dure si longtemps. Vivre? Ma vie est gâtée. Vivre seul ou vivre sans amour!

Il passa dans son atelier, comme pour confier son malheur à tous ses gracieux chefs-d'œuvre. Dans la matinée, un frère de sa femme vint l'avertir qu'elle ne rentrerait pas sous le toit conjugal, et qu'elle allait lui intenter un procès pour le coup de poignard dont elle avait failli être victime. Breughel ne répondit pas un mot; il sourit avec amertume et soupira douloureusement. Cet avertissement fut bon à quelque chose : la lutte qui devait s'engager ôta au peintre toute idée de suicide. Le même jour, il se rendit au logis de Mme Van Artwelt. Il l'avait vingt fois rencontrée dans le monde : c'était une jeune veuve qui avait quelque ressemblance avec Madeleine Alstout, moins fraîche peut-être, mais plus délicate, moins belle et plus jolie. Son mari, vieux procureur blanchi sous la poussière des dossiers, avait eu le bon esprit de mourir la seconde année du mariage, et de lui laisser de la fortune. Quoique d'une nature un peu mélancolique, Mme Van Artwelt passait assez gaiement son veuvage. Elle habitait une des plus jolies maisons d'Anvers, en vue de l'Escaut. Breughel de Velours monta le perron et se fit annoncer. — Elle ne voudra pas me voir, se disait-il, mais du moins elle saura que je suis venu. — A sa grande surprise, la dame lui fit dire de passer dans sa chambre. Il se présenta un peu troublé, sans trop savoir quelle figure il allait faire. Mme Van Artwelt était couchée dans un lit à baldaquin de velours. Sous ces rideaux de couleur sombre, sa pâleur n'en ressortait que mieux; deux jeunes femmes étaient assises en avant; un jeune homme, tenant en main un feutre à grand plumet, s'appuyait au coin d'une cheminée gothique. Breughel de Velours s'inclina profondément. — Madame, je viens vous exprimer mes regrets : je ne sais vraiment comment me faire pardonner cet acte de folie. S'il fallait payer de tout mon sang...... — Je ne vous demande pas votre mort, seigneur Breughel, bien loin de là; mais on me conseille de vous intenter un procès pour établir clairement que le coup de poignard ne m'était pas destiné; car il y a de mauvaises langues capables d'inventer un roman entre vous et moi. — A merveille, dit tristement le peintre, me voilà poursuivi par deux femmes charmantes, l'une pour le fait, l'autre pour l'intention. Le croiriez-vous, madame? Madeleine s'est réfugiée dans sa famille avec le dessein bien arrêté de plaider contre moi en séparation.— Vous avez eu là une belle idée : il est tout simple que cette idée porte ses fruits. En vérité, Mme Breughel a bien raison de vous fuir; il n'est pas une femme qui vous eût pardonné. — Peut-être, dit une des jeunes dames qui étaient auprès du lit. — Peut-être, comme vous dites, reprit Mme Van Artwelt avec un sourire mélancolique; ne reçoit pas qui veut un coup de poignard d'une main aimée. — Mon Dieu! dit le peintre, cela se passe le plus galamment du monde en Espagne et en Italie.

La conversation prit un tour aimable et presque gai. Je ne puis la reproduire mot à mot. Je dirai seulement que Mme Van Artwelt fut si peu cruelle, que Breughel de Velours obtint la liberté de revenir le lendemain. Cette fois, il la trouva seule. — Je sais toute votre histoire, lui dit la jeune veuve; mais racontez-moi vous-même pourquoi vous en êtes arrivé là. — Vous allez me comprendre tout de suite, je le vois dans vos beaux yeux. J'ai couru le monde, je l'ai contemplé sous toutes ses faces; il m'a d'abord amusé quand j'étais curieux; mais bientôt il m'a fatigué, quand j'ai aimé Madeleine. J'ai trouvé que mon vrai théâtre était la nature, qui me parlait par la voix des oiseaux, des fontaines et des fleurs. J'ai voulu, comme tant d'autres, me faire un paradis ici-bas à force d'art et d'amour. Hélas! qu'est-il arrivé? Mon Ève n'a pas voulu de mon paradis : j'aimais le silence, elle aimait le bruit. Vous comprenez que j'ai manqué mon œuvre. Le paradis n'était plus qu'un enfer; au lieu des purs et des suaves parfums de l'amour, j'avais dans le cœur les serpents enflammés de la jalousie. L'ingrate! je l'aimais avec tant d'extase divine; je secouais à ses pieds toutes les roses du chemin, toutes les guirlandes de ma palette, toutes les richesses de mon âme. Hélas! elle se détournait pour jeter un regard de regret vers ce monde d'où j'essayais de la détacher. L'insensée! elle a perdu bien des heures d'ivresse, bien des promenades enchantées, bien des rêves ineffables. J'avais espéré le bonheur à deux; je suis réduit à le chercher seul. Mais le bonheur est-il fait pour moi? — Est-ce que le bonheur est fait pour quelqu'un ici-bas? dit Mme Van Artwelt en souriant; moi qui vous parle, j'avais aussi rêvé le bonheur; or, vous savez que je passe ma vie dans un désœuvrement qui me fatigue. Est-ce que le bonheur consiste à voir des gens ennuyeux, à parler pour déguiser sa pensée, à rire quand on a envie de pleurer? Mon histoire est bien simple, une triste histoire qui me fait pitié à moi-même. Vous avez connu M. le procureur Van Artwelt? Je ne veux pas dire du mal des absents; le pauvre homme! il fut, à coup sûr, de ceux qui font mentir le proverbe : *les absents ont tort*. Dieu le garde et lui fasse paix! Il m'épousa que j'avais

fraternité de génie. Ainsi Rubens se servait de la main savante et légère du peintre de fleurs pour ses paysages, tandis que celui-ci avait recours au grand peintre d'Anvers pour ses figures de vierge. Le plus grand éloge de Breughel de Velours se trouve dans ces paroles de Rubens : « Je n'ai pas plus fait pour Breughel qu'il n'a fait pour moi. » La même fraternité exista entre Breughel de Velours, Van Balen et Rottenhamer. Dans l'œuvre de Van Balen, on trouve deux tableaux, *le Festin des Dieux* et *le Jugement de Páris*, dont les fonds sont peints par

à peine dix-sept ans; il était riche, ma famille venait de se ruiner : cela se comprend. Vous croyez peut-être qu'il m'aima; est-ce qu'on aime à cinquante-huit ans? Il m'épousa par vanité, il voulait couronner ses cheveux blancs d'une guirlande de roses. S'il eut un carrosse, ce ne fut pas pour moi, mais pour ceux qui me voyaient passer; s'il me conduisit dans le monde, ce fut pour entendre dire à chaque pas : Que Mᵐᵉ Van Artwelt est jolie! Voilà comme la destinée s'amuse toujours à nous détourner de notre vrai chemin. Le croiriez-vous, mais puis-je vous le dire? moi, j'avais le cœur bien fait; ce que je demandais à Dieu sur cette terre, c'était un peu d'amour, un peu d'ombre, un peu de silence. Au milieu des vains plaisirs qui m'environnaient, je rêvais une promenade dans les prés où j'aurais pu tout à mon aise m'épanouir comme une fleur des champs.

Breughel se jeta à genoux devant le lit et saisit une main blanche que Mᵐᵉ Van Artwelt laissait pendre sur la courtine de satin. — Hélas! murmura-t-il en levant un regard passionné vers la jolie veuve, pourquoi nous sommes-nous rencontrés trop tard? — Pourquoi! pourquoi! bien souvent ce vain mot est sorti de mes lèvres.

Ivre d'espérance, de joie et d'amour, le peintre baisa tendrement la main de Mᵐᵉ Van Artwelt. — Je remercie le ciel de l'aventure bizarre qui m'a amené à vos pieds.

La jeune veuve sourit en dégageant sa main. — En effet, dit-elle, un coup de poignard ne vous a pas fait grand tort; je ne sais vraiment pourquoi j'y mets tant de bonne grâce.

On le devine assez; pendant que Mᵐᵉ Breughel intentait un procès en séparation, Mᵐᵉ Van Artwelt devint la maîtresse du peintre. Elle avait été séduite par cette jalousie ardente qui répand tant de poésie sur l'amour; elle s'était surtout laissé entraîner par l'idée de vivre dans le doux, calme et souriant horizon que Breughel de Velours avait vainement créé pour sa femme. Ce fut un grand scandale dans la bonne ville d'Anvers, renommée pour ses mœurs patriarcales. Cependant grand nombre de juges indulgents, touchés de ce bonheur silencieux qui se cachait à l'ombre des bois, leur pardonnaient de bon cœur. Comment faire la guerre au bonheur! Vint le procès. Le mari n'eut garde de se défendre; on l'eût condamné si, au moment suprême, Madeleine Alstoot n'eût demandé un délai. La leçon du bal ne lui avait pas servi, mais l'infidélité du peintre lui avait ouvert les yeux. Elle n'avait pas été la dernière à apprendre ce qui se passait dans son ancienne demeure. Chaque jour des amis officieux lui rapportaient, pour l'irriter davantage, comment le peintre et sa maîtresse se promenaient par la campagne comme des amoureux de quinze ans. L'un les avait vus dans une nacelle, cueillant les roseaux du fleuve; l'autre les avait rencontrés dans le sentier, en contemplation devant un nuage; celui-ci leur avait parlé à l'église, où ils allaient paisiblement comme s'ils n'étaient coupables d'aucun méfait; celui-là, entrant à l'atelier, avait surpris un baiser mystérieux. La jalousie, qui jusque-là avait fait rire de pitié Madeleine Alstoot, prit belle et bonne racine dans son cœur : avec la jalousie l'amour était revenu. Elle finissait par comprendre tout le charme de la vie d'intérieur, elle regrettait ces heures où douces dont elle n'avait pas savouré les délices. Elle comptait sur la présence de Breughel de Velours au procès. — Il viendra, disait-elle toute pleine d'espérance, il s'avouera coupable, et moi, au moment de la condamnation, j'irai me jeter dans ses bras. — Mais, comme on l'a vu, le peintre n'alla pas au tribunal! Sa femme, désespérée, résolue à tout, courut droit chez lui; elle ne trouva que les valets : Breughel et Mᵐᵉ Van Artwelt, sans souci du jugement, se promenaient dans la campagne depuis le matin. Elle voulut attendre; elle se jeta dans un fauteuil, y demeura tout éplorée durant deux heures. Breughel, n'étant point averti, rentra le soir avec sa maîtresse. Voyant une femme dans l'ombre, il s'approcha d'elle avec une surprise inquiète. — C'est moi, dit Madeleine en se levant.

A cette voix longtemps aimée qui vint le frapper au cœur, le peintre se sentit chanceler. — Oui, c'est moi, dit Madeleine en se jetant dans les bras de son mari.

Breughel, heureux et perdu, tourna la tête vers Mᵐᵉ Van Artwelt, qui, en femme d'esprit, avait compris tout d'un coup ce qui lui restait à faire. — Adieu! adieu! dit-elle, ce n'était qu'un rêve, le rêve est fini; adieu!

Le même soir, elle partit pour Londres, pressentant bien qu'elle n'aurait pas la force de rester si près de celui qui ne devait plus être son amant. Pour se consoler, elle épousa un jeune Anglais, mais elle ne l'aima jamais qu'en pensant à Breughel de Velours.

Pour en revenir au peintre et à sa femme, je terminerai cette singulière histoire en disant que le mariage refleurit pour eux. Madeleine mit au monde, l'année d'après, la belle Anne Breughel qui épousa David Teniers.

Breughel. Dans l'œuvre de Rottenhamer, on reconnaît surtout un paysage de Breughel dans une *Diane au bain*. En revanche, Rottenhamer et Van Balen ont, ainsi que Rubens, laissé des traces immortelles de leur talent dans les tableaux de Breughel de Velours.

Arnold Houbraeken rapporte qu'en 1713 la vente à Amsterdam de deux panneaux peints par Breughel mit toute la Hollande en mouvement. C'étaient deux paysages de la plus grande beauté, ornés de figures de Rubens. Selon cet auteur, « quand on montra les panneaux, tous les spectateurs furent frappés d'admiration; la nature ne produit rien de plus beau. » Aussi la vente s'éleva-t-elle à près de cinq mille florins, ce qui était alors un prix fou.

Breughel de Velours peignait sur bois et sur cuivre. Il a été un grand maître par l'harmonie des couleurs et la légèreté du dessin. Il reproduisait les fleurs plutôt qu'il ne les peignait; ses aubépines, ses bouquets printaniers, ses rameaux, ses feuilles, ses tiges et ses insectes sont d'une vérité merveilleuse. Il savait répandre la lumière avec un art infini; la lumière se joue dans ses guirlandes comme sur les fleurs d'un jardin. Les gouttes de rosée tombaient de son pinceau comme les perles de la nuit dans le calice des roses. Le velouté, la transparence et l'éclat se retrouvent dans ses bouquets avec l'harmonie la plus douce. Il y a certaine fleur qu'il a embellie, s'il est permis de le dire, par la fraîcheur et la légèreté. Il est vraiment à regretter qu'en son temps les Hollandais n'eussent point encore découvert les vingt mille espèces de tulipes. Le génie de Breughel de Velours n'est d'ailleurs pas tout entier dans les fleurs; il a cherché d'autres cadres pour ses poëmes mignons. Ses paysages sont dignes de ses bouquets. Il les variait à l'infini. Ses arbres sont d'une belle forme, ses fonds sont d'une grande richesse, ses plantes, ses fleurs, ses fruits et ses figures, d'un fini admirable. Rien de plus doux que ses ciels et ses lointains : c'est de la ciselure aérienne.

Il y a des tableaux de ce maître dans tous les musées du monde. Le Louvre en compte six. Le premier est un paradis terrestre, peut-être celui que peignait Breughel sous les regards de sa femme. C'est un paysage tombé du ciel; les lointains sont si vagues, si bleus et si doux, qu'ils vous séduisent et vous appellent. La scène du second tableau a les airs pour théâtre; c'est Uranie qui tient en main le globe céleste. Elle est entourée d'une multitude d'oiseaux charmants qui jouent, qui chantent et qui voltigent. A la première vue, on sent bien qu'ils sont soulevés par l'air : il semble qu'on voie passer le vent. Aux pieds d'Uranie, des Amours écrivent l'histoire de la peuplade ailée, curieuse histoire, à en juger par le sourire de celui qui écoute. Uranie et les Amours sont de Van Balen. Le troisième tableau est une merveilleuse guirlande de fleurs qui entoure un médaillon dont les figures sont peintes par Rubens. Ce médaillon représente la Vierge couronnée par un ange. Cette tête est d'une adorable expression; elle sourit comme les mères doivent sourire là-haut. L'Enfant-Jésus, assis sur ses genoux, est le digne enfant de cette mère. Nommer Rubens, c'est dire que le coloris est admirable; cependant le tableau est signé par Breughel de Velours à cause de la guirlande de fleurs, qui est un chef-d'œuvre du genre.

Quoique deux siècles aient passé sur ces roses, ces jasmins, ces œillets et ces lis, l'âme s'égare et respire dans leurs gerbes printanières, qui semblent s'épanouir au souffle de Dieu. Le quatrième tableau signé du nom de Breughel de Velours est la *Bataille d'Arbelles;* je ne crois pas me tromper en affirmant que cette bataille, curieuse par la multitude des figures, est de Pierre Breughel-le-Drôle. Les deux autres tableaux sont des paysages très-délicatement touchés, dont le coloris charmant est un peu bleuâtre. Ils rappellent bien ce mot de Rubens : « Vos paysages, Breughel, sont des portes du paradis. »

Le musée du Louvre ne possède pas les œuvres les plus éclatantes de ce peintre; tous les musées, hormis celui d'Anvers, sa patrie, ont fait une place en belle lumière aux brillantes fantaisies de Breughel de Velours. Le musée de La Haye est enrichi, si j'ai bonne mémoire, d'un chef-d'œuvre, un *Paradis terrestre,* où Rubens a peint Adam et Ève. Le musée de Lyon conserve un tableau de ce maître digne de tous ses paradis; il représente un des quatre éléments, celui qui allait le mieux à ce léger pinceau, *l'Air.* On y voit voler les oiseaux et passer les nuages. Il n'y a pas d'autre horizon que l'infini; on sent qu'il y a des mondes dans ces échappées de ciel; le regard émerveillé traverse la vapeur aérienne sans rencontrer de bornes. Jamais peintre ne s'est mieux perdu dans l'air.

Breughel de Velours était si loin du monde que, même dans ses paysages, il ne pouvait s'empêcher de mentir; heureusement tous ses mensonges sont jolis. S'il peignait un coin de la Flandre avec un moulin, une maison, une rivière ou une prairie, il se rappelait aussitôt le ciel de Naples et la campagne de Rome; son ciel flamand prenait, comme par miracle, des tons plus doux et plus bleus; ses arbres se doraient d'un rayon d'Italie, les aspérités de la prairie se métamorphosaient en collines, ainsi de tout. Ses paysages de la campagne de Rome sont pleins de souvenirs des bords du Rhin. « Il observa, dit Descamps, la richesse et l'étendue des plus belles contrées, et il avait toujours l'esprit occupé de celles qu'il ne voyait pas et ne pouvait alors dessiner : voilà pourquoi nous voyons de lui tant de tableaux d'un goût si varié. »

Il tenta à diverses reprises de faire des portraits; il échoua toujours, malgré sa patience; il eût embelli la beauté grecque, sinon par la ligne, du moins par le rayon céleste : or, en peignant une figure flamande, il aurait eu beaucoup à faire. Breughel suivait dans ses portraits le même système que dans ses paysages; il ennoblissait le profil flamand par la ligne italienne; il gâtait à plaisir, par un sourire trop fin, ces bouches fraîches et naïves qui sourient si franchement entre Bruxelles et Anvers.

Les dessins de Breughel de Velours sont dignes de ses tableaux; on y remarque une telle science de détail, que nul ne peut parvenir à les copier. Ils sont coloriés en bleu de l'Inde dans les ciels, les eaux et les lointains. Les devants sont lavés au bistre. Il ne lui fallait que deux traits de plume très-légers pour ses arbres. Souvent les arbres sont feuillés au pinceau et mêlés de tons rougeâtres du plus grand effet. Les petites figures, les chariots, les moulins, les ani-

maux, arrêtés à la plume et lavés au bistre, suffiraient seuls à faire connaître la main de Breughel par l'esprit de la touche (1).

Ce grand peintre était né poëte; cependant, à force de travail, il a fini par gâter l'inspiration naïve en recherchant les difficultés du rhythme. Ses jolis tableaux sont des sonnets où la richesse de la rime l'emporte sur la grandeur de la pensée. Le vrai mérite de Breughel est donc dans l'exécution. Il possédait une patience surhumaine; la patience côtoie le génie, elle avance à petits pas, elle avance toujours, mais sans s'écarter du chemin : c'est la tortue de la fable. Pour moi, je n'aime pas trop la patience dans les œuvres d'imagination; elle m'intéresse, mais ne me séduit pas. Heureusement, chez Breughel de Velours, la patience se sauve par la poésie; elle ne s'attaque guère qu'à tout ce qui sourit ici-bas, aux fleurs qui s'épanouissent, aux arbres qui verdoient, aux oiseaux qui chantent. Bien des peintres flamands dépensent de laborieuses semaines à copier servilement un chaudron ou un balai; Breughel de Velours choisit mieux le sujet de ses œuvres de patience : il crée dans un narcisse un drame fantastique dont les acteurs sont des scarabées; il trouve assez de place dans un cadre de fleurs pour peindre un long poëme d'amour.

Il y a bien du charme à suivre pas à pas ce peintre gracieux dans ses fantaisies; c'est un enchanteur qui vous conduit, par des sentiers embaumés, vers les pays bleuâtres que nous n'avons vus qu'en songe. Quelle floraison toute printanière! quel aimable concert d'oiseaux chanteurs! quel oubli profond de toutes les misères d'ici-bas! Breughel de Velours était de ceux qui trouvent superflu de reproduire les scènes de la vie humaine; il s'élevait plus haut, il allait à la conquête de ces mondes inconnus que nous devinons au-delà des nuages, ces mondes, espoir des nobles âmes qui s'abreuvent de larmes sur la terre. Après ses voyages dans le ciel, Breughel de Velours se promenait aussi sur la terre, mais pour l'embellir de toutes les parures du mensonge. Ainsi il ne peignait sur la terre que des fêtes, des mascarades, des chasses, des divertissements, des nymphes se baignant dans le fleuve ou s'endormant sur le rivage. La mer même ne lui inspirait que de jolies pages. Loin de la voir les jours de tempête, comme Breughel d'Enfer, il ne la visitait que les jours de calme et de soleil, quand elle caresse d'un flot paisible les coquillages roses de la rive, quand les plus jolis poissons viennent respirer à sa surface, quand une brise légère agite mollement les voiles du navire. Veut-il peindre un désert, ce peintre qui ne trouve que des fleurs sur sa palette? Avec la volonté d'être sévère, il n'arrive qu'à peindre une oasis (2).

---

(1) On a peu gravé d'après lui ; Hollart, Kock, Sadeler, Hondius, ont voulu le traduire sur bois et sur cuivre; mais comment traduire cette finesse de touche, ce coloris précieux, cet esprit du détail, ces lointains si doux qui faisaient le charme de Breughel de Velours?

(2) Il a représenté *Daniel dans la fosse aux lions*; quand on voit son tableau, on trouve Daniel en fort bonne compagnie : les lions sont magnifiques, mais ils font patte de velours; on juge qu'ils ne se trouvent pas là pour dévorer le prophète.

J'aime à croire que Breughel de Velours est allé voir là-haut s'il a peint le paradis sous des couleurs assez belles. Pour Breughel d'Enfer, je pense qu'il n'a pas voulu savoir si les diables sont aussi noirs qu'il les a faits.

Dans le grand livre de l'histoire de l'art, une page sera éternellement consacrée aux Breughel, page curieuse où les poëtes et les rêveurs aimeront à s'arrêter. Ces trois peintres ont cela de bon qu'ils ne doivent leur génie qu'à eux-mêmes. Venus aux premiers temps de la peinture flamande, trouvant plus d'un champ libre à défricher, ils ont osé semer et planter à leur guise sans s'inquiéter de la tradition. La moisson a été si belle durant leur vie, qu'il s'est trouvé à leur mort plus d'un héritier pour se disputer le champ. Ainsi, parmi leurs descendants, ne reconnaît-on pas un peu Callot et Teniers, Ludolph Backuysen et Jean Van Huysum? Il est aussi honorable d'avoir de tels descendants que de n'avoir pas eu de maîtres.

VIII

RUBENS

CONTEMPORAINS DE RUBENS.

TOBIE VERHAEGT. — ADAM VAN OORT. — GASPARD DE CRAYER. — VAN BALEN. — SNEYDERS. — JORDAENS. — OTTO VENIUS. — LIEMACKER OU ROOSE. — JANSSENS. — ROMBOUTS.

Rubens est un poëte épique comme Homère et Zeuxis, comme Dante et Michel-Ange. Ce qu'a dit Cicéron d'Homère, ce qu'a dit Aristote de Zeuxis peut quelquefois s'appliquer au souverain artiste des Flandres. Oui, celui-là aussi avait de l'aigle les yeux et les ailes; il préférait le surhumain vraisemblable au vrai cloué sur le sol; avec les hommes il faisait des dieux, parce qu'il savait voir la nature à travers les splendeurs du monde idéal (1).

L'art est l'image du monde : il a ses luttes et ses sommeils, ses aspirations et ses désespoirs. « Il est pétrifié quand il ne change pas (1). » L'art se renouvelle par les conquêtes modernes

---

(1) Cependant Rubens, tout imprégné de naturalisme, peut-être à son insu, car la nature était chez lui plus forte que la science, a trop chargé ses figures de chair. Zeuxis, d'après l'exemple d'Homère, donnait à ses femmes une certaine forme héroïque; mais il possédait au même degré la force et la grâce. Aussi, tout héroïques qu'elles soient, ses femmes sont toujours des femmes, et même, selon les témoignages de l'antiquité, les plus belles de la Grèce. Théocrite a créé son Hélène d'après ces majestueux modèles.

(1) Mme DE STAEL.

HISTOIRE DE LA PEINTURE.

ou par les découvertes anciennes, deux vastes horizons qui l'appellent toujours. Mais le plus souvent le génie, n'est-ce pas le don de répandre la vie et la jeunesse sur des idées et des formes déjà connues? Quiconque est né fort, quiconque est l'inspiré de Dieu vient ramener le printemps dans le monde de l'art. Rubens est apparu à l'heure de la décadence pour la peinture. L'Italie n'avait plus que des maîtres secondaires; les Carraches croyaient succéder à Michel-Ange, l'Albane s'imaginait continuer l'œuvre du Vinci, le Guide prononçait devant ses tableaux le divin nom de Raphaël. Une dernière et glorieuse période allait pourtant s'annoncer comme un soleil d'août. Rubens, Murillo, Poussin, Rembrandt, Claude Lorrain, devaient faire la gloire du XVII° siècle; mais Rubens domine tous ces grands maîtres par le caractère épique de ses créations, par les formes magistrales de son génie.

D'où venait-il, ce génie ardent et aventureux qui semait la vie à pleines mains? Est-il, comme on l'a dit (1), l'héritier suprême des Flamands, ou, comme tant d'autres, Rubens est-il le fils de ses œuvres?

Qu'il nous soit permis de jeter un regard rapide sur les siècles déjà parcourus. On commence à recueillir pieusement les débris du passé; grâce aux archéologues, on pénètre d'un pied plus ferme dans les ténèbres de l'histoire de l'art. Mais on a peu de documents sur l'origine de la peinture dans les Pays-Bas; sans doute elle y suivit le christianisme, comme en France et en Allemagne. Selon les chroniques, dès qu'il s'éleva des églises et des monastères, il se trouva des peintres. Au moyen âge, l'art était en plein épanouissement, mais l'art grossier, inculte, majestueux des Byzantins (2). L'art flamand ne naquit vraiment qu'avec les Van Eyck. Quand Van Mander a dit qu'il ne reconnaissait pas de peintres dans cette province avant Hubert et Jean Van Eyck, il a voulu dire que le génie flamand ne s'était épanoui qu'avec ces maîtres puissants en qui Dieu semble avoir répandu le souffle, le rayon, la sève de la création. Goethe, qui écrivait sur l'art avec un vif sentiment de l'art, veut que l'école de Bruges soit partie de l'école de Cologne (3). Nous croyons, comme Goethe, que là en effet fut le point de départ; mais les Van Eyck étaient nés avec le génie révélateur qui se passe de maîtres. L'opinion de Goethe a été combattue. Selon les traducteurs de Vasari (4), la Flandre reçut, non de Cologne, mais de l'Orient, une véritable initiation. Pourquoi ne pas admettre que les Flamands, amoureux du soleil qu'ils entrevoyaient à peine, n'aient dès l'origine cherché à fixer ses rayons furtifs sur leurs panneaux? L'art flamand est né en pleine nature, avec la destinée de reproduire

---

(1) H. Fortoul.

(2) Selon le savant Fiorillo, en 745 les religieuses d'un couvent de Flandre « consacraient leurs loisirs à l'étude de la peinture; les carmes d'un couvent de Harlem fondé en 1249 firent représenter sur les murs de leur église les portraits des comtes de Hollande. Erchrard, gouverneur de Liége en 959, orna une ses églises par des tableaux re-présentant les miracles de saint Martin. » Un autre historien (*) rapporte qu'en 1396 cette ville comptait cinq ateliers de peintres.

(3) *L'Art et l'Antiquité sur les bords du Rhin et du Mein.* — Journal de Goethe.

(4) Jeanron et Léclanché. — « Ne peut-on pas admettre

(*) Gramaye. — *Antiquités d'Anvers.*

les créations visibles. Lui fallait-il donc les traditions orientales pour lui révéler l'éclat de la vie? Il n'avait qu'à suivre la vérité pas à pas. Rubens et Rembrandt, les rois suprêmes du coloris, avaient-ils sur leurs palettes d'or des tons plus francs, des nuances plus vives, des effets plus harmonieux que les belles filles du pays d'Anvers ou du pays de Leyde? Dans la première période de la peinture gothique, le sentiment du beau idéal se révèle çà et là, mais à travers d'épais nuages. L'école de Van Eyck ennoblit la réalité par l'éclat du coloris, par le sentiment de l'art, qui, à lui seul, est déjà quelquefois le beau; d'ailleurs, avant la science parfaite, ils avaient l'expression naïve, la simplicité pittoresque et souvent sublime, la sévérité adoucie par le calme; mais ce n'était pas le beau, l'idéal trouvé par Raphaël comme par Phidias. En vain, dans le siècle qui suivit, les lèvres tourmentées de cette soif ardente du beau qui dévore tant de nobles cœurs, les peintres des Pays-Bas allèrent demander à Rome, à Florence et à Venise le secret des œuvres monumentales, le secret de ce rayon qui tombe de si haut pour illuminer d'une lumière toute divine la page immortelle d'un artiste; ils réussirent à imiter les lignes, mais songèrent-ils que c'est dans l'âme que l'artiste doit puiser la vie intérieure de son œuvre?

Il faut bien avouer qu'il y eut dégénérescence dans l'école flamande et hollandaise après Hemling et Lucas de Leyde. On vit s'épanouir plus d'œuvres remarquables, on ne signa presque plus de pages immortelles. Le génie avait soutenu ces deux maîtres dans les hauteurs inaccessibles; ils ne s'étaient pas contentés de peindre, ils avaient pensé. Ainsi Hemling était un poète et un historien. Quelle savante naïveté! quelle poésie sublime en ces tableaux où il représente dans les lointains les événements qui ont précédé ou qui vont suivre l'action principale! Lucas de Leyde était un poëte et un philosophe. Il traduisait la Bible avec un profond sentiment biblique et l'interprétait librement comme un penseur. Comme les Van Eyck, comme les maîtres de Cologne, Hemling et Lucas de Leyde peignaient d'après leur imagination et non d'après celle des peintres étrangers. Metzys, Van Orley, Cocxie, Mabuse, Schoorel, Hemskerke, Franc Floris, Otto Venius, sont de grands artistes préoccupés de la ligne italienne, mais non du sentiment de Raphaël, de la grandiosité de Michel-Ange, de la poésie robuste du Titien. Ils se contentaient de leur dérober un certain air de famille qui frappait les yeux; mais le cœur, mais la pensée ne les voulaient pas reconnaître pour des frères, pour des fils de ces grands maîtres.

que la technique, qui distinguait les néo-Grecs de toutes les autres nations, fut importée en Flandre par des artistes flamands qui étaient allés faire leur apprentissage à Constantinople, ou par des peintres grecs envoyés par les empereurs à leurs cousins de Flandre? Quoi qu'il en soit, toujours est-il que les Flamands, dans leur peinture, repoussèrent ces nuances faibles et timides et ces teintes fuyardes et nuageuses dont les enveloppaient les brouillards de leurs marécages, et qu'ils adoptèrent les tons robustes, éclatants et splendides que les Grecs avaient dérobés à leur ciel ardent et pur. Enfin, à l'instar des Orientaux, les Flamands cherchèrent encore à augmenter l'éclat des couleurs par les artifices du coloris, par la hardiesse des contrastes et de l'effet. »

Rubens apparut, qui secoua d'une main libre et fière les mauvaises traditions qui allaient ruiner l'art des Pays-Bas.

Rubens vint avec son génie recueillir l'héritage de ses devanciers, mais il l'agrandit encore pas des conquêtes hardies et inespérées. Rubens était un poëte épique, emporté par une ardente et folle imagination jusqu'aux débauches de la pensée et de la palette. Avait-il compris que les Flandres, déjà trop bercées par les voluptés matérielles, dès long-temps endurcies par la religion de l'or, ne seraient désormais émues que par les pages à grand fracas, les drames où ruisselle le sang, les sauvages ripailles de la kermesse, les altiers tourbillons de la fête de village, les allégories éclatantes, le faste insolent des grands seigneurs et la beauté luxuriante des grandes dames? Ou bien, en créant ce pompeux poëme de la chair, du mouvement et du bruit, où la nature s'élève si haut qu'elle parvient jusqu'à voiler le ciel, Rubens obéissait-il à sa nature toute panthéiste?

Avec Rubens nous entrons en pleine période chevaleresque. Le génie, qui jusque-là a vécu humble et caché, va prouver aux yeux de tous sa noblesse et sa fortune.

Au seul nom de Rubens, une vie éclatante se déroule fastueusement sous les yeux. On voit apparaître un palais à colonnes soutenu par des cariatides. La sculpture déploie sur la façade toutes ses fleurs épanouies, ses pampres, ses grappes d'amours lascifs, ses guirlandes de visions. Le regard va de la surprise à l'éblouissement. Dans les cours de ce palais, devant ce perron couvert de statues, les chevaux piaffent et hennissent d'impatience; ce sont des équipages de princes et d'archiducs, c'est l'équipage de Rubens lui-même, qui va descendre de son atelier pour aller à la cour. Mais la vraie cour n'est-elle pas chez lui? N'est-ce pas dans son atelier que se rencontrent tous les grands seigneurs et tous les grands artistes? N'est-ce pas dans son atelier que sont répandues d'une main prodigue toutes les saintes et folles richesses créées pour les yeux : les belles femmes qui posent en Madeleines, en chimères, en naïades, les étoffes de soie et de velours, d'argent et d'or, les tapisseries féeriques, les tableaux de maîtres, les armes ciselées, les miroirs de Venise, les livres à images?

La Grèce a hésité entre les douze patries d'Homère, la Belgique et l'Allemagne revendiquent Rubens parmi leurs illustres enfants. Rubens est né à Cologne, mais Rubens est Flamand par l'origine comme par le génie. En effet, il était le fils d'un échevin d'Anvers que les proscriptions religieuses avaient chassé de son pays. D'ailleurs, il n'avait pas huit ans, il n'était pas encore né pour l'art quand il suivit à Anvers sa famille, qui revint habiter son ancienne maison, dès que le duc de Parme eut remis la ville d'Anvers sous la domination espagnole. Pierre-Paul Rubens naquit donc à Cologne (1) le 29 juin 1577, « dans la même maison où

---

(1) « Il naquit à Cologne et mourut à Anvers, comme pour toucher à la fois au berceau et à la tombe de l'art flamand. » — HIPPOLYTE FORTOUL. — *L'Art en Allemagne*.

soixante-cinq ans plus tard, par une de ces rencontres bizarres dont la destinée des personnages fameux offre souvent l'exemple, la reine Marie de Médicis, qu'immortalisa son pinceau, devait mourir dans l'abandon et la misère (1). » Il était fils de Jean Rubens, professeur en droit, et de Marie Pipelings. Son aïeul était originaire de la Styrie. Son père, qui le destinait aux belles-lettres, lui fit aimer la langue latine. A peine était-il entré sérieusement dans l'étude que Marguerite de Ligne, comtesse de Lalaing, le prit chez elle en qualité de page. La dame aimait les beaux adolescents; Rubens avait une figure charmante, douce, pensive et spirituelle. Le génie tumultueux qui enflamma sa vie ne rayonnait pas encore sur son front. Il paraît que les soupers licencieux de la comtesse de Lalaing ne furent pas longtemps du goût de Rubens, car il vint un jour tout rougissant appuyer son front sur le sein de sa mère en lui confiant qu'il ne voulait plus retourner dans un hôtel où l'on vivait comme dans un cabaret (2). « Mon pauvre enfant, ton père est mort; où iras-tu sans son appui? — Chez Tobie Verhaegt. — Tobie Verhaegt? — Oui. C'est un paysagiste que j'ai vu chez la comtesse. » Rubens ne fut pas peintre en naissant, comme tant d'autres qui apprennent à dessiner avant d'apprendre à écrire; quand il prit un pinceau, il s'imagina qu'il était né paysagiste. Les fortes natures se mettent en route presque toujours sans connaître encore leur chemin.

Tobie Verhaegt était un artiste original, qui reproduisait la nature avec un certain caractère de grandeur, sans toutefois abandonner le sentiment naïf des paysagistes du Brabant; Rubens n'eut pas lieu de se repentir des études qu'il avait faites avec cet excellent artiste. Ce fut surtout avec lui qu'il apprit la science des tons aériens; il reconnut bientôt que ce n'étaient pas seulement des ciels et des rivières, des prairies et des montagnes, des fleurs et des forêts qui devaient tomber du chaos de sa palette, mais des hommes et des femmes, des pensées et des sentiments. Il entra à l'atelier d'Adam Van Oort, génie aventureux dont la hardiesse séduisit de prime abord le jeune homme.

Adam Van Oort (1557-1641) était né à Anvers. Son père, peintre et architecte, fut son maître. Il puisa tout son génie dans les traditions nationales; il voulut être franchement de son pays, comme Abraham Janssens, que nous allons voir apparaître. La bonne ville d'Anvers n'avait plus de mœurs depuis que la guerre avait profané ses églises, depuis que les grands seigneurs avaient banni l'humble vertu du foyer, depuis que les grandes dames enseignaient l'amour à leurs pages. Adam Van Oort, trop tôt aveuglé par son génie, n'étudia bientôt que dans les tavernes enfumées, au milieu des filles de joie et des pots de vin. Peut-être son talent ne perdit-il pas en énergie et en couleur, mais nul sentiment élevé ne fleurit sur ses débauches de chair et de pampre.

Rubens avait été attiré à son atelier par un instinct secret pour ces débauches de chair et de

(1) Eugène Robin.   (2) Hagedorn.

pampre, mais surtout parce que tous les talents en germe étaient disciples d'Adam Van Oort, témoin Jordaens, Sébastien Franck et Van Balen.

Au temps où éclata le génie de Rubens, les Pays-Bas comptaient encore, sans parler des Franck, des Breughel et d'Adam Van Oort, plus d'un grand artiste, comme Gaspard de Crayer, Henri Van Balen, Jacques Jordaens, Otto Venius.

Gaspard de Crayer, né à Anvers en 1582, mourut à Gand en 1669, âgé, comme on voit, de plus de quatre-vingt-six ans. Il étudia sous Raphaël Coxie, qui n'était pas digne de porter ces deux noms. Il montra ses forces par quelques portraits de grands seigneurs qui proclamèrent son génie à la cour. Rubens fit un voyage à Bruxelles pour saluer de Crayer. Il le surprit devant une grande page religieuse. « Crayer, Crayer, lui dit-il avec admiration, personne ne vous surpassera. » Le cardinal Ferdinand et son frère le roi d'Espagne voulurent fixer Crayer à Bruxelles par une charge de cour, mais le grand artiste ne ressemblait pas à ses glorieux contemporains; il ne voulait vivre qu'en lui-même : comme Philippe de Champagne un demi-siècle plus tard, il s'élevait au-dessus des vanités du monde. Pourvu qu'il eût en main sa palette ou ses livres, il se moquait du bruit des glorieux; aussi mourut-il plein de jours. Quand la cour crut se l'attacher pour la vie par quelques hautes faveurs, il se déroba au monde, il s'enfuit à Gand, d'où nul ne parvint à le détacher; il y vécut solitaire avec une sœur, dans l'amour du labeur intelligent (1).

Les tableaux religieux dominent dans l'œuvre de Crayer; cependant plus d'un sujet profane égaie sa galerie. Bien qu'il n'ait visité ni l'Italie ni la Grèce, bien qu'il ait à peine étudié les débris du monde antique, il y a dans ses sujets profanes je ne sais quel accent d'Euphanor et de Zeuxis. Son chef-d'œuvre en ce genre, *la Danse des Nymphes*, n'a-t-il pas quelque vivant souvenir de l'art païen? L'art a cela de beau qu'il crée les œuvres les plus opposées sans pourtant créer des monstres. Un rêve païen évoqué par la lecture du vieil Homère vient un matin, comme une fraîche haleine d'avril, traverser le cerveau rigoriste d'un peintre catholique et embaumer le froid ossuaire où gisent déjà les austères enfants de son génie (2). Le démon de la volupté a surpris les cœurs les plus pénétrés des saintes extases. Le pinceau de Gaspard de Crayer, tout sanctifié qu'il fut par les figures angéliques du christianisme, succomba plus d'une

---

(1) « Van Dyck, dans le premier voyage qu'il fit en Flandre pendant son séjour en Angleterre, passa par Gand pour y visiter son ami de Crayer et voir en même temps les progrès de son talent et de sa fortune. Dès le lendemain de son arrivée, il fut chez de Crayer, et, pour ne pas le manquer, il eut envie de le surprendre au lit. Comme il était très matin, le domestique ne voulut point éveiller son maître. Van Dyck insista, et força le valet d'aller avertir notre peintre que Van Dyck était à Gand et qu'il l'attendait à sa porte. Ce nom frappa Crayer, qui sauta du lit, et, un bras seulement dans sa robe de chambre, il courut au-devant de Van Dyck, qui éclata de rire de le voir dans un si plaisant déshabillé. « Je veux, dit-il, vous peindre dans ce désordre, si convenable aux artistes quand il est arrangé avec goût. » Il lui tint parole; ce portrait tient un rang parmi ceux de nos grands artistes que Van Dyck a immortalisés par son pinceau. » — DESCAMPS.

(2) Il faut que Crayer ait puisé sous le ciel de Corinthe ou de Tusculum cette inspiration vraiment antique. Un pur Flamand, un Flamand qui n'aurait jamais perdu de vue les clochers de Gand ou les horizons de Bruxelles, comprendrait-il ainsi Eucharis et ses adorables compagnes?

fois à cette ardeur amoureuse qui l'entraînait vers la beauté du contour, vers la grâce panthéiste. Dans tous les tableaux où Crayer semait des nymphes vêtues de l'air du temps, on trouve l'accent flamand sous le style païen; les figures sont toujours coiffées avec un goût exquis, les paysages sont élégants (les grandes lignes sans détails), les airs de tête ont une candeur pénétrante et voluptueuse.

Van Balen, on l'a vu, était élève d'Adam Van Oort avec Jacques Jordaens : il eut la gloire d'être le premier maître de Van Dyck. Il était né à Anvers, cette mère-patrie de presque tous les grands peintres des XVIe et XVIIe siècles, vers 1560; il y mourut en 1638 (1). Il fit de bonne heure le voyage d'Italie. Il y étudia le nu d'après l'antique et l'expression d'après Raphaël. Son pinceau par sa grâce, sa délicatesse et sa fraîcheur, lui valut beaucoup d'argent et beaucoup d'amis. Il revint à Anvers déjà riche, excellent dessinateur et coloriste harmonieux. Il révéla surtout son style italien par un *Festin des dieux* et un *Jugement de Pâris* où le charme de l'expression le dispute au charme du contour, car presque toutes les figures de ces deux toiles étaient nues. On cite parmi ses meilleurs tableaux religieux *Saint Jean prêchant dans le désert*, une *Annonciation*, une *Adoration des Mages*, *Jésus-Christ au milieu des docteurs*. Comme il avait reconnu dans Breughel de Velours une main sœur de la sienne, il lui faisait peindre souvent ses fonds et ses paysages : en revanche, il encadrait dans les guirlandes embaumées de son ami de fraîches et souriantes figures de Vierge (2).

Bien que Sneyders ait étudié comme Van Dyck sous Van Balen, on peut dire qu'il fut son maître à lui-même, car Van Balen lui enseignait la peinture historique, lorsqu'un jour il reconnut qu'il n'était pas né pour peindre des hommes, mais pour peindre des bêtes. Il débuta par une chasse au cerf qui fit sa fortune. Jusque-là on n'avait jamais représenté avec tant d'éclat et tant de vie les meutes ardentes et les chevaux éperdus. Le roi d'Espagne (Philippe III) ayant vu ce tableau voulut avoir vingt chasses de Sneyders; l'archiduc Albert le nomma son premier peintre, et Rubens, l'empereur de la peinture, l'appela pour peindre les animaux et les fruits de ses tableaux, déclarant qu'il saurait bien le payer en monnaie d'artiste. En effet, Rubens peignit presque toutes les figures des tableaux de Sneyders. Ces œuvres faites à deux semblent, par leur admirable harmonie, appartenir au même maître; c'est que Rubens et Sneyders avaient la même touche libre et fière, riche et variée, la même couleur ferme, chaude

---

Il faut avoir aimé en artiste, sous les vertes feuillées qui avoisinent Naples ou Florence, quelqu'une de ces vivantes Béatrix du XVIe siècle aux cheveux ondés, aux doux regards, aux tendres étreintes, pour s'en créer une muse et lui donner des sœurs. — ED. LHÔTE.

(1) Van Balen est enterré dans l'église Saint-Jacques en compagnie de sa femme, Marguerite Bries. On y lit cette épitaphe ornée des deux portraits :

Horum, tutque, te memorem vult, Benigne lector, beata spes mortalium.

(2) J'ai depuis cinq ans sous les yeux une adorable figure de Vierge peinte par Van Balen dans une guirlande de Daniel Sneyders. Les fleurs, largement touchées, ont encore toute la fraîcheur du matin. Le sourire de la Vierge est si naïvement divin qu'il ne fatiguera jamais mon amour pour elle.

et dorée. Sneyders vivait sans doute familièrement avec les animaux; il les a représentés dans leurs passions, dans leurs fureurs, dans leurs larmes. Quelle vérité naïve et saisissante! Ses combats de chiens et de sangliers, ses duels de lions et de tigres, respirent une énergie sauvage qui vous monte à la tête. Ses forêts répandent je ne sais quelle amère et verte odeur qui révèle un paysagiste vivement épris de la nature. Il a laissé quelques figures, entre autres son portrait, qui témoignent que sans Rubens (1) il aurait pu faire un tableau complet. Mais pourtant ses plus beaux sont ceux dont Rubens a peint les figures, témoin celui de l'ancien archevêché de Bruges, où une femme enceinte touche des fruits avec plus d'avidité encore qu'Ève, sa première mère. On ne saurait dire où est le chef-d'œuvre. Les fruits sont admirables : la rosée la plus fraîche a roulé sur eux ses perles embaumées, le soleil le plus doux les a dorés et empourprés; mais cette femme qui les touche est si vivante, que déjà on voit jaillir le lait de ses mamelles fécondes.

Sneyders ne quitta point Anvers. Il y était né en 1579, il y mourut en 1657. Dans ses portraits gravés, on le représente entre un chien qui le regarde avec intelligence et une hure de sanglier. Sneyders porte un beau front et une barbe inculte.

Jacques Jordaens, né à Anvers le 19 mai 1594, fut une des natures les plus largement douées. Il atteignit l'âge de quatre-vingt-quatre ans, à peine épuisé par les vingt mille figures tombées de son pinceau. Nul ne fut plus âpre et plus ardent coloriste; Rubens lui-même n'a pas surpassé l'éclat, la fraîcheur et l'énergie de sa palette.

Jacques Jordaens ne quitta point Van Oort, comme Rubens, pour Otto Venius, d'abord parce que la hardiesse aveugle, la fougue sans frein du maître séduisait son esprit aventureux, né pour les fureurs de la palette, ensuite parce que le maître permettait à sa fille, la belle Catherine Van Oort, de descendre à son atelier. Jordaens, amoureux de Catherine, demeura fidèle au vieux peintre, alors même que tous les autres disciples avaient fui l'atelier avec indignation, tant Van Oort était tombé profondément dans la passion du vin et des filles. Jordaens épousa Catherine, tout en regrettant dans sa joie amoureuse de ne pouvoir plus faire le voyage d'Italie. Cependant, vers ce temps-là, il dit à tous ses amis qu'il faisait le voyage d'Italie. « Où vas-tu? — En Italie. — D'où viens-tu? — D'Italie. » Il allait tous les jours étudier chez un amateur qui possédait un précieux cabinet tout plein des Vénitiens. On reconnut bientôt sa puissante individualité. Tout en empruntant la science du coloris au Titien et à Rubens, la fureur de la touche et les hasards de l'expression à Adam Van Oort, il gardait une originalité bien vivace par sa verve et son exubérance, par la vigueur mal contenue de son pinceau toujours enjoué, abondant et facile. Le monde est semé de ses tableaux. Il arrivait à l'éclat de Rubens, mais il ne s'est jamais élevé à sa noblesse; son éclat, d'ailleurs, n'est pas toujours vrai; sa touche enflammée

---

(1) Il avait accepté la collaboration de Jordaens et de quelques autres aux conditions faites par Rubens.

semble indiquer plutôt la lumière de l'incendie que la lumière du soleil. La Bible et la mythologie lui étaient pareillement familières; il enlevait aussi gaiement une figure de Vierge qu'une figure de nymphe. Ce qui lui manquait surtout, c'était la gravité de la touche et de la pensée, c'était la foi en lui-même ou en son œuvre. Né calviniste, élevé à l'école de Van Oort, qui l'était aussi, et qui n'avait de religion sérieuse que le cabaret, son cœur n'a pas tressailli au sentiment qui vient de l'autel ou à l'idée qui vient du ciel. Peut-être a-t-il voulu être sérieux, mais nul de ses tableaux n'est sérieux. Il se fit peintre allégorique pour une douairière (1) d'un prince de Nassau (2), comme Rubens pour Marie de Médicis. Si ses allégories ne sont pas plus heureuses que celles de Rubens, ses groupes ne sont pas moins triomphants, témoin le tableau où il a représenté le prince de Nassau dans un char emporté par quatre chevaux blancs entourés de figures symboliques.

Jordaens vécut en grand seigneur, non comme Janssens et Rombouts, pour lutter contre le génie et les splendeurs de Rubens, mais parce qu'il aimait les chevaux, les palais et les belles étoffes. On ne lui payait pas ses œuvres aux prix de Rubens, mais il peignait plus vite et arrivait presque à un pareil revenu. Il créait une figure comme par merveille, en deux ou trois heures.

Il mourut le même jour que sa fille, Élisabeth Jordaens, le 14 avril 1559. Il fut enterré avec elle dans le même tombeau où déjà dormait pour l'éternité sa chère Catherine Van Oort, en l'église réformée de la seigneurie de Putte (3).

Cependant Otto Venius, qui après Cocxie et Floris fut le Raphaël flamand, venait d'arriver à Anvers avec une grande renommée, au temps même où Rubens étudiait à l'atelier de Van Oort. C'était un savant historien, un peintre de génie, un grave et fervent artiste : Rubens alla à lui.

Otto Venius, né à Leyde en 1556, mort à Bruxelles en 1634, n'est pas seulement célèbre parce qu'il a eu Rubens pour disciple. Il étudia le latin et la peinture à Leyde; à quinze ans il passa à Liége, où il trouva un ami dans le cardinal Graesbeeck. Il partit bientôt pour Rome, où il s'attacha avec amour à l'école de Zuccherro. Il ne quitta l'Italie qu'après sept années d'études. Il passa en Allemagne de cour en cour, très recherché partout. La saveur agreste et toujours douce au cœur du pays natal le ramena dans les Pays-Bas. Le duc de Parme, qui gouvernait alors pour l'Espagne, reconnut bien vite le talent du peintre et l'intelligence du lettré; il le nomma premier peintre de la cour d'Espagne. Ce fut alors que Rubens lui demanda la faveur de peindre sous sa direction. A la mort du duc de Parme, Otto Venius

(1) Émilie de Solms.
(2) Frédéric-Henri.
(3) La chapelle protestante de Putte fut abandonnée et tomba en ruines. Il y a deux ans à peine, on retrouva au bord de la route de Berg-op-Zoom, ensevelie dans le sable et le gazon, la pierre tumulaire de Jacques Jordaens. On peut lire encore l'inscription flamande, moins quelques lettres coupées par les roues des voitures. Peut-être la découverte singulière de ce tombeau donnera-t-elle l'idée d'élever une statue à ce vaillant coloriste.

passa au service de l'archiduc Albert, après avoir salué son entrée à Anvers par un arc de triomphe riche en savantes allégories. L'archiduc l'appela à Bruxelles comme intendant de la monnaie. A Bruxelles comme à Anvers, comme partout où il avait séjourné, il se montra robuste au travail, soit qu'il tînt la plume ou le pinceau. Plus d'un savant, plus d'un artiste, plus d'un prince recherchait son amitié et même sa protection, car il était l'homme du bon conseil. Le roi Louis XIII voulut l'attirer à la cour de France; il lui offrit un de ses palais pour demeure, disant qu'il le reconnaissait pour un prince des arts. Otto Venius était de ceux qui tiennent ferme au pays natal, aimant mieux y recueillir une gerbe mêlée d'ivraie qu'une gerbe d'or pur; il voulut mourir en Flandre. Il eut deux filles, Gertrude et Cornélie, qui ont honoré la peinture. Gertrude a peint un beau portrait d'Otto Venius coiffé d'une toque retroussée comme le vieux Hubert Van Eyck. Dans le front et dans le regard on reconnaît le savant, le penseur et l'artiste. Il porte une fraise à double rang, que cache à demi sa barbe grise (1). Otto Venius réduisit le premier en principe la science du clair-obscur. Tout en s'appropriant la science et le laisser-aller des Italiens de Venise et de Bologne, il avait perdu cette touche naïve, saine et patiente de l'école de Bruges. On admire l'art dans ses tableaux, mais on n'y trouve pas l'expression intime de la nature. Tout en quittant les régions du simple et du vrai, il ne s'élève pas à l'idéal. Il a plus d'ampleur, plus d'éclat, plus de variété; c'est bien la préface de Rubens, mais on cherche encore quand on a longtemps étudié son œuvre. Sainte simplicité flamande, où es-tu? C'en est fait de toi, nous ne te retrouverons plus dans les grandes pages (2).

A l'atelier d'Otto Venius, Rubens eut d'abord un rival sérieux dans Nicolas de Liemacker, surnommé Roose, qui avait l'instinct des grandes compositions. Rubens admira sans jalousie son talent à grouper les figures, le goût savant de son dessin, la hardiesse de son coloris. Plus tard Rubens, déjà reconnu le plus grand peintre de son siècle, demeura fidèle à cette admiration pour Roose. Il fut appelé à Gand, où s'était établi son condisciple, pour peindre au retable d'un autel la chute des anges rebelles. « Messieurs, dit-il aux membres de la confrérie, quand on possède une rose si belle, on peut bien se passer de fleurs étrangères. » Le peintre de Gand se montra digne de ces paroles; sa *Chute des Anges rebelles* pourrait sans affront porter la signature de Rubens (3).

---

(1) Ce fut sous la gravure de ce portrait que le savant Ericius Puteanus écrivit ces vers :

Arti suæ miraculo felix Pater
E Filiâ jam plenus ævo nascitur,
Victurus omni, clarus atavis Batavis
Pictor, poeta, philosophus, castrensium
Callens mathematum, orbita dii ingeni
Per alta vectus rerum, et ima, et intima
Scientiarum, docta vœna Vœnius.

(2) L'œuvre d'Otto Venius se compose de portraits et de tableaux religieux. Parmi les livres qu'il a laissés, on cite l'*Histoire de la guerre des Bataves*, les *Emblèmes d'Horace*, la *Vie de saint Thomas d'Aquin*, les *Emblèmes de l'amour divin*, tous ornés de belles estampes. Le chevalier Bullart a écrit la vie d'Otto Venius.

(3) Roose a peint pour les églises du Brabant plus de cent tableaux d'autel. La multiplicité des figures n'effrayait jamais son pinceau. Il dédaignait le chevalet, disant qu'il lui fallait beaucoup d'espace pour répandre toutes les

Tout en reconnaissant la science et le style d'Otto Venius, Rubens, déjà pénétré du naturalisme flamand, eut le bon esprit de ne pas sacrifier à ce nouveau maître les œuvres robustes et originales d'Adam Van Oort. Otto Venius, même dans ses hardiesses, avait des timidités aux yeux de Rubens, même dans son ampleur il avait de la sécheresse, même dans son éclat il avait de l'ombre. Et puis Otto Venius avait le tort de tous les érudits, dans les arts comme dans les lettres : il peignait trop de par tel peintre vénitien ou tel peintre bolonais, comme un savant qui indique ses auteurs à chaque page. Rubens avait trop de sources vives jaillissantes déjà pour aller puiser d'une main timide aux sources étrangères.

Rubens quitta son dernier maître à peine âgé de vingt-trois ans, soit qu'il craignît de trop subir l'influence d'Otto Venius, soit que celui-ci lui conseillât de voyager. Rubens eut encore un maître, maître souverain dont il faut parler ici. Ce grand maître, ce fut son temps, ce XVIe siècle tout plein des fougues, des colères, des orages des guerres civiles et des fureurs religieuses. Dieu sème le génie dans le sang des révolutions; après les grandes actions viennent les grands artistes. Dieu dispose le tableau, le peintre n'a plus qu'à le fixer sur la toile. Les uns ont la nature pour souverain maître, ils vivent dans son silence éloquent et dans ses joies agrestes, dans la poésie de ses métamorphoses et de ses horizons : c'est Claude Lorrain, c'est Ruysdael. Les autres, comme Ostade ou Metzu, ont pour souverain maître le génie du foyer, parce qu'ils ont vécu les pieds dans l'âtre, l'œil distrait par le roman familier de l'intérieur. Ceux-ci, Raphaël ou Lesueur, ont pour les guider le divin sentiment qui fleurit dans leur âme comme un lys du rivage sacré; ceux-là, Michel-Ange ou Rubens, ont emprunté la fougue, le bruit et l'éclat de leurs compositions aux révolutions qui les ont bercés.

Après avoir quitté Otto Venius et avant de partir pour l'Italie, Rubens, peut-être incertain encore sur son génie, passa quelque temps à courir le monde. Il ébaucha les portraits de ses amis, tous gentilshommes flamands ou espagnols. Albert et Isabelle accueillirent à la cour ce jeune peintre, déjà gentilhomme par le talent comme par la naissance. Selon Sandrart, Rubens n'alla en Italie que chargé d'une mission par l'archiduc d'Autriche pour le duc de Mantoue, Vincent de Gonzague. Ce qui est hors de doute, c'est que Rubens demeura près de huit ans à la cour du duc de Mantoue. Mais, beaucoup plus artiste que courtisan, à toute heure et en tous lieux il ne cessait d'étudier tantôt les anciens poëtes, tantôt la nature qui passait devant ses yeux, tantôt l'œuvre des grands maîtres. Il peignait d'ailleurs une galerie pour le duc de Mantoue. Un jour qu'il représentait le combat de Turnus et d'Énée, il récitait à haute voix, pour animer son génie, ces vers de Virgile : « *Ille etiam patriis agmen ciet....* » Le duc, qui l'avait

---

flammes de son imagination. Sa grandeur est trop souvent colossale. Il se sauvait toujours par le goût du dessin. Il répandait tant de feu dans la composition, qu'il n'avait plus de chaleur pour terminer le tableau; aussi sa couleur est-elle un peu froide, quoiqu'il abusât des tons rouges et des ombres noires.

Roose, né à Gand en 1575, y mourut en 1645, sans avoir presque voyagé.

écouté, entra en riant et lui parla latin, croyant qu'il n'entendait pas cette langue. Mais quelle fut sa surprise, lorsque le peintre lui répondit, en style digne du siècle de Cicéron! Il comprit surtout alors qu'il avait dans son palais un gentilhomme accompli qui pouvait le servir par son esprit comme par son talent. Il lui donna bientôt une mission pour Philippe III, roi d'Espagne. La mission du peintre fut sans doute de faire des portraits, car il peignit à Madrid le roi et toute sa cour; seulement les cent mille piastres qu'il y gagna furent bien pour lui, et non pour son seigneur et maître. Rubens fut si hautement renommé à Madrid, que le duc de Bragance, qui allait devenir roi de Portugal, écrivit à un seigneur de la cour, le suppliant d'amener avec lui l'ambassadeur du duc de Mantoue à Villaviciosa, où le duc faisait sa résidence et méritait déjà le surnom de protecteur des sciences et des arts.

Rubens, né pour la pompe des rois, né pour le luxe et le fracas, prit la route de Villaviciosa avec un train si considérable, que toute la province fut en rumeur. La reine de Saba allant visiter Salomon n'étala pas plus de faste et de splendeur. « Le duc de Bragance, dit Descamps, effrayé de la dépense qu'un tel hôte pourrait occasionner, dépêcha un gentilhomme au devant de l'artiste, qui n'était plus qu'à une journée de sa cour, *pour le prier de remettre sa visite à un autre temps.* » Ce compliment était accompagné d'une bourse de cinquante pistoles, pour dédommager Rubens de sa dépense et des heures qu'il avait perdues. Rubens répondit qu'il ne recevrait pas ce présent et qu'il visiterait le duc de Bragance. « Je ne suis point venu pour peindre, mais pour m'amuser pendant une semaine à Villaviciosa. Que voulez-vous que je fasse de cinquante pistoles? J'en ai apporté mille pour les dépenser pendant mon séjour. » A peine de retour à Mantoue, le duc, qui voulait avoir une immense galerie due à Rubens, l'envoya copier à Rome les tableaux des grands maîtres. Jusque-là cependant le grand artiste, qui avait quitté les Flandres pour aller s'enivrer de lumière devant l'école de Venise, n'avait pu étudier les maîtres de la couleur italienne. De Rome il alla à Venise. Quand il se vit en face des Titien, des Tintoret et des Véronèse, il sentit plus que jamais qu'il était né peintre et jura de ne plus éparpiller son génie dans les plaisirs frivoles des cours. Il quitta peu à peu son royal protecteur pour étudier en toute liberté les anciennes écoles d'Italie. Il n'avait pas pris le temps de vivre seul dans les rayonnantes extases de la pensée. Il vécut désormais seul, traversant comme un pieux pèlerin Venise, Rome, Gênes, Florence. L'art était devenu son dieu; il ne l'avait aimé d'abord que par caprice; son culte devenait plus grave. Ce qui acheva surtout de mûrir son esprit, ce qui vint à l'heure décisive donner à son génie un caractère plus solennel, ce fut la mort de sa mère. A la première nouvelle de la maladie, il était parti en toute hâte, mais il n'arriva que pour pleurer sur un tombeau. Sa douleur fut si profonde, qu'il se retira dans l'abbaye de Saint-Michel d'Anvers, presque décidé à n'en jamais sortir. L'amour bâtit sur la mort : l'année même où il s'agenouilla tant de fois sur une tombe aimée, il devint follement épris de cette belle Isabelle Brandt dont il a laissé tant de portraits. Tout amoureux qu'il fût cependant, il voulait d'abord retourner à Mantoue. En vain l'archiduc Albert lui fit dire « qu'il ne souffrirait qu'avec peine que Mantoue enlevât à la Flandre espagnole son précieux ornement. » Mais quand Isabelle Brandt lui dit ces simples paroles en le regardant avec une naïve tendresse : « Vous partirez? » il demeura. En épousant Isabelle, il réalisa un des mille rêves de sa jeunesse. Sa femme était belle, il en fit une reine : il ne la mit point dans une maison, mais dans un palais; il lui donna des chevaux et des laquais, les plus riches étoffes, les plus rares parures. Si la chambre d'Isabelle semblait l'œuvre des fées, l'atelier de Rubens était l'œuvre d'un artiste achevé : c'était un cabinet en rotonde éclairé par en haut, orné de vases de porphyre et d'agate les plus merveilleusement sculptés, de bustes antiques et modernes du plus haut style. Toutes les écoles de peinture avaient là leur représentant dans quelque œuvre précieuse. Cette collection enviée par tous les princes, Rubens la céda, bien à regret, au duc de Buckingham, qui, en lui comptant soixante mille florins, croyait bien qu'il ne la payait pas; mais il lui donna son amitié, qui fut inépuisable. Quoiqu'il vécût comme un prince, Rubens vivait heureux. Il avait le luxe, mais il avait la liberté. Et puis, s'il travaillait, c'était avec la religion de l'art; ses loisirs étaient ceux d'un esprit intelligent qui s'en va butiner comme la folle abeille sur toutes les fleurs de la science. En un mot, son temps était à lui, voilà tout le secret. L'or tombait de sa palette comme par enchantement : ses moindres ébauches étaient recherchées dans les quatre royaumes. Il comprenait si bien que le temps est une richesse qui passe, qu'il ne voulait pas perdre une heure. Il dormait peu; il courait beaucoup à pied ou à cheval, tantôt le monde, tantôt les bois. Il avait son lecteur ordinaire : il ne saisissait jamais sa palette sans que celui-ci vînt avec deux ou trois auteurs, tantôt sacrés, tantôt profanes. Il n'avait d'ailleurs pas besoin de la science des autres; tous les poëtes lui étaient familiers; il parlait sept langues et connaissait à fond toutes les théologies et toutes les histoires. Cependant peu à peu la paresse vint saisir cet esprit éclatant. Comme l'amour de l'or et du luxe ne s'altérait pas chez lui, il choisit sept à huit de ses élèves et les mit à l'œuvre, non pour eux, mais pour lui. Il devint pour ainsi dire un très-intelligent chef d'orchestre. Il avait une estrade dans son atelier, il y montait avec des livres, il traçait quelques lignes et commandait à haute voix. Comme il avait choisi les talents les plus variés, les sept ou huit élèves pouvaient travailler au même tableau; l'un traitait le nu, l'autre la draperie, celui-ci le paysage, celui-là les animaux, enfin le maître venait à son tour parachever l'œuvre. En quelques coups de palette il avait l'art de répandre la vie et d'imprimer son style. Il pouvait signer en toute conscience, c'était bien l'œuvre de Rubens; il avait donné l'inspiration, il avait tracé le dernier mot. Cependant quelques-uns des élèves se confièrent un jour que Rubens avait tout l'argent et toute la gloire. De là révolte ouverte. Ils répandirent le bruit que sans le secours de ses disciples Rubens serait un pauvre paysagiste, un mauvais peintre de kermesse, et un plus mauvais peintre d'animaux. Rubens répondit à la critique, comme tous les grands artistes, par de nouveaux chefs-d'œuvre.

En quelques semaines il peignit une kermesse éclatante, des animaux et des paysages d'une grande manière et d'un grand effet. Ceux qui s'étaient le plus acharnés contre sa gloire ne se tinrent pas pour battus; Abraham Janssens entre autres, téméraire dans sa fureur de combattre, osa proposer à Rubens un défi de peinture. Rubens se contenta de lui répondre : « Quand vous serez à ma taille, j'accepterai le défi. »

Abraham Janssens n'était pas d'ailleurs un premier venu dans la peinture. Sa belle manière, le feu de sa composition, le goût de son dessin, le sentiment de sa touche, le jet et le pli de ses draperies, sa science du clair-obscur, son grand instinct de coloriste, l'élevaient presque à la taille de Rubens. La lutte eut lieu sans que ces deux maîtres y songeassent. Rubens peignit son immortelle *Descente de croix*, Janssens sa sublime *Résurrection de Lazare*. Mais, outre que le premier chef-d'œuvre l'emportait sur le second, là s'arrêta la lutte : Rubens continua à vivre en étudiant au milieu des merveilles de l'art et de la poésie; Janssens, irrité par sa folle vanité et par les ennemis de Rubens, appauvri par les folies de sa femme, alla vivre et mourir au cabaret (1569-1631). Combien qui s'embarquent sur un bon navire, qui font route par une brise rafraîchissante, mais qui, sur le point d'aborder, vont se briser dans les écueils? Que de fois le cabaret des Flandres fit échouer le génie au moment suprême où il criait : Terre !

Théodore Rombouts, qui étudiait avec Janssens, puisa chez son maître et son ami la folle ambition de vouloir lutter contre Rubens. Il fit le voyage d'Italie et s'arrêta quelque temps à la cour du grand-duc de Toscane. Se croyant homme de cour, il revint à Anvers décidé à ouvrir la lutte contre Rubens comme grand seigneur et comme grand artiste. Il exposa un tableau d'un beau sentiment et d'un beau caractère, *Abraham prêt à immoler son fils*. Tout le monde admira la noblesse et la pureté du dessin, la grandeur de l'expression, la fierté de la touche et l'éclat de la couleur. Enivré par ce premier triomphe, mais ennuyé d'entendre encore dire que Rubens était le premier des peintres modernes, il s'imagina que ce titre ne lui était accordé que parce qu'il vivait dans un palais comme un prince. Il voulut atteindre à sa magnificence; il jeta les fondations d'un palais non loin de celui de Rubens, qu'il devait surpasser en folles richesses; mais le palais était à moitié bâti quand Rombouts en fut à son dernier florin. Il avait jeté étourdiment toute sa fortune dans cette œuvre de folie. La guerre survint, qui suspendit les revenus de son talent. Cette grande ambition ne put survivre à cette défaite. Théodore Rombouts mourut de chagrin à quarante ans (1597-1637). Il reste de lui des tableaux d'église d'une grande manière et des bambochades, ivrognes, charlatans, harengères, dont les figures, presque grandes comme nature, sont enlevées avec beaucoup de verve.

La reine Marie de Médicis avait appris de bonne heure, par tradition de famille, que les beaux-arts plutôt que les belles actions immortalisent un nom royal. Le génie de la statuaire, de la peinture et de la poésie, a répandu plus d'éclat sur les grandes figures de l'histoire que l'histoire elle-même. En 1620, Rubens était le seul grand artiste qui parût digne à Marie de

Médicis d'imprimer sur ses toiles l'éternité de sa gloire. Rubens fut donc choisi par elle pour peindre le célèbre poëme épique du Luxembourg, poëme en vingt-quatre chants, comme ceux d'Homère. Rubens, pourquoi ne pas le dire? s'est montré dans cette œuvre moins grand artiste que profond courtisan. On peut contester le goût de ses allégories, roman historique, histoire romanesque, où le sacré coudoie le profane dans un petit cercle qui prend des airs de grandeur par la seule magie du pinceau. Il faut dire aussi que l'inspiration n'était pas favorable au génie. La vie de Marie de Médicis n'a offert qu'une page poétique à l'histoire : cette page, Rubens ne l'a pas vue; c'est celle où, par l'ingratitude de Richelieu, la reine-mère alla mourir de misère à Cologne, dans la maison même où était né Rubens. S'est-elle rappelé à son lit de mort le poëme menteur du grand peintre, qui avait entouré son berceau de destins et de génies prédisant pour elle un avenir splendide (1)?

Je reconnais avec Winckelman que la peinture étend son empire sur les idées, sur le monde de l'âme comme sur le monde qui frappe les yeux. Nous sommes gouvernés par des allégories; la religion et la philosophie ne sont peuplées que de symboles. Les arts surtout vivent par le symbole, mais pourtant je n'aime pas les énigmes dans l'art. Je ne puis admettre avec Platon que la poésie soit énigmatique. Homère, le grand maître, ne répand jamais d'ombres sur ses idées; il est clair comme le ciel du matin. Dans ses tableaux immortels, l'allégorie apparaît sans nuages, fière et belle comme la vérité. N'est-ce pas un tableau tout fait que cette allégorie des Prières : « Apprenez, ô Achille! que les Prières sont filles de Jupiter; elles sont devenues courbées à force de se prosterner; l'inquiétude et les rides profondes sont gravées sur leur visage; elles forment le cortége de la déesse Até. Cette déesse passe d'un air fier et dédaigneux,

---

(1) La première de ces vingt-quatre allégories représente les Parques qui filent les jours de Marie de Médicis sous les yeux de Jupiter et de Junon ; la seconde, sa naissance; la troisième, son éducation ; la quatrième, Henri IV lorsqu'il décide son mariage avec cette princesse; la cinquième, l'hyménée; la sixième, le débarquement de la reine au port de Marseille; la septième, la ville de Lyon lorsqu'elle va au devant d'elle; la huitième, la naissance de Louis XIII son fils ; la neuvième, le départ d'Henri IV pour l'Allemagne; la dixième, le couronnement de la reine; la onzième, l'apothéose d'Henri IV; la douzième, le gouvernement de Marie de Médicis ; la treizième, son voyage au pont de Cé ; la quatorzième, l'échange qui se fait des deux princesses, quand Anne d'Autriche, infante d'Espagne, vient en France épouser Louis XIII, et Élisabeth, sœur du roi, va en Espagne épouser l'infant (depuis Philippe IV) ; la quinzième, le bonheur du peuple sous la régence de la reine ; la seizième, la majorité de Louis XIII; la dix-septième, la reine fuyant de la ville de Blois ; la dix-huitième, son zèle pour la paix ; la dix-neuvième, la conclusion de la paix ; la vingtième, la paix est ratifiée dans le ciel; la vingt-unième, le temps qui découvre la vérité; la vingt-deuxième, Marie de Médicis sous la forme de Pallas; la vingt-troisième, le grand-duc de Toscane, père de cette princesse; la vingt-quatrième, Jeanne d'Autriche, duchesse de Toscane, sa mère.

Winckelman admire beaucoup trop les allégories de Rubens. « Rubens a cherché à représenter Henri IV comme un vainqueur humain et pacifique, qui témoigna de l'indulgence et de la bonté même envers ceux qui s'étaient rendus coupables de rébellion et de lèse-majesté. Il représenta son héros sous la figure de Jupiter, qui ordonne aux dieux de punir les vices et de les plonger dans l'abîme. Apollon et Minerve décochent leurs flèches sur ces vices, représentés par les figures allégoriques de monstres qui tombent tumultueusement par terre. Mars en fureur veut tout détruire; mais Vénus, comme emblème de l'Amour, retient doucement le bras du dieu de la guerre. L'expression de Vénus est si grande qu'on croit entendre cette déesse adresser ces paroles à Mars : « Que la colère ne vous emporte pas contre ces vices; ils sont assez punis. » — WINCKELMAN. —

et, parcourant d'un pied léger tout l'univers, elle afflige et tourmente les humains. Elle tâche d'éviter les Prières, qui la poursuivent sans cesse et qui s'occupent à guérir les plaies qu'elle a faites. Ces filles de Jupiter, ô Achille! versent leurs bienfaits sur celui qui les honore. » Il y a dans toutes les antiques allégories une grandeur et une simplicité qui fait leur lumière; les allégories modernes, plus ingénieuses que grandes, sont souvent confuses, presque jamais simples. Si les anciens avaient à peindre la mort d'une jeune fille, ils la représentaient enlevée dans les bras de l'Aurore, symbole d'une grâce adorable qu'ils devaient à leur poésie panthéiste, et non pas, comme a dit Winckelman, plus savant que poëte, à la coutume d'inhumer les enfants à la pointe du jour. Or, demandez un symbole aux peintres modernes sur la mort d'une jeune fille!

Rubens a été forcé de ne prendre aux anciens, lui qui était un génie de premier ordre, que des allégories surannées; ce qu'il fallait à ce fier pinceau, à ce poëte épique, à ce savant artiste, c'était l'allégorie renfermant dans sa figure sublime le sens mystérieux de la fable, et non le symbole des vertus et des vices. La galerie du Luxembourg de Rubens est un poëme qui ne vaut guère mieux que *la Henriade,* exécution à part, car Voltaire poëte épique n'a ni verve ni couleur. Mais, si Rubens n'a cherché que des prétextes pour déployer toutes les hardiesses de son pinceau et tout le luxe de sa palette, applaudissons à ce chef-d'œuvre éclatant.

Rubens vint achever ce chef-d'œuvre à Paris, où la reine l'avait plus d'une fois appelé. Marie de Médicis prit un vrai plaisir à le voir peindre, car il couvrait une grande toile comme par magie. Il fut retenu en France par toute la cour, qui voulait poser devant lui. Sa carrière diplomatique commença à son retour en Flandre. Il connaissait les hommes de longue date par l'étude des passions; il était grand physionomiste; il jugeait vite et jugeait bien. Son grand œil pénétrant, quoique enivré de lumière, allait au fond des cœurs. L'infante Isabelle eut de graves entretiens avec lui sur la situation des Pays-Bas. Elle comprit que c'était le seul homme de haute intelligence qui fût à sa cour; elle ne le nomma point ambassadeur, mais elle lui confia la mission d'aller en Espagne conférer avec le roi sur les dangers d'une guerre plus longue en Brabant. Il fut accueilli à la cour d'Espagne par le roi, par le duc d'Olivarès et le marquis de Spinola, comme un ambassadeur en titre. Il fit mieux que de peindre l'état des Flandres, il donna d'excellents conseils pour l'avenir. Le roi d'Espagne lui donna comme preuve de son contentement six chevaux andaloux, un diamant de prix et la charge de secrétaire du conseil privé avec la survivance de cette charge pour son fils (1). A peine de retour en Flandre, Isabelle l'envoya en Hollande, toujours avec la mission d'arriver à la paix. La négociation allait arriver

---

(1) « Ce séjour ne fut pas plus stérile pour l'artiste que pour le négociateur. Il laissa au delà des Pyrénées des traces ineffaçables de son passage : on sait avec quelle admiration les voyageurs parlent des tableaux qu'il fit en Espagne. Cette haute estime des Espagnols pour les œuvres de Rubens s'explique fort bien. La couleur méridionale procède par absorption, celle du nord par réfraction de la lumière; toutes deux sont conséquentes avec la na-

à bonne fin, quand mourut le prince de Nassau. Ce fut alors que le roi d'Espagne confia à Rubens la mission d'aller en Angleterre, toujours dans le même but. Le peintre passa en Grande-Bretagne comme un simple voyageur; il visita son ancien ami le duc de Buckingham et demanda à être présenté au roi. Il fut accueilli à la cour avec toute sorte de bonne grâce. Il déplora la guerre entre l'Espagne et l'Angleterre. « Qui sait? dit-il avec un sourire, peut-être le roi d'Espagne et le roi d'Angleterre ne seraient pas fâchés de consentir à la paix? — Qui sait? dit le roi devenu pensif. » Rubens comprit que le moment était favorable; il déplia ses lettres de créance et demanda la paix au nom du roi son maître. Charles 1er, pour donner à cet ambassadeur extraordinaire une preuve de haute estime, lui passa au cou à l'instant même le cordon de son ordre; peu après il le créa chevalier en plein parlement et lui remit l'épée qui venait de lui servir pour la cérémonie.

Rubens n'était pas au terme de ses missions diplomatiques; nous ne le suivrons pas plus longtemps dans cette région fatale au génie, car le génie aime la solitude qui inspire. Il regretta bientôt lui-même de s'être un peu trop attardé dans ces vanités de cour qui dévoraient le meilleur de son temps, mais qui du moins l'avaient détourné peu à peu de sa douleur à la mort de sa femme. Il prit à la fin la ferme résolution de vivre désormais pour l'art et pour lui-même. Il se renferma à Anvers dans cette toute royale maison où il avait passé ses plus belles heures, mais il n'y retrouva ni sa jeunesse ni l'amie de sa jeunesse. Il n'eut pas la force de vivre seul. Il y avait à Anvers une jeune fille d'une rare beauté, Hélène Formann, qui comptait seize ans à peine; il l'épousa, tout en reconnaissant la folie d'un pareil hyménée. C'était d'ailleurs une belle folie, qui eût entraîné les plus raisonnables. Rubens a immortalisé Hélène Formann comme Isabelle Brandt. Depuis son second mariage jusqu'à sa mort, il peignit toutes ses Vierges sur le modèle de sa jeune femme (1).

Rubens, frappé de la goutte, mourut à l'âge de soixante-deux ans et onze mois, le 30 mai 1640, laissant à ses deux fils et à sa fille un nom glorieux et une grande fortune. Il mourut vaillamment, le pinceau à la main. Son génie lui était demeuré fidèle compagnon; jamais grand artiste n'avait créé tant d'œuvres immortelles. Il fut enterré dans l'église Saint-Jacques d'Anvers, derrière le chœur. Ses funérailles furent celles d'un prince. On porta devant son cercueil une couronne dorée sur un carreau de velours noir. La noblesse, le clergé, les artistes, les gens

ture qui les environne. C'est pourquoi les tableaux espagnols et italiens, l'école vénitienne exceptée, nous semblent si noirs, indépendamment des causes matérielles qui les ont noircis. Rubens, au contraire, devait donner aux Espagnols presque des éblouissements, et ce qui assurait son succès, c'est que ce frais et riant coloris n'altérait en rien l'énergie de son dessin, la fougue de ses compositions. Il respirait la force, le mouvement, la vie, dans un pays où l'art adorait l'inaction, le sommeil et la mort. » — EUGÈNE ROBIN. — *Les Belges illustres.*

(1) Il y a au musée de Munich deux portraits de Rubens peints par lui-même. Dans le premier, il s'est représenté dans tout l'éclat de sa luxuriante jeunesse, donnant la main à Isabelle Brandt; dans le second, c'est un homme déjà mûr, qui se promène avec une femme et un enfant; cette autre femme, c'est Hélène Formann.

FLAMANDE ET HOLLANDAISE.

du peuple, vinrent en foule saluer cette couronne et s'agenouiller devant son cercueil (1); mais c'était au xix⁰ siècle qu'il était réservé d'élever une statue à Rubens en pleine place d'Anvers, comme pour un roi. Quel roi oserait lui disputer la place?

Rubens peignait comme Homère et Théocrite chantaient; il avait la grandiosité dans le génie. Les luxuriantes et naïves Flamandes lui rappelaient les formes héroïques des femmes de Sparte, de Lacédémone et de Syracuse. Il est d'un grand aspect comme la mer, les tempêtes et les montagnes. Il passe rapide comme la foudre, sans s'arrêter aux ciselures ni aux mosaïques. Sous son pinceau la mer jaillit tout entière et non vague par vague, les montagnes s'élèvent par grandes lignes et non par rochers et touffes d'herbes.

Rubens, quelque tableau qu'il fît, conservait, même à son insu, ce style d'apparat qu'il avait emprunté à l'école de Venise, mais surtout à Paul Véronèse. Il faut bien avouer qu'il y a un peu de mouvement théâtral dans son talent; il n'est pas jusqu'au paysage qu'il n'ait trop animé par la mise en scène. Ainsi, chez lui, la nature est toujours aux prises avec l'orage ou la tempête; il parvient sans cesse à altérer cette naïve et sublime simplicité dont Dieu l'a revêtu. Dans les nues, il jette un arc-en-ciel; sur la prairie, il précipite une cascade; dans la forêt, il chasse un coup de vent (2).

Comme l'a remarqué Reynolds, tout est en harmonie chez Rubens. « S'il eût été plus parfait, ses ouvrages n'auraient pas eu cette perfection d'ensemble qu'on y trouve. Par exemple, s'il avait mis plus de pureté et de correction dans le dessin, son manque de simplicité dans la composition, dans la couleur et dans le jet des draperies, nous frapperait davantage; » mais la

---

(1) Entre autres épitaphes, on a remarqué celle du chevalier Bullart :

Ipsa suos Iris, dedit ipsa Aurora colores,
   Nox umbras, Titan lumina clara tibi.
Das te Rubenius vitam, mentemque figuris,
   Et per te vivit lumen, et umbra, color;
Quid te, Rubeni, nigro mors funere volvit?
   Vivit, victa tuo, picta colore rubet.

« C'est surtout à la modeste église Saint-Jacques que doivent se rendre en pieux pèlerinage les admirateurs du grand peintre d'Anvers. Là se trouvent son tombeau, son portrait et l'un de ses chefs-d'œuvre. Le tombeau, dessiné d'après Rubens lui-même, remplit une petite chapelle derrière le chœur de l'église. Son corps repose au centre de cette chapelle, sous une vaste pierre tumulaire que foulent aux pieds les dévots et les touristes, et qu'on a surchargée d'une longue inscription latine où sont rappelés en style lapidaire tous les noms, titres et mérites du défunt, tandis qu'il suffisait d'inscrire ce seul mot : RUBENS. Le tableau qui orne l'autel présente, sous prétexte d'une *Sainte Famille*, toute la famille du peintre. Saint George le guerrier est Rubens lui-même, saint Jérôme son père, le Temps son grand-père, un ange son fils, Marthe et Madeleine ses deux femmes. Quant à la Vierge, on croit que c'est une demoiselle Lunden, qui lui servit de modèle en plusieurs occasions, et qu'on appelait communément *le chapeau de paille*, depuis que Rubens l'avait peinte avec la coiffure qu'indique ce surnom. Cette prétendue *Sainte Famille*, qui, par le nombre des personnages, sort beaucoup des dimensions ordinaires, est un tableau magnifique, d'une composition ingénieuse et facile, d'une couleur incomparable, d'un effet ravissant et d'une conservation parfaite. De toutes les œuvres de Rubens que j'ai vues dans les Flandres, en France, en Angleterre, en Italie, en Espagne, je n'en connais pas de supérieure à cette simple réunion de portraits. Cependant Rubens ne mit que dix-sept jours à la peindre. C'était quinze ans avant sa mort, arrivée en 1640. » — L. VIARDOT. — *Les Musées de Belgique*.

(2) Il existe de fort beaux paysages de Rubens : j'en ai vu un tout couvert de vaches que Sneyders seul aurait osé signer avec Rubens. Le grand peintre se faisant paysagiste cherchait toujours à animer la nature par quelque idylle flamande, comme une fenaison troublée par l'orage, une forêt pendant la chasse, des pêcheurs sur le lac.

richesse de sa composition et l'harmonie de sa palette éblouissent à tel point la vue, qu'on s'incline devant ses défauts comme devant ses beautés.

Il peignait d'un seul coup, en traits de feu; de là le charme tout virginal de son coloris. Il savait trop bien qu'il perdrait cette magie en fatiguant ses couleurs.

Quoique le génie de Rubens fût surtout dans sa palette, il avait l'art de *cacher sa palette*, comme Titien, Véronèse, Tintoret, Corrége et tous les maîtres du coloris. Quelle fraîcheur de ton! quel éclat! quelle énergie! C'est le rayon qui joue sur la rosée. Ses chairs, on l'a dit, ressemblent à la couleur vermeille des doigts de la main quand on les tient vers le soleil. Rubens est toujours harmonieux comme un bouquet de fleurs dans ses bouquets de chairs; il allie merveilleusement les couleurs fières aux couleurs tendres. Il a l'art de les distribuer, de les fondre et de les rendre amies.

Il y a trois espèces d'harmonies : la première a pour exemple *la Transfiguration*; c'est la manière romaine; les couleurs en sont fortes et fières. La seconde est la manière hollandaise; elle est produite par la rupture des couleurs (1). Avant les Hollandais, les Bolonais ont tenté cette manière sans arriver à toute sa magie. Chez les Hollandais, Steen surtout *cachait sa palette*, semblable au grand écrivain qui ne détourne jamais l'attention du sujet pour l'attirer sur lui-même. La troisième manière a pour exemple les Vénitiens et les Anversois. C'est l'alliance des couleurs fières et tendres dans un ensemble éclatant. Rubens est le vrai représentant de cette manière.

Rubens est une des plus puissantes individualités qui aient marqué dans les arts. Sa grande figure est empreinte du caractère olympien (2). Non-seulement il a régné souverainement dans les Flandres, mais il a partagé la couronne des plus radieux artistes. Il a quelquefois saisi la grâce adorable de Raphaël et la grandiosité de Michel-Ange, l'énergie robuste du Titien et la suavité du Corrége. Il a lutté avec la nature et n'a pas été vaincu par elle. Rien n'arrêtait ce fier et vaillant pinceau, qui passait, victorieux toujours, de l'allégorie au bouquet de fleurs, de l'histoire sacrée à la kermesse, du portrait au paysage (3).

C'est surtout dans *la Montée au Calvaire*, dans les grandes pages allégoriques, dans *l'Adoration des Mages* (4), que le génie de Rubens éclate jusqu'à la fureur. Quelle force orgueil-

---

(1) Expression des anciens. « On les rompt jusqu'à ce qu'il y ait une harmonie générale dans les tons sans qu'on y remarque rien qui rappelle la palette du peintre. » — REYNOLDS.—

(2) « Il a créé près de deux mille ouvrages, tableaux, dessins et gravures; il parlait sept langues, la latine, la française, l'espagnole, l'italienne, l'allemande, l'anglaise et la flamande; il a produit un livre sur l'architecture et enrichi cet art d'un style nouveau; il a écrit un traité des couleurs avec des observations savantes sur la perspective, sur l'optique et sur l'anatomie. » — *Les Belges illustres*.

(3) Quelques belles pages ont été écrites sur ce génie turbulent, mais la vie de Rubens est encore à faire. M. de Rémusat, l'éloquent philosophe qui a répandu une si vive lumière sur la figure d'Abélard et d'Héloïse, avait songé à consacrer son beau style à un livre sur Rubens. Certes, le grand artiste avait là un digne interprète et le portrait du philosophe eût duré aussi longtemps que ceux du peintre; mais, chez les hommes d'état-hommes de lettres, l'homme propose, la France dispose.

(4) Quelques critiques préfèrent *l'Adoration des Mages*, même à *l'Assomption de la Vierge* et à la *Descente de Croix*.

leuse! quelle sublimité! quelle splendeur et quelle magnificence! La *Descente de croix*, ce chef-d'œuvre où l'on va comme à un pèlerinage d'art de tous les coins du globe, est la page où Rubens a fondu plus harmonieusement toutes les richesses de sa palette, toute la fierté de sa main, tout le sentiment de son âme. Cependant il est des œuvres où Rubens a un caractère plus véhément, où il est plus altier, où il est plus dédaigneux de toute influence. Dans la *Descente de croix* on retrouve un peu le souvenir des grands maîtres; il y a l'alliance du génie flamand et italien. Hâtons-nous de dire que là non plus que dans ses autres tableaux Rubens n'est pas imitateur, mais il est contenu par les grands exemples et modère l'impétuosité de son génie.

Ce grand génie, qui voulait être le dernier mot de l'Italie et de la Flandre, a un peu abusé de ses forces; il a pris quelquefois la fureur pour l'inspiration ou la verve. Dans sa fougueuse énergie, il a çà et là dépassé le but, car tout ce tumulte, tout ce fracas, toutes ces splendeurs, frappent souvent plus les yeux que la pensée. Ne s'adressent-elles pas aussi à quelques-unes des œuvres de Rubens, ces paroles de Shakespeare : « Une fable contée par un fou, pleine de redondances et de grands mots (1)? » Avec un peu moins d'éclat et un peu plus de poétique grandeur, qu'eût-il manqué à Rubens? Au lieu d'adorer à Venise le style un peu théâtral des coloristes, que n'a-t-il adoré à Rome la ligne éloquente des dessinateurs?

Comme Michel-Ange, Rubens fut le peintre du mouvement; il aimait le mouvement jusqu'au désordre : aussi ses attitudes sont-elles un peu outrées dans leur énergie. La chaleur et l'enthousiasme l'entraînaient trop loin, même dans la peinture héroïque, hormis pourtant dans ces admirables chefs-d'œuvre, *la Chute des anges rebelles* et *le Combat des Amazones*. Ses hommes sont toujours des hommes par la force et par la grandeur; mais, dans sa manière trop large et trop puissante, les femmes qu'il crée ne sont plus assez des femmes.

Rubens a dignement lutté avec Michel-Ange dans son *Jugement dernier*; il n'atteint pas à

« La Vierge est à droite, tournée vers la gauche, où se tiennent les mages. Il y a un de ces mages qui dépasse toute imagination, et je n'ai jamais vu dans aucun tableau une figure si étrange et si majestueuse. Il est debout, le corps de profil, la tête presque de face et un peu inclinée. Il est enveloppé d'un manteau écarlate, couleur de fournaise, avec quelques étoiles d'or. L'étoffe de cette draperie est épaisse et lourde, et fait quelques grands plis sévères. Un des pans traîne sur le sol, mais on voit cependant les jambes nues du colosse et les pieds aux vigoureuses articulations, chaussés de sandales nouées à la cheville par des cothurnes. La tête est effrayante, un crâne nu et ferme comme le roc; sous la caverne des sourcils, qui s'avancent comme des broussailles au bord d'un précipice, un regard perçant et inflexible; un nez d'aigle et une cascade de barbe blanche qui bouillonne jusque sur sa poitrine. Oh! le beau Jupiter Olympien pour ébranler le monde à la seule ride de son front! Le Moïse de Michel-Ange n'est pas si terrible que le mage de Rubens. » — T. THORÉ. —

Voici ce que Winkelman a trouvé de plus éloquent sur Rubens :

« Rubens, comme Homère, a créé des tableaux d'après les conceptions de son génie fertile et inépuisable. Il est riche jusqu'à la prodigalité. Il a, comme le poëte grec, cherché le merveilleux, tant dans la partie poétique et pittoresque de son art en général que dans la composition et le clair-obscur en particulier. Il a su placer ses figures dans des jours distribués d'une manière nouvelle et inconnue avant lui, et ces jours, rassemblés sur la principale masse du tableau, y sont poussés à un plus haut degré de force que dans la nature, ce qui répand beaucoup de vie sur ses ouvrages. »

(1) « A tale told by an idiot, full of sound ant fury, signisyind nothing. »

la sauvage mélancolie ni à la science de dessin du peintre de la chapelle Sixtine; mais Rubens, avec la poésie du symbole, avec toute la magie du clair-obscur et toutes les pompes du coloris, s'élève à la hauteur de Michel-Ange.

Le caractère du génie humain est d'étonner par des beautés et non pas d'être sans défaut. Saluons sans critique celui qui, comme Dieu, créait son monde en six jours. Il avait la rapidité de la foudre, non pour détruire, mais pour répandre la vie dans ses tableaux. Saluons Rubens, inclinons-nous devant son sceptre, car celui-là fut un roi, le roi glorieux des Flandres. Quel est celui qui, en s'élevant sur son trône, pourrait atteindre à sa taille?

Rubens, l'œil enivré de couleur, n'a rien compris au contour pur, si correct et si expressif, d'Euphanor (1), à cette ligne sévère, idéal du sculpteur antique retrouvé par Raphaël. Ce qui a frappé Rubens, c'est l'éclat et la grandiosité. Comme Michel-Ange, il a oublié que les Grâces ne sont pas des Amazones. Mais qu'importe, s'il a atteint victorieusement le sommet de l'art? Tout en négligeant trop les leçons des maîtres de l'antique, il a saisi à la nature des beautés qu'eux-mêmes n'avaient pas découvertes. Le génie n'est-il pas souvent le don de voir sous un aspect nouveau?

(1) Euphanor représentait à la fois dans Pâris le juge des déesses, l'amant d'Hélène, le vainqueur d'Achille, sans les ressources d'un beau coloris, avec la ligne seule, qui est une langue complète.

IX

ÉCOLE DE RUBENS

I

VAN DYCK

Le temps, qui dévore tout, n'a pas atteint l'œuvre de Van Dyck; ses portraits ont conservé toute leur lumière et toute leur fraîcheur; peut-être même le temps a-t-il répandu sur ces toiles immortelles cette harmonieuse poussière, cette magique trame qui donne aux vieilles peintures l'aspect mystérieux d'œuvres consacrées où l'on ne reconnaîtrait pas la main des hommes.

L'école flamande s'était condamnée, par son principe, à descendre toujours de l'idéal au réel, de la poésie à la vérité. Si cette tendance fut fatale aux grandes pages produites à Bruges, à Anvers et à Bruxelles, ne peut-on pas affirmer qu'elle fut favorable à l'œuvre de Van Dyck? En effet, si le naturalisme doit régner en toute force et en toute liberté, n'est-ce pas dans le portrait, pourvu que le peintre sache, comme Van Dyck, y répandre la lumière du ciel et la lumière de l'intelligence?

Les portraits sont la plus fidèle page de l'histoire; pour étudier les caractères et les passions d'une époque, je conseillerais plutôt une galerie de portraits qu'une bibliothèque; depuis trois à quatre siècles, il s'est créé peu à peu avec la lenteur du génie une galerie de portraits où l'on retrouve toutes les grandes physionomies qui ont dominé le monde chrétien. Le peintre a pu se tromper, mais il est plus fidèle encore que le plus fidèle historien. Si cette tête qu'il vous montre est celle d'un roi quelconque, roi par la bravoure, le génie, la naissance ou l'esprit, vous verrez peu à peu briller sur son front ou dans son regard l'auréole de cette royauté. L'ame de tout homme fort passe sans cesse sur sa figure; il a beau faire pour la masquer, elle se fait jour çà et là à son insu. Mais, pour saisir cette ame au passage, pour la fixer sur la toile par la magie de la couleur, il ne faut rien moins qu'un peintre de premier ordre, Titien, Van Dyck ou Rembrandt, qui ait dans sa touche le don de la création. Pour un pareil créateur de l'école de Dieu, que de portraitistes inintelligens qui copient l'enveloppe matérielle sans souci de la pensée qui habite le front!

Antoine Van Dyck, originaire de Bois-le-Duc, naquit à Anvers en la dernière année du xvie siècle. Selon Houbraeken, son père était peintre sur verre et sa mère excellait à broder au petit point. Déjà la peinture sur verre était en pleine décadence, on n'élevait plus de cathédrales, le protestantisme ruinait l'art gothique; sans doute l'art de broder au petit point contribua plus à élever Van Dyck que l'art déjà perdu de peintre-verrier. Van Dyck eut d'abord son père pour maître; mais celui-ci, reconnaissant bientôt qu'on ne pouvait faire un peintre sur toile avec les principes de la peinture sur verre, conduisit son fils chez Van Balen, qui était son ami.

Van Balen avait fait le voyage de Rome et de Venise; il avait étudié toutes les traditions; il était savant artiste autant que bon peintre. Un disciple intelligent comme Van Dyck pouvait sortir de son atelier avec un talent achevé. Mais Van Dyck avait vu des tableaux de Rubens; à ses yeux, Van Balen était un peintre digne de renommée, mais Rubens était le roi de la peinture. Il alla frapper à sa porte: « Qui va là? — Un enfant qui comprend votre génie. » Rubens reconnut le même jour que c'était un enfant de génie. Il ne tarda pas à le faire peindre dans ses tableaux. Il arriva même que Van Dyck peignit de grandes pages signées Rubens, quoique le maître y eût à peine donné quelques touches. Dans l'illustre *Descente de croix*, la joue et le menton de la Vierge sont de la main de Van Dyck; mais ici Rubens n'avait pas songé à se servir du talent de son élève. Voici l'anecdote, qui appartient à l'histoire de l'art. Rubens sortait tous les jours vers quatre heures pour se promener à pied ou à cheval. Son domestique le trahissait, comme cela arrive toujours, c'est-à-dire que, moyennant un tribut annuel, il ouvrait la porte du cabinet de Rubens à tous ses disciples, qui étudiaient dans un atelier du voisinage. Ils allaient ainsi prendre une bonne leçon, car ils voyaient, par les ébauches, comment ce fier génie se mettait à l'œuvre. Depuis longtemps ils n'avaient pas pénétré dans le cabinet; cependant ils savaient que Rubens avait promis un chef-d'œuvre pour Notre-Dame d'Anvers. Un soir, la curiosité fut plus vive et plus bruyante que de coutume. Jordaens et Diepenbecke se précipitèrent en avant, poussés par les autres, dès que la porte du cabinet fut ouverte. On voit par là que les écoles de peinture avaient, comme aujourd'hui, toutes les folies de la jeunesse. Diepenbecke ne put s'arrêter à temps; il tomba sur la Vierge, lui enlevant le bras, la joue et le menton. Tout le monde se regarda avec terreur. On voulait fuir, car Rubens avait la colère d'un Jupiter olympien. Van Hoeck prit la parole : « Mes chers camarades, il faut, sans perdre de temps, risquer le tout pour le tout; nous avons encore environ trois heures de jour, que le plus digne entre nous (ce n'est pas moi) prenne la palette et essaie de réparer ce qui est effacé. Je donne ma voix à Van Dyck. » Ainsi parla Van Hoeck. Van Dyck eut toutes les voix, moins la sienne.

Cependant, soit pour obéir à ses amis, soit par pressentiment du triomphe, il se mit héroïquement à l'œuvre. Le lendemain, Rubens convia tout l'atelier au spectacle de sa *Descente de croix*. Pas un de ses élèves ne le suivit sans pâlir; Van Dyck était tout défaillant. Rubens parlait de son génie avec un naïf orgueil; il expliqua à ses disciples toutes les beautés de l'œuvre nouvelle. Arrivé à la Vierge : « Voilà, dit-il tout à coup, un bras et une tête qui ne sont pas ce que j'ai fait hier de moins bien. » Rubens apprit, on ne dit pas comment, ce qui s'était passé. Il y a ici deux versions : selon les uns, il effaça tout et ordonna à Van Dyck de voyager; selon les autres, il respecta les coups de pinceau de Van Dyck et lui dit qu'il était le vice-roi de la peinture flamande. On peut bien admettre, pour l'amour de la vérité, que Rubens fût jaloux de Van Dyck; tous les dominateurs dans les arts ont été jaloux; mais on n'admettra jamais qu'un homme d'esprit comme Rubens, un diplomate achevé, ait laissé percer sa jalousie par la vengeance.

S'il faut en croire les conteurs d'anecdotes, Rubens était jaloux de Van Dyck pour une autre raison. Ils assurent que le jeune peintre était aimé d'Isabelle Brandt. Van Dyck, sans avoir la beauté adorée par les Grecs, avait peut-être, avec sa physionomie fière et tendre, chevaleresque et amoureuse, la beauté idéale de son pays et de son siècle; car, il faut le dire, la beauté change de caractère selon les siècles ou les pays (1). Comme ces passions-là ne sont écrites que sur le vent ou peintes sur les flots, on ne peut rien affirmer ici; mais on ne peut pas nier non plus ce qui est hors de doute, c'est que Van Dyck quitta son maître vers ce temps-là. Leurs adieux furent ceux de deux frères d'armes, et non de deux ennemis.

Van Dyck offrit à Rubens, comme marque de haute et profonde reconnaissance, ses tableaux qu'il aimait le plus, un *Ecce Homo*, un *Christ au jardin des Oliviers* et un portrait d'Isa-

(1) En France, le beau idéal des raffinés ne ressemblait guère au beau idéal de la cour de Louis XIV. Quelle distance entre Rotrou et Racine, qui tous deux ont été jugés beaux! Quel rapport existe-t-il entre les jolis coureurs de ruelles de 1740 et les pâles rêveurs de 1840? Le masque se modifie selon les passions d'une époque; aussi, au XVIIIe siècle, on avait Vanloo et Latour; aujourd'hui nous avons Scheffer et Delacroix.

belle Brandt. Peut-être ce portrait fut-il fait avec passion; mais ce qui donna peu de créance au bruit déjà répandu que Van Dyck adorait Isabelle, c'est que Rubens plaça lui-même ce portrait dans son salon et le montra comme un chef-d'œuvre à tous les visiteurs comme à tous ses amis. « Si vous n'alliez pas voyager, dit Rubens à Van Dyck, je vous conduirais dans mon cabinet et je vous dirais : Choisissez. Mais à quoi bon vous donner des tableaux, puisque vous allez en Italie, le pays des chefs-d'œuvre; j'aime mieux vous offrir le meilleur cheval de mon écurie. » Van Dyck partit; son père, sa mère et cent amis le conduisirent sur la route. Quoique son cheval fût impatient de dévorer l'espace, il se retournait à toute seconde pour voir les derniers signes d'adieu de sa mère, qui avait voulu aller plus loin que ses amis. Enfin il ne vit plus que la flèche de la cathédrale d'Anvers. « Moi aussi, dit-il avec un saint enthousiasme, je ferai un jour ma *Descente de croix*. »

Il s'arrêta à peine à Bruxelles; il quitta un matin la cité des archiducs, par un beau soleil de juillet. A peine eut-il fait deux lieues que, voyant un village, il y fit halte pour boire une pinte de bière. Il remonta à cheval, mais la destinée l'attendait là. Une jeune fille, une paysanne, plus fraîche, plus blanche et plus rose que toutes ses visions de vingt ans, apparaît sur le seuil du cabaret et lui dit, avec un sourire qui montrait des dents blanches comme celles d'un jeune loup : « Et le coup de l'étrier, monseigneur? » Van Dyck retient la bride de son fougueux compagnon de voyage. « Le coup de l'étrier? dit-il; je ne partirai pas. » Il mit pied à terre pour admirer de plus près cette naïve beauté, si éclatante et si inattendue, qui devait être son troisième maître. Elle était presque vêtue de l'air du temps; elle allait pieds nus, jupe courte, brassière mal agrafée, cheveux au vent, gorge au soleil. Van Dyck rentra au cabaret. « Où allez-vous, monseigneur? — En Italie; mais, si vous voulez, je n'irai pas si loin. » En effet, qu'allait-il faire en Italie? Voir les femmes de Raphaël et de Titien. Sont-elles donc plus belles que ne l'était cette meunière de Saventhem? Dans la vie et dans le talent de Van Dyck, le cœur devait jouer un plus grand rôle que la tête. Toute paysanne qu'elle fût, cette meunière de Saventhem réalisait l'idéal de Van Dyck. Puisqu'il avait trouvé son idéal, il ne voulait pas quitter le pays. Il s'installa bravement dans la famille de sa maîtresse. Ainsi Van Dyck, déjà célèbre, habitué aux belles manières, né avec l'instinct des grandeurs, se contenta pour atelier de quelque hangar rustique à l'ombre d'un moulin, comme plus tard Rembrandt.

Sa maîtresse, voulant se faire pardonner là-haut leurs joies amoureuses, le pria de peindre pour l'église paroissiale deux tableaux religieux. Sans doute la passion de Van Dyck était sérieuse, puisqu'il obéit à sa maîtresse. Tout autre à sa place se fût contenté de peindre deux fois la belle meunière, une fois pour elle et une fois pour lui, après quoi il eût continué sa route en riant de l'aventure; mais Van Dyck était aussi fervent amoureux que fervent artiste. Il peignit les deux tableaux pour l'église de Saventhem. Le premier représentait *Saint Martin donnant la moitié de son manteau aux pauvres*. Le saint Martin était Van Dyck. Comme il s'était représenté à cheval, il avait peint son compagnon de voyage, qui, quoique pâturant comme un vrai cheval de meunier, n'avait rien perdu de ses allures héroïques. Dans le second tableau, *la Famille de la Vierge*, il représenta le vieux meunier, la vieille meunière et leur fille. « Tous ceux qui ont vu ce tableau assurent que la paysanne y justifie assez, par sa beauté, les attentions du jeune peintre. » C'est Descamps qui parle ainsi (1).

Cependant le bruit s'était répandu de Saventhem jusqu'à Bruxelles, de Bruxelles jusqu'à Anvers, qu'un jeune peintre partant pour Rome s'était arrêté en route pour les beaux yeux d'une meunière de vingt ans qui lui inspirait des chefs-d'œuvre. Rubens crut reconnaître Van Dyck; il se mit en route pour Saventhem. A son arrivée, il entendit hennir le cheval qu'il avait donné à son disciple. Il surprit Van Dyck sur les marches du moulin, nonchalamment couché aux pieds de sa maîtresse. « Je croyais, lui dit-il en souriant, que vous vous seriez désormais passé de maître? » Van Dyck s'était déjà jeté au cou de Rubens. « Et Rome? et Venise? et Raphaël? et Titien? et Michel-Ange? et Véronèse? — Je partirai demain, » répondit Van Dyck avec un soudain enthousiasme. Il partit. Ce roman de sa vie se dénoue à cette page. Ses historiens ne disent pas s'il se consola bientôt. Que devint la jolie meunière, sa plus fraîche inspiration? Un autre vint-il essuyer ses larmes? Elle était faite pour aimer beaucoup : elle se consola.

Van Dyck alla droit à Venise; il étudia avec passion les tons lumineux, les airs de tête et les draperies de Titien et de Véronèse, mais sans perdre de vue la nature; il corrigeait la vérité par l'art, sans jamais étouffer la vérité sous les ornements. De Venise il alla à Gênes, où il s'arrêta longtemps. De Gênes il alla à Rome, où le cardinal de Bentivoglio l'avait appelé pour son portrait. Il y avait alors à Rome une colonie de peintres flamands qui avaient abdiqué leur génie primitif, c'est-à-dire la sève, l'éclat et l'exubérance, pour copier servilement les maîtres italiens. Van Dyck croyait d'abord trouver des amis parmi ses compatriotes, mais tous le décrièrent avec violence, quand ils reconnurent dans ses portraits la touche hardie et lumineuse de Rubens. Ils ne voulaient pas admettre, ces Flamands italianisés qui avaient renié le génie national pour l'imitation servile, qu'un peintre flamand nourri aux principes robustes de l'école flamande arrivât à Rome avec un talent qui pût faire ombre au leur. Peut-être Van Dyck se fût-il fait pardonner, s'il eût consenti à mener en leur compagnie la vie folle et désordonnée des cabarets et des lupanars; mais il avait pris à l'école de Rubens de plus nobles habitudes. La colonie flamande organisa contre lui une cabale si puissante, qu'il abandonna presque à son arrivée la cité éternelle. Il passa en Sicile, où il fit, entre autres portraits, celui de Philibert de Savoie; de Palerme il retourna à Gênes, enfin de Gênes il revint à Anvers, où il

---

(1) *La Famille de la Vierge* a disparu depuis plus d'un siècle de l'église de Saventhem; le *Saint Martin* avait disparu aussi en faveur du Louvre, mais, en 1815, Saventhem a revu son chef-d'œuvre.

retrouva des Flamands plus Flamands que ceux de Rome. Seul, après Rubens, il vit inscrire son nom en majestueux caractères sur les tables de la corporation de Saint-Luc.

Cependant, malgré les témoignages de Rubens, il lui fallut longtemps encore lutter avec passion pour faire connaître son génie. Les chanoines de Courtray lui demandèrent un tableau d'autel. Van Dyck peignit un *Christ en croix* d'un grand style et d'un beau caractère. Il appela les chanoines quand son tableau fut dans l'église, comptant sur leur admiration. Quelle ne fut pas sa surprise quand il vit le chapitre tout entier regarder le tableau et le peintre avec mépris : « Quel barbouillage ! quel barbouilleur ! » Van Dyck voulut défendre son tableau, mais les chanoines prirent tous en même temps la parole. Il résulta de toute leur éloquence que *le Christ en croix* n'était qu'une ignoble mascarade. « Van Dyck resta seul avec un menuisier et quelques sacristains; ces hommes crurent le consoler en lui conseillant d'emporter son tableau et en l'assurant que tout ne serait pas perdu, que sa toile pouvait être employée à faire des paravents (1). » Van Dyck, qui connaissait sa force, ne se rebuta point; il ordonna fièrement au menuisier de placer son tableau. Le lendemain, il retourna chez les chanoines et leur dit qu'ils avaient mal vu son Christ. Tous lui répondirent qu'ils ne voulaient pas le voir une seconde fois; ils le payèrent pour éviter le scandale, mais ce fut avec tant de mauvaise grâce, que l'artiste en fut profondément indigné. Cependant quelques connaisseurs, passant par Courtray, dirent hautement que *le Christ en croix* de Van Dyck était un chef-d'œuvre. Le bruit s'en répandit de proche en proche, on vint en foule l'admirer : alors Van Dyck publia l'aventure. On traita d'ignorants les chanoines, « épithète trop modérée, » dit le naïf Descamps entre parenthèse. Les chanoines convoquèrent un chapitre, dans le dessein de réparer leur tort. Séance tenante, ils écrivirent à Van Dyck pour le prier de leur peindre d'autres tableaux. Van Dyck leur répondit : « Vous avez assez de barbouilleurs dans Courtray et aux environs; pour moi, j'ai pris la résolution de ne peindre désormais que pour des hommes, et non pour des ânes. » On prétend, ajoute le naïf Descamps, que ce dernier mot « formalisa un peu le chapitre. » Du reste, Van Dyck n'eut jamais à se louer des communautés religieuses. Il avait peint un *Saint Augustin* pour les augustins d'Anvers; quand il s'agit de le payer, ils lui déclarèrent qu'il avait mal habillé leur saint, qu'ils le voulaient vêtu de noir et non vêtu de blanc. Van Dyck, dans l'espoir d'être payé, changea l'habit du saint; mais les religieux lui dirent alors qu'ils n'avaient pas d'argent. « Cependant, hasarda timidement l'un d'eux, si vous nous donniez un Christ de votre main, nous trouverions de quoi vous payer le *Saint Augustin* (2). » Quoique indigné de tant de mauvaise foi, Van Dyck leur donna le Christ pour être payé du saint.

Selon Houbracken, Rubens offrit alors sa fille aînée à Van Dyck. Van Dyck refusa la fille

---

(1) DESCAMPS. — HOUBRAEKEN.   (2) DESCAMPS.

parce qu'il aimait encore passionnément la mère. L'imagination des conteurs d'anecdotes est sans doute pour beaucoup dans cette histoire. Van Dyck ne fit guère qu'une halte à Anvers : Rubens y prenait trop de place au soleil des autres. Il partit pour La Haye, où le prince d'Orange, Frédéric de Nassau, ne le paya pas en monnaie de religieux. Il fut logé à la cour et y peignit plus de vingt portraits de princes, de ducs, d'ambassadeurs. De La Haye il passa en Angleterre et d'Angleterre en France, plus tourmenté alors par l'amour du gain que par l'amour de l'art. Mais il était écrit que mille obstacles se jetteraient d'abord sous la roue de sa fortune; à Londres et à Paris, il passa comme un inconnu, sans rencontrer personne qui se souciât de son talent. Il fut forcé, le croira-t-on? de revenir à Anvers peindre encore pour les religieux. Heureusement que l'ordre des capucins lui fut plus hospitalier que l'ordre des augustins.

Les mauvais jours allaient cependant finir pour lui. A peine avait-il quitté l'Angleterre que plusieurs des portraits qu'il avait peints à la cour du prince d'Orange passèrent à la cour de Londres. Charles Ier s'enthousiasma du beau caractère des portraits de Van Dyck; il voulut l'attirer à sa cour. Mais Van Dyck, n'oubliant pas que la Grande-Bretagne lui avait été inhospitalière à son premier voyage, jura de n'y jamais retourner. Cependant le chevalier Digby l'emmena malgré lui à Londres et le présenta au roi. Charles Ier l'accueillit avec autant de bonne grâce et de déférence que si c'eût été Rubens. Il lui donna son portrait, garni de diamants, suspendu à une chaîne d'or. Van Dyck passa respectueusement la chaîne à son cou. Charles Ier le créa ensuite chevalier du Bain; et, voulant que l'Angleterre fût sa seconde patrie, il lui assura une pension considérable et lui donna deux logements, un d'hiver et un d'été. Il lui dit que toute sa cour se ferait peindre par lui et taxa lui-même le prix des portraits : cent livres sterling pour les portraits en pied et cinquante livres sterling pour les portraits à mi-corps.

Ce fut le bon temps de sa vie. Comme Rubens, il eut une royauté, la plus haute et la plus douce, celle de perpétuer l'œuvre de Dieu. Les plus belles femmes de la Grande-Bretagne venaient, comme à une fête, poser devant sa palette, toute chargée pour elles de roses immortelles. Les blondes chevelures se répandaient pour lui en gerbes ruisselantes; les fraîches épaules, plus blanches que la cime des Alpes, se découvraient devant son pinceau. Comme le maréchal de Richelieu, il pouvait se dire un peu le mari de toutes les femmes. Quand la belle princesse de Brignolles, à moitié nue, posait si complaisamment dans son atelier, quand Van Dyck peignait d'une main tout agitée cette gorge éblouissante, qui était le chef-d'œuvre de la nature, ne pensait-il pas que le grand maître avait créé cette gorge pour lui?

Van Dyck vécut en familiarité intime avec Charles Ier. Il était insatiable; il coûtait au roi plus cher qu'un premier ministre. Un jour que Charles Ier posait devant le peintre (peut-être pour cet admirable portrait que la gravure a immortalisé), le roi, qui venait de parler au duc de Norfolk du mauvais état de ses finances, se tourna vers Van Dyck et lui dit en riant : « Et vous, chevalier, savez-vous ce que c'est que d'avoir besoin de cinq ou six mille guinées? — Oui, oui, sire; un artiste qui tient table ouverte à ses amis et bourse ouverte à ses maîtresses ne sent que trop souvent le vide de son coffre-fort (1). » Van Dyck s'était jeté dans d'effroyables dépenses; il enrichissait ses maîtresses et ses domestiques, mais il ruinait peu à peu son talent et sa santé. Dans ses fureurs de luxe, il ne fit point bâtir un palais comme Rubens, il fit bâtir un laboratoire, car il était tombé dans le prestige des alchimistes : tout l'or qu'il avait créé comme par magie avec son pinceau, il le vit s'évaporer par le creuset.

C'était son ami, le duc de Buckingham, qui l'avait entraîné à la folie du grand-œuvre. L'orgueilleux favori de Charles Ier, voyant qu'il avait presque ruiné Van Dyck, voulut réparer ses torts, d'ailleurs involontaires. Il l'arracha à ses maîtresses et le maria à la fille de lord Ruthven, seigneur écossais. C'était une des plus belles femmes de l'Angleterre, mais elle ne lui apporta en dot que son nom illustre et sa beauté déjà célèbre. Van Dyck, à peine marié, ramassa les débris de sa fortune et partit pour Anvers, espérant enfin y être accueilli avec enthousiasme. Mais décidément sa gloire n'était pas là. Une seconde fois il fit le voyage de Paris; on lui avait dit qu'il y rétablirait sa fortune en peignant la galerie du Louvre, mais le Poussin était arrivé avant lui. Une seconde fois il quitta la France inhospitalière; il retourna en Angleterre, mais c'en était fait de lui; il avait abusé de ses forces : jeune encore, il n'avait plus ni sève ni courage. Sa femme lui avait donné une fille; cette fille étant morte à deux ou trois ans, ce fut un dernier coup pour son cœur.

Il mourut (2), sans trop de regrets, à quarante-deux ans, avec la funèbre et sainte espérance d'aller reposer où déjà reposait sa fille, dans l'église Saint-Paul. Marie Ruthven se remaria, mais ne lui survécut guère.

Van Dyck n'a été que le Virgile de Rubens : moins de génie et plus de charme, moins de grandiosité et plus de noblesse, moins enthousiaste et plus parfait. Il faut dire qu'il est mort jeune et qu'il a jeté sa vie à l'aventure, toujours amoureux, partant toujours fou. Du reste, n'était le parti pris de toujours mettre l'élève à l'ombre du maître, on aurait souvent pour Van Dyck, devant ses grandes pages, la même ferveur que pour Rubens. A ceux qui lui refusent le génie on peut répondre par son fameux tableau de *Saint Martin*, exécuté à vingt ans dans le pauvre village de Saventhem, où il était seul, sans maître et sans tradition.

---

(1) La reine Marguerite de Bourbon, fille de Henri IV, posait un jour devant lui. Comme il s'arrêtait longtemps aux mains de la princesse (il excellait à peindre les extrémités), elle lui demanda d'un air enjoué pourquoi il caressait plus ses mains que sa tête : « Madame, c'est que j'espère de ces belles mains une récompense digne de celle qui les porte. » Descamps cite cette réponse comme une réponse heureuse. Nous espérons, pour l'honneur de Van Dyck, que c'est encore là une anecdote bâtie sur le vent. Un autre mot de Van Dyck prouverait un peu de sans-façon dans son caractère. On lui reprochait de peindre à quarante ans plus négligemment qu'à vingt : « Autrefois, répondit-il, j'ai travaillé pour ma renommée; aujourd'hui je travaille pour ma fortune. »

(2) Le roi l'avait toujours beaucoup aimé, malgré ses folies, sa soif de l'or et ses prodigalités; pendant la maladie du peintre, il promit trois cents guinées à son médecin s'il guérissait Van Dyck.

Il avait, comme Rubens, la poésie de la couleur; son accent est moins vif, mais il est plus harmonieux encore; son clair-obscur est le triomphe de l'art, puisque l'art ne s'y montre pas. Ce qu'il faut surtout admirer en Van Dyck, c'est sa touche ferme, large et fondue, qui n'exclut pas un fini merveilleux. On comprend d'autant moins cette perfection, qu'il peignait une tête du premier coup et de la même palette. La plupart du temps, il commençait un portrait le matin, il retenait le modèle à dîner et terminait dans la soirée. On voit que ceux qui posaient ne s'ennuyaient pas chez lui. En effet, Van Dyck avait à sa disposition des comédiens, des jongleurs, des musiciens, des danseuses, tout ce qui fait du bruit, tout ce qui jette de l'éclat. En exagérant avec intelligence les ombres et les lumières, Van Dyck arrivait toujours à un effet grand et simple. Il ne prenait à la nature que ce que demande la vérité; il y ajoutait la pompe de l'art. Ses têtes ont un tel relief, un tel degré de vie, qu'on oublie presque, en les voyant, que ce sont des portraits.

Van Dyck, comme portraitiste, est à la hauteur de Raphaël, d'Holbein, de Velasquez et de Rembrandt (1). La vie éclate dans tous ses portraits; il saisissait la vérité au moment où l'âme rayonnait sur la figure; de là cette fleur d'idéal, même dans la précision. Du reste, quand l'âme ne parlait pas sur la figure, Van Dyck faisait courir la sienne au bout de son pinceau.

Van Dyck est peut-être le peintre qui a le plus naïvement compris le beau idéal de son siècle; ses portraits lumineux, frappés du reflet de cette aube nouvelle qui se levait sur le monde, ont tous, avec leur fierté chevaleresque et intelligente, un accent de poésie espagnole et romanesque. On peut dire aussi qu'ils rappellent les héros du Tasse, qui sont plus amoureux que sanguinaires; tous sont marqués d'un certain accent chevaleresque. On sent que le roman de la vie a traversé leur cœur. Aussi les portraits de Van Dyck, outre qu'ils sont des chefs-d'œuvre, sont encore animés par leur air de tête. Ceux-là ont toujours une famille. Que de fois même un portrait d'aïeul a été décroché de la place d'honneur pour un portrait peint par Van Dyck!

Titien seul est peut-être supérieur à Van Dyck comme portraitiste; il est plus sévère et plus imposant. Il faut dire que Van Dyck ne peignait que des Flamands et des Anglais, tandis que Titien peignait des Italiens : si le peintre d'Anvers trouvait plus de motifs pour sa palette, le peintre de Venise trouvait naturellement plus de vigueur et plus de caractère.

---

(1) Sir Joshué Reynolds, le grand portraitiste anglais, le salue comme le premier peintre de portraits.

Parmi les grands portraitistes, il ne faut pas oublier Hals. « Van Dyck a surpassé François Hals à peindre le portrait, mais peu d'autres l'ont égalé. » — DESCAMPS.

Si Van Dyck a eu beaucoup d'imitateurs, il a eu peu d'élèves. On ne cite guère parmi ceux qui ont étudié dans son atelier que Fouchier, de Berg-op-Zoom, qui imita tour à tour Van Dyck, Tintoret et Brauwer; Hanneman, de La Haye, qui avait saisi la touche de son maître après quatre ou cinq leçons seulement; Reyn, de Dunkerque, qui aidait le grand portraitiste dans les ajustements; Boek, de Delft, qui fut recherché dans toutes les cours d'Europe. Il avait une telle rapidité de pinceau, que Charles Ier, se faisant peindre par lui, s'écria : « Parbleu, Boek, je crois que vous peindriez à cheval et en courant la poste. »

Quoique Gonzalez Coques fût élève de David Rikaert, on peut dire que son vrai maître fut Van Dyck. Dans ses portraits, c'est la même élévation, le même goût et presque la même touche.

Van Dyck, mieux inspiré que Rigaud, a eu le bon esprit de tout sacrifier à la tête. Cependant ses fonds, ses draperies, ses accessoires ne paraissent pas négligés. Quoique peintes avec beaucoup de sollicitude, les mains ne jouent que le second rôle. Van Dyck, il faut bien le dire, est venu dans un meilleur temps que Rigaud : au commencement du xvii° siècle, le costume était dans toute sa richesse sévère; moins de cent ans après, la perruque de Louis XIV avait tout gâté; bien plus, le costume devenait si criard, que la figure n'était plus guère qu'un accessoire.

Van Dyck ferme le cycle des grands peintres de son pays. La nature des Flandres s'est épuisée en enfants sublimes. Le génie, comme les épis d'or, ne s'élève du sol qu'après les jachères qui reposent et la rosée qui féconde. Le génie du Nord va s'exiler plus loin dans les brumes; il va fleurir à Leyde, à Harlem, à Amsterdam. L'école de Rubens se disperse et s'éteint peu à peu. Après cette moisson splendide, nous retrouvons çà et là quelques vertes pousses; après cette lumière éclatante, nous apercevons, sous la nuit qui tombe, les traces du soleil qui disparaît : le couchant conserve ses teintes de pourpre et de flamme, mais peu à peu on ne voit plus que des étoiles au ciel de l'art.

X

ÉCOLE DE RUBENS

II

GÉRARD SEGHERS. — SNAYERS. — VAN DER HORST. — SOUTMAN. — SAMUEL HOFMAN. — CORNILLE SCHUT. — VAN THULDEN. — DIEPENBEKE. — VAN HOECK. — VAN OOST. — WILDENS. — VAN UDEN. — LES QUILLYN. — PHILIPPE DE CHAMPAGNE.

Quelle belle, féconde et glorieuse époque pour Anvers, que le règne de Rubens ! Cette ville, comme une mère heureuse, suspendait à son sein des enfants sublimes non-seulement dans la peinture, mais encore dans la statuaire et dans la gravure. Lucas Vorsterman naissait à temps pour graver sous les yeux de Rubens la *Descente de croix*, *la Chute des anges rebelles* et *le Combat des Amazones*.

Reynolds rapporte ces paroles sur Rubens : « On a dit qu'il était envoyé du ciel pour apprendre aux hommes l'art de peindre. » Comme Raphaël, Rubens éveilla le génie de ses disciples par la hardjesse. Il les faisait peindre dans ses tableaux. « Allez, disait-il, c'est moi qui signerai. »

Gérard Seghers étudia d'abord sous Van Balen, ensuite d'après Manfredi et Caravage, enfin d'après Rubens. Il a eu l'art d'imiter ces maîtres en déguisant l'imitation. Sa manière est savante et large, son dessin correct indique assez son voyage en Italie, sa couleur chaude est vigoureusement soutenue par l'effet du clair-obscur. Parmi ses grandes pages religieuses on remarque *Notre-Seigneur attaché sur la croix*, dans la manière du Tintoret; *Saint Pierre reniant Jésus-Christ*, tableau éclairé aux flambeaux; enfin un chef-d'œuvre, *le Mariage de la Vierge*, composition immense, d'un grand éclat et d'un aspect imposant. Il vécut presque toujours à Anvers, où il était né en 1589, et il mourut en 1651, laissant un fils et un héritage qui dispensa l'héritier d'avoir du génie. Aussi ne devint-il qu'un peintre de troisième ordre.

Pierre Snayers, comme Gérard Seghers, eut pour maître Van Balen dans sa jeunesse, les Italiens pendant son voyage à Rome, enfin Rubens à son retour d'Italie. Il peignait avec un égal talent l'histoire, les batailles, le portrait et le paysage. Il travailla beaucoup pour la cour d'Espagne et pour l'archiduc Albert. Il eut pour amis Rubens et Van Dyck; il mourut riche et considéré à juste titre. Né à Anvers en 1593, il peignait encore à Bruxelles en 1662. Sans doute il mourut vers cette époque, en cette dernière ville; on n'a pas de ses tableaux après cette date.

Nicolas Van der Horst parcourut l'Allemagne, la France et l'Italie, non pour y étudier, mais pour y répandre la gloire de l'école d'Anvers. Il peignait l'histoire et le portrait, comme tous ses condisciples à l'atelier de Rubens. Il se fixa à Bruxelles, où l'archiduc le prit dans sa garde. On publiait alors à Bruxelles des livres in-folio avec des portraits et des ornements; Horst, âpre au gain, abandonna les œuvres sérieuses pour des dessins et des gravures de livres; mais au moins le disciple de Rubens se retrouve encore dans quelques frontispices d'un grand style.

L'histoire passe trop rapide devant Pierre Soutman; il y avait alors tant de merveilleux artistes à Anvers, qu'il semblait tout naturel d'y être grand peintre. Quelques tableaux attribués à Soutman, entre autres une *Descente de croix* et un portrait de l'électeur de Brandebourg, montrent assez que ce peintre était le digne élève de Rubens. On ne sait rien de sa vie. Ampsing, historien de la ville de Harlem, dit qu'il voyagea en Allemagne. Il fut un de ceux qui portèrent au delà du Rhin les traditions de Rubens.

Samuel Hofman répandit aussi en Allemagne les idées de Rubens. Né à Zurich à la fin du XVIe siècle, il avait quitté sa patrie pour venir à l'atelier du grand peintre. Il fut un de ceux que distingua Rubens. D'Anvers il alla à Amsterdam, où il se maria et où il fut recherché pour son talent à peindre le portrait avec vérité et caractère. Il voulut comme tant d'autres être prophète dans son pays; il retourna à Zurich, où, grâce à la protection du duc de Milan bien plutôt qu'à l'autorité de son talent, il fut reconnu comme peintre de marque. Sa femme peignait dans ses tableaux. Elle lui avait donné deux filles qui avaient aussi l'instinct de l'art. A seize et dix-sept ans, elles peignaient des paysages, des tableaux de genre et des portraits, avec une touche fine et franche. Plus tard, ne trouvant plus de tableaux ni de portraits à faire dans son pays, il fut s'établir à Francfort, où il mourut subitement, frappé comme Rubens son maître d'un accès de goutte. Après sa mort, sa veuve et ses deux filles retournèrent à Amsterdam, où elles vécurent de leur talent.

Cornille Schut naquit à Anvers en 1590 et y mourut vers 1655. Il avait tous les instincts du peintre et du poëte. Il vint en France et y connut les peintres de la pléiade. Ses inspirations ont plus d'une fois servi à Rubens. On pourrait dire que le maître fut l'élève, car, de son côté, Rubens n'a presque rien enseigné à Cornille Schut. C'était un merveilleux allégoriste. Toutes les figures idéales, toutes les créations pompeuses des vieux poëtes, il les évoquait comme par magie. Les grandes pages ne l'effrayaient pas; il fallait à son génie l'air et l'espace. Comme Rubens, il avait tout le feu de la création, plus d'imagination peut-être, mais un coloris moins beau. On peut l'admirer encore à Notre-Dame d'Anvers : il a peint sur la coupole *l'Assomption de la Vierge*. J'aime mieux de lui les pages profanes, les Vénus et les Diane, ou encore les sujets sacrés, dont l'aspect est plus que profane : ses Bethsabé, ses Judith, ses Dalila et ses Suzanne, sont touchées avec infiniment d'amour et de poésie. On recherchait beaucoup ses camaïeux, petits poëmes qu'il peignait dans les guirlandes de fleurs de Daniel Seghers (1).

(1) Van Dyck a peint Cornille Schut. C'est une figure à grandes lignes, d'un caractère rêveur; le sourcil est fin, les moustaches sont relevées fièrement, l'habit a toute la noblesse des costumes flamands-espagnols. L'histoire s'est trop peu inquiétée de ce grand artiste; voici du moins une page du roman de sa vie :

Cornille Schut avait, avec ses vingt-sept ans, tout ce qui fait le charme et l'éclat de la jeunesse. Il avait jusque-là vécu gaiement, un peu dans le monde, beaucoup dans les tabagies; plus d'une de ses folles équipées avait émerveillé les jolies filles d'Anvers. Il se sauvait par le travail, tantôt poëte, tantôt peintre, aussi heureux d'un sonnet que fier d'un coup de pinceau.

Un soir qu'il rêvait, selon sa coutume, une pipe à la bouche, devant quelques pots de bière et quelques amis, dans un cabaret du port, il pensa qu'il éparpillait trop son cœur et sa vie; il prit une résolution subite; il se leva de table, mit fièrement son chapeau, et, tendant la main à ses amis, il leur dit adieu. « Où vas-tu? — Je ne sais, mais adieu. — Et quand reviendras-tu? lui dit en riant Pierre Snayers. — Dans deux ans, dit Cornille Schut. — Deux ans! c'est la fin du monde. »

Cornille Schut était sorti du cabaret. Il alla trouver une maîtresse qui l'aimait. Pour lui, il n'avait pas trop pris le temps de l'aimer, mais il voulait réparer le temps perdu. C'était une jolie fille, brune comme une Anversoise qui descend en ligne directe des Espagnols. « Élisabeth, m'aimez-vous pour longtemps? — Pour toujours, dit la jolie fille. — Eh bien! préparez-vous à me suivre; nous partons demain. — Où allons-nous? — Si vous m'aimez, qu'importe? » Cornille Schut embrassa Élisabeth et sortit.

L'histoire ne dit presque rien d'Élisabeth Van Thurenhoudt. C'était une fille d'Ève, à coup sûr, qui vivait pour être aimée.

Cornille Schut alla ensuite trouver son oncle Mathieu. « Mon oncle, il paraît que je suis bien placé sur votre testament. De toute votre fortune à venir, je ne réclame aujourd'hui que mon ami Wael, votre chien bien-aimé. Je vais m'exiler pour une œuvre sérieuse. Les révérends pères m'ont commandé deux *Assomptions* pour leur église et pour leur maison de campagne : il me faut une pieuse solitude pour faire œuvre qui vive; je vous en supplie, mon oncle Mathieu, donnez-moi votre chien. » Le lendemain, le peintre Cornille Schut, sa maîtresse Élisabeth Van Thurenhoudt et le joyeux Wael arrivèrent, au soleil couchant, devant une petite maison toute rustique, bâtie au bord d'un bois. Déjà le peintre était venu rêver là. Cette petite maison, qui était un rendez-vous de chasse, dépendait d'une ferme voisine, formant toute sa fortune. « Élisabeth, m'aimez-vous assez pour demeurer ici deux ans sans voir une autre figure que la mienne, avec mon chien Wael pour tout ami? — Oui, » dit-elle avec un peu d'inquiétude. En moins de quelques jours, leur vie était poétiquement organisée. De longues promenades dans les bois et dans les prés avec le bondissant Wael, de doux propos d'amour que Dieu seul entendait, le travail béni qui repose le cœur; les chansons, les lectures, les rêveries; le déjeuner près de la fenêtre, le goûter au bord du ruisseau : vous voyez tout ce charmant tableau, d'une fraîcheur si agreste.

Cornille Schut était heureux par le cœur et par l'esprit; l'amour d'Élisabeth l'avait fait grand artiste, l'amour de l'art augmentait encore sa passion pour Élisabeth.

Sa maîtresse était belle, mais plus charmante encore

Théodore Van Thulden naquit et mourut à Bois-le-Duc, mais il habita longtemps Anvers. Dès 1620 il était élève de Rubens; en 1638 il était directeur de l'académie d'Anvers. Il fut un de ceux qui accompagnèrent Rubens à Paris; sans doute il eut la gloire de peindre dans la célèbre galerie du Luxembourg. Il y avait deux hommes bien distincts en Théodore Van

que belle par je ne sais quel rayon d'ardente tendresse qui mouillait son regard et passait sur ses lèvres.

Au bout de deux ans, Cornille Schut termina ses *Assomptions*. Quand il les vit partir pour Anvers, il lui sembla qu'on emportait quelque chose de sa vie. « Mon Dieu! mon Dieu! se dit Élisabeth, il m'aime un peu moins depuis que ses tableaux ne sont plus là. »

Cependant Cornille Schut commençait à reporter çà et là ses rêves sur la tabagie, où sans doute fumaient encore joyeusement ses camarades. Un jour il prit la main d'Élisabeth et lui dit : « Savez-vous qu'il y a deux ans que nous vivons ainsi sans nous soucier du monde? — Je n'y pensais pas, dit-elle. — Vous n'y pensiez pas, dit tendrement Cornille Schut en baisant la main de sa maîtresse, vous n'y pensiez pas, et pourtant c'est aujourd'hui que nous retournons à Anvers. — Aujourd'hui? dit-elle en pâlissant. Ah! vous ne m'aimez plus. » Le peintre, touché jusqu'aux larmes, dit avec transport : « Élisabeth, consentiriez-vous donc à passer encore deux ans ici? — Consentir! mais c'est ma prière. » Ils continuèrent amoureusement cette vie silencieuse, solitaire et charmante, n'ayant de rapport avec le monde que par le pâtre des prés voisins et par une domestique de la ferme qui venait chaque jour les servir. Un an se passa encore dans l'enchantement; mais, dès les premiers mois de la quatrième année, Cornille Schut commença à compter les jours.

A Anvers, on le croyait en Italie. Nul ne pouvait s'imaginer qu'un beau viveur comme lui s'était retiré du monde avec tant d'obstination. Son chien trahit sa solitude. Daniel Seghers, étudiant un jour en pleine campagne, aperçut le beau Wael, qu'il aimait de vieille date. Il alla à lui et renoua connaissance. Il savait que cet original de Cornille Schut avait emmené le chien de son oncle : puisqu'il avait retrouvé le chien, il allait donc à douce retrouver l'ami. En effet, quelques minutes après, il surprenait le peintre et sa maîtresse assis à l'ombre sur la lisière du bois. Dès qu'Élisabeth aperçut Daniel Seghers, elle se leva vivement et dit à Cornille Schut : « Fuyons! » Car, pensait-elle, s'il s'arrête avec nous, notre solitude est profanée. Mais, hélas! Cornille Schut tendit la main à son ancien ami; on parla d'Anvers; Cornille Schut soupira. « Quoi! dit Daniel Seghers, vous êtes donc bien heureux, puisque vous n'êtes pas venu jouir de votre gloire; car, ne le savez-vous pas? vos deux *Assomptions* sont admirées de tout le monde. On vous croit à Rome. Si on vous savait ici, on viendrait vous chercher en triomphe. »

Quand le peintre et sa maîtresse se retrouvèrent seuls,

ils se regardèrent tristement. « Élisabeth, est-ce que nous serons encore huit mois sans retourner là-bas, où la vie nous attend avec des fêtes sans nombre? — Partez, » dit Élisabeth en voulant cacher ses larmes. Touché de tant d'amour, Cornille Schut oublia Anvers, et ses amis et sa renommée. « Partir! partir sans toi, jamais! »

Le temps passa, mais plus lentement; on ne chantait plus, on ne courait plus; voyant cela, le chien lui-même devint triste. De temps en temps il essayait encore ses vives gambades et ses gais jappements, mais il retombait bien vite dans son humeur taciturne. Enfin les derniers jours de solitude allaient finir. Dans sa joie de revoir ses amis ou plutôt de se retrouver dans ses amis, le peintre ne s'aperçut pas que sa maîtresse pâlissait et s'étiolait; elle avait d'ailleurs toujours pour lui son tendre et charmant sourire. La veille du départ, il lui demanda à traverser encore les sentiers les plus aimés du grand bois où tant de fois ils s'étaient perdus. Elle se suspendit alors à son bras et marcha silencieusement. C'était un beau jour d'août : la gaieté des moissons resplendissait sur la terre; les sifflements du merle répondaient dans les bois aux sifflements de la faux dans les seigles. « Quel beau jour! s'écria l'enthousiaste Cornille Schut; j'ai le pressentiment que nous laisserons encore ici bien des heures charmantes. La nature ne m'a jamais parlé avec plus de poésie. Élisabeth, vous le voyez, notre amour ne vieillit pas. — Hélas! dit-elle en baissant la tête. — Nous reviendrons; reprit le peintre, nous reviendrons souvent, car, je le sens comme vous, c'est ici que nous retrouverons toute notre jeunesse. On n'est heureux qu'une fois sous le ciel.... — Alors pourquoi partir? Vous m'avez habituée à vivre seule avec vous; le monde effarouche le bonheur; je perdrai tout là-bas. — Enfant, vous le savez, la vie n'est pas seulement faite d'amour; le monde a prescrit des lois qu'il faut suivre; il faut vivre pour soi, mais il faut vivre aussi un peu pour les autres. — Moi, dit Élisabeth, je ne puis vivre que pour vous. »

A ce moment, plus pâle encore que de coutume, elle tomba agenouillée sur l'herbe, élevant vers son amant ses beaux yeux mouillés de larmes. « Ami, lui dit-elle, partirez-vous? » Il la releva, l'appuya sur son cœur, et lui dit en lui baisant les cheveux : « Il le faut. — C'est bien! dit-elle d'une voix tremblante, c'est bien! Nous partirons; mais, songez-y bien, moi, je ne reviendrai plus. » Le peintre ne comprit pas ce qu'elle voulait dire. « Vous reviendrez, lui dit-il; laissez-moi vivre six mois à Anvers avec vous, toujours avec vous; nous reviendrons ici peut-

Thulden : l'artiste épris du grand style, amoureux de la peinture héroïque, et le peintre familier se complaisant aux foires et aux kermesses. Autant il avait d'élévation et de sublimité dans ses pages épiques, autant il était bouffon et pittoresque dans ses tableaux de chevalet. Il touchait les petites figures avec infiniment d'esprit. Quand il s'attaquait aux grandes figures, il chan-

être pour toujours. » Ils arrivaient vers le milieu du bois. « Voulez-vous, continua Cornille Schut, aller nous reposer dans la prairie de la chênaie, que vous aimez tant? — Non, dit-elle; je le voudrais bien, mais je n'ai plus de force; retournons sur nos pas; rentrons, car je ne sais ce que j'ai aujourd'hui; mais ne vous inquiétez pas, demain je serai prête à partir. » Le lendemain, le peintre passa la matinée dans son atelier à mettre en ordre ses tableaux, ses esquisses, ses dessins et ses livres. L'ingrat avait un peu de cette joie qui saisit l'exilé aux portes de son pays. Élisabeth, qui était restée dans sa chambre près de la fenêtre, le regard perdu sur la campagne, entendit son amant chanter gaiement cette chanson :

La vie est au cabaret. Belle hôtesse, ma mie, apportez-nous à boire ; que vos petites mains blanches nous versent la bière écumante!

On n'a pas l'idée de la douleur profonde qui saisit Élisabeth, car cette chanson était celle que Cornille chantait avec ses amis dans ses jours de fête. Son cœur bondit et se brisa : elle leva les yeux au ciel et pria Dieu avec ferveur.

Cependant il chantait toujours, de plus en plus emporté par ses gais souvenirs. La pauvre fille ressaisit tout à coup ses forces évanouies; elle se leva vivement et courut à la porte de l'atelier. La porte était entr'ouverte; elle s'arrêta sur le seuil. La voyant apparaître ainsi les cheveux en désordre, la gorge haletante, les yeux égarés, Cornille Schut vint vers elle surpris et effrayé. « Élisabeth, qu'avez-vous? » Elle sourit amèrement. « Ce que j'ai... Écoutez-moi. » Et aussitôt elle se mit à chanter cette chanson que Cornille Schut avait rimée pour elle dans les plus beaux jours de leur solitude :

I.

Les pâquerettes se flétriront. L'hiver viendra souffler la neige. L'hiver ne passera jamais sur mon cœur, ma belle maîtresse;

II.

Mon cœur qui est un printemps éternel, quand tu me souris, soleil radieux! quand je vois flotter ta chevelure, quand j'effleure ta lèvre embaumée!

III.

Non, je ne veux pas craindre l'hiver, il passera sans toucher mon cœur. Je brave son givre et sa tempête, quand je baise tes bras nus sur l'herbe.

IV.

Pourtant il y a un hiver qui m'effraie, celui qui dans ses bras de marbre nous emportera dans le noir tombeau, et sèmera sur nous les fleurs sans parfum.

V.

Ce dernier hiver glacera nos cœurs; mais nous emporterons là-haut le souvenir des marguerites qui ont émaillé nos vertes prairies.

Au dernier mot de la chanson, Élisabeth tomba épuisée dans les bras de son amant : elle avait jeté toute sa vie dans sa voix. Il la transporta à la fenêtre pour lui faire respirer l'air pénétrant du matin; elle rouvrit les yeux et lui dit : « Adieu, cette chanson-là ne te fait plus battre le cœur, c'en est donc fait. » Elle murmura encore :

Pourtant il y a un hiver qui m'effraie, celui qui dans ses bras de marbre...

« Ma chère Élisabeth, criait Cornille Schut glacé d'épouvante, ma chère maîtresse, où es-tu? — Ami, répondit-elle d'une voix mourante, tu m'as dit qu'il fallait partir; je m'en vais avant toi. Tu m'aurais abandonnée là-bas; j'aime mieux mourir ici. » A peine Élisabeth eut-elle dit ces mots qu'elle ferma les yeux pour jamais. Cornille Schut la ressaisit dans ses bras et l'embrassa comme pour lui donner son âme. On peindrait mal son désespoir; il passa toute la journée à pleurer et à crier comme un fou. Cent fois il prit sa maîtresse sur son cœur. Élisabeth ne se réveilla pas à ses embrassements.

Il se rappela que depuis plus d'un mois la pauvre fille pâlissait chaque jour; il comprit qu'elle mourait pour l'avoir trop aimé; il jura de ne pas retourner à Anvers, de vivre au milieu des bois avec le souvenir toujours palpitant de la triste Élisabeth.

Après les funérailles seulement, il s'aperçut qu'il n'avait pas son portrait. On ne fait pas le portrait de la maîtresse qu'on aime ; car peut-on rendre sur la toile le charme d'une figure adorée? Élisabeth avait posé pour les vierges de ses tableaux, mais il n'avait saisi dans sa figure que l'angélique pureté des traits; il s'était bien gardé de donner à la mère des anges l'expression toute profane de sa maîtresse.

Quand elle eut disparu pour toujours de devant ses

geait subitement de manière; ce n'était plus ni le même pinceau ni la même palette. Rubens le reconnaissait pour un de ses meilleurs élèves; cependant il n'était ni très-bon dessinateur ni très-bon coloriste. Il avait pris tous les défauts de Rubens; mais çà et là il s'élevait à la hauteur du maître par le génie de la composition. Van Thulden avait voyagé dans presque toute la France, curieux d'en étudier les monuments, les paysages et les habitants. Un voyage en France était alors comme un voyage en Chine aujourd'hui. Il s'était arrêté plus d'une année à Fontainebleau pour dessiner d'après le Primatice les travaux d'Hercule. Il les grava ensuite à l'eau-forte. De retour à Paris, il n'avait que vingt-trois ans, il peignit pour l'église des Mathurins la vie de Jean de Matha, fondateur de l'ordre. De retour en Flandre, il peignit des tableaux d'église, des tableaux d'histoire et des kermesses. Il quitta Anvers à la mort de Rubens (1) pour retourner à Bois-le-Duc, où il mourut fort âgé.

Comme Théodore Van Thulden, Abraham Van Diepenbeke était né à Bois-le-Duc (1607). Il fut attiré à Anvers par la renommée de Rubens. Il commença par peindre sur verre. A l'école de Rubens, il fit des progrès rapides; mais le maître ne put jamais corriger son dessin trop chargé; il lui conseilla le voyage d'Italie. Diepenbeke parcourut l'Italie. Tour à tour peintre sur verre et peintre sur toile, il imita la manière de tous les grands maîtres sans cesser d'être fidèle à celle de Rubens, aussi son talent était-il un composé quelquefois peu harmonieux de diverses écoles. Diepenbeke avait le tort de ne rien accorder à la réflexion; il jetait feu et flamme sur la toile avant de savoir ce qu'il allait créer. La lumière sortait quelquefois du chaos, mais le plus souvent le monde restait enfoui dans le chaos. Il retourna à Anvers et rentra à l'atelier de

yeux, il regretta avec désespoir de n'avoir pas reproduit tout ce qui faisait le caractère et le charme de sa chère Élisabeth. Il la voyait encore passer dans ses rêves, fuir comme une ombre le long des prairies ou au fond des bois; mais ce n'était plus la fraîche et rieuse fille des premières années; c'était la pâle et triste amante que déjà la mort avait glacée. Il tenta de faire son portrait en étudiant ses souvenirs; mais, chaque fois que la figure se ranimait sous son pinceau, il reculait avec effroi, car c'était toujours Élisabeth mourante qu'il retrouvait sur la toile.

Durant près d'un mois Cornille Schut demeura dans sa solitude, qui était devenue tout à coup une thébaïde. Son oncle, averti par Daniel Seghers, inquiet d'un exil si obstiné, vint le surprendre un soir qu'il rêvait sur la tombe d'Élisabeth Van Thurenhoudt. Le bonhomme Mathieu fut effrayé de la pâleur et du désespoir de Cornille Schut. Le peintre raconta mot à mot toute l'histoire de son cœur. « Tu t'en vas me suivre à Anvers, lui dit l'oncle tout ému. — Non, dit le peintre; tant que les pâquerettes n'auront pas fleuri sur cette fosse, j'y viendrai pleurer. »

Il attendit. Tous les matins il allait s'agenouiller sur la fosse de sa maîtresse. Il lui parlait comme au beau temps « Va, lui disait-il avec effusion, nous nous retrouverons dans une autre solitude pour nous aimer toujours; — mais retrouverai-je tes beaux yeux, si doux quand tu me parlais? — Pauvre Élisabeth! la voilà seule couchée dans la tombe, mais elle n'est pas seule comme moi! »

Un matin, il eut un mouvement de joie en voyant deux pâquerettes écloses dans l'herbe naissante de la fosse d'Élisabeth. Il les cueillit, les baisa et les porta à son cœur. Enfin il partit pour Anvers avec le pauvre Wael, qui depuis longtemps ne gambadait plus. Il retourna à la taverne. Ses amis voulurent le railler sur sa mystérieuse passion; mais, quand on le vit si pâle et si sombre, quand on l'entendit parler avec une voix brisée par les sanglots, on respecta sa douleur; tous ses vieux amis lui tendirent silencieusement la main.

Je crois avoir remarqué cette pensée dans les vers de Cornille Schut : « L'homme le plus passionné ne trouve pas toute sa vie dans l'amour; la femme seule peut vivre et mourir par le cœur. »

(1) Selon Descamps, il avait une telle amitié pour son maître, qu'il ne put vivre dans la ville où Rubens était mort.

Rubens, qui le trouva tout aussi extravagant dans son génie. Cependant il rencontra la fortune et la gloire à Anvers. En 1641, il était directeur de l'académie. Quand il mourut, en 1675, le poëte Vondel écrivit des vers à sa louange. Parmi ses œuvres admirées, on cite encore aujourd'hui le Déluge païen, vaste composition d'un étrange caractère (1).

Simon de Vos, né à Anvers en 1603, fut un des plus savants disciples de Rubens; il y avait entre Rubens, Sneyders et Simon de Vos, une vraie fraternité. De Vos devait, selon Cornille de Bie, son talent à Rubens, à Sneyders et à lui-même; il peignait avec un égal succès des tableaux d'histoire, des chasses et des tableaux de chevalet. Il vécut enfermé dans les joies austères de l'art (2).

Jean Van Hoeck avait, comme Schut et Rubens, l'amour des lettres dans l'amour de la peinture. Rubens emmenait quelquefois ces deux rares esprits dans ses promenades pour discuter avec eux sur les grands poëtes et les grands artistes. Dans son voyage à Rome, Van Hoeck fut recherché pour sa science comme pour son talent. La ville éternelle lui fut très-hospitalière; il vivait avec les cardinaux, les lettrés et les artistes. Il quitta Rome et traversa l'Allemagne, s'arrêtant à la cour de chaque souverain. Il revint en Flandre presque en triomphe, avec l'archiduc Léopold. Il mourut jeune encore, universellement considéré. Van Dyck eût signé plus d'un portrait de Hoeck. Ses tableaux d'histoire, quoique peints avec un pinceau peut-être un peu délicat, respirent une certaine énergie; son dessin est naturel, sa couleur est vigoureuse, quoique harmonieusement nuancée.

Jacques Van Oost n'étudia point à l'atelier de Rubens, mais subit l'influence du grand maître, comme la plupart des peintres qui naquirent sous sa gloire. Au temps de ses premières études, il copia Rubens et Van Dyck avec tant d'art que tout le monde y fut trompé. Aujourd'hui encore, dans plus d'un musée, il y a des Rubens très-admirés qui sont l'œuvre de Jacques Van Oost. Il n'avait pas vingt et un ans que déjà on le citait comme un grand peintre à Bruges, sa ville natale. Il voyagea en Italie et copia Carrache comme il avait copié Rubens. Mais bientôt il comprit que le génie n'était pas le don de reproduire l'œuvre des hommes, mais l'œuvre de Dieu lui-même. Il avait jusque-là approfondi son art; quand il créa lui-même, ce fut avec toute la raison et toute la logique d'un penseur. Une grande simplicité domine son œuvre. Il n'abusait jamais du nombre de figures, voulant, à l'exemple des grands maîtres, frapper l'esprit par l'action principale. Il drapait bien ses figures, mais ses fonds manquent souvent d'air et d'espace. Il remplaçait trop le paysage par l'architecture : chez lui, la bonne mère nature ne montre

---

(1) « Il était chargé de thèses de mausolée et de sujets de dévotion qui furent gravés et enluminés pour être distribués dans les écoles et les confréries. Les libraires l'employèrent souvent à des vignettes dont ils ornaient les livres; celui qui a pour titre le Temple des Muses fait honneur à cet artiste. » — DESCAMPS. —

(2) « Simon de Vos a, au musée d'Anvers, quelques ex-voto, c'est-à-dire des portraits soit d'une personne, soit de deux époux, soit d'une famille entière, en prière devant quelque sainte image. Tous ces tableaux sont d'une belle peinture, ferme et finement travaillée. » — Les Musées de Belgique.

jamais un pan de sa robe verte. Sa couleur est harmonieuse et fraîche dans les chairs, mais elle est trop heurtée dans les draperies et dans la lumière. Le nombre de ses tableaux s'élève à plus de cinq cents. La plupart représentent la vie de Jésus-Christ. Toutes ses figures sont de grandeur naturelle. Il était né peintre d'histoire; il ne put jamais varier son talent. On a de lui quelques portraits qui sont encore des tableaux d'histoire par la mise en scène, les ajustements et les détails.

Jacques Van Oost, son fils, tient aussi à Rubens par la tradition. Comme son père, il ne peignit que de grandes compositions. C'était presque la même manière, avec une pâte plus robuste et une touche plus franche. Il vécut longtemps à Lille, où il s'était marié. Il retourna à Bruges pour y mourir en 1713. Il fut un des derniers représentants de la grande école. Quelques-uns de ses portraits ont été comparés, sans trop d'injustice, à ceux de Van Dyck. Quelques-uns m'ont frappé par le goût du dessin, la noblesse de la pose et l'éclat de la couleur. Celui-là encore était né à temps pour se nourrir des bons principes.

Jean Wildens et Lucas Van Uden ont peint dans la plupart des paysages de Rubens. Van Uden avait la touche plus intime et plus variée, tour à tour vague et légère, ferme et décidée. Wildens était un paysagiste de style, digne maître de Huymans et de Van Ortois. Dans les tableaux de Rubens, il soutenait merveilleusement l'accord des figures par ses fonds harmonieux. Tous les deux étaient coloristes; leurs ciels et leurs lointains ont beaucoup d'air et de légèreté. Wildens est irréprochable, Van Uden est plus hardi et plus grand. Le premier, qui avait surtout de l'esprit, arrivait au caractère de l'art et ne dédaignait pas les petits effets; le second, génie rêveur et naïf, arrivait au caractère de la nature sans l'avoir cherché. Il fut le précurseur de Van Everdingen et de Jacques Ruysdael.

Cornille de Bie a écrit qu'Érasme Quellyn surpassait les peintres de l'antiquité; mais Cornille de Bie écrivait en vers. En effet, Érasme Quellyn était plutôt un savant artiste qu'un grand peintre. Il fut d'abord admis chez Rubens comme bel esprit, philosophe, homme de lettres. La maison de Rubens, on le sait, comme le palais de Louis XIV, était ouverte à tous les talents; Érasme Quellyn professait la philosophie. A force de voir peindre Rubens, il comprit que la véritable éloquence était dans la création. Il quitta sa chaire et vint se ranger sous la bannière de Rubens. En peu d'années il fut reconnu pour un des meilleurs peintres d'Anvers, en ce merveilleux XVII° siècle où il y avait à Anvers tant de peintres de génie. Avec beaucoup de science et d'imagination, il ne s'éleva jamais aussi haut que Rubens, parce qu'il manquait de hardiesse et qu'il craignait de trop s'abandonner à ses forces. Il fut un des plus fidèles amis de Rubens, mais il ne voulait jamais peindre dans ses tableaux; et, tout en l'admirant avec enthousiasme, il osait lui reprocher d'employer des mains étrangères dans ses chefs-d'œuvre.

Son fils, Jean-Érasme Quellyn, s'abreuva dans son enfance aux sources fécondes du génie de Rubens. Le premier nom qu'il avait entendu résonner autour de son berceau, c'était celui de ce maître; les premières merveilles qui avaient frappé sa vue, c'étaient les tableaux de Rubens. Il étudia d'abord sous son père. Rubens allait mourir et s'était retiré du monde. Quellyn conduisit son fils auprès de son ami. Rubens dit qu'il regrettait de ne pouvoir enseigner encore, car il jugeait que le jeune homme serait la gloire de son maître. Le fils de Quellyn l'avait frappé par son regard tout enivré de lumière. Il lui conseilla d'aller étudier les maîtres éternels de l'Italie. Le jeune homme lui baisa les mains et lui dit avec des larmes dans les yeux : « Oui, je suivrai vos traces, j'irai aussi à Venise; j'étudierai Titien et Véronèse; mais celui que je respecterai toujours comme mon maître, ce sera vous, car, si je suis peintre, c'est par votre génie et votre gloire. » C'était encore un enfant : son père le retint à son atelier jusqu'au jour où il le jugea capable de partir seul pour l'Italie. Jean-Érasme Quellyn alla donc étudier à Rome, à Florence, à Naples, mais surtout à Venise. La splendeur de Paul Véronèse frappa vivement son esprit. Il reconnut deux maîtres, Rubens et Paul Véronèse. Comme eux, il s'éleva aux hautes compositions; il fut hardi jusqu'à la témérité; il se montra fier dans son style et énergique dans sa couleur. Le dernier, en Flandre, il fit en peinture de la poésie épique, tout en s'abandonnant avec plus de hardiesse que son père à tous les hasards de l'inspiration. Il avait, comme le vieux Quellyn, une logique de composition qui sauvait toujours ses toiles de la confusion.

L'influence de Rubens fut universelle. Philippe de Champagne lui-même, né en 1602, subit dans ses études l'influence de Rubens; mais Philippe de Champagne appartient à l'histoire de la peinture française. Nous reconnaissons volontiers qu'il a gardé parmi nous les robustes traditions du naturalisme flamand; mais, puisque dès sa jeunesse jusqu'à sa mort il a vécu à Paris, dans l'amitié de Poussin et de Lesueur, Flamand par la naissance, Français par le style, nous le saluerons donc peintre français (1), tout en consignant ici sa belle réponse au cardinal

---

(1) Voici d'ailleurs un jugement tout rendu sur Philippe de Champagne :

« Philippe de Champagne, comme homme et même comme artiste, devait porter à Lesueur de véritables consolations. C'était la plus vieille amitié du Poussin à Paris; ils s'étaient liés vingt ans auparavant, lorsque, habitant ensemble au collége de Laon, ils peignaient des panneaux de porte au Luxembourg sous les ordres de Duchêne, le peintre ordinaire de la reine Marie de Médicis. Champagne n'avait ni la force de conception ni la richesse et l'élévation de pensées du Poussin; mais, à un degré différent, il avait pris parmi les peintres de l'époque une attitude presque aussi indépendante et aussi originale que son ami. Jamais il n'avait sacrifié à la mode; il n'était tombé dans aucun des écarts du style italien dégénéré. Son esprit droit, simple, laborieux, son inflexible conscience, peut-être aussi son origine flamande, mais avant tout son rare talent pour peindre le portrait, voilà ce qui l'avait sauvé de la contagion. Toujours en face de figures vivantes, dont il fallait saisir et traduire l'expression, il ne lui avait pas été possible de perdre de vue la nature, et il n'avait eu ni le temps d'apprendre, ni la pensée d'employer tous ces moyens alors en usage pour l'ennoblir et la contrefaire. Ce grand art du portrait n'avait pas seulement préservé son goût, il avait servi sa fortune, en lui assurant la bienveillance d'une foule de puissants personnages : grâce à leur protection, il pouvait se permettre mieux qu'un autre de braver le goût dominant et de faire de la peinture autrement que tout le monde. Même pendant la toute-puissance de Vouet, Champagne vit son talent respecté; et, sans ses scrupules de fidélité envers la reine-mère, il est à croire que toutes les faveurs du cardinal auraient été pour lui.

« Le seul homme qui pouvait faire ombrage à Lebrun, mais qui ne songeait guère à l'inquiéter, c'était Philippe de Champagne. Au milieu de toute cette peinture acadé-

de Richelieu, qui voulait l'élever aux grandeurs de la cour de Louis XIV : « Vous ne pouvez pas me rendre plus habile peintre; en conséquence, je ne désire de vous que l'honneur de vos bonnes grâces. »

Ce ne sont pas là tous les élèves directs ou indirects de Pierre-Paul Rubens (1). Le grand maître avait réuni sous sa puissante main, sur son front radieux, toutes les forces et toutes les gloires du génie flamand. Ce qu'il avait possédé à lui seul, cent cinquante peintres nés sous son règne allaient se le partager en se trouvant riches encore. C'étaient les capitaines d'Alexandre. A son retour d'Italie, Jean-Érasme Quellyn avait trouvé la peinture flamande en pleine décadence; tous les petits-fils de Rubens avaient peu à peu gaspillé l'héritage sacré, comme des enfants prodigues. Les derniers rayons déjà pâlissants frappèrent le front de Jean-Érasme Quellyn. Il tenta de réveiller le génie des arts dans ce pays, qui perdait tout à la fois sa nationalité et ses grands hommes. Quand il mourut, le 11 mars 1715, les Flandres pleurèrent leur dernier peintre sur son tombeau. C'en était fait du grand art.

---

mique sur laquelle Lebrun allait bientôt régner, Champagne seul, depuis la mort de Lesueur, restait comme représentant de la vérité et du naturel. Il peignait encore avec ardeur malgré ses cheveux blancs, mais il n'avait pas la moindre brigue, pas la plus légère ambition. On l'avait fait recteur de l'académie presque malgré lui; et pourtant sa longue carrière, la grande estime qu'il s'était acquise non moins par ses vertus que par ses œuvres, lui donnaient, sans qu'il s'en souciât, une telle puissance que, lorsqu'après la mort de Mazarin le roi, voulant mettre toutes choses sur un pied nouveau, décida qu'il aurait un premier peintre (la charge était vacante depuis la mort de Vouet), il y eut grande indécision parmi ses conseillers pour savoir si son choix devait s'arrêter sur Philippe de Champagne ou sur Lebrun. » — L. VITET. —

(1) David Teniers est élève de Rubens.

XI

LES PEINTRES DE CABARETS ET DE KERMESSES

I

HALS. — BRAUWER. — CRAESBEKE. — LES OSTADE.

Déjà nous avons salué les derniers jours de la peinture flamande : avec Franz Hals, né à Malines, mort à Harlem, nous allons retourner en Hollande. Leyde n'a encore donné qu'un homme de génie, le vieux Lucas; un plus grand va s'y révéler, Rembrandt, le fils d'un meunier. Harlem va donner deux grands paysagistes, Ruysdael et Berghem; Amsterdam, toutes les villes, tous les villages de ce vert pays plein de sève et de saveur, apporteront tour à tour leur tribut. La Hollande aussi aura son siècle de Périclès; elle va être peuplée d'artistes; on les voit poindre à chaque pas.

Jusqu'ici, sans détacher entièrement les deux écoles, nous avons maintenu les limites qui les séparent. Malgré leur sympathie mutuelle pour le réalisme et la couleur, elles ont chacune leur poésie distincte. Il y a tout un monde entre Rubens et Rembrandt, comme entre Titien et Michel-Ange. Cependant, avant d'esquisser à grands traits cette robuste figure si sombre et si rayonnante du peintre de Leyde, nous allons réunir dans la même étude tous les artistes flamands et hollandais, peintres de petits tableaux, qui appartiennent aux deux écoles, comme

Teniers et Brauwer. Il y a là toute une pléiade d'artistes aux franches allures, toujours gais et vifs, qui courent le cabaret et la kermesse; on leur pardonne volontiers de s'attarder jusqu'au matin dans les tavernes, car ils en sortent si bravement, le chapeau de travers et l'épée en ferrailleurs!

Ainsi nous quittons les gentilshommes de la peinture, les grands seigneurs d'Anvers, comme Rubens, Breughel, Van Dyck, pour les plébéiens de l'art, comme Hals, les Ostade, Brauwer; du cabinet royal de Rubens montons au grenier de Hals; il n'y a que la distance du génie au génie.

« Je ne connais, disait Van Dyck, aucun peintre au monde plus maître de son pinceau que Franz Hals. » Van Dyck ajoutait même que le maître d'Ostade aurait été le premier peintre de portraits, s'il avait pu adoucir ses couleurs (1).

Franz Hals, né à Malines en 1584, passa de bonne heure en Hollande; il habita Delft et Harlem. Il était né peintre; il avait pu se passer d'un maître; aussi ses portraits sont-ils touchés avec beaucoup d'originalité. Il avait étudié, mais seulement avec lui-même, pensif devant sa palette. Le caractère de son talent, c'est la force et la hardiesse. Quoiqu'il fût amoureux de la vérité, ses portraits sont des œuvres d'art par la magie des lumières et l'esprit de la touche. Il ne descendait guère de son grenier que pour aller au prochain cabaret. En vain Van Dyck avait tenté de l'arracher à sa misère et à son ivrognerie : il était heureux dans le vin et n'en voulait pas sortir. Van Dyck, quittant Hals, avait donné quelques guinées à ses enfants demi-nus et grelottants; dès que Van Dyck fut parti, Hals saisit les guinées pour aller boire. Voilà à quoi aboutirent les remontrances du portraitiste d'Anvers. Cependant Hals, même dans les fumées du vin, n'oubliait pas qu'il était artiste et qu'il devait laisser un nom. « Je travaille, disait-il, pour le nom de Hals. Le maître, et j'en suis un, doit cacher l'ouvrage servile du manœuvre avec les ressources de l'artiste. Il faut de l'exactitude dans les portraits, mais l'exactitude de l'art. » Un philosophe n'eût pas mieux dit du haut de sa tribune que Hals dans le fond du cabaret, car toute son école allait au cabaret.

Le cabaret, d'ailleurs, n'était pas autrefois ce qu'il est aujourd'hui; les grands seigneurs y

---

(1) « Lorsque Van Dyck fut déterminé à passer en Angleterre, il fut exprès à Harlem pour y voir Hals. Inutilement fut-il souvent chez lui, il était les trois quarts de sa vie au cabaret. Le peintre d'Anvers lui fit dire que quelqu'un l'attendait chez lui pour se faire peindre. Dès que Hals fut arrivé, Van Dyck lui dit qu'il était étranger, qu'il voulait son portrait, mais qu'il n'avait que deux heures à lui donner. Hals prit la première toile venue, arrangea sa palette assez mal, et commença à peindre; peu de temps après, il dit à Van Dyck qu'il le priait de se lever pour voir ce qu'il avait fait. Le modèle parut fort content de la copie, et, après avoir causé sur des choses indifférentes, Van Dyck lui dit que la peinture lui paraissait assez aisée, et qu'il voulait à son tour essayer. Il prit une autre toile et pria Hals de se mettre à la place qu'il venait de quitter. Celui-ci, quoique surpris, ne tarda pas à s'apercevoir qu'il avait affaire à quelqu'un qui connaissait la palette et son usage. Peu de temps après, Van Dyck le pria de se lever à son tour. Quelle fut sa surprise! « Vous êtes Van Dyck, s'écria-t-il en l'embrassant; il n'y a que lui qui puisse faire ce que vous avez fait. » — DESCAMPS. —

soupaient gaiement en folle compagnie. Dans celui des Flandres, on respirait une certaine poésie pittoresque. C'était le temps des mœurs grossières, mais naïves et curieuses : on y avait de l'esprit sans le savoir. Quiconque alors n'allait pas au cabaret n'avait pas de philosophie. Hals en avait un peu trop. Il mourut pauvre, à près de quatre-vingts ans, laissant trois ou quatre fils, peintres, musiciens et ivrognes, bohémiens dans l'art comme dans la vie. Ses élèves dignes de lui sont Brauwer et Ostade.

Brauwer a vécu comme son maître, avec plus de génie et plus de passion; aussi mourut-il à trente-deux ans. La débauche n'avait saisi Hals que dans l'âge mûr, elle avait étreint Brauwer à quinze ans. Celui-là fut un grand peintre (1), non pas de la famille de Léonard et de Raphaël, mais de la famille de Véronèse et de Rembrandt. Il y a dans ses petits tableaux toute la puissance qui éclate fastueusement sur les grandes toiles vénitiennes. Sa poésie est en guenilles, mais quelles guenilles! Hoffmann les eût baisées religieusement.

Adrien Brauwer naquit à Harlem (2) en 1608, d'une famille pauvre. Sa mère brodait des ajustements pour les paysannes. Dès que Brauwer eut une plume à la main, ce fut pour dessiner des fleurs et des oiseaux que brodait sa mère. Hals, passant devant la boutique, s'arrêta à la vue du jeune dessinateur, non sans quelque surprise, car Brauwer dessinait déjà avec une grande liberté de main. Hals mit le pied sur le seuil de la boutique et demanda à l'enfant s'il voulait devenir peintre. Brauwer s'écria avec joie qu'il ne ferait pas autre chose. Hals s'engagea à le prendre à son atelier, à lui donner le gîte et le pain; mais quel pain et quel atelier!

Brauwer, à peine guidé par son maître, fit des progrès qui étonnèrent ses condisciples et Hals lui-même. Il trouvait comme par magie la vie sur sa palette. Après un an d'études, Hals le conduisit dans un petit grenier, en lui déclarant qu'il n'entendait pas le voir perdre son temps avec ses autres élèves. Pendant six mois, nul n'entendit parler de Brauwer; il avait disparu du monde, même pour sa mère. « Cette séquestration donna de l'inquiétude ou de la curiosité à ses camarades, qui, pendant l'absence du maître, épièrent le moment pour voir ce que faisait Brauwer. Ils montèrent chacun à leur tour. Par une petite fenêtre, ils virent avec surprise que cet élève pauvre et méprisé peignait de fort jolis tableaux. Un d'eux lui proposa de lui faire les cinq sens à quatre sous pièce. Il y réussit si bien, qu'un autre lui commanda, au même prix, les douze mois de l'année (3). » Ce pauvre enfant de génie se trouva heureux d'être si bien payé. Il était si bien habitué à la misère, qu'un rayon de soleil sur le toit, un morceau de pain noir, un rêve sur ce grabat, une heure de loisir pour faire des tableaux à quatre sous, lui donnaient du cœur à la vie. Hals était un terrible maître, j'allais dire créancier, mais il allait boire et devenait philosophe, tandis que sa femme, qui était avare, restait toujours au

---

(1) Rubens le reconnaissait pour un des grands peintres du XVIIᵉ siècle.

(2) Cornille de Bie veut qu'il soit né à Oudenarde, mais Houbraeken prouve par une lettre du bourgmestre Six qu'il est né à Harlem.

(3) HOUBRAEKEN.

logis. « Elle observait Brauwer de si près, qu'il ne lui restait pas un seul instant. Elle l'épuisait par le travail et par la faim (1). » Adrien Van Ostade, un de ses condisciples, lui conseilla de fuir. Il descendit de son grenier et courut par la ville, craignant autant sa mère que son maître.

Sa vie aventureuse est toute une odyssée; c'est un roman, c'est un poëme, le poëme de l'homme de génie qui meurt à l'hôpital, l'hôpital, cet autre Panthéon. Arrêtons-nous au premier chapitre du roman et indiquons à peu près le sommaire des autres chapitres. Brauwer passa sans transition du grenier au cabaret. Henry Van Soomeren, peintre dans sa jeunesse, était devenu aubergiste; Brauwer entra chez lui par hasard. Entre deux bouteilles, il se mit à peindre une querelle de soldats et de paysans. Soomeren reconnut le peintre dont Hals vendait si bien les tableaux. Cette œuvre, faite comme en jouant, lui fut aussitôt payée cent ducatons à lui, le peintre de tableaux à quatre sous. Il s'imaginait rêver. « Il répandit l'argent sur son lit et se roula dessus. » Après quoi il sortit en silence, ayant en main les cent ducatons. Au bout de trois jours, il revint sans un sou, dépouillé par les filles et les cabaretiers. Il vécut ainsi à Amsterdam durant quelques années. A la fin, criblé de dettes, il partit de cette ville pour en aller faire ailleurs. Il se mit en route pour Anvers. Ce fut dans ce voyage qu'il rencontra David Teniers, à peine adolescent, qui allait d'Anvers à Amsterdam, en compagnie d'un âne, pour y vendre les tableaux de son père. A son arrivée à Anvers, il fut arrêté comme espion et jeté dans la citadelle avec les prisonniers de guerre (2). Parmi les prisonniers était le duc d'Aremberg. « Qui êtes-vous? lui demanda le duc en le voyant pleurer. — Donnez-moi une palette et des pinceaux, » répondit le peintre. Le duc envoya chez Rubens; une heure après, Brauwer avait le pinceau à la main. Par la lucarne de son cachot, il voyait des soldats espagnols jouer aux dés dans la cour. Il esquissa cette scène avec beaucoup de verve, selon sa coutume. Le duc d'Aremberg ne savait comment juger l'œuvre, quand Rubens survint. « Sur mon âme! ce tableau est de Brauwer, s'écria-t-il; lui seul peut peindre de tels sujets avec autant de force et de beauté. » Le duc demanda à Rubens combien il estimait ce tableau; le grand maître répondit qu'il en offrait trois cents rycksdaelders (à peu près six cents florins). Le duc voulut le garder, autant pour la singularité de l'aventure que pour la beauté de l'œuvre (3). Rubens descendit à la hâte au cachot de Brauwer et l'embrassa avec des larmes de joie et de compassion; il obtint

(1) « A peine avait-il la figure d'un homme vivant. » DESCAMPS.

(2) Les États-Généraux étaient alors en guerre avec l'Espagne.

(3) « C'était un groupe de soldats espagnols assis sur les talons et jouant aux cartes avec cette gravité castillane qui met de la dignité dans les poses les plus grotesques. Un vieux cavalier, dont la large bouche balafrée ne montrait plus que deux dents longues et jaunes comme celles d'un sanglier quadragénaire, semblait le juge des coups. La joie du gain, l'anxiété de la perte, l'intérêt, la curiosité des joueurs et des assistants, étaient reproduits avec une vivacité d'imagination non pareille. Dans un coin, accroupi dans une position non équivoque, on voyait un senor soldado dont la physionomie trahissait des émotions si douloureusement comiques qu'on ne pouvait le regarder sans rire. » — KAREL REYNAERT. — Les Belges illustres.

sa liberté et l'emmena en son palais, lui déclarant qu'il y trouverait toujours une fraternelle hospitalité.

Brauwer retrouva le jeune David Teniers à l'atelier de Rubens; il lui donna des leçons et le détourna des grandes pages. Peu s'en fallut que tout l'atelier ne suivît la manière de Brauwer, tant il était éloquent avec la poésie du cabaret. Mais ce nouveau venu qui allait faire une révolution disparut tout à coup. Brauwer ne se trouvait guère mieux chez Rubens que chez Hals : ce n'était ni un palais ni un grenier qu'il fallait à cet artiste de hasard, tour à tour naïf et gai comme un enfant ou courbé sous la débauche. Les belles manières de Rubens, son langage étudié et sévère, toute sa cour de grands seigneurs, tous ses disciples vêtus de velours et de dentelles, effrayaient l'habitué des tavernes. Il quitta Rubens pour chercher, selon sa coutume, fortune en plein vent. Il rencontra au cabaret un original qui buvait gaiement et contait avec verve. C'était le fameux boulanger Joseph Van Craesbeke, qui devint peintre en voyant peindre Brauwer. Ils burent ensemble. Craesbeke s'émerveilla du talent de Brauwer; il l'attira chez lui et le nourrit. Cette fois, c'était l'élève qui donnait l'hospitalité. Craesbeke fut trop hospitalier, car sa femme était jolie et Brauwer était galant. Le scandale devint si éclatant, que la justice ordonna à Brauwer de quitter la ville. Cette fois, il partit pour Paris. Il était peut-être encore l'heure de monter l'âpre rocher pour respirer enfin l'air pur des montagnes; une main secourable pouvait l'entraîner loin de la forêt touffue des voluptés : Rubens avait échoué; mais si une femme se fût présentée pour lui parler de Dieu ou d'elle-même? Une fois de plus il rencontra la débauche; c'était le dernier rendez-vous : la mort allait venir. A Paris comme à Harlem, comme à Amsterdam, comme à Anvers, il eut du génie au cabaret, en compagnie des enfants prodigues et des filles de joie. Il sentit bientôt que c'en était fait de lui : il voulut revoir Anvers, il y retourna, mais il eut à peine le temps de descendre à l'hôpital pour ne pas mourir dans la rue. Il expira deux jours après, sans un ami pour lui parler de la terre où son génie était aimé, pour lui parler du ciel, la patrie des grands cœurs. Son corps fut jeté dans la fosse commune; mais Rubens, toujours hospitalier, le fit déterrer et donna une tombe dans l'église des Carmes à celui qu'il voulait loger dans son palais.

Nul n'a saisi la vérité pittoresque avec plus de franchise et d'esprit que Brauwer; nul, dans un pareil espace, n'a plus pompeusement répandu la lumière. Celui-là n'était pas un miniaturiste patient comme tant de ses compatriotes trop vantés : sa touche était large, pleine de vie et d'effet. Ses paysans ivres, ses rustres endimanchés, ses chirurgiens à l'œuvre, ses joueurs en colère, ses libertins en gaieté, sont de petites merveilles qu'il faut admirer comme les créations d'un des talents les plus robustes qui aient régné dans les Flandres (1).

(1) Les tableaux de Brauwer sont rares et hors de prix; comme ceux de Teniers, il ne faut pas les chercher dans sa patrie. Le plus beau que j'aie vu est à Rome, à la galerie Borghèse. Les quatre figures de ce petit tableau vous étonnent toujours par la vie qui les anime, par l'expression, par l'accent de génie qui les marque si victorieusement.

Craesbeke n'est guère que la grimace de Brauwer; il n'a ni sa richesse de ton, ni sa fierté de touche, ni sa finesse d'expression. Cependant il y aurait de l'injustice à nier l'entrain, le tour facile, la touche solide de cet autre peintre de hasard. Brauwer était l'Homère du cabaret, Craesbeke n'en était que le Diogène (1). Rien qu'à le voir, d'ailleurs, on jugeait que l'élève n'était que le bouffon du maître. Brauwer avait une belle tête fière et dédaigneuse, ennoblie par l'orgueil du talent. Il s'habillait avec faste et tranchait du grand seigneur; en franchissant le seuil des tavernes, il retroussait ses moustaches en raffiné et se faisait verser à boire avec insolence (2). Craesbeke était un ivrogne trivial, portant mal une tête vulgaire que nulle grande pensée, que nul beau sentiment n'avait illuminée.

Adrien Van Ostade, né à Lubeck en 1610, mort à Amsterdam en 1685, fut tout à la fois élève de Franz Hals, son maître reconnu, et de Brauwer, son condisciple. Il imita l'un et l'autre. Plus tard, émerveillé des petits tableaux de David Teniers, il se laissa séduire à cette autre manière non moins curieuse; mais, sur le conseil de Brauwer, qui n'aimait pas les copistes, il suivit enfin la route où sa nature l'entraînait. Tout en peignant les mêmes sujets que Teniers et Brauwer, il a son cachet bien distinct, soit par l'effet lumineux, soit par les ajustements, soit par le coloris, soit par l'expression. Ce n'est ni le même soleil, ni le même pays, ni les mêmes hommes. Il est plus grotesque et n'a pas moins d'esprit. Teniers est plus logique et compose mieux, Ostade est plus vigoureux et plus fini. Son dessin n'est pas choisi; mais quelle légèreté de touche, quelle transparence, quelle chaleur de ton! Comme il séduit l'œil et détourne l'esprit de critique dans ces intérieurs agrestes dont la fenêtre est si poétiquement égayée par le soleil et les herbes grimpantes! Quel génie pour le détail et pour l'ordre! Dans ses intérieurs, on a tout sous la main; on passe, sans déranger personne, autour de la ménagère et des enfants. Il semble que ses tableaux soient peints en émail; tout y est clair, tout y est en relief. Ostade était varié dans ses créations; il a peint tour à tour des ménagères et des fumeurs, des matelots et des ivrognes, des joueurs de quilles et des joueurs de trictrac, des hivers et des tabagies, des musiciens en plein vent et des philosophes en méditation, des maîtres d'école en fonctions et des amoureux rustiques à mi-chemin de Cythère (3). Il s'est représenté

---

(1) Le tableau capital de Craesbeke représente des paysans qui s'égorgent dans une guinguette; tout y est renversé, tables, pots, hommes, femmes et enfants; le vin coule avec le sang. C'est d'une horrible et sublime vérité. Son tableau du Louvre, qui est aussi un de ses meilleurs, le représente peignant son ami Brauwer : ce sont deux excellents portraits, c'est une curieuse page de l'histoire de l'art.

(2) Voici comment Corneille de Bie peint Brauwer :

Zyn schilderkonst bestont in snakery en boetzen,
Die hy zoo geestig wist met zyn penceel te toetzen.
Dat niemant zyns gelyk, in deze tyd en is
Die't werk komt over een met zyn gesteltenis.

Hier staat een lompe boer van dronkenschap te spouwen,
En't wyf met eenen stok gereed zyn huid te touwen.
Daar ziet m'een bootsgezel met't pintje in zyne vuist,
En hier een feyenrot die met de kaarten tuist.
Daar zuipt een gulzigaart de pot urt onder't pypen,
Of wil de huiswaardin kwanvuis n'at voorschoot grypen
Daar vegt men om't gelag, met bezem, bank' en stoel,
Daar ziet men boers gevry, en diergelyk gevoel!

(3) Un des beaux Ostade est au musée de Strasbourg. Il est admirable par l'expression, l'effet et le coloris. C'est une des pages les plus gaies et les plus lumineuses du roman comique de la Hollande.

plusieurs fois peignant au milieu de sa famille. Le joli tableau du musée du Louvre nous montre ses huit enfants endimanchés pour la postérité. C'était un homme fécond en tous genres. Il gravait comme il peignait. Il a laissé des gravures sans nombre, de beaucoup d'effet et d'esprit. Les historiens ne s'inquiètent pas de sa vie privée; sans doute il fut heureux au milieu de ses tableaux et de ses enfants.

Isaac Van Ostade, élève de son frère, mourut trop jeune. A en juger par les tableaux qu'il a laissés, on peut dire qu'il était digne d'Adrien par le tour naïf, l'accent de vérité et l'esprit pittoresque. Comme son frère, il peignit des grotesques et des paysanneries. Ses haltes de voyageurs à la porte de l'hôtellerie sont peintes avec beaucoup d'entrain et de chaleur de ton.

Adrien Van Ostade est l'idéal du laid, le point suprême. Un peu plus loin, c'est la caricature. Ce qui sauve les bambochades de tous les peintres flamands et hollandais de la même période et du même genre, c'est qu'elles sont plus accentuées que celles de la nature. L'art a toujours son privilége.

II

LES TENIERS.

On peut appliquer à David Teniers, le peintre des Géorgiques en Flandre, ces paroles de Virgile : *In tenui labor, et tenuis non gloria*.

Avant d'arriver à la vie et à l'œuvre de David Teniers, qui a fait voyager les Pays-Bas dans tout l'univers, je veux suivre le sillon tracé jusqu'à lui. On ne crée pas un genre dans les arts sans prendre les leçons du passé, sans étudier les traces, quelque vagues qu'elles soient, de ceux qui ont marché avec de pareils instincts.

Je ne parlerai plus ici du vieux Pierre Breughel, surnommé Pierre-le-Drôle. Ses paysanneries sont plutôt de belles miniatures que des tableaux de genre. On a dit que David Teniers s'était inspiré de ses fêtes de village. David Teniers trouvait sans doute bien plus simple de s'inspirer aux tableaux vivants des fêtes de village de son temps. Ses vrais maîtres avoués par lui sont Adam Elzheimer, un Flamand né en Allemagne, le vieux Teniers, Adrien Brauwer. Ils ont été, pour ainsi dire, la brillante préface de son œuvre.

Adam Elzheimer, un des premiers, peignit en petit, avec une touche étudiée, des sujets pris autour de lui dans la vraie nature. Il est né à Francfort en 1574. Son premier maître fut Philippe Offenbach, de la même ville; son second maître, le meilleur sans doute, ce fut lui-même, la nature aidant. Voulant changer de ciel, il partit pour Rome, jeune encore. Il fut d'abord mal accueilli dans ce sanctuaire de la peinture solennelle. On riait de pitié à la vue de ses petits tableaux souriants. « Ce ne sont là que des jeux d'enfant, » lui disaient avec dédain les copistes de Raphaël; mais Adam Elzheimer ne se décourageait point; en homme raisonnable, il pensait que ce n'est point faire tomber l'art en enfance que de peindre sans façon la nature telle qu'elle est. Des artistes flamands, alors en grand nombre à Rome, le vengèrent bientôt en imitant sa manière. Après bien des luttes avec la pauvreté, la fortune lui tendit la main; mais, comme il l'a dit ingénieusement, « elle ne m'a tendu la main que pour me faire l'aumône. » Il passait trop de temps à finir ses petits tableaux pour devenir riche; il tenta de se consoler avec l'amour. Il avait une belle figure, un peu grave et un peu triste; dans la gravure d'Eisen, on le voit surtout pensif. Il est représenté avec des cheveux bouclés, des moustaches relevées et une touffe de barbe au menton. Il semble plus préoccupé de ses enfants qui ont faim que des sujets souvent gais de ses tableaux. Quoi de plus désolant pour un homme de cœur que cette misère du foyer qui vient crier famine par la bouche fraîche et rose d'une nichée d'enfants !

Il peignait péniblement, il peignit avec plus de peine encore. Ses élèves lui vinrent en aide, entre autres Teniers, le père de David Teniers. Mais peu à peu ses derniers élèves, presque tous Flamands, retournèrent en leur pays. Il demeura seul en face d'une femme et de huit enfants, qui ne lui laissaient pas le temps d'achever ses tableaux. Jusqu'alors, il se consolait du moins, à certaines heures, en appuyant sur son cœur blessé ses terribles créanciers de chaque jour. A ces créanciers aimés il s'en joignit d'autres, qui vinrent à leur tour saisir l'œuvre inachevée dans les mains du pauvre artiste. Jusque-là, Adam Elzheimer avait travaillé jour et nuit bien au delà de ses forces; comme le pélican solitaire, il avait nourri sa famille avec son sang. Dès qu'il vit que désormais le premier prix de son travail ne serait plus pour sa femme et ses enfants, il perdit courage et s'enfuit comme un fou dans la campagne de Rome. Pendant près de six mois, il n'habita que les ruines et les ermitages. Sa femme allait lui porter, non pas de quoi vivre, mais de quoi travailler encore pour ses enfants. Dans un ermitage du mont Collini, il peignit *la Fuite de la Vierge en Égypte*. Ce tableau, qui passait pour son chef-d'œuvre, est au musée du Louvre. La sainte Vierge tient l'enfant Jésus sur ses genoux; la femme et le dernier enfant d'Elzheimer lui avaient servi de modèles; saint Joseph conduit l'âne pendant la nuit au bord d'une rivière semée de toute sorte de plantes et de fleurs aquatiques; il tient à la main, en guise de flambeau, une branche de pin allumée. Le lointain est à effet : un groupe de bergers se chauffent près d'un beau feu, sur les bords d'un étang, à quelques pas d'une sombre forêt où leurs troupeaux sont éparpillés. Le ciel est semé d'étoiles; la lune blanche, un peu au-dessus de l'horizon, éclaire le paysage et les figures avec une grande vérité.

Le pauvre Adam Elzheimer eût sans doute bien voulu conduire l'âne, comme Joseph, vers des pays meilleurs. Pour lui, il ne tarda pas à partir pour un autre monde. Ses créanciers, ayant découvert sa retraite, le traquèrent, le saisirent et l'entraînèrent en prison. Il fut forcé d'y travailler pour eux : c'étaient les travaux forcés à perpétuité. Heureusement pour sa famille que de Gaud, gentilhomme d'Utrecht, peintre lui-même, ayant découvert Adam Elzheimer dans la prison, voulut le secourir, lui et les siens. Cette amitié vint trop tard : le pauvre peintre mourut à la peine, sans avoir attendri ses créanciers. Il ne sortit de la prison que pour le cimetière (1).

David Teniers le vieux naquit à Anvers en 1582. On ne sait rien de son origine; on ne commence à le connaître un peu que dans l'atelier de Rubens, son premier maître. Il fit, sans trop d'éclat, de la grande peinture jusqu'aux premières années du xviie siècle. Il copiait Rubens comme Elzheimer, avec un grand bonheur. Il partit jeune encore pour Rome, sachant manier le pinceau et fondre la couleur. A Rome, il rencontra Elzheimer presque à son arrivée. Ils devinrent amis et se conseillèrent l'un l'autre, tout en partageant le pain béni du travail; mais Elzheimer, plus original et plus grand peintre, finit par dominer Teniers le vieux. Après un séjour de dix ans à Rome, celui-ci revint à Anvers. Il avait étudié tous les maîtres italiens; une fois de retour dans sa patrie, il ne se souvint que des leçons de son ami Elzheimer; il regarda autour de lui *la petite nature*, comme disaient dédaigneusement les critiques du peintre de Francfort; il fut frappé de la vérité naïve qu'avait saisie son malheureux ami. Ayant assisté comme convive à une noce aux environs d'Anvers, il résolut de peindre, à la façon d'Elzheimer, toutes ces franches figures qui n'avaient d'autre souci que de rire, de boire et de danser. Cette noce de village fit grand bruit : on y voyait des figures heureusement touchées; il y avait un profond caractère de vérité répandu sur toute la toile; ce qui frappait surtout, c'était l'entrain d'un groupe de danseurs. Quoique ce tableau fût très-admiré, il ne se trouva point de chalands pour le payer : les amateurs eussent craint de déparer leur galerie par un pareil sujet. Le peintre, qui venait de se marier, abandonna ce nouveau genre pour copier encore les grands maîtres, mais il y revint bientôt. On avait compris que, dans les arts, la vérité a sa poésie comme le mensonge. Il trouva à vendre ses noces et ses fêtes de village, ses alchimistes et ses buveurs. Il ne devint pourtant jamais riche et ne laissa à ses enfants que son pinceau pour tout héritage. Il eut deux fils, Abraham et David; ce fut David qui ramassa le pinceau. Abraham ne fut qu'un cadet de famille dont le nom serait oublié, comme l'est son œuvre, s'il n'avait eu un tel père et un tel frère. Cependant il a laissé des preuves de talent à Bruxelles sur les panneaux du cabinet de Charles de Lorraine. On a même beaucoup vanté une œuvre de

---

(1) A peine mort, ses tableaux furent des plus recherchés; *la Fuite en Égypte* fut vendue à un prix fou; ses petits tableaux du genre gai, surnommés les Elzheimer, furent payés comme des chefs-d'œuvre.

lui, *la Conversation*, peinte avec un certain tour original. Mais que de peintres du Nord, Allemands, Hollandais ou Flamands, qui ont eu du talent et qui n'ont pas eu de nom! Les temps sont bien changés!

Ainsi Adam Elzheimer commence cette galerie de la *petite nature* où règne surtout la vérité naïve. Des peintres flamands, entre autres le vieux Teniers, emportent en Flandre les leçons de ce maître; l'atelier de Hals, où étudie Adrien Brauwer, est parsemé de gravures d'après Elzheimer. Or, on le sait déjà, le vieux Teniers et Adrien Brauwer sont les maîtres du jeune David Teniers, qui devint le roi du genre.

David Teniers naquit à Anvers en 1610, dans l'atelier de son père, cet atelier étant tout à la fois la chambre à coucher et le salon. Jamais peintre n'étudia de si bonne heure; de son berceau il regardait peindre le vieux Teniers. Il n'avait pas quatre ans que son père le surprit le pinceau à la main, barbouillant avec une gravité comique une kermesse inachevée.

Rubens, venant visiter David Teniers le vieux dans une maladie, s'arrêta un peu pour voir à l'œuvre ses deux jeunes fils Abraham et David. Abraham poursuivit paisiblement sa tâche, sans s'inquiéter de la présence de cet illustre maître; David, ému jusqu'aux larmes, laissa tomber son pinceau. Rubens, voyant bien qu'il lui faisait peur, daigna ramasser le pinceau et peindre lui-même à grands traits dans l'ébauche du jeune écolier. Ce fut la plus belle leçon que prit jamais David, car Rubens parlait en même temps qu'il peignait. Il expliquait chaque coup de pinceau. Tout ce qu'il dit sur l'art de colorier, sur l'ordonnance et l'harmonie d'un tableau, demeura pour la vie gravé en traits saillants dans la mémoire de David. Aussi disait-il plus tard : « Je tiens mon génie de la nature, mon goût de mon père, ma perfection de Rubens. » Il avait tort d'oublier Brauwer.

David Teniers, à quinze ans, peignait déjà les paysages dans les tableaux de genre de son père. Il était né peintre, il en avait tous les instincts; il ne voyait rien pour le plaisir de voir, mais pour le plaisir de peindre. « Il était d'un grand secours à son père, dit le naïf Descamps, car il allait avec un âne vendre les tableaux du vieillard à Bruxelles ou à Amsterdam. » Un jour, nous l'avons dit, il rencontra sur la route un grand garçon de dix-huit ans en fort mauvais équipage, qui lui demanda où allait son âne : « Il suit le chemin des ânes, répondit David Teniers; vous voyez donc que c'est votre compagnon de voyage. » Le grand garçon, c'était Adrien Brauwer. Content de la réponse du jeune Teniers, il fit route avec lui, s'arrêtant aux mêmes auberges pour vivre à ses dépens.

S'étant brouillé, on ne sait pourquoi, avec Abraham, David alla, confiant dans son étoile, ouvrir un atelier près de la cathédrale. Adrien Brauwer, qui n'avait d'autre atelier qu'un cabaret, vint peindre chez David. Ce fut là un nouveau maître très-ardent et très-original. Heureusement que David ne l'écouta qu'à l'atelier; s'il l'eût suivi au cabaret, il eût gaspillé sa vie comme fit Brauwer.

On raconte cependant une histoire qui prouve que Teniers allait aussi au cabaret. Il était à une auberge d'Oyssel avec sa palette et ses pinceaux, sans doute au retour de quelques études en pleine campagne; il n'avait pas d'argent, mais il avait faim. Comment se bien tirer d'affaire pour mettre d'accord sa bourse et son estomac? Il commença par déjeuner de toutes ses forces; comme il était à table, un pauvre aveugle jouant de la flûte vint à la porte du cabaret. Il ordonna au joueur de flûte de demeurer en paix sur le seuil. Après déjeuner, il se mit à le peindre; il ne lui fallut pas deux heures pour achever le tableau. Un Anglais, lord Falston, se trouvait là (il y avait alors, comme aujourd'hui, des Anglais partout); ce lord offrit au peintre trois ducats de son tableau. « C'est où j'en voulais venir, » dit Teniers. Des trois ducats, l'un fut pour le joueur de flûte, l'autre pour le cabaretier, le dernier pour le peintre. On s'obstina et on s'obstine encore à regarder ce *Joueur de Flûte* comme le chef-d'œuvre de Teniers (1).

Teniers lutta durant quelques années contre la misère. Il était forcé d'aller vendre ses tableaux, comme ceux de son père, à Bruxelles ou à Amsterdam. Son talent, encore indécis, flottait de la grande peinture religieuse au petit tableau de genre; il avait un peu plus de vingt ans quand l'archiduc Léopold, l'ayant rencontré à l'atelier de Rubens, le nomma son peintre ordinaire et son premier *valet* de chambre. (Des biographes disent *aide*, d'autres *gentilhomme*.) Depuis cette bonne rencontre, tout alla à son gré.

Une petite aventure décida tout à fait sa fortune vers ce temps-là. Un gentilhomme du duc, près de se marier, commanda à notre peintre un tableau de l'Hymen. Comme le gentilhomme était passionné, Teniers, pour le contenter, mit en œuvre toutes les ressources de son génie. Il imita les grâces du Corrége et le coloris de Rubens; il fit l'Hymen beau comme l'Adonis antique. Jamais lignes plus pures ne s'étaient animées d'un plus charmant sourire. Teniers n'oublia pas le flambeau; jamais flambeau d'amour n'avait jeté tant d'éclat. La veille des noces, Teniers appelle le gentilhomme à son atelier : « Voilà, dit-il, tout ce que j'ai rêvé de plus beau et de plus aimable. — Vous avez manqué votre coup, dit le gentilhomme en secouant la tête d'un air mécontent; j'ai une meilleure idée de l'Hymen, je le vois plus agréable et plus gai; il manque à cette figure je ne sais quoi d'enchanteur que je sens et que je ne puis exprimer. » En garçon d'esprit, Teniers prit aussitôt son parti. « Vous avez raison de n'être pas content de mon tableau; il n'est pas sec, la figure est ambue; d'ailleurs, mes couleurs ne gagnent qu'avec le temps, comme toutes celles des grands maîtres. Voulez-vous que je vous rapporte ce tableau dans quelques semaines? Puisque vous vous mariez demain, vous avez bien autre chose à faire qu'à voir l'Hymen en peinture. Croyez-en ma parole, si vous trouvez à la première entrevue que je me sois trompé, je consens à n'être pas payé. »

---

(1) Je ne l'ai pas vu; il a été d'ailleurs longtemps perdu pour l'Europe. Il fut volé à lord Falston et retrouvé en Perse, en 1804, par le colonel Dickson. Notre *Joueur de cornemuse* est sans doute digne du *Joueur de flûte*.

Le gentilhomme n'avait rien à répliquer. Il sortit de l'atelier pour aller revoir sa fiancée. C'était une Flamande d'origine espagnole, digne du pinceau de Murillo comme du pinceau de Rubens : comme elle n'avait guère que de l'esprit flamand, elle fut moins adorable le lendemain des noces que la veille; mais Teniers, en homme sensé, attendit un peu; il laissa au gentilhomme le loisir de voir l'Hymen sous toutes ses faces. Enfin, au bout de trois ou quatre mois, il porta le tableau au logis du gentilhomme. « Vous aviez raison, s'écria celui-ci après l'avoir contemplé un instant, le temps a singulièrement embelli votre peinture. A peine si je la reconnais! Le temps doit passer sur les meilleurs tableaux. Comme ces couleurs ont bien plus d'éclat! comme ce flambeau a bien plus de feu! Je ne puis m'empêcher de vous dire que votre tableau a trop gagné en grâce et en agrément. Vous avouerez que cet air de tête est trop enjoué, on dirait l'Amour; or, ne vous y trompez pas, c'est l'Hymen que vous avez voulu peindre. Cet œil est trop vif, cette bouche trop folâtre. L'Hymen est un dieu raisonnable avant tout; plus j'y regarde, plus je trouve que vous n'avez pas saisi son caractère. — A merveille, dit Teniers; comme je l'avais prévu, l'Hymen s'est métamorphosé dans votre imagination; l'amant n'est plus qu'un mari. Sachez-le donc, ce n'est pas ma peinture qui a changé, c'est votre idée. » Le gentilhomme voulait se fâcher pour l'honneur de sa femme; mais comment se fâcher contre un pareil raisonnement? Il offrit de payer le tableau. « Non, dit le peintre, j'ai manqué de génie en cette aventure; accordez-moi quelques jours. » Teniers se remit au travail; il fit un chef-d'œuvre d'esprit. Grâce à la perspective, il fit un portrait de l'Hymen qui paraissait charmant, vu de loin, et un peu refrogné, vu de près.

L'archiduc Léopold, ayant appris l'histoire de ce portrait, exigea qu'il fût au bout de sa galerie. Tous les curieux, mariés ou non mariés, le vinrent admirer. Dufresny, qui a raconté cette histoire avec tout son charme, termine ainsi son récit : « Le duc fit placer le portrait au bout d'une agréable galerie, sur une espèce d'estrade, et, pour monter sur cette estrade, il fallait passer un pas fort glissant : en deçà, c'était le charmant point de vue; mais, sitôt qu'on avait passé ce pas, adieu les charmes, ce n'était plus cela. »

Cornille Schut a le premier rapporté cette histoire. « Ce qu'il y a de curieux, dit-il dans sa narration, c'est que ce tableau de l'Hymen a amené le mariage de David Teniers. » Voici comment : Cornille Schut était un des tuteurs d'Anne Breughel, fille de Breughel de Velours; elle demeurait avec sa famille. Comme elle était aimable et belle, il prenait plaisir à la conduire à la promenade, tantôt aux ateliers de Rubens et de Van Balen, ses autres tuteurs, tantôt à la cour de l'archiduc Léopold, tantôt sur l'eau ou en pleine campagne. Un jour qu'il lui montrait le tableau de Teniers, *vu en deçà du pas glissant*, notre peintre survint. Après quelques paroles sur la pluie et le beau temps, sur la poésie et la peinture, Teniers dit tout à coup à la jeune fille : « Madame, *voulez-vous passer au delà?* — Oui, dit-elle peut-être sans réfléchir. — Je vous prends au mot, » dit Teniers en lui offrant la main. Anne Breughel rougit et refusa de passer. Cornille Schut prit l'aventure en poëte plutôt qu'en tuteur. « Pourquoi ne passeriez-vous pas? dit-il en souriant. — A quoi bon, dit-elle un peu enhardie, puisque de l'autre côté le tableau change d'effet et de couleur? — Pour vous et pour moi jamais, dit étourdiment le jeune peintre; ou plutôt, je vous promets de revenir tout de suite en deçà du pas fatal. »

Il survint du monde mal à propos. Teniers salua galamment et s'éloigna déjà amoureux. Le lendemain, il entra, après mille détours, à l'atelier de Cornille Schut, qui peignait des camaïeux dans une guirlande de fleurs de Seghers. « Maître Cornille, demanda Teniers, voulez-vous me dire ce qu'il y a de mieux à faire pour séduire une femme? — Des vers, répondit le poëte-peintre. Vous êtes donc amoureux? — Comme un fou; au point que l'archiduc croit que j'ai perdu la raison. — Et amoureux de qui, messire David Teniers? — Vous le devinez, répondit le jeune peintre. Ah! si je savais faire des vers comme les vôtres! — Je ne suis pas maître de la main d'Anne Breughel; elle a deux autres tuteurs, Rubens et Van Balen; d'ailleurs, je la tiens pour femme résolue : elle prendra un époux à sa guise. » Teniers, voyant Rubens quelques jours après, lui demanda aussi ce qu'il y avait de mieux à faire pour séduire une femme. « Un portrait qui l'embellisse, répondit le grand peintre. — Que n'ai-je votre talent! s'écria Teniers avec un soupir, j'embellirais encore Anne Breughel. — Puisqu'il est question d'Anne Breughel, allez voir notre grave ami Van Balen, son premier tuteur; il vous dira, en vieux philosophe revenu des passions de ce monde, ce qu'il y a de mieux à faire sur ce chapitre. » David Teniers alla tout droit à l'atelier du vieux peintre. Il le trouva peignant sur cuivre une copie de son grand tableau, *Saint Jean qui prêche dans le désert*. Teniers l'avait vu souvent au palais de l'archiduc; il aborda tout de suite la question : « Qu'y a-t-il de mieux à faire pour séduire une femme? — L'aimer, répondit le vieux peintre. — Vous avez peut-être raison; cependant j'adore Anne Breughel, qui n'est, j'imagine, pas le moins du monde touchée de mon amour. »

Les trois tuteurs interrogèrent tour à tour Anne Breughel, qui n'avait point oublié David Teniers. Il se trouva que Van Balen avait parlé plus judicieusement que ses cotuteurs. Tous trois tinrent conseil; on mit sur les balances le talent de Teniers et la fortune d'Anne Breughel, l'esprit de l'un et la grâce de l'autre. Après bien des débats, on se décida pour le mariage. On rassembla les jeunes gens dans un souper chez Rubens; on s'amusa un peu de leur embarras; au dessert, on dit à Teniers qu'on l'avait appelé pour signer au contrat de mariage d'Anne Breughel en sa qualité d'imitateur du vieux Pierre Breughel, son grand-père. En effet, un garde-notes se présenta très-sérieusement. On lui fit place au bout de la table; il déploya un parchemin, tailla sa plume et offrit de lire son écrit sur les conventions des futurs époux. David Teniers ne douta plus de son bonheur; il offrit de signer des deux mains.

Ce contrat de mariage, conservé aux archives d'Anvers, fut rédigé en faveur de la femme contre le mari. Il y est dit qu'en cas de décès d'Anne Breughel ses enfants recueilleraient, non-seulement les biens qu'elle apportait en dot, mais encore tous les bénéfices de la communauté. Nous verrons tout à l'heure cette clause exécutée de point en point. Les trois tuteurs avaient tout arrangé en hommes de loi, tout artistes qu'ils étaient.

Le mariage eut lieu solennellement à quelques jours de là. L'archiduc, le matin même, donna son portrait en médaillon à Teniers avec une chaîne d'or. Cette chaîne d'or fut d'un heureux présage; ce mariage n'eut pour Teniers que des chaînes de fleurs. Anne Breughel lui fut toujours douce et gracieuse; elle lui donna quatre jolis enfants sans cesser de l'aimer comme au premier jour; lui-même l'aima toujours avec la tendresse d'une âme ardente : en un mot, ils ne virent jamais l'Hymen qu'*en deçà du pas fatal*.

Dans les premières années de son mariage, il continua d'habiter le palais de Léopold, ne travaillant guère que pour le roi d'Espagne. Le roi d'Espagne fut si enchanté de sa façon de faire et de son agilité, qu'il fit bâtir une galerie tout exprès pour ses œuvres. D'abord Teniers n'avait guère que copié les grands maîtres de Flandre et d'Italie. Bientôt ennuyé de suivre les maîtres à la lettre, il ne fit plus que les imiter; ses imitations eurent une vogue singulière : on alla jusqu'à les préférer aux modèles; il réussissait surtout à imiter Rubens, au point qu'on s'y méprenait quelquefois. Ces pastiches furent gravés sous sa direction; les gravures forment un grand volume in-folio très-curieux à étudier.

Teniers comprit que jusque-là il n'avait mis son génie qu'au service de sa fortune et des maîtres qu'il traduisait; il voulut être à son tour un peintre original. Dans ses heures de loisir, se rappelant les leçons de son vieux père, il créait en quelques coups de pinceau une scène prise autour de lui dans la nature pure et simple. Il finit par abandonner tout à fait les grands sujets; il borna son génie, flamand avant tout, dans un horizon flamand. Il s'était lassé de voir des saints en extase, des saintes en pénitence; il n'avait jamais rencontré de pareils tableaux sur son chemin. Assez d'autres avaient peint pour l'église catholique, apostolique et romaine; n'était-il pas temps de représenter la créature humaine sous une autre face, dans un caractère plus vrai? Puisque la peinture est un miroir, pourquoi ne pas promener ce miroir dans le chemin où l'on passe aussi bien que dans le chemin où l'on ne passe guère? Le tableau de la joie franche et naïve, le tableau de la vie telle qu'elle est, ne doit pas être indigne de l'art; la prose doit plaire aussi bien que les vers. Ainsi raisonnait Teniers, et, comme tous les hommes de talent, il avait raison. On aurait bien pu lui répondre que la peinture, comme la poésie, est une fille du ciel, qu'elle ne doit descendre que pour s'élever plus haut, qu'elle a pour mission de parler à l'âme le langage des dieux, qu'elle doit enseigner en même temps que séduire; mais comment dire à Teniers qu'il avait tort en voyant ses paysans en gaieté?

Brauwer et Craesbeke avaient pris à Anvers, parmi les mariniers et les buveurs, toutes les physionomie originales; pas un intérieur de cabaret, pas une figure plaisante qu'ils n'eussent peints à diverses reprises. David Teniers voulut aller à la conquête d'un nouveau monde; il ne fit pas grand chemin pour cela. Entre Malines et Anvers, au village de Perck, il y avait un château à vendre, le château des Trois-Tours, vieil édifice gothique digne d'abriter un prince. David Teniers, qui était un prince parmi les peintres flamands, acheta hardiment le château, résolu d'y passer sa vie dans le travail en pleine nature. Le lieu était bien choisi : clocher pointu, prairie, étang, enclos pittoresque, ménétriers, ivrognes, tout ce que Teniers cherchait, il le trouva à Perck et aux villages environnants. Il mena grand train : il eut des laquais et des équipages. Ce qui surprendra sans doute, c'est qu'il étudiait presque toujours les danses et les cabarets par la portière de son carrosse. Il n'imitait point en cela son ami Brauwer, qui buvait et dansait avec ses modèles.

Son château devint un des plus beaux rendez-vous de chasse; l'archiduc Léopold, le prince d'Orange, le duc de Marlborough, l'évêque de Gand, don Juan d'Autriche et autres personnages illustres plus ou moins, s'y donnaient rendez-vous. Don Juan d'Autriche passa au château des Trois-Tours plus d'une belle saison, prenant des leçons de peinture et fraternisant avec Teniers. Comme souvenir de bonne et franche amitié, il a peint, avec le talent de la patience, le portrait du fils de Teniers.

Teniers n'était pas seulement célèbre en Flandre et en Hollande; la reine Christine de Suède lui écrivait et lui envoyait son portrait en médaille orné des plus riches pierreries. La France, l'Allemagne et l'Italie se disputaient ses œuvres. Il y avait pourtant çà et là des protestations contre son talent; on sait le mot de Louis XIV : « Qu'on m'ôte ces magots de devant les yeux ! » dit ce prince, un jour qu'on avait orné sa chambre de quelques grotesques de Teniers. Ce mot ne prouve rien contre Louis XIV ni contre Teniers. Le grand roi, qui n'avait jamais vu que des courtisans en longues perruques, en fines dentelles et en habits brodés, ne pouvait croire qu'il y eût quelque part, en Flandre ou ailleurs, une créature humaine comme celle que peignait Teniers.

Cependant ce peintre grand seigneur n'étudiait pas toujours en carrosse; dans ses kermesses, nous le voyons quelquefois assis au bout d'une table rustique, entre sa femme et ses enfants, suivant d'un regard pénétrant tous les jeux de physionomie des buveurs éparpillés autour de lui; il lui arrive même de verser à boire à ses modèles, mais d'une main blanche et dédaigneuse, qui contraste singulièrement avec son action.

Son grand train le ruina deux fois. A sa première ruine, il se contenta de travailler la nuit : il n'en supprima point pour cela un seul cheval ni un seul domestique; il n'en reçut pas moins des excellences de tous les pays, qui se croyaient, au château des Trois-Tours, dans un château royal. Le travail rétablit ses finances. On assure qu'il produisit jusqu'à trois cent cinquante tableaux dans une seule année. Mais à force de produire, il désespéra les chalands, ses œuvres tombèrent de prix; bien des tableaux restèrent suspendus aux lambris dorés de l'atelier. Alors, ne sachant plus comment se tirer d'affaire, on rapporte que Teniers, de complicité avec sa femme et ses enfants, se fit passer pour mort. On éleva un mausolée dans le jardin; Anne Breughel revêtit un habit de deuil; enfin la comédie fut jouée si bien, que le dénoûment prévu arriva. Les tableaux de Teniers quadruplèrent de prix; ce que voyant, Teniers sortit de son atelier et reprit encore son beau train de vie. Mais que faut-il croire de ceci? Teniers, avec ses sentiments religieux, n'eût jamais consenti à jouer ainsi la comédie de la mort. D'ailleurs Anne Breughel, cette épouse adorée et si adorable, cette mère si tendre et si pieuse, n'eût jamais voulu profaner les larmes du veuvage (1).

David Teniers a peint quelques pages de sa vie au château des Trois-Tours. Un de ses plus jolis tableaux, très-admiré, au xviiie siècle, dans le cabinet du duc de La Vallière, le représente avec sa famille sur la terrasse de son château. Son costume est flamand et espagnol. Il joue du violoncelle avec bonne grâce et d'un air mélancolique. Anne Breughel ouvre devant lui un livre de musique. Le plus jeune de leurs fils s'épanouit naïvement entre eux; l'aîné, qui a douze ou treize ans, vient du château, apportant un verre et une cruche. Abraham Teniers, drapé fièrement dans son manteau, le chapeau sur la tête, à demi masqué par une porte, observe gravement ce tableau. Un singe grimpé sur un petit mur semble écouter la musique avec charme. Mme Teniers est très-simplement vêtue : des cheveux qui tombent en boucles, une rose à son corsage, un tendre sourire de mère, voilà toute sa parure.

Un autre tableau de famille, *la Diseuse de bonne aventure*, représente Anne Breughel écoutant les prédictions d'une horrible bohémienne qui lui tient la main. On est en pleine campagne. Teniers est présent. D'un côté du groupe, on voit son fils qui s'éloigne et entraîne un grand lévrier; de l'autre côté, d'autres bohémiens, dignes de Callot, font une halte pour attendre leur compagne. Toutes les physionomies sont bien exprimées. Mme Teniers a l'air de douter des prédictions de la sibylle, qui doit lui promettre une longue vie et une belle mort, une belle place en ce monde et dans l'autre. Or, Anne Breughel mourut vers ce temps-là.

Le château des Trois-Tours domine un grand nombre de paysages du peintre; mais Teniers a voulu lui consacrer un tableau tout entier. C'est un vieux château sans caractère et sans style. Cependant il a quelque chose d'imposant dans ses vieilles tours inégales. Il est baigné par un étang où s'inclinent le roseau et la fleur aquatique. Teniers s'est peint sur le pont, avec sa femme et ses enfants. Dans un autre tableau, il s'est peint voguant sur l'étang dans une nacelle, suivi de chiens à la nage.

Abraham a laissé un beau portrait de David Teniers peint au château des Trois-Tours. Quoique drapé à l'espagnole et en dépit de ses cheveux bouclés, de sa fine moustache, de sa

---

(1) Sous l'empire, quatre vaudevillistes, qui n'ont pas eu de l'esprit comme quatre, ont, à propos de ce conte, gâté à plaisir, dans un pauvre petit cadre, la riche et curieuse figure de Teniers.

fraise, de ses chaînes d'honneur, de ses manchettes et de ses éperons, il a un peu l'air d'un riche paysan de la Flandre.

Il était à peine au milieu de sa carrière, quand il vint à perdre sa femme. Son affliction fut des plus grandes. Le château des Trois-Tours, si égayé par son bonheur passé, se transforma en un tombeau vaste et glacial. La nature, son atelier ordinaire, ne lui parla plus que des grâces et des vertus d'Anne Breughel. Comme, selon son contrat de mariage, il devait, à la mort de sa femme, abandonner tout son bien à ses enfants, il se retrouva pauvre comme au point de départ. Ses enfants n'eussent point exigé que les clauses du contrat fussent accomplies en leur faveur; mais David Teniers, malgré les représentations de tout le monde, voulut se déposséder dans l'année même de son veuvage, disant qu'il ne voulait pas vivre sur un bien d'orphelins. Le château des Trois-Tours fut donc mis en vente. Un conseiller au parlement de Brabant, Jean de Fresne, l'acquit en deniers payables aux enfants du peintre, à leur majorité. Teniers se retira à Bruxelles en très-petit équipage. Il conserva pourtant un cheval, ne pouvant peindre qu'au retour de la promenade en pleins champs. A peine si on voulait croire à cette métamorphose. Naturellement il vendit ses tableaux à moitié prix. On n'osait marchander avec le grand seigneur; avec le peintre redevenu pauvre, on craignait toujours d'offrir trop d'argent. D'ailleurs, la fortune se lasse de sourire aux mêmes visages. Teniers vivait solitairement; il tournait ses idées vers l'ombre de sa chère Anne et vers la religion chrétienne (1).

(1) David Teniers commençait à trouver un certain charme de mélancolie dans cette existence pleine de regret, mais paisible; il s'était remis au travail avec l'ardeur de la première jeunesse, quand une aventure toute romanesque le ramena à sa vie ancienne.

Plusieurs fois déjà, dans ses courses à cheval, il était allé rêver à Perck, en vue du château, sur ses gracieux souvenirs de fortune, de gloire et d'amour. Un soir, par la grille du jardin, il vit apparaître une jeune dame en promenade dont la figure avait quelques nuances de celle d'Anne Breughel. Dans sa douce surprise, il laissa aller la bride de son cheval, qui effeuillait d'une dent impatiente la branche d'un vieux saule. Il suivit d'un regard ardent cette gracieuse apparition, qui était comme un songe du passé. La jeune dame disparut presque au même instant dans une allée touffue conduisant au château. Teniers regardait toujours, tantôt le château, tantôt l'étang, tantôt l'allée touffue. « Ma pauvre Anne Breughel, tu n'es pas morte pour moi, » dit-il tristement, mais avec un pressentiment de joie. « Non, reprit-il, non, tu n'es pas morte. Je retrouve partout ici, sous ces mêmes arbres, à cette même nacelle qui a promené tant de bonheur. » Tout en se parlant ainsi, le pauvre peintre ne voyait pas que son cheval, qui avait aussi ses souvenirs, prenait tout doucement le chemin des écuries. Sur le pont, Teniers ressaisit la bride en soupirant. « Non, non, mon noble ami, nous n'avons même plus le droit de pied à terre dans ce château. »

Ce jour-là, Teniers rentra plus tristement que de coutume à son logis. « Pourquoi ai-je vendu ce château? disait-il avec amertume; au moins là je serais en quelque sorte plus près de ma chère Anne; je m'imaginerais encore la voir et l'entendre. » Le lendemain, il ne put s'empêcher de retourner à Perck. Le conseiller, l'ayant rencontré au bord de l'étang, le pria d'entrer au château et de s'y considérer comme le maître. Il fut présenté à Isabelle de Fresne. C'était une jeune fille blonde et blanche qui s'ennuyait dans la solitude, quoique dans un château. Elle avait le regard tendre et naïf d'Anne Breughel. Teniers en fut charmé. Elle peignait un peu; le peintre offrit de lui donner une leçon dans son ancien atelier. Une giboulée vint fondre sur le château; le conseiller retint Teniers, qui ne fut point fâché du contre-temps. Le souper fut très-gai. Le pauvre peintre se croyait presque revenu en son ancienne splendeur. La douce figure d'Anne Breughel manquait au tableau; mais Isabelle de Fresne avait bien du charme. « Quelle fâcheuse idée vous a pris de quitter ce château? dit le conseiller au dessert. Pour augmenter le patrimoine de vos enfants, je le sais; mais c'est pousser trop loin l'amour paternel. A un génie tel que le vôtre, il faut un palais pour asile. — Mon vrai palais, c'est la nature, dit le peintre en jetant un regard d'envie sur les

Il mourut âgé de plus de quatre-vingts ans. Il vivait retiré à Bruxelles, toujours ardent au travail. Sa mort fut douce et paisible. Un de ses fils, récollet à Malines, lui ferma pieusement les yeux. Grâce au zèle de ce fils, il était devenu très-bon catholique. Il avait peint pour le couvent de Malines les dix-neuf martyrs de Gorcum. Ce fils a écrit une vie de son père, entremêlée

lambris dorés du château des Trois-Tours. — Mon vœu le plus cher, monsieur Teniers, serait de vous avoir ici durant toutes les belles saisons. — En vérité, monsieur le conseiller, je serais fier de vivre en si bonne et en si belle compagnie; mais le temps des fêtes est passé pour moi. J'ai été un grand seigneur et un peintre, aujourd'hui je ne suis plus qu'un peintre. Toute ma joie est sur ma palette. Je peindrai encore le bonheur, mais le bonheur des autres. » Disant cela, Teniers regardait tendrement Isabelle. La jeune fille rougit et parla d'autre chose. Le lendemain, Teniers se leva dès l'aube pour retourner à Bruxelles. Pendant que son cheval mangeait l'avoine, il alla se promener au bord de son étang bien aimé. La matinée était des plus fraîches et des plus agréables; un vent léger secouait la brume au-dessus des prairies de Vilvorde. Grâce à l'orage de la veille, la campagne répandait l'odeur pénétrante des herbes et des buissons; le soleil levant blanchissait le haut des tours et la cime des arbres; enfin, selon Arnold Houbracken, qui a rapporté cet épisode, la matinée était pleine d'amour et d'espérances. Teniers s'appuya contre le tronc d'un saule pour regarder tour à tour l'étang et le château. Il était perdu dans ses chers souvenirs, quand tout à coup, levant pour la vingtième fois les regards vers la fenêtre adorée où s'appuyait Anne Breughel durant les beaux soirs, il vit apparaître son image comme par enchantement. C'est bien elle, avec ses blonds cheveux tombant en longues boucles; voilà bien cette figure pensive où la grâce naïve sourit. Il allait tendre les bras, quand il reconnut Isabelle de Fresne. « Hélas! dit-il en baissant la tête, ce n'est pas elle, et pourtant... » Il rentra au château, monta à cheval et partit lentement. Durant toute une semaine, il ne fit rien de bon. Il voulut peindre le portrait d'Isabelle de Fresne; mais c'était une œuvre au-dessus de ses forces. A peine ébauché, ce portrait lui rappelait en même temps Anne Breughel et Isabelle de Fresne : ces deux charmantes images étaient pour jamais enchaînées sous son regard. Il chercha des distractions, craignant de devenir amoureux : il fit un voyage en France; il partit même pour l'Italie; mais, à peine à Lyon, l'amour lui fit rebrousser chemin. A son retour, il trouva une lettre du conseiller qui se plaignait de son oubli. « Venez, monsieur, nos paysans eux-mêmes sont en souci de voir leur seigneur, et ma fille Isabelle trouve que ce n'est pas assez de prendre une seule leçon de peinture, même d'un maître tel que vous. » Teniers partit aussitôt pour Perck. Le conseiller le pria avec instance de passer au château le reste de la saison; Teniers s'y installa à toute aventure, ne sa-

chant s'il était plus heureux pour lui de fuir Isabelle que de la voir sans cesse.

Par hasard sans doute, la jeune fille avait depuis peu pour suivante une des caméristes d'Anne Breughel; ce fut une autre illusion pour le pauvre Teniers, qui, en la rencontrant, voulait toujours lui demander si sa femme était à la promenade, sur l'étang, au jardin ou dans la prairie. Cette fille, par habitude sans doute, habillait sa nouvelle maîtresse comme l'ancienne : c'était la même coiffure, la même plume au chapeau, les mêmes dentelles, les mêmes couleurs. Teniers s'imaginait souvent rêver à la vue de ce souvenir vivant si doux et si triste. Plus d'une fois, en baisant la main d'Isabelle de Fresne, il croyait ressaisir son bonheur passé. Chaque jour il découvrait de nouvelles ressemblances; hier c'était la main, aujourd'hui c'est le pied; demain elle chantera, et il s'écriera avec transport : « C'est Anne qui chante. » Jamais l'illusion n'a été si puissante : il faillit en devenir fou. A certaines heures, il s'éloignait en toute hâte du château, dans la crainte de ne plus pouvoir maîtriser son cœur. « Qu'avez-vous donc, mon hôte? lui demandait le conseiller frappé de ses distractions inquiètes; est-ce que notre façon de vivre ne vous plaît pas? Votre mine ne fait pas honneur à notre maître-d'hôtel. — Je n'ai rien, répondait Teniers; un souvenir, un regret, je ne sais. »

Un soir, après le coucher du soleil, comme notre peintre était assis au bord de l'étang, secouant du pied les roseaux, évoquant les gracieuses images du souvenir, Isabelle de Fresne et sa suivante vinrent à passer dans la nacelle grise. Grâce à la nuit tombante qui jetait un voile léger, grâce à sa rêverie nuageuse, grâce à un grand chien qui suivait la nacelle à la nage comme au beau temps, Teniers ne fut plus maître de lui. La nacelle touchait les roseaux, il s'y élança tout éperdu. « Anne! Anne! s'écria-t-il. Isabelle, pardonnez-moi, reprit-il aussitôt en tombant agenouillé aux pieds de la jeune fille. — Eh bien! oui, lui dit-elle avec entraînement, Anne Breughel si vous voulez. »

On devine sans peine que la jolie Isabelle, peut-être un peu romanesque, avait aimé Teniers; que, touchée de ses regrets par Anne Breughel, elle avait entrepris de les adoucir en arrivant peu à peu, à force d'illusions, à prendre la place de cette femme adorée.

Trois semaines après, Teniers épousa la fille du conseiller, qui avait vainement élevé quelques obstacles. Il revint habiter le château; il reprit sa façon de vivre de son meilleur temps. Isabelle de Fresne, séduite par son génie rustique et ses nobles manières, lui fut très-dévouée jus-

d'oraisons et de litanies. La seule page curieuse est la dernière, qui parle de la mort de ce grand peintre (1).

Il fut enterré dans le chœur de l'église de Perck, sous ce clocher qui, dans ses tableaux, se dessine à tous les horizons. Les dimanches, les arrière-petits-fils des paysans qu'il a peints au cabaret ou à la danse passent sur le marbre de sa tombe avec un naïf sourire de mélancolie et de gaieté.

L'œuvre de Teniers est partout, hormis à Anvers, sa patrie. Qui n'a vu avec un sourire de béatitude ses joueurs de boules, ses joueurs de quilles, ses joueurs de cartes, ses galants endimanchés qui filent le parfait amour entre une pipe et un pot de bière, ses musiciens étourdissants, ses pécheurs si patients, ses alchimistes si profonds, ses cabaretiers dont la figure est déjà une enseigne, ses guinguettes si joyeuses, ses tabagies si bien enfumées, ses intérieurs où l'on entrerait de si bon cœur, ses hommes changés en bêtes, ses bêtes changées en hommes tout aussi naturellement, enfin ces paysanneries, ces kermesses, ces fêtes de village où les acteurs jettent si franchement leur bonnet par-dessus les moulins?

On peut dire que Teniers a peint tout ce qu'il a vu. Pas une figure originale n'a passé vainement sous ses yeux; la nature elle-même l'a inspiré dans toutes les saisons et sous toutes ses faces. Sa galerie, qui de son aveu tiendrait deux lieues de pays, n'est pourtant pas très-variée; c'est le même tableau étudié à divers points de vue; ainsi, dans ses fêtes, on voit toujours des danseurs éperdus, des buveurs qui se battent et roulent avec les tonneaux vides, un ivrogne qui va en zigzag réfléchir dans un coin, des gourmands attablés, des joueurs de flûte ou des joueurs de violon qui battent la mesure à grands coups de verres, enfin un groupe de grands seigneurs qui ont l'air d'être au spectacle.

Certains petits tableaux de ce maître, peu connus sans doute, peut-être même dédaignés, me séduisent beaucoup plus que ses buveurs éternels; ainsi, *la Bohémienne en couches*, *le Sabbat*, *la Solitude*, quelques autres encore, me prouvent que Teniers a eu ses jours de mystérieuse poésie. La bohémienne, cette juive errante qui n'a le plus souvent d'autre abri que le ciel, a été bien comprise par le peintre; elle accouche dans le creux d'une roche, son berceau et sa tombe. Toute sa misère est reproduite avec une vérité qui vous effraie. *Le Sabbat* est une fantaisie à la Callot. *La Solitude* est tout à fait l'œuvre du peintre. On voit une ruine abandonnée sous un ciel triste, un berger qui conduit ses moutons dans un ravin, trois solitaires qui discourent bruyamment sur les bienfaits du silence. Mais pourtant la poésie de Teniers est

---

qu'à sa mort. Elle savait qu'elle lui rappelait toujours sa première femme; loin de s'en plaindre et de s'en irriter, elle avait pris peu à peu les habitudes d'Anne Breughel, dans le dessein généreux de faire illusion sans cesse au peintre. Aussi Teniers, ravi d'avoir retrouvé une si douce compagne, l'aimait pour elle et pour Anne Breughel.

(1) Déjà dans le délire, David Teniers ne parlait qu'à de longs intervalles. Au milieu de la nuit, après un assoupissement pénible, il prit la main de son fils avec agitation : « Voyez-vous là-bas ? » lui dit-il en soulevant la tête. Le ré-

surtout la poésie de la gaieté. Sa philosophie est toujours au cabaret. Un de ses tableaux, qu'il a appelé *l'École flamande*, enseigne, à l'en croire, la vraie science de la vie. Or, cette école a pour maître un franc buveur qui préside ses disciples sur un tonneau en perce. Il tient d'une main un broc, de l'autre il soutient sa pipe; il hume du même coup bière et tabac, tout en regardant passer Margot par la fenêtre. Les disciples sont dignes d'un tel maître; ils apprennent à jouer aux cartes et à apprivoiser la cabaretière : ils n'ont pas d'autre alphabet.

Teniers était plutôt un dessinateur spirituel qu'un grand dessinateur; cependant il a laissé des tableaux où le dessin n'est pas sans noblesse. Mais comment rester un grand dessinateur quand on prend dans la nature tout ce qui est sans beauté et sans caractère, quand on dédaigne la grandeur pour l'exactitude? Ses études sont à la mine de plomb ou au crayon noir; il y a très-peu de travail; on est surpris de voir qu'avec un trait çà et là jeté hardiment il ait si bien saisi l'expression (1).

Teniers, qui aimait avant tout le coloris de Titien et de Rubens, prouva à son tour, comme ces maîtres l'avaient prouvé, qu'on peut donner beaucoup d'effet à un tableau sans avoir recours aux grandes oppositions. Dans ses tableaux, le clair-obscur est senti si aisément, qu'on dirait qu'il n'y a pas songé. Quelques-unes de ses pêches, de ses chasses, de ses tabagies, où tout est clair, surprennent par leur effet; en l'étudiant, on découvre sans peine que ce n'est point par des couleurs opposées qu'il arrive à cet effet; c'est presque toujours au seul mélange des couleurs qu'il doit l'artifice de répandre la vapeur et de marquer avec précision les dégradations des plans. Veut-il qu'un clair serve de fond à un autre clair, il émousse ce qu'il a de trop éclatant, répandant sur cet éclat des tons bleuâtres, c'est-à-dire de la vapeur aérienne, et, revenant sur l'autre clair, il le fait avancer en augmentant sa vigueur par des tons chauds et dorés.

Tous ses tableaux sont d'une grande légèreté de coloris; ses fonds sont faits de rien; on sent partout la fluidité de l'air. Il peignait d'abord tout d'une pâte, après avoir marqué la place des tons divers; il chargeait ensuite les lumières, après quoi il fouillait dans l'ombre. Ses ennemis

---

collet regarda dans le fond de la chambre. « Je ne vois rien, mon père. — Voyez-vous, reprit le vieux peintre, dans ce laboratoire, cet alchimiste qui médite? Il s'est tourné vers moi pour me dire adieu. Adieu donc! Qu'ai-je dit, un alchimiste? c'est un buveur : ils sont deux, trois, quatre; l'odeur de leur bière me monte à la tête. Oh! les profonds politiques! les voilà qui transportent les Flandres en Espagne! Les ivrognes! c'est pour y boire à plein verre du vin de Malaga. Mon fils, empêchez donc de fumer ce paysan qui n'a rien à dire. Bien à propos, j'entends sa pipe qui se casse; je me trompe, c'est le violon du vieux Nicolas Soëst; il y a donc kermesse à Perck aujourd'hui? Ouvrez la fenêtre. Prenez garde, Marguerite, le vent bat vos jupes. Comme ce chimiste est profond! Le vieux fou!

C'est bien la peine d'avoir des cheveux blancs! J'aime mieux voir ton violon, Nicolas; mais que diable joues-tu donc là? Mon fils, mon fils! voyez-vous? c'est effrayant! » Le vieux peintre tressaillit et passa la main sur ses yeux. « Voyez-vous la triste danse? le vieux Nicolas Soëst n'est plus qu'un squelette qui joue des airs funèbres. Je vois tous mes ivrognes, toutes mes folles, tous mes fumeurs qui passent dans le cimetière. Ils s'en vont tous. Adieu, mes amis! Mon fils, appelez mon laquais, il est temps de partir. »

(1) Il a gravé à l'eau-forte quelques planches recherchées, entre autres une fête de village; mais ces gravures, œuvres d'une pointe un peu maigre, n'ont ni l'esprit de Callot ni la couleur de Rembrandt.

disaient que ses tableaux n'auraient pas de durée, que ce n'était qu'un lavis d'huile coloriée. David Teniers eut durant quelques années le grand tort d'écouter ses ennemis. Il repeignit ses tableaux à diverses reprises : ses tableaux perdirent beaucoup; ils devinrent lourds, chargés, gris et rougeâtres. Ce que voyant, Rubens ramena Teniers à sa bonne manière : « Chargez, lui dit-il, les lumières tant que vous le jugerez à propos, vous n'irez jamais trop loin; mais, en peignant les ombres, conservez les transparents des fonds. »

Ses paysages sont en harmonie avec ses figures; on sent que ses arbres avoisinent des cabarets; on n'y entend pas le gazouillis des oiseaux. Il peignait le premier arbre venu comme le premier rustre venu, sans cacher les fautes de la nature : pas un de ses arbres qui ne fût déplacé dans un parc. Cependant son feuillé est facile, l'air s'y joue bien. Ses horizons, ses lointains, sont trop peu variés; ce sont toujours les horizons du château des Trois-Tours. Ses ciels sont touchés avec légèreté et avec feu; ses lointains ne s'arrêtent que dans l'infini; mais ils ne sont pas d'un plus joli goût que les arbres. Teniers n'attendait pas qu'un nuage poétique passât sous ses yeux, il saisissait sans plus de façon le ciel comme il était.

Son léger pinceau courait toujours avec une vitesse merveilleuse; on a un grand nombre de tableaux surnommés *les Après-dînées de Teniers*, parce que ce peintre les commençait et les terminait dans la même veillée. Un jour il conduit don Juan d'Autriche à une fête de village; don Juan revient charmé, parlant sans cesse des scènes divertissantes qui l'ont égayé, parlant surtout d'une certaine cabaretière des plus piquantes et des plus fraîches. Après souper, don Juan va se coucher. Teniers reprend son pinceau. Le lendemain, au réveil, quelle fut la surprise de don Juan quand il vit sous ses yeux la fête de la veille peinte avec une vérité frappante! La cabaretière n'était pas oubliée; elle souriait au héros avec des dents blanches et des lèvres roses dignes de sourire ailleurs qu'au cabaret.

Teniers était vrai jusque dans les moindres accessoires; dans ses tableaux, tout est en harmonie comme dans la nature. Après avoir exprimé la physionomie du buveur, il copie fidèlement son chapeau, sa culotte, ses souliers, sa pipe et la fumée de sa pipe. Ce n'est pas tout; après le personnage vient le lieu de la scène. Comme tout ce cabaret est bien en mouvement pour lui servir un pot de bière! comme ces arbres ombragent à propos le banc où il va s'asseoir!

Son grand art était de saisir franchement toutes les physionomies. Dans ses tableaux, à la première vue, on entend non-seulement le bruit des pots qui s'entre-choquent, mais encore tout ce que disent les buveurs. Celui-ci dispute, celui-là raisonne; l'un parle de la cabaretière, l'autre fait de la politique. Chaque personnage de Teniers a sa manière de rire, de parler, de boire ou de fumer. Dans ses fêtes de village, on est surpris de voir tant de piquante variété. Le paysan enrichi n'y danse pas à la façon du pauvre diable. Comme on y distingue bien l'allure du grand seigneur et celle du magister endimanché! Toutes les nuances y sont spirituellement senties. Margot ne tient pas sa jupe comme Jeanneton, Jacqueline ne sourit pas comme Marguerite. On voit bien que ce ne sont pas là des personnages imaginaires créés selon la fantaisie du peintre. Ce sont des hommes et des femmes fidèlement étudiés les uns après les autres. Tous ont leur rôle à jouer, leur mot à dire, leur sentiment à exprimer; nul n'y manque, la comédie est parfaite de point en point.

Malgré sa fidélité frappante, Teniers se gardait bien de terminer son œuvre avec la froide patience de Gérard Dow, qui imitait plutôt qu'il ne peignait. Teniers voulait peindre avant tout, peindre sans contrainte et sans servilité. Ses paysans et ses buveurs n'eussent point existé, qu'il les eût inventés. Ne les croirait-on pas sortis tout armés de son cerveau? Quoique imitateur religieux et souvent froid de la nature, Teniers est un peintre original; aussi le reconnaît-on de prime abord entre tous ses élèves, qui pourtant ont saisi à leur tour le caractère de la vérité. « Montrez-moi une pipe, disait Greuze, je reconnaîtrai si elle appartient à une figure de Teniers. »

Quoique Teniers eût passé un grand nombre d'années dans le beau monde de son temps, il était d'une ignorance singulière. Ses anachronismes sont des plus curieux. Comme il n'était presque jamais sorti de la Flandre, il ne pouvait s'imaginer que le ciel et la nature des autres pays changeassent de ton et de caractère. La créature même était invariable pour son esprit. Voyez plutôt ses quelques tableaux religieux, comme *Saint Pierre reniant Jésus-Christ*. C'est tout simplement un intérieur de cabaret d'Anvers. On y joue aux cartes, je crois même qu'on y fume. Les soldats sont Flamands des pieds à la tête, par la physionomie et par le costume. Et la servante qui interroge saint Pierre, ne l'avez-vous pas rencontrée, vous tous qui avez voyagé de Gand à Anvers? Qui sait si Teniers n'a pas voulu traduire en flamand ce splendide poëme de la Passion? Son *Enfant prodigue* est encore une traduction flamande; au lieu du ciel pur d'Israël, nous respirons les brumes du Nord. L'enfant prodigue est vêtu en homme qui ne voit pas souvent le soleil, les courtisanes n'ont rien de la race juive. L'une d'elles ressemble même beaucoup à la belle Anne Breughel. Mais qui sait si l'enfant prodigue, qui a fait beaucoup de chemin, n'a pas voyagé en Flandre?

Teniers, un des premiers, le plus franc de tous, a peint la nature elle-même telle qu'elle est, sans mensonge et sans ornements. Plus d'un esprit dédaigneux s'est trouvé qui a condamné des œuvres où l'art ne conserve ni sa grandeur ni même sa noblesse; pour mon compte, j'admets que le génie est bon à prendre partout où il se trouve. Reproduire la créature telle que Dieu l'a faite est une mission digne de respect; j'aime autant les buveurs de Teniers que les martyrs de Zurbaran. Il y a plus de vraie poésie, simple et naïve, dans cette humble page du grand livre, où des hommes jouent, boivent, fument et chantent sans souci, que dans cette page ambitieuse où des saints se dévouent à un martyre surhumain. D'ailleurs, la peinture crée des pages d'histoire qui en valent bien d'autres. Or, Teniers n'a-t-il pas écrit l'histoire pittoresque des

Flandres? Ne serions-nous pas enchantés de voir en France la figure que faisaient nos aïeux il y a deux siècles? Pour un pareil tableau ne donnerions-nous pas bien des histoires nationales? Vous me direz que l'histoire a pour but d'enseigner. Je vous répondrai que l'histoire de Teniers enseigne, sinon le bonheur qui est réservé à quelques nobles âmes, du moins l'oubli des peines. Bien des philosophes, depuis Zoroastre, se sont essoufflés sans trouver cela.

III

ZAFT-LEVEN. — RYCKAERT. — AART. — BÉGA. — ZORG. — TILBORG. — STEEN.

Brauwer et Teniers ont créé toute une famille de peintres de bambochades. Parmi les meilleurs héritiers il faut nommer Zaft-Leven, Ryckaert, Aart, Béga, Zorg, Steen. Cornille Zaft-Leven, né en 1612, excellait à peindre les soldats en gaieté au corps-de-garde ou au cabaret. Il y a dans son talent un certain accent guerrier; on y entend le refrain du bivouac et les cris effarés des paysannes prises d'assaut. David Ryckaert, né en 1615, avait étudié sous son père; mais, une fois maître de son pinceau et de ses actions, il s'était renfermé dans un atelier où il avait réuni quelques tableaux de Brauwer, de Teniers et d'Ostade. C'étaient Socrate, Aristote, Platon, pour un philosophe. Avec ces trois manières, il s'en composa une qui fut très-estimée. Mais plus tard il se passionna pour les diableries de Breughel d'Enfer; il ne composa plus que des scènes d'horreur. Il recherchait avec fureur le sang, le feu, les supplices et les tortures. On admire ses têtes et ses étoffes; il négligeait trop les mains; sa couleur fut tour à tour grise et lumineuse. Aart Van Maas, né vers 1620 à Gouda, fut naïf et vrai dans ses petits tableaux. C'est la nature qui parle et qui sourit. Il voyagea en France et en Italie, semant ses petits tableaux d'une main et recueillant de l'autre beaucoup d'argent. Cornille Béga fut le meilleur élève d'Ostade. Il était fils du sculpteur Begyn; il changea de nom par respect pour son père, car il menait la vie la plus dissolue. Il mourut assez héroïquement : la peste était à Harlem; sa maîtresse était abandonnée de tout le monde, même de sa famille, même des médecins; il voulut mourir avec elle. Il courut à sa maison, se coucha dans son lit et mourut le même jour. Cela vaut bien un de ses tableaux. Henry Rokes, surnommé Zorg, né en 1721, peignit avec Teniers et imita Brauwer. C'est le même esprit et la même couleur avec moins d'accent et d'éclat. Il a représenté des tabagies, des foires, des marchés, des noces qui ne pâlissent pas trop devant les tableaux de ses maîtres. Gilles Van Zilborg était aussi de la même école; mais, comme Craesbeke, il promenait sa muse au coin des rues. Quoiqu'un peu noire, sa couleur est assez belle et assez gaie. Son dessin n'est que supportable; il lui manquait l'esprit de la touche. Cependant, grâce à un grand air de franchise et de laisser-aller, il est encore recherché aujourd'hui.

Le vrai peintre du cabaret, c'est Jean Steen, qui ne peignit jamais qu'entre deux vins. Il naquit à Leyde en 1636. Il étudia sous Brauwer et Van Goyen, le peintre de paysages marins ou aquatiques. Van Goyen lui donna sa fille en mariage. C'était un esprit original, qui, pour son malheur, avait suivi toutes les leçons de Brauwer, celles du cabaret comme celles de l'atelier. A peine marié, craignant de ne pouvoir vivre de son talent, il s'établit dans une brasserie à Delft. Il aurait pu s'y enrichir, mais il acheva de s'y perdre; le peintre n'était que dissipé, le brasseur devint ivrogne. En moins d'un an il était ruiné. Il pouvait tomber plus bas, il y tomba; de brasseur il se fit cabaretier. Quand sa femme lui demandait du pain pour ses enfants, il lui versait à boire. « C'était lui qui buvait le plus de son vin; quand la cave était vide, il ôtait l'enseigne et s'enfermait chez lui, peignait à force, et, de quelques tableaux qu'il vendait bien, il achetait du vin qu'il buvait encore : tous les cabaretiers n'ont pas cette ressource (1). » La vie éclate dans ses tableaux. Il peignait habituellement ce qu'il avait sous les yeux : des buveurs ivres; cependant il avait en lui quelques lueurs de poésie élevée. Il a peint des tableaux d'histoire avec assez de noblesse; son dessin a du caractère et du mouvement, sa couleur est vive, quoique un peu noire. Il s'est représenté lui-même, tantôt mangeant des huîtres en compagnie de sa femme, qui lui présente un verre de vin, tantôt présidant une troupe de buveurs. Un des plus curieux est celui où sa femme le prend par les cheveux et le frappe avec une savate; le peintre, habitué à ces tendresses, se défend par un éclat de rire (2).

---

(1) DESCAMPS. —

(2) J'ai vu ce tableau en Angleterre. Steen a plusieurs fois répété ce sujet burlesque, où il ne s'est pas toujours mis en scène.

« Jean Steen s'était marié à une tripière. Celle-ci s'étant mis en tête de se faire peindre par son mari et n'ayant jamais pu obtenir cette grâce de lui se fit rendre ce service par un peintre de Leyde. Son mari, à qui elle montra le portrait, le trouva très-beau, mais voulut y faire un léger changement. Il prend ses pinceaux et coiffe sa femme d'un grand panier rempli de petits pieds et de têtes de mouton. Le contraste de cette coiffure avec l'accoutrement endimanché de cette femme était si comique, qu'elle partit elle-même d'un grand éclat de rire et se corrigea de sa vanité. Le caractère comique de Jean Steen lui suggérait mille facéties et mille tours plaisants. C'était le Scarron des peintres. Son nom a passé en proverbe en Hollande, de sorte que l'on dit d'un tour burlesque et comique: C'est un tour de Jean Steen. Ce peintre mourut si pauvre, qu'il fut enterré aux dépens de ses confrères. » — Le Spectateur. —

XII

PÉRIODE SUPRÊME DU RÉALISME

REMBRANDT

I

La vie et la couleur éclatent dans Rubens; dans Rembrandt, ce qui éclate, c'est la pensée et la lumière. Rubens est un plus éblouissant artiste, ses poëmes sont des merveilles qui enivrent les yeux; Rembrandt est plus profond; il veut surprendre l'esprit tout en étonnant le regard.

On peut dire que, comme nation, la Hollande naquit de la réforme. En vain Philippe II voulut étouffer sous son pied les semences prospères. Quand la raison a pénétré dans l'esprit d'un peuple, les forces brutales ne font que la répandre et la semer encore. En vain Philippe II mit en œuvre l'inquisition; non-seulement avec l'inquisition il perdit la foi catholique, mais encore la Hollande. Après quinze années de luttes et de supplices, l'héroïsme et la raison triomphèrent, les Bataves se déclarèrent affranchis du joug. Leur république ne tarda pas à s'élever au rang des premiers royaumes. On ne saurait trop admirer ce peuple perdu sur la mer, luttant sans cesse contre l'Espagne et contre la mer elle-même. La liberté enfante des prodiges, quand elle est fécondée par l'amour de la patrie.

L'histoire de la philosophie ira consulter l'œuvre de Rembrandt comme l'un de ses documents les plus précieux. Un rayon de liberté couronne les têtes de ce grand maître. Ces hommes-là respirent fièrement sur la terre comme dans un royaume qui leur appartient; ils sont tous rois; ils sont loin, il est vrai, des visions extatiques qui entraînent l'âme aux pieds de Dieu, mais ils sont délivrés des chaînes serviles de la papauté et des craintes de l'inquisition.

La Hollande n'a jamais été rigoureusement papiste; la réforme l'a trouvée toute réformée. C'est vers le nord que l'aube s'est levée. La scholastique seule, la scholastique, ce désert inhabitable pour la raison fécondante, mais parsemé de loin en loin de vertes oasis, avait lutté çà et là contre l'envahissement des papistes.

Ce que Dante et Pétrarque furent pour la poésie, Michel-Ange et Raphaël pour les arts, Bacon et Descartes pour la philosophie, Copernic et Galilée pour l'astronomie, Colomb et Gama pour la science du globe, Luther le fut pour la religion. Si Rembrandt a eu un maître, ce fut Luther.

Rembrandt avait sérieusement foi en Luther. Il comprenait qu'il n'était pas plus un réformateur que Mahomet, Jésus-Christ et Moïse. Il pensait que le catholicisme, par ses pompes et ses voluptés, n'était plus qu'une autre mythologie. Dieu, l'image invisible, était caché par les images des saints. Rembrandt rendait grâce à Luther, qui avait indiqué aux Hollandais les premiers rayons du jour nouveau, qui leur avait inspiré l'esprit de révolte, qui avait fait de ses frères des hommes libres et forts. Dieu est avec eux, mais ils osent respirer et s'épanouir sous le ciel qui leur sourit. L'esclave s'est fait homme. Quel merveilleux temps pour la raison, pour les penseurs, pour les philosophes! C'est une période exubérante de génie: Agrippa, Bacon, Cherbury, Descartes, Spinoza, Gassendi, Pascal, Malebranche, Locke, Leibnitz, Wolf. Du reste, la philosophie était alors à son martyre plutôt qu'à son jour de gloire. On brûlait vifs, Bruno à Rome en 1600, Vanini à Toulouse en 1619; on allait bientôt brûler Kuhlmann à Moscou; les autres mouraient de faim dans l'exil.

Rembrandt fut un peintre philosophe qui étudia l'art et la vie dans la nature et dans la création, peu ou point dans les livres et dans les musées. Il ne devint pas, comme on le pense trop, un grand peintre sans le savoir; il disait très-bien que celui qui imite Homère n'imite pas l'Iliade. Il ne voulait pas devenir illustre dans le chemin de ses devanciers: il voulait monter sur l'âpre montagne par un point inconnu. Il étudia les principes et la philosophie des arts: chez les Italiens, c'est l'imagination et le sentiment qui les emportent jusqu'au génie; chez Rembrandt, c'est la pensée et l'analyse. Les Italiens sont plus éloquents, Rembrandt est plus profond.

Les Flandres ont autant servi l'art que l'Italie; Raphaël n'a pas créé un peintre, il en a désespéré mille: chez l'un, c'est le monde connu, c'est le dernier mot, le couronnement de l'œuvre; chez Rembrandt, l'intrépide et magique coloriste, c'est encore le commencement du monde. C'est une aurore nouvelle qui éclaire l'art.

Rembrandt naquit le 15 juin 1606, trente ans après Rubens, entre les villages de Leyerdorp et de Koukerck, près de la ville de Leyde, de Hermann Gerretz et de Cornélie Van Zuitbroeck.

Tout le monde sait que son père était meunier sur les bords du Rhin : de là le surnom de Van Rhin. Comme le père de Breughel le Drôle (ces exemples sont trop rares pour ne pas s'y arrêter), le meunier de Leyde voulut que son fils fût un savant ou un artiste. Il l'envoya étudier le latin à Leyde. Après quelques années d'études presque stériles, le jeune homme, qui n'aimait ni l'école ni les pédants, obtint de son père qu'il serait peintre et non point savant. Déjà il avait prouvé par ses dessins charbonnés sur tous les murs de la maison paternelle, crayonnés sur tous ses livres, qu'il était né pour l'art. Le meunier plaça son fils chez un peintre sans génie, Jacques Van Zwaanenburg, qui lui enseigna du moins l'alphabet de la peinture; après trois ans passés à l'atelier de Van Zwaanenburg, Rembrandt alla à Amsterdam demander des leçons à Latsman d'abord, à Pinas ensuite. Dans la *Description de la ville de Leyde,* Simon Leeven veut que George Van Schooten ait été le vrai maître de Rembrandt. Ce n'est pas trop la peine de discuter sur ce point : Rembrandt n'a eu qu'un maître, c'était Rembrandt.

En effet, bientôt fatigué de toutes ces leçons contradictoires qu'il avait subies sans trop se plaindre à Leyde et à Amsterdam, il revint au moulin de son père, déclarant qu'il n'aurait plus d'autre atelier. Il comprenait que pour les hommes d'une forte trempe la nature était seule éloquente. Ce fut donc dans cet atelier en plein vent qu'il commença à dérober au ciel cette lumière magique qui est l'âme de sa peinture. Celui qui devint avare jusqu'au ridicule fut d'abord un artiste amoureux de son art, sans songer à l'or qui tomberait bientôt de sa palette. Il peignait pour peindre, sans autre passion. A l'âge où tant d'autres se hâtent d'attirer les yeux sur leur talent, il trouvait de la volupté à vivre seul loin de tous, adonné aux lois austères de l'art. Mais un homme de génie est-il seul en face de l'œuvre de Dieu? N'est-ce pas plutôt les hommes qui lui font la solitude?

Pendant qu'il étudiait par les yeux et par la pensée, tantôt errant sur les rives mouillées du Rhin en contemplation devant les trames invisibles du drame éternel, tantôt dans l'intérieur du meunier, s'amusant des jeux de la lumière sur les rudes et franches figures de sa famille, tantôt, la palette en main, répandant la vie avec éclat, les peintres de Leyde et d'Amsterdam, qui avaient deviné son génie, le proclamaient d'avance comme une nouvelle étoile au ciel de l'art. Rembrandt ne croyait pas encore à lui-même, pareil aux maîtres sérieux, qui considèrent le génie avec respect et avec effroi. Un peintre, on ne dit pas son nom, voyant un de ses tableaux (1), lui conseilla d'aller le vendre à La Haye, pour lui prouver que son talent serait apprécié. Rembrandt alla à La Haye à pied, son tableau sous le bras, doutant encore de ses forces. Il se présenta chez un amateur, qui lui offrit à première vue cent florins. Rembrandt prit avec surprise les cent florins et retourna en toute hâte au moulin raconter sa fortune.

---

(1) On croit qu'il représentait *la Femme adultère.* Vers le même temps, il peignit une *Fuite en Égypte* dans un admirable paysage, d'un grand effet jusque-là inconnu.

Dès ce jour, il faut bien le dire, l'amour de l'argent vint passer dans ses rêves d'artiste. Sa famille était pauvre. Sans doute il enviait un peu le sort des beaux gentilshommes de Leyde, qui venaient se promener sous son moulin en pourpoint de velours, coiffés d'un feutre à plumes, portant des armes d'or et d'argent. Peut-être songea-t-il à secourir son père et sa mère, à donner à l'un le repos, à l'autre quelque dentelle ou étoffe de prix; peut-être aussi aima-t-il d'abord l'argent pour l'argent. Pourtant il était déjà riche par les tableaux qu'il allait faire quand il épousa une jeune paysanne de Rarep ou de Ransdorp, qui n'avait rien que sa beauté, sa fraîcheur et sa gaieté. Ce n'est point là le mariage d'un avare.

Il s'était établi à Amsterdam; il y avait ouvert un atelier silencieux où chaque élève avait un cabinet. Sa manière d'enseigner était nouvelle à Amsterdam : devant l'écolier qui n'avait pas encore dessiné, il plaçait un modèle vivant et lui disait : « Voilà ton maître, tire-toi de là comme tu pourras. » Il conserva toujours ses allures et son langage rustiques. En vain il se couvrait d'armures et de chapeaux à plumes, le paysan des bords du Rhin ne se masquait jamais ou se trahissait toujours.

Il faut qu'ici-bas chacun ait sa folie; c'est une loi divine qui frappe éternellement l'humanité. Rembrandt eut donc la folie de l'argent. Cette folie, qui n'eut d'abord que des airs de caprice et de bizarrerie, devint peu à peu sombre et sérieuse. On a tenté de révoquer en doute l'avarice de Rembrandt; par amour du paradoxe, on a même voulu prouver qu'il était prodigue comme le sont presque tous les artistes. On s'est appuyé sur l'autorité de Houbraeken, qui affirme n'avoir jamais entendu dire que Rembrandt eût laissé un grand bien. Mais Houbracken lui-même, parlant des repas de Rembrandt et du prix de ses tableaux, ne montre que trop ses contradictions. En effet, selon lui, le grand peintre de Leyde dînait assis sur un escabeau, tantôt avec un hareng salé, tantôt avec un fromage. On peut juger, d'après les portraits et tableaux qu'il a laissés de sa femme et de son intérieur, qu'il n'avait de luxe que dans son talent. Il fuyait le monde avec effroi; en vain le bourgmestre Six cherchait à lui prouver qu'il était né pour les honneurs, qu'une gloire telle que la sienne perdait à se tenir cachée dans l'ombre de l'intérieur; il amassait l'or avec volupté, il persistait à ne s'amuser qu'en la compagnie des gens du peuple, plus émerveillé d'un trait naïf ou spirituel, parti du cœur ou du cabaret, que des discours éloquents appris dans les livres. Il était du peuple, il ne respirait la liberté qu'avec le peuple. On lui a fait un reproche de sa façon de vivre. Si son talent était à tous, sa vie était à lui-même; il ne devait compte que de son talent. On lui a reproché de n'avoir pas voulu sortir de son pays. Tous ses contemporains regrettaient de ne pas le voir faire un pèlerinage en Italie. Ce reproche n'est pas injuste comme l'autre, il est ridicule (1). Est-ce

---

(1) « Rembrandt aurait été un plus grand peintre si Rome avait été sa patrie ou s'il en avait fait le voyage; il n'a dû son talent qu'à la nature et à son instinct, et il aurait appris à trouver, sans se méprendre, le beau dont il s'est toujours écarté. S'il en a quelquefois approché, ç'a été moins par réflexion que par hasard. » — DESCAMPS. —

qu'en saluant le génie de Rembrandt on a le droit d'en désirer un autre, quand Léonard, Michel-Ange, Raphaël et Corrége, avaient pour ainsi dire fermé tout espoir aux peintres futurs? Honnis soient les esprits insatiables qui oublient que le seul grand maître qui a rassemblé sous sa main puissante toutes les faces de l'immortelle beauté s'appelle Dieu!

Rembrandt avait voulu arriver au génie sans s'appuyer sur le génie des autres. Il avait réuni sur les murs de son atelier des armures, des turbans, des étoffes persanes, des armes de prix, des pierres précieuses : « Ce sont là mes antiques, » disait-il.

C'était un esprit bizarre et libre, qui n'était esclave de qui que ce fût, pas même de sa passion pour l'or. Un jour qu'il peignait une famille noble dans un seul tableau, on vint lui annoncer la mort d'un singe qu'il aimait beaucoup. Il ne peut contenir sa douleur; il s'irrite contre le sort, il dit que c'en est fait de lui. Tout en sanglotant, il trace à grands traits la figure du singe sur le tableau de famille. On lui fait des remontrances, on lui dit que son singe est déplacé au milieu de graves personnages; toute la famille s'indigne et lui ordonne d'effacer l'animal. Il continue à pleurer et à peindre son singe. Le chef de la famille lui demande d'un ton sévère si c'est le portrait des siens ou d'un singe qu'il prétend faire. « C'est le portrait du singe, répond Rembrandt. — Eh bien donc! vous garderez le tableau. — J'y compte bien, » réplique le peintre.

Il riait lui-même de sa folie pour l'argent. Il ne se fâchait pas quand d'autres en riaient. Ainsi, on raconte que ses élèves ont peint des pièces de monnaie sur des cartes répandues, comme par mégarde, dans l'atelier. Rembrandt s'y laissait prendre et tendait la main avec une avidité comique et furieuse. Cependant, pour assouvir sa passion, il perdait toute noblesse; il avait un fils; il l'obligeait à vendre ses estampes, comme s'il les lui eût dérobées; il le condamnait à aller dans les ventes publiques surenchérir sur ses tableaux : singulière et triste éducation du fils d'un homme de génie! Il jouait comme Teniers, comme beaucoup d'autres, la comédie de la mort, pour ranimer le zèle des amateurs; ou bien il simulait un long voyage : il parlait de s'exiler aux Grandes-Indes; ou bien encore il changeait quelques traits à une gravure pour la vendre à ceux qui déjà l'avaient achetée. Ainsi vivait cet homme si original et si fort, le vrai roi de la Hollande, comme Rubens est le vrai roi de la Flandre.

On a quelque peine à se représenter un pareil génie perdu, pour ainsi dire, dans une mine d'or, vivant dans son intérieur et étranger aux joies de l'intérieur. Van Dyck demandait la fortune à l'alchimie, Rembrandt demandait l'or à l'or lui-même. Ironie de l'esprit souverain qui avait laissé tomber sur eux un rayon de sa gloire! Dans la vie de chaque grand artiste on pourrait trouver l'amour de l'or. Zeuxis ne faisait-il pas payer tous les curieux qui venaient voir la fameuse Hélène (1)?

(1) On sait qu'elle fut surnommée la courtisane, parce que tout le monde la voyait pour de l'argent.

II

Rembrandt travailla jusqu'à son dernier jour, en 1674; il mourut, comme on voit, âgé de soixante-huit ans, laissant un fils, Titus Rembrandt, qui n'hérita point de son génie.

Nous n'essaierons pas ici de détailler l'œuvre de Rembrandt; on l'a fait en un volume avec supplément, en omettant beaucoup encore; nous essaierons de porter avec respect un jugement sur ce grand homme, une des sept gloires de la peinture (1).

Du moulin de son père au tombeau, sa vie ne fut guère variée. Il vivait enfermé en lui-même, ébloui de ses œuvres, parcourant jusqu'à la fin le monde inconnu qu'il avait découvert dans l'art. Sans doute, enivré de gloire et d'or, il ne retrouva pas à Amsterdam un seul des beaux jours que Dieu lui avait donnés à vingt ans dans le poétique moulin aux ailes légères qui était sa stalle d'orchestre au grand drame de la création; mais, dans sa simplicité naïve, sa femme lui fut toujours aimable. Il respirait autour d'elle le parfum doucement agreste des prairies de la maison natale.

Chez Rembrandt, le style, c'est l'homme. La pensée de Buffon s'appliquerait plus volontiers aux peintres qu'aux poëtes. Il y a dans la tête de Rembrandt quelque chose de sombre et de lumineux, d'abrupt et de fier, de naïf et de dédaigneux, une ligne douteuse, mais une couleur splendide. Il est étoffé comme son talent; il aime les chaînes d'or, les pendants d'oreilles, les pierres précieuses, les dentelles et les guipures, le velours et la soie, tout ce qui séduit les yeux. Il s'est le plus souvent coiffé d'une toque de velours qui répand l'ombre sur son front : cette ombre, c'est la pensée. Il portait ses moustaches un peu sauvages et ses cheveux bouclés (2), laissant à la nature tous ses droits comme dans ses tableaux.

Rembrandt est l'une des plus robustes individualités qui aient passé dans le monde des arts. Si la peinture n'eût été découverte, il l'aurait inventée. Venu après la période des chefs-d'œuvre italiens et flamands, un homme moins fort se fût contenté d'expliquer, pour ainsi dire, quelque maître connu. Il voulut à son tour posséder la clé d'or du génie. La vérité fut sa religion, la lumière sa poésie. Il fut vrai et rayonnant.

(1) Léonard, Michel-Ange, Raphaël, Corrége, Titien, Rubens, Rembrandt. Pourquoi ne pas aller jusqu'à huit et nommer Lesueur, qui, pareil à Corrége et à Rembrandt, doit tout ce qu'il a donné à lui-même? Pourquoi ne pas nommer aussi Poussin? ou plutôt pourquoi compter?

(2) Dans la gravure d'Eisen, il est encadré entre un portrait d'ami et un philosophe qui médite dans le demi-jour. On voit d'un côté sa palette, de l'autre sa pointe sur une eau-forte ébauchée. Qui n'a vu l'eau-forte où il s'est gaiement représenté lui-même avec sa femme?

Hardi dans son art jusqu'à l'insolence, il avait banni les règles consacrées par l'exemple des maîtres. Il peignait à sa fantaisie, tantôt commençant par où les autres finissent, tantôt finissant par où les autres commencent. Ses portraits magiques ont un si grand relief parce qu'il semblait plutôt modeler que peindre. On cite de lui une tête où le nez était presque aussi saillant que celui du modèle. Cette façon de faire n'était pas du goût de tout le monde; Rembrandt s'en embarrasse fort peu; il dit un jour à quelqu'un qui approcha de très-près pour voir ce qu'il peignait : « Un tableau n'est pas fait pour être flairé; l'odeur de la couleur est malsaine (1). » Il disait aussi à ceux qui lui reprochaient de faire de la peinture raboteuse : « Je suis peintre et non teinturier. » Ces deux mots sont deux leçons immortelles. Par son admirable science du clair-obscur, il a produit dans chacun de ses tableaux quelque effet éclatant. Il était si sûr de son pinceau et de sa palette, qu'il plaçait chaque ton à sa vraie place, d'un seul coup, sans être obligé d'y revenir et de le fondre avec d'autres. De là cette fleur si fraîche de coloris. Il se contentait, pour adoucir les teintes et lier les lumières aux ombres, de quelques glacis légers qui faisaient l'harmonie sans altérer la virginité des couleurs.

Tout penseur qu'il fût, il était souvent sans élévation. Quelques-uns de ses tableaux d'histoire ne sont que de suprêmes mascarades : c'était Paul Véronèse en Hollande contenu dans de plus petits cadres. Cependant il ne faudrait pas ici prononcer un jugement absolu : ainsi *la Descente de Croix, Tobie prosterné devant l'ange, la Résurrection de Lazare, le Triomphe de Mardochée, l'Adoration des Mages, Jésus à Emmaüs*, sont de sérieux chefs-d'œuvre animés de lueurs exquises, éclairés çà et là d'un rayon divin. A force de vérité, Rembrandt devient sublime comme d'autres à force d'élévation et d'idéal. J'ai vu à Venise (2) une Madeleine de ce maître qui est un chef-d'œuvre d'expression et qui contraste singulièrement avec toutes les Madeleines des maîtres italiens. C'est une belle et simple Hollandaise; mais pour ce sublime poëme n'y a-t-il pas des modèles dans tous les pays? Si elle n'est pas belle par la grandeur des lignes, elle est belle par la douleur et par le repentir (douleur et repentir de la première fille venue; mais pourquoi faire toujours de Madeleine une femme trop illuminée des splendeurs du Christ, un poëte par le cœur, une Sapho chrétienne chantant ses péchés plutôt qu'elle ne les pleure?). Cette Madeleine de Rembrandt, on voit bien qu'avant de lever les yeux au ciel elle a aimé les hommes de la terre; on voit bien qu'elle a pleuré de joie avant de répandre ces belles larmes que le génie a cristallisées. Elle n'est pas nue comme ses sœurs; on la voit à mi-corps et de face, habillée en Hollandaise; elle montre une main admirable comme les faisait Rembrandt en ses jours de bonne volonté (3). Elle vit encore de la vie humaine par

---

(1) — DESCAMPS. —
(2) Séminaire de Sainte-Marie-du-Salut.
(3) « Il sentait si bien son incapacité à dessiner les mains, qu'il les cachait le plus qu'il pouvait. » Ainsi parle Descamps. C'est d'une grande injustice. Quand Rembrandt faisait un portrait, c'était le plus souvent en toute hâte. Pourquoi se fût-il attardé en peignant des mains inutiles? S'il cachait les mains, c'était par paresse et non par im-

le cœur, qui est l'orage de la créature; toutes les passions qui l'ont agitée sur la mer des dangers sont à peine assoupies dans son sein.

La Vénus du musée du Louvre pourrait servir de pendant à cette Madeleine. C'est toujours une Hollandaise habillée des pieds à la tête (Rembrandt habillait même les anges). Elle est belle par l'éclat de la vie, par la sève et par la force; elle est même belle, si on peut parler ainsi, par la beauté. Dieu n'en a pas créé de plus victorieuses dans toute la Hollande. Elle a un Amour auprès d'elle; on lui en donnerait vingt sans épuiser ses lèvres ardentes et savoureuses (1).

Quand le sculpteur grec eut créé Mars et Vénus, il put tomber agenouillé devant son œuvre en s'écriant : « Voilà la beauté dans sa force et dans sa grâce! » Avait-il pris la beauté dans la nature? Il avait rêvé la beauté sur des images imparfaites de la beauté; il s'était élevé sur la nature jusqu'à l'Olympe. Quand Zeuxis peignit Hélène, il rassembla sous ses yeux cinq jeunes filles d'une beauté sévère et charmante; mais l'Hélène de Zeuxis fut jugée plus belle qu'aucune des jeunes filles. Cette histoire n'est qu'une allégorie d'un grand enseignement. Choisir la beauté dans la beauté elle-même, n'est-ce pas s'élever à l'idéal tout en demeurant le pied sur la terre? Platon ne veut pas qu'un peintre ou un sculpteur se contente de copier la plus belle femme qui ait passé sous ses yeux; selon lui, un tel artiste ne reproduirait qu'un fragment de la beauté. Aristote dit que les grands maîtres, tout en étudiant avec précision les formes humaines, les font cependant plus belles, parce qu'ils représentent leur caractère bien plutôt d'après le beau universel que d'après le beau individuel. Buffon, qui n'était pas artiste à la manière des peintres ou des sculpteurs, mais qui comprenait aussi la beauté sinon dans les arts, du moins dans la nature, a écrit quelque part : « Les anciens ont fait de si belles statues, que, d'un commun accord, on les a regardées comme la représentation exacte du corps humain le plus parfait. Ces statues, qui n'étaient que des *copies* de l'homme, sont des *originaux*, parce que ces copies n'étaient pas faites d'après un seul individu, mais d'après l'espèce humaine entière bien observée. » N'est-ce pas là un hommage éclatant rendu à l'art par l'éloquent auteur de l'histoire de la nature? Ainsi Dieu a éparpillé la beauté, l'artiste l'a réunie.

Mais, dans la recherche du beau, il n'y a pas seulement la sévérité de la ligne et la grâce du contour. Le vase d'or le mieux sculpté n'est-il pas celui de l'autel d'où s'échappe un jet des flammes divines? L'histoire de Prométhée dérobant le feu du ciel n'est encore qu'une sublime allégorie. La beauté se forme de divers éléments, parce qu'elle est la beauté physique, la beauté morale et la beauté intellectuelle, parce que l'artiste a dû tour à tour caresser avec la même

puissance. Du reste, Descamps se contredit, selon sa coutume : « J'ai vu de ses tableaux où quelques traces de brosse qu'on ne distingue pas trop de près représentent, à une certaine distance, des mains peu décidées, mais qui font autant d'effet que si le peintre y eût mis plus de sollicitude. »

(1) Cette Vénus n'est pas le portrait de sa femme, mais la rappelle. Du reste, sa femme posait habituellement pour ses Vénus et ses Madeleine.

ferveur les muscles d'Hercule, les lèvres savoureuses de Vénus ou de Madeleine, la tristesse poétique de Psyché et le front pensif de Minerve. Rembrandt caressait tour à tour le front pensif de Minerve et les lèvres savoureuses de Madeleine ou de Vénus. Sa beauté idéale, c'était la pensée et le rayonnement : l'homme qui pense, la femme qui s'épanouit.

Ce grand peintre aimait trop éperdument les jeux de la lumière dans l'obscurité. A Munich, il a un *Crucifiement* par un temps orageux, une *Mise au tombeau* sous une sombre voûte, une *Résurrection* au milieu de la nuit, une *Nativité* devant une lampe, une *Ascension* qu'illuminent les rayonnements du Christ; mais ces effets de clair-obscur, ces magiques oppositions de jour et de nuit, ne font pas tout le génie du peintre. Ceux qui nient son expression et son style, s'ils étaient demeurés contemplatifs devant ces œuvres étranges, auraient senti que son génie ne triomphait pas seulement par la magie de l'exécution. Son âme n'est-elle pas visible dans sa couleur? Il y a toujours, sous une apparence grossière et même çà et là grotesque, un profond sentiment humain. Il est loin de l'idéal chrétien, des figures détachées des fonds d'or du Giotto ou des paysages austères du Pérugin; mais il a sa foi comme les artistes les plus pieux du moyen âge et de la renaissance. Il aime la nature sous quelque face qu'elle se présente. Elle est horrible; qu'importe! c'est la nature, une chose sainte et sacrée. S'il a perdu la poésie de l'esprit, n'a-t-il pas celle du cœur? Il proteste par l'éclat et l'exubérance contre la tombe entr'ouverte où les chrétiens nous enterrent même dans la vie.

Le panthéisme doit reconnaître Rembrandt pour son peintre souverain. Après l'idéal antique, après l'idéal chrétien, il trouva l'idéal terrestre, l'idéal de la raison qui voit par l'œil simple. Dans l'œuvre de Rembrandt on dirait qu'il a voulu supprimer le ciel; il a pris du limon à ses pieds, et, comme un autre créateur, il a sculpté la personnalité humaine avec respect et avec amour (1). Oui, il y a loin de là aux fonds d'or des Byzantins qui fuyaient la terre et craignaient d'y mettre le pied! C'est un nouveau monde, un monde dans les ténèbres : la lumière de Rembrandt n'est-elle pas celle qui jaillit des ténèbres? C'est l'aube encore douteuse d'un jour nouveau qui sera éclairé par les orages du doute. Quel poëme plein de terreur et de mystère! C'est la pensée humaine qui se reconnaît libre et va se briser aux tempêtes futures! Les sombres philosophes de Rembrandt, ceux qu'il a animés de ses rêves et de ceux de Luther, sont plus tristes que les martyrs de Ribeira. Ils ont l'avenir, ils y vont librement, ils sont maîtres du monde; mais que trouveront-ils dans l'avenir et que leur réserve le monde? Ils ont brisé leurs chaînes; mais c'étaient des chaînes d'amour, des chaînes de lys et de roses tombées du rivage sacré. Les philosophes de Rembrandt, tous nés du protestantisme, semblent se dire tristement : « Je suis libre, mais je ne suis qu'un homme. Je puis aller, mais où vais-je? »

---

(1) Les cinquante portraits qu'il a laissés de lui-même ne prouvent-ils pas tout son zèle à proclamer l'œuvre du Créateur, la royauté de l'homme? C'était là sa religion. Du reste, quand il met en scène la sublime tragédie du christianisme, n'a-t-il pas une éloquence toute biblique?

Rembrandt trouva presque en même temps son génie de portraitiste, de graveur et de paysagiste. A vingt-cinq ans, il avait toute sa force; depuis cet âge jusqu'à sa mort, il changea çà et là sa manière, mais tout en conservant sa chaude et vigoureuse empreinte. Soit que son travail fût très-étudié, soit qu'il peignît avec la rapidité de la foudre, soit qu'il créât un philosophe ou une paysanne, un intérieur hollandais ou un tableau biblique, c'était toujours le même génie viril, solide, éclatant.

Rembrandt fut aussi grand coloriste dans la gravure que dans la peinture. Sa pointe, c'était encore son pinceau tout baigné d'ombre et de lumière. On reconnaît la même touche et le même esprit. Il n'a pas plus imité les graveurs ses devanciers qu'il n'avait fait des peintres; aussi est-il plus vigoureux et plus chaud (1). On peut hardiment parler des teintes de sa pointe. Ses descentes de croix, ses portraits, ses sujets religieux et profanes, ses paysages, sont d'un effet magique par l'expression, l'énergie et la couleur.

On peut admirer Rembrandt dans tous les musées d'Europe, mais c'est à La Haye et à Amsterdam qu'il faut aller saluer son génie. *La Leçon d'anatomie* (2) et *la Ronde de nuit* sont l'expression la plus vive et la plus éloquente de ses deux manières. A vingt-cinq ans, il peignit *la Leçon d'anatomie* avec la science, la sobriété, la précision, la touche cachée d'un maître qui n'a plus rien à apprendre de l'art. C'est un chef-d'œuvre dont nul détail ne trahit une main de vingt-cinq ans. Plus de douze ans après, le jeune homme s'était fait homme, il peignit *la Ronde de nuit*. Alors il déploya toute la fougue, toute la témérité, toute l'exubérance de la jeunesse. Il rebroussa chemin à l'âge où tant d'autres continuent à marcher devant eux. Il ressaisit sa jeunesse et la jeta tout étincelante, pleine de vie féconde, audacieuse comme un lion qui secoue sa crinière.

Rembrandt est un poëte sombre, étrange, hardi, bizarre, romanesque. Il joue ses drames sur un fond noir; il aime le mystérieux jusqu'à la fantasmagorie. C'est un poëte né de son temps, comme Shakespeare. Il aime mieux les hardiesses insensées que les beautés connues.

(1) « Rembrandt n'a jamais voulu graver devant personne; son secret était un trésor et il était avare. On n'a jamais deviné de quelle manière il commençait et finissait ses planches; tout ce qu'on a su, c'est qu'à peine avait-il fait le trait et donné quelques ombres qu'il faisait tirer un nombre d'épreuves. Il mettait de nouveau le vernis sur sa planche et en augmentait le travail; cela se faisait jusqu'à trois ou quatre fois. Lorsque la planche était usée, il ébarbait les fonds et changeait les effets, en sorte que la partie qui avait été ombrée devenait claire : cette dernière transposition n'a pas toujours réussi; les épreuves de quelques-unes en sont grises, approchant de la manière noire. Il ne calquait guère ses dessins, de peur d'en refroidir l'esprit. » — DESCAMPS. —

(2) *La Leçon d'anatomie* représente le docteur Tulp devant un cadavre baigné d'ombre et de lumière, entouré de sept personnages distingués qui l'écoutent avec une attention suprême. Rien n'est plus simple, mais rien n'est plus saisissant. Ce corps blanc comme le marbre des tombeaux, ces hommes vêtus de noir, à barbe blonde, à figure intelligente, se gravent pour jamais dans l'esprit. *La Ronde de nuit* est une simple convocation de la garde nationale. Le tambour surprend ces bons Hollandais. Pour animer cette scène, Rembrandt a choisi l'instant où ils s'élancent à demi habillés, l'un boutonnant son pourpoint, celui-ci mettant ses gants. C'est le triomphe du mouvement et du désordre.

Parmi les chefs-d'œuvre de Rembrandt il faut citer aussi sa *Descente de croix*, la *Résurrection de Lazare*, les *Vendeurs chassés du temple*, l'*Adoration des Mages*.

La vie tombait de sa palette comme le blé sous la faux, comme l'eau jaillit du rocher, comme la lumière ruisselle du soleil. Il prenait la nature corps à corps et luttait avec elle en intrépide. Il osait être trivial, presque monstrueux. La poésie est partout pour le poëte. Il ne reculait devant aucune laideur vivante; mais sous sa main féconde tout prenait une expression fantasque et grandiose. Oui, celui-là a son idéal et son style dans le monde de l'art. Il est vrai de point en point, mais avec un accent bien vif. Oui, il a son idéal familier, visible dans le caractère formidable de sa peinture, dans la profondeur pensive de ses têtes, dans la bizarrerie de ses ajustements, qui ne sont d'aucun temps ni d'aucun pays, dans ses effets de clair-obscur, dans sa touche magistrale couronnée de chaudes vapeurs d'or et d'argent, dans sa manière hardie de distribuer l'ombre et la lumière. Winckelmann, qui pleurait d'admiration devant l'Apollon du Belvédère, demeurait rêveur tout un jour devant un tableau de Rembrandt.

Le génie de ce grand artiste est presque inexplicable; il est à la fois brutal et délicat, heurté et harmonieux, farouche et tendre. Quel chaos, mais quelle lumière! quel tumulte, mais quelle gravité! quelle crinière flamboyante de lion, mais quels sourires de paix! Quel amour voluptueux des ténèbres et des rayons! quelle audace aveugle et quelle sagesse raisonnée! quelle modération dans la force! Il est fougueux jusqu'à la furie, original jusqu'à l'extravagance; mais comme au milieu de toutes ces fantaisies et de toutes ces témérités il demeure en pleine vérité, le pied cloué sur la terre, dans sa fierté dédaigneuse et sauvage!

Rembrandt a égalé la puissance de la nature (1); comme elle, il a répandu d'une main large et féconde la vie sur ses œuvres. Rembrandt n'a pas imité par l'imitation, mais par la création; il s'est élevé jusqu'au prodige.

Ne pourrait-on pas comparer Rembrandt à un comédien qui arrive à l'improviste sur le théâtre, affublé d'un costume invraisemblable, comme pour jouer la comédie? On le trouve si original, si franc, si bizarre, qu'on sourit et qu'on se promet de rire beaucoup de sa comédie. Mais peu à peu sa figure s'éclaire d'un rayon magique, on l'écoute, on ne rit plus : ce n'est pas la comédie, c'est le drame qu'il joue, un drame sombre et gai, le drame humain, comme Shakespeare. Il est si éloquent dans ses haillons, si trivial sous sa toque de velours, si poétique et si pittoresque dans son franc parler tout semé d'images bibliques et plébéiennes, qu'il vous étonne, vous transporte et vous donne le vertige.

L'inspiration, c'est le rayon sacré qui part du sein de Dieu et qui va frapper le cœur ou l'esprit des poëtes et des artistes. Ce rayon sacré a traversé les brumes du pays de Leyde pour illuminer Rembrandt et son œuvre. Comme Phidias et Michel-Ange, Rembrandt, le Phidias et le Michel-Ange de la Hollande, a pénétré dans le monde des penseurs; mais, au lieu de lever

---

(1) Comme a dit Schlegel, la nature, c'est la force primitive et infinie d'une création et reproduction inépuisables : φυσις de φυώ, de *natura nasci*. Rembrandt, c'est aussi la force primitive et infinie.

ses yeux éblouis vers les cimes inaccessibles, il est demeuré religieusement attaché à la terre, sa vraie patrie.

III

GOVAERT FLINCK. — BARTHOLOMÉ VAN DER HELST. — FERDINAND BOL. — GERBRAND VAN DER EECKHOUT. — LÉONARD BRAMER. — JEAN FICTOOR. — NICOLAS MAAZ. — SALOMON KONING. — SAMUEL VAN HOOGSTRAETEN. — KNELLER.

Rembrandt est un chêne formidable dont les rameaux pleins de sève exubérante couvrent tout le domaine de l'art en Hollande; il a même un peu mis à l'ombre les grands peintres qui étaient venus avant lui, Enghelbrechtsen, Lucas de Leyde, Hemskerke, Schooreel.

S'il n'a pas eu d'héritier dans son fils, il en a eu un grand nombre parmi ses élèves, dignes de porter à des degrés divers cet imposant héritage. Tout ce qu'il y a eu de peintres en Hollande après Rembrandt doit un rayon à ce fier et robuste génie.

Govaert Flinck, né en 1616 et mort en 1660, est un vrai disciple de Rembrandt; il en a la touche tour à tour fondue et heurtée; il en a la sombre mélancolie. Il eut à subir dans sa jeunesse l'opposition brutale d'un père inintelligent, qui voulait à tout prix que son fils fût marchand de soie. Il étudia chez Lambert Jacob. Bientôt, attiré par le génie de Rembrandt, il alla lui demander des leçons. Flinck fut presque subitement proclamé un grand peintre; en peu d'années il put faire sa fortune. Il épousa une jolie fille qui mourut trop jeune, lui laissant un fils. Le chagrin qu'il ressentit de cette perte contribua à développer en lui ce sentiment de tristesse qui passe comme une ombre sur sa couleur. Il n'avait pas, comme Rembrandt, résisté aux avances des grands personnages d'Amsterdam; tous étaient ses amis, mais il aimait beaucoup à vivre seul avec les souvenirs de sa jeunesse. Sur ses derniers jours, il devint chagrin et brisa ses pinceaux. « Pourquoi? lui demanda le bourgmestre Jean Six. — Parce que je suis peintre d'histoire et peintre de portraits, parce que j'ai vu les pages de Rubens et les portraits de Van Dyck. » On le supplia de reprendre sa palette; il ne voulut jamais y consentir, renvoyant ceux qui lui demandaient des tableaux à Bartholomé Van der Helst.

Bartholomé Van der Helst fut un portraitiste de premier ordre; c'est le naturalisme de Rembrandt, moins l'ombre répandue sur le front, moins l'exubérance de palette. Né à Harlem en 1616, il mourut à Amsterdam dans un âge avancé, sans avoir quitté sa patrie. Sa bonne figure souriante annonce une vie calme et douce, embellie par un peu de gloire et beaucoup d'orgueil. Kneller, le peintre, et Jean Vos, le poëte hollandais, ont vanté avec enthousiasme les portraits de Van der Helst. Son tableau capital est le *Repas donné par la garde civique* en commémoration de la paix de Munster. On a dit que c'était la merveille de la peinture hollandaise : c'est une maladresse. *La Ronde de nuit* de Rembrandt, qui est à cette heure en face de ce tableau, le condamne comme une œuvre secondaire, belle par l'ordonnance, par les draperies, par les détails, par la vérité, mais sans style et sans caractère.

Ferdinand Bol (1611-1681) égala presque Rembrandt, qui l'aimait beaucoup et qui disait lui-même que plus d'un portrait de Bol serait confondu avec les siens. L'éloge du poëte Vondel n'a guère de prix après celui-là. Quelques portraits de Bol sont fiers et vigoureux comme ceux du maître, quoique un peu plus clairs. Il y a cependant entre Rembrandt et Bol la distance du génie au talent.

Gerbrand Van der Eeckhout avait saisi la manière de Rembrandt, moins vif dans les qualités, plus ardent à rendre les défauts. Ses portraits sont d'une belle tournure, peut-être un peu théâtrale. C'était un artiste intelligent, ayant le regard profond et lumineux. Il aimait mieux peindre l'histoire que le portrait. Ses compositions sont riches et bien entendues, mais c'est toujours l'histoire au point de vue hollandais. Ses fonds sont plus clairs que ceux de Rembrandt; il est moins fier dans son expression. Né à Amsterdam en 1621, il y mourut en 1674. Personne n'a recueilli l'histoire de sa vie.

Léonard Bramer a étudié sinon avec Rembrandt, du moins d'après ce maître. C'est le même goût pour l'histoire, c'est le même effet de palette. Il courut la France et l'Italie, excellant à peindre sur des vases d'or, d'argent et de marbre. Il revint en Hollande s'établir à Delft, où il peignit des petits tableaux d'histoire, le plus souvent sur cuivre. Le plus fameux en ce genre est *Pyrame et Thisbé*, tableau chanté par le poëte Smids. Il peignait aussi en grand, mais alors il perdait en vigueur et en esprit. Il était bon peintre de marines et de paysages. Ses dessins sont recherchés. Ce qui prouverait qu'il aimait l'argent comme son maître, c'est qu'il dessinait toujours, par économie, des deux côtés du papier. Né en 1596, il mourut vieux, on ne sait en quelle année. Il avait une bonne et naïve tête de paysan.

Jean Fictoor est un grand peintre de l'école de Rembrandt, dont l'histoire ne s'est pas inquiétée. Où est-il né? quand vivait-il? Il est Hollandais à n'en pas douter et vivait en 1640. C'est un véritable artiste, expressif et pittoresque, ingénu et gai, à la touche large et grasse, excellant dans les harmonies et les contrastes du clair-obscur. Il peignit l'histoire, le portrait et la page familière. Ce qui me charme en cet artiste si digne d'une célébrité posthume, comme Hobbéma et tant d'autres de son pays, c'est sa gaieté naïve. Si Jean Steen l'a rencontré, à coup sûr il lui a pris le bras pour l'entraîner à son cabaret.

Nicolas Maaz, né à Dortreck en 1632, mort à Amsterdam en 1693, peignit quelques bambochades, mais surtout des portraits à la manière de Rembrandt. Il possédait le don de la couleur à un très-haut degré; cependant il ne s'aveugla jamais et se proclama toujours avec orgueil l'élève de ce grand maître. Quoiqu'il partît du même principe de coloris, il y a entre lui et Rembrandt de grandes dissonnances; il cherchait l'effet de la lumière sans le secours des ombres; il peignait avec vérité, tout en donnant au modèle un certain tour mensonger : aussi c'était une fureur à Amsterdam de se faire peindre par lui. Rembrandt vous épouvantait dans votre vérité ténébreuse et illuminée, Maaz vous laissait un sourire sans rien perdre de son énergie.

Dans l'école de Rembrandt on doit aussi placer Salomon Koning, d'Amsterdam, qui aimait la vérité et luttait avec elle par la vie et le mouvement. Il peignait l'histoire et le portrait en grand et en petit. Ses tableaux sont devenus rares; on y reconnaît la touche franche et colorée d'un peintre à brûle-pourpoint.

Samuel Van Hoogstraeten, né à Dordreck en 1627 et mort dans la même ville en 1678, fut élève de Rembrandt, sans toutefois aimer trop sa manière. Il fut moins éclatant et moins sombre. Cependant son œuvre sent trop la palette; mais sa fraîcheur et sa lumière voilent sa crudité. Il était bon portraitiste et savant peintre d'histoire; il excellait en outre à peindre des fleurs et des fruits. L'empereur d'Autriche, voyant venir une corbeille de pêches parfumées et de grappes dorées peintes par Hoogstraeten, se laissa aller à l'illusion : « Voilà, dit-il, le premier peintre qui ait su me tromper. » Heureusement pour Hoogstraeten qu'il ne se contentait pas de tromper les yeux des empereurs d'Autriche. Il étudia à Rome toutes les beautés du paradis de l'idéal. Quand il revint à Dordreck, sa fortune était faite; il partagea son temps entre la poésie et la peinture. Il publia d'abord son voyage en Italie, bientôt après un livre singulier sous ce titre : *le Monde éclairé et le Monde aveugle*, enfin un recueil de vers et un traité sur la peinture (1).

Gérard Dow est-il bien l'élève de Rembrandt? Faut-il en croire l'histoire elle-même? Oui, durant trois années, Gérard Dow a essayé son pinceau timide devant les exemples de cette griffe de lion. Rembrandt était né grand peintre, Gérard Dow était né petit peintre : voilà tout le secret. Rembrandt, avec ses philosophes et sa Bible, est comme enfermé dans un orage; ce nuage qui l'assombrit, c'est l'avenir qui garde ses mystères. Gérard Dow, enfermé chez lui, dans son intérieur de paix, ne voit pas si loin; les crises du doute n'ont pas tourmenté sa couleur; il est tout net et tout clair comme la nature à sa surface; aussi il ne descend jamais dans l'abîme des penseurs et n'a pour tout horizon que ce qui frappe ses yeux.

---

(1) Godefroy Kneller, le célèbre portraitiste chanté par Pope, fut d'abord élève de Rembrandt, qui, certes, ne lui avait pas enseigné ce maniérisme qui fait son caractère. Kneller était surtout élève du faux goût de la cour de Londres. Mais ce n'est pas à nous de l'étudier : il est Allemand et Anglais, il n'a fait que passer en Hollande.

XIV

LES PEINTRES DE LA VIE PRIVÉE

TERBURG. — LE DUC. — GÉRARD DOW. — SLINGELANDT. — SCHALKEN. — MIÉRIS. — GONZALEZ COQUES. — PETER DE HOOGE. — JACQUES VANLOO. — BRACKEMBURG. — TORRENTIUS. — TROOST.

L'œuvre de Gérard de Terburg est le roman intime de la Hollande, comme l'œuvre de Gérard Dow en est le roman familier. Gérard Terburg n'eut point de maître, mais il est bien de son pays. Il courut l'Italie, la France et l'Espagne, sans changer son goût tout hollandais, empreint de poésie réaliste. Il naquit en 1608 à Zwol, province d'Over Yssel, d'une famille ancienne, aimant les arts et les artistes. Terburg appartient aux peintres grands seigneurs. Beau, aimant le faste, aventureux, il passa toute sa jeunesse en galantes équipées. A la cour d'Espagne, où il fut créé chevalier, les grandes dames le trouvèrent si charmant, qu'il fut contraint, après plusieurs duels, de fuir en secret, menacé sérieusement par la jalousie des Espagnols. Il débarqua à Londres, où il fut recherché pour ses portraits, quoiqu'il les fit payer comme ceux de Van Dyck. De Londres il vint à Paris, où il acheva de faire sa fortune. A la fin, fatigué de courir le monde, il retourna dans son pays. Il se maria à Deventer à une de ses cousines, qui ne lui donna pas d'enfants. Il devint bourgmestre de la ville et y mourut très-considéré en 1681. Sa dépouille mortelle fut portée à Zwol.

Ses portraits et ses tableaux sont d'un joli effet; il y a répandu un sentiment de distinction qu'on cherche vainement dans les petits peintres du temps. Son dessin est rond et lourd, mais sa touche est si ferme et si large, sa couleur est si belle et si transparente, que le regard tout enivré oublie les fautes du dessinateur. Ses scènes de la vie privée représentent des leçons de musique, des dames qui jouent aux cartes, des cavaliers se pavanant devant des jeunes filles, mille scènes d'intérieur prises dans le beau monde, ou tout au moins dans la bourgeoisie.

Quoique élève de Paul Potter, Jean Le Duc, de La Haye, est plus près de Terburg ou de Zacht-Leeven dans ses cavaliers et ses dames galantes. Quoiqu'il obtint des succès dans la peinture, il se fit soldat, devint capitaine et ne quitta plus l'épée pour le pinceau. Ç'a été une perte pour l'art familier. Ses tableaux sont jolis, d'une touche spirituelle et d'un bon coloris. Il gravait à l'eau-forte avec beaucoup de feu et d'effet.

Au commencement du xvii siècle, il y avait à Leyde un atelier mystérieux et solitaire où l'on n'était admis qu'après bien des prières; il était plus simple et plus aisé d'avoir une audience du pape que du peintre de cet atelier. Quoique ce fût un homme robuste, aux allures rustiques, il n'entrait lui-même dans son atelier qu'avec respect, avec religion. Il franchissait doucement le seuil, refermait la porte sans secousse et s'avançait à pas de loup sur son escabeau devant l'œuvre ébauchée. Il avait la poussière en effroi. Il demeurait immobile, durant quelques secondes, craignant de respirer, regardant vers le rayon de soleil si la poussière ne tamisait pas, inquiété par une mouche étourdie et une araignée échappée aux solives. Quand il avait vu tomber le dernier duvet soulevé par son pied, quand il s'était convaincu que l'air pouvait à peine pénétrer, il ouvrait sa boîte à couleurs, les broyait lui-même et se mettait à l'œuvre. Vous avez reconnu Gérard Dow. Celui-là représente bien deux caractères du génie hollandais : la propreté et la patience.

Il était né à Leyde le 7 avril 1613. Son père, originaire de Frise, était vitrier, un pauvre et simple ouvrier comprenant les joies de l'artiste. Il vécut dans son fils. Gérard Dow apprit à dessiner chez le graveur Dolendo; il passa de là chez un peintre sur verre, Kouwhoorn, qu'il égala bientôt. Le vitrier était dans l'enthousiasme paternel; mais, effrayé du danger que courait un si précieux enfant quand, monté sur un léger échafaud, il réparait quelque vitrage d'église, il décida qu'il serait peintre sur toile et le conduisit chez Rembrandt.

Gérard Dow avait quinze ans. Rembrandt peignait encore dans sa première manière, avec une grande sollicitude pour le fini. Gérard Dow l'imita pieusement, convaincu qu'il avait pour maître un grand maître. A dix-huit ans, il prit un atelier. Il était déjà renommé pour sa touche courtoise et délicate. Tout le monde voulut d'abord avoir son portrait en petit par le jeune Gérard Dow; mais, six mois après, personne ne voulut plus en entendre parler. Il lui fallait cinq jours pour finir une main. Il impatienta les plus patients de la Hollande.

Il se mit à peindre alors toutes ces jolies merveilles qui courent les musées de l'Europe, ces charlatans, ces joueurs de flûte, ces bouquetières, ces joueurs de cartes, ces cuisinières que se disputent avec fureur ceux qui aiment avant tout le génie de la patience. Nous croyons que le génie n'est pas dans la patience. Le génie est né libre et capricieux. Il prend le chemin de l'aigle et non celui des tortues. Nous voyons avec peine Gérard Dow avouer à Bamboche qu'il passait trois jours à peindre un manche à balai. Était-ce bien là le disciple du fier Rembrandt? Hâtons-nous de dire que Gérard Dow conservait son feu sous la cendre amère du travail. C'est un triomphe; c'est comme un miracle; mais l'art est le dieu des miracles. La couleur de Gérard Dow n'est ni fatiguée ni refroidie dans le travail; elle est vive et harmonieuse. Sa touche a toujours son éternelle fraîcheur; il est merveilleusement fini sans cesser d'être vigoureux.

Il mourut à Leyde, âgé de soixante-sept ans, après une vie laborieuse, féconde pour sa fortune et pour sa renommée. On peut juger de la simplicité de sa vie intime par quelques tableaux qui représentent son intérieur (1).

Pierre Van Slingelandt (1640-1691), son élève, le surpassa par la patience. Si la patience est une vertu, ce n'est pas toujours dans les arts. Il employa trois années, sans prendre le temps de respirer, à peindre la famille Meerman dans le même cadre. Il y a dans ce tableau célèbre un certain rabat de dentelles qui a coûté plus d'un mois de travail; aussi est-ce plus vrai que la nature. Gérard Dow évitait presque toujours la froideur, Slingelandt y tombait trop souvent. Houbraeken décrit avec éloge deux tableaux de cet artiste qui représentent, le premier, une jeune fille qui tient une souris par la queue devant le nez d'un chat, le second, un matelot qui est coiffé d'un bonnet tricoté; on distingue les poils du chat et de la souris, on compte les mailles du bonnet. Aussi, quoique accablé de commandes, il n'eut jamais de fortune, ne pouvant produire qu'un tableau par an. Il vécut à peu près ignoré tout un demi-siècle.

Un autre élève de Gérard Dow, Godefroy Schalken (1643-1706), se fait remarquer par ses effets de clair-obscur étudiés à la lumière d'un flambeau. C'est presque l'art en enfance. Schalken n'eut point de rival pour la vérité et le relief. Son dessin n'est ni correct ni spirituel, mais il ne manque pas de grâce. Il a peint quelques portraits dans le style de Kneller; mais son talent était dans les jeux de la lumière. Il avait connu le monde sans se former aux beaux usages. Pendant son séjour en Angleterre, il peignit le portrait d'une dame qui avait de fort belles mains. Il lui dit, quand la tête fut terminée, qu'il se pouvait passer d'elle. « Et mes mains? — Je peins toujours les mains d'après celles de mon valet. » A la fin, fatigué des effets de la lampe ou de la bougie, il chercha les effets du soleil : sa *Jeune Fille se cachant à l'ombre de son éventail*, sa *Jeune Femme derrière un rideau cramoisi que traverse le soleil*, sont peut-être ses meilleurs tableaux.

---

(1) Au musée du Louvre on trouve l'Intérieur de son père. Sa mère, assise devant la croisée avec un rouet près d'elle, fait la lecture de la Bible au vieux vitrier. Mais le souffle biblique n'a point passé par là.

Gérard Dow, tout bonhomme qu'il se montrât avec ses lunettes et sa patience, ne manquait pas d'une certaine vanité. Ainsi il disait de Miéris : « C'est le prince de mes élèves. » L'élève a souvent surpassé le maître par un tour plus libre et plus décidé. On se promène mieux alentour de ses personnages, parce que ses plans sont plus vagues. Son dessin est plus spirituel, sa couleur est moins tourmentée; c'est un homme de plus de ressource et d'imagination. On voit dans ses tableaux qu'il vivait dans un monde plus distingué; il y a de la recherche dans son costume, sa femme est habillée de satin, son intérieur étale un certain luxe. Ses scènes domestiques ne sont intéressantes que par la magie de l'art; il représentait habituellement un jeune garçon soufflant des bulles de savon, une jeune femme caressant un chien, un déjeuner de famille, une conversation, une vieille qui lit la gazette, un petit concert, çà et là un tableau d'histoire, comme *Lucrèce* et *Madeleine*. Il a peint des bacchanales qui ne manquent ni d'entrain ni de mouvement, où l'on respire assez bien l'odeur verte du pampre. Son chef-d'œuvre est une jeune femme évanouie avec un médecin et une vieille en pleurs. C'est le digne pendant de la *Femme hydropique* de son maître. Miéris fut payé un ducat par heure, durant tout le temps qu'il peignit ce sujet. Le tableau coûta quinze cents florins. Le grand-duc de Florence offrit, en voyant ce chef-d'œuvre, de payer le talent de Miéris deux ducats par heure.

Franz Miéris était né à Delft, en avril 1635. Son père, riche lapidaire, voulait que son fils fût lapidaire. Miéris étudia tour à tour chez un peintre sur verre, chez Gérard Dow et chez un peintre d'histoire. Il était né pour les petits cadres et les sujets familiers; les grandes pages de style sévère n'étaient pas à la taille de son talent : du reste, c'en était fait dans son pays de la peinture historique. Il vécut à Leyde en simple bourgeois de la ville, tantôt fréquentant la bonne compagnie, tantôt suivant au cabaret son ami Steen, qui l'amusait par ses contes philosophiques. Le vin que vendait Steen l'amusait aussi, car il lui arriva plus d'une fois de ne rentrer chez lui qu'avec l'aube matinale. Une nuit qu'il était tombé dans le ruisseau, il fut recueilli par un savetier, dont la femme lui montra une touchante sollicitude. Quand il fut dégrisé, il s'enferma chez lui jusqu'au jour où il eut terminé un petit tableau, un de ses meilleurs, qu'il alla porter à ces braves gens. « Recevez ceci d'un homme que vous avez tiré d'un vilain pas; s'il vous prend la fantaisie de vendre ce tableau, allez le porter au bourgmestre. » La femme du savetier n'aimait pas assez les arts pour garder le tableau; elle alla sur-le-champ trouver le bourgmestre, qui lui en donna huit cents florins. Pour cette bonne action, si délicatement faite, Dieu pardonnera là-haut à Miéris toutes ses folies de cabaret. « Vous voyez, disait Steen, qu'on a le vin bon quand on boit à mon tonneau. » Miéris mourut en 1681, laissant un fils qui hérita de son talent, Wilhem Miéris (1722-1747). Tous les tableaux ébauchés par le père furent terminés par Wilhem. C'était un esprit plus orné, un artiste plus savant, mais il est pourtant resté au-dessous de son père par l'esprit du dessin et la finesse de la touche. Il modelait en terre et en cire avec tout le talent d'un sculpteur. Les sujets de ses tableaux ne sont pas seulement pris à la vie privée; il s'élevait à la poésie de la fable, mais tout en conservant dans ses figures la physionomie hollandaise; ainsi sa servante posait pour ses Léda (1).

Gabriel Metzu imita et surpassa Gérard Dow, Gérard Terburg et Franz Miéris; il vécut solitaire et presque oublié. Il naquit à Leyde en 1615 et mourut à Amsterdam vers 1658. Il a continué la même galerie de petits tableaux avec une touche plus large. On voit bien par ses œuvres qu'il aurait pu devenir un peintre à grandes figures, un peintre de la famille de Van Dyck et de Rembrandt, témoin son *Portrait de l'amiral Tromp* et sa *Femme adultère* du musée du Louvre. Nul coloriste ne posséda le don de l'harmonie à un plus haut degré. Il trouvait inutile d'opposer une couleur à une autre pour l'accord de l'effet. Vous avez vu ses femmes habillées d'étoffes rouges entre un fauteuil rouge, devant des rideaux rouges? C'est comme un jeu du peintre; on sent passer l'air entre la femme, le fauteuil et le rideau; chaque ton a sa valeur relative, qui le détache harmonieusement du ton qui le touche. Metzu augmentait par magie les couches de l'air suivant l'espace. Il faut citer parmi ses œuvres quelques tableaux bibliques, comme *l'Enfant prodigue* et *la Femme adultère,* traduits en hollandais; plus souvent il représentait les pages animées de la vie bourgeoise. Il est plus varié et plus fécond en ressources que ses devanciers (2). Il est même plus vrai, par la raison qu'il a moins cherché les raffinements du vrai.

Gonzalez Coques rappelle Van Dyck et Terburg; Van Dyck par ses petits portraits, Terburg par ses scènes de famille. Il vécut, comme ces deux maîtres, en familiarité avec les rois et les princes. Sa touche était tout à la fois large et précieuse; tout petits qu'ils soient, ses portraits ont toute la fière tournure de ceux des grands portraitistes, et, dans ses scènes de famille, il a toute la délicatesse de Terburg. Né à Anvers en 1618, il y mourut en 1684. Il avait étudié sous David Ryckaert et avait épousé sa fille. La fortune tombait en pluie d'or de sa palette. Le roi d'Angleterre, le duc de Brandebourg, l'archiduc Léopold, don Juan d'Autriche, le prince d'Orange, s'estimaient heureux de poser devant lui. L'académie d'Anvers l'avait nommé son

---

(1) Franz Miéris a laissé un autre fils, Jean Miéris (1660-1690), qui n'imita ni son père ni son frère. Il voulut devenir un peintre en grand : il étudia chez Gérard de Lairesse et partit jeune pour l'Italie; il n'en revint pas. On cite son goût pour l'histoire, mais il était né trop tard : en Italie comme en Hollande, c'en était fait du grand art.

(1) « On reprochait à Metzu de peindre toujours ses personnages coquettement habillés dans des intérieurs d'appartement. Pour prouver qu'il connaissait aussi bien l'anatomie que les étoffes de soie, et le grand soleil que le demi-jour d'un salon, il se mit aussitôt à l'œuvre. Dans un magnifique paysage où circule une rivière, il représenta un chasseur qui se déshabille au bord de l'eau pour se baigner. Le chasseur est le portait de Metzu lui-même, tête et corps. C'est une merveille de science et de naturel.

La grosse tête franche et intelligente de Metzu ressemble un peu à celle de Rembrandt. Le torse et les membres sont irréprochables et défieraient les critiques d'un concile d'anatomistes et d'académiciens réunis. Près du chasseur est un beau chien épagneul, digne de Fyt ou de Griff; à gauche, suspendus à un arbre, un lièvre et du gibier mort, que Weeninx pourrait signer; au second plan, sur un petit pont qui traverse le ruisseau, un bonhomme accoudé, qu'on prendrait pour une figure d'Ostade. L'harmonie vigoureuse du paysage, la touche abondante, les effets de lumière, ont quelque analogie avec le style magique de Rembrandt. La signature est sur la crosse du fusil. Metzu a démontré, par ce chef-d'œuvre, qu'il aurait pu être Fyt, ou Weeninx, ou Ostade, et que l'art est en toutes choses. » — T. Thoré.

directeur. Il fut, comme tous les hommes, frappé dans son bonheur. Il avait une fille adorable, Gonzaline Coques, c'était sa joie et sa gloire. Il l'avait mariée à un grand seigneur d'Anvers : elle mourut. Il la pleurait encore quand son fils suivit sa sœur chez les morts; il pleurait ses deux enfants quand sa femme le laissa seul sur la terre : c'en était fait de lui. On voulut le distraire par un autre mariage; il épousa une demoiselle du monde, Catherine Ryshenvels, mais il n'était plus de ce monde; il mourut pour aller retrouver sa vraie famille. Il a laissé plusieurs éditions de son portrait, de celui de sa femme et de ceux de ses enfants. Toute cette famille vous séduit et vous touche. Gonzalez Coques a une belle tête, pleine d'intelligence. Il est vêtu avec recherche, mais avec goût, en vrai gentilhomme du temps.

A la même page, on peut placer Peter de Hooge, un vrai peintre de mœurs et de caractères. Il a quelques points de parenté avec Gonzalez Coques; il est comme lui fier et vigoureux; sa touche aussi est large et légère, mais il est moins fin et moins vrai dans le coloris. Quoique élève de Berghem, il appartient bien à la famille des peintres de la vie privée. Il représentait des conversations, des corps-de-garde, des joueurs de cartes, des déjeuners galants. Il est né et il est mort sans que nul historien se soit inquiété du lieu de son berceau ni de sa tombe.

Il y a les Vanloo hollandais et les Vanloo français, bien qu'ils soient tous de la même famille, même en peinture; mais Jean-Baptiste et Carle Vanloo appartiennent, comme Philippe de Champagne et Van der Meulen, à l'histoire de la peinture française.

Jean Vanloo fut le premier du nom. Il peignait au commencement du XVIIe siècle, à l'Écluse, des sujets galants pris dans l'histoire ou dans la vie privée. Son fils, Jacques Vanloo, père de Jean-Baptiste et de Carle, né en 1614, mort en 1670, fut non-seulement un des meilleurs coloristes de l'école hollandaise, mais un des plus francs dessinateurs. On connaît son célèbre *Coucher à l'italienne* (1) (une femme nue vue par le dos prête à se coucher); la gravure de ce tableau, par Porporati, est dans tous les ateliers (2). Il y a au Louvre un portrait de Michel Corneille par Jacques Vanloo, qui était venu habiter la France.

Brackemburg a beaucoup étudié Jacques Vanloo dans ses danses de courtisanes. Brackemburg était peintre et poëte. Il a vécu comme Brauwer et peint comme Miéris, avec un cachet à lui. « Nous savons, dit Descamps, peu d'événements de sa vie; à voir ses ouvrages, il y a lieu de croire que nous y perdons très-peu. » Il peignait de préférence des intérieurs où ne vont pas les honnêtes gens. Né à Harlem en 1649, il a vécu le plus souvent en Frise, où il est mort on ne sait en quelle année. C'était un esprit enjoué, un panthéiste en belle humeur cherchant toutes les joies du pampre et de l'amour. Son pinceau est flou et léger, sa touche vive et spirituelle, sa couleur vigoureuse et vraie. J'ai admiré à Florence, au Vieux-Palais, un petit chef-

---

(1) *Le Coucher à l'italienne*, exposé en vente il y a quelques années, n'a atteint que le chiffre de 6,000 francs.

(2) M. Ingres a fait à cette gravure une belle place dans son cabinet.

d'œuvre de Brackemburg : c'est son portrait. Il porte une belle tête, pleine de gaieté et d'entrain. C'est franchement touché, avec beaucoup d'esprit et de chaleur de ton. Pour tout attribut le peintre n'a choisi qu'un violon et une pipe.

Le vrai maître de la peinture licencieuse est Jean Torrentius (1589-1640), l'athée et le cynique. Pétrone et Arétin n'eussent pas osé signer ses tableaux. Les peintures antiques trouvées à Pompéi dans la maison des courtisanes ne sont pas si furieuses dans leur nudité que ne l'étaient celles de Torrentius dans leur galant déshabillé. Enfin on en fit justice, elles furent brûlées par la main du bourreau; c'étaient des chefs-d'œuvre, mais à quoi bon de pareils chefs-d'œuvre? Torrentius ne fut pas brûlé, mais il fut mis à la question. Les tortures ne lui arrachèrent pas un repentir sur son impiété. On l'emprisonna, il obtint d'être exilé, il passa en Angleterre, mais ses bonnes mœurs l'en chassèrent bientôt; il revint à Amsterdam, où il se tint caché jusqu'à sa mort.

Il y aurait encore plus d'un peintre familier à rappeler ici, par exemple Cornille Troost (1686-1750), esprit distingué, plein de verve et de tournure, qui excellait à représenter des corps-de-garde et des scènes de comédie; mais contentons-nous d'étudier ceux qui sont au premier rang par le caractère (1).

BAMBOCHE. — WOUVERMANS. — VAN DER MEULEN. — BRÉDA. — ALBERT CUYP. — LINGELBACK. — KAREL DUJARDIN. — WEENINX. — HONDEKOETER.

Vers la fin du XVIᵉ siècle, il s'était formé dans les Flandres une école de jeunes peintres, *la bande académique*, où l'on s'enrôlait pour aller étudier à Rome. Tout se passait avec éclat chez ces soldats à la conquête de l'art. Il y avait un discours de réception, non point dans un temple, mais dans un cabaret. Les plus éloquents versaient à boire, les plus convaincus buvaient jusqu'à l'oubli. Une fois ivre, on se couronnait de pampre en fleurs ou de pampre artificiel, et on courait en troupe bruyante achever le festin sur le tombeau de Bacchus, où le récipiendaire était baptisé d'un sobriquet caractérisant sa figure ou son caractère. Parmi les surnoms que l'histoire a conservés, celui de Bamboche, qui était bossu, est le plus célèbre. Le vrai nom du peintre a même presque disparu sous le sobriquet. Bien plus, c'est de ce sobriquet que dérive

---

(1) Maintenant que nous avons payé notre tribut à toutes cette florissante famille, ne nous sera-t-il pas permis de dire ici que Chardin, notre peintre familier, est, par son esprit naïf et fin tout à la fois, digne de tous ceux que nous venons de nommer Et Meissonnier? Il n'y a qu'un mot à dire : C'est un Hollandais avec du style. J'ai sur ma cheminée un petit chef-d'œuvre de Meissonnier, *Deux Mères qui font embrasser leurs enfants*; cette jolie merveille, je ne la donnerais pas pour le Gérard Dow le plus parfait, pour le Terburg le plus admiré.

ce mot de bambochades qui s'applique si heureusement à la plupart des petits tableaux flamands et hollandais qui représentent des scènes de la vie familière.

Dans son portrait, Bamboche s'est vaillamment coiffé d'un feutre à plumet; il jette un regard insolent et porte des moustaches de matamore. Son nom était Pierre. Il était né à Laer, en Hollande. Dès son adolescence, il se vengea de la nature, qui l'avait mis au monde tout contrefait, par un vrai talent pour la peinture et la musique. On ne lui connaît pas de maîtres. Il n'avait pas vingt ans quand il fit son voyage d'Italie, jouant du violon et peignant avec un accent comique des cavalcades toutes furieuses, toutes rugissantes. Il plut au Poussin et au Lorrain par sa belle humeur, ses singularités, ses extravagances et ses saillies. Il étudia en cette illustre compagnie les paysages de la campagne de Rome; presque tous les soirs, durant longtemps, on les a vus rêvant ou riant ensemble sur les bords du Tibre, épris de ces paysages sévères que le génie a consacrés.

Bamboche avait appelé en Italie ses deux jeunes frères pour étudier et peindre avec lui; ils périrent tous les deux de mort violente, l'un dans la mer, à Venise, l'autre dans un torrent des environs de Rome; ils n'avaient ni son esprit ni sa touche. Il retourna seul en Hollande. La jeunesse avait fui trop rapide en ces belles amitiés; il ne retrouva pas son pays en Hollande, où n'étaient plus ses frères, où ne devaient pas venir ses amis. Un marchand de tableaux intéressé à décrier Bamboche en faveur de Wouvermans acheva d'attrister ce pauvre homme, qui était seul de son parti, qui méprisait la petite manière de son rival, mais qui ne parvint pas à faire comprendre à ses compatriotes que sa manière était plus large et plus digne d'un véritable artiste. Du reste, il paraît qu'aujourd'hui on n'a pas encore compris que Bamboche peignait mieux les cavalcades que Wouvermans, car ses tableaux sont recherchés sans passion, tandis que ceux de Wouvermans sont vingt fois couverts d'or. Et pourtant le premier est un peintre de style, le second n'a pas même l'apparence du style. Le pauvre Bamboche, tout désolé d'être méconnu et de vieillir pauvre, se précipita dans un puits (1).

Bamboche représentait avec beaucoup de verve des cavalcades, des chasses, des attaques de voleurs, des foires et des paysages marins. Son génie était surtout dans la variété; il ne copiait personne, pas même lui. Son dessin est très-fin, sa couleur est très-vigoureuse. Il composait avec beaucoup d'esprit, sachant répandre à propos dans ses fonds des débris d'architecture. Ses groupes sont animés et pittoresques. Comme le Lorrain, il rendait avec précision les diverses constitutions de l'air. On peut dire en voyant ses ciels l'heure qui sonnait quand il les a peints. Il y a dans tous ses tableaux je ne sais quel joyeux air de violon qui vous égaie doucement. On sait qu'il avait l'habitude, comme Brackemburg, de se jouer un air avant de se

---

(1) Houbraeken raconte ainsi la mort de Bamboche; Weyermans la nie. Ce qu'il y a de certain, c'est que Bamboche mourut de chagrin dans son puits ou dans son lit, à peu près à soixante ans.

mettre à l'œuvre. Son violon ne le quittait pas. Pour se reposer de peindre, il jouait du violon; pour se remettre en verve, il en jouait encore.

Jean Meel (1599-1664) et Henri Verschunring (1627-1690) peignaient dans l'esprit de Bamboche, avec le même goût de dessin, des pillages, des chocs de cavaliers et des attaques de voleurs.

Nous avons peut-être un peu exalté Bamboche pour le venger de Wouvermans, qui n'était pas, après tout, un médiocre artiste. Il faut lui tenir compte de sa candeur, de ses études précipitées par le travail, des peines qu'il eut à élever sa famille. Il ne sortit jamais de Harlem, peignant sans relâche pour des marchands avides, qui avaient eu l'esprit de se faire ses créanciers. Non plus que Paul Potter et Berghem, le pauvre Wouvermans n'eut jamais une heure de sereine liberté; pas une claire et souriante échappée ne lui montra le ciel, à lui, qui était dans la forêt touffue des devoirs domestiques. Il était né à Harlem en 1621, il y mourut en 1668, sans que la poésie l'ait une seule fois visité. Heureusement que le travail a ses joies comme il a ses douleurs; c'est toujours l'enfantement avec ses angoisses et ses triomphes.

Philippe Wouvermans, fils d'un peintre médiocre (1), avait deux frères peintres médiocres (2), qui ne lui survécurent pas. Il a laissé un fils qui se fit chartreux (3).

Comme Bamboche, Wouvermans était varié à l'infini dans ses compositions; il a peint beaucoup de manéges, de haltes, d'abreuvoirs, de chasses à courre, de campements et de pillages, mais sans presque jamais se copier. Dans sa première manière, il est timide, froid, poli. Sa touche retenue est presque sans force et sans esprit. Peu à peu, enhardi par l'habitude comme par le succès, il s'abandonne à lui-même; il est toujours sage et réservé; ses chevaux ne s'emportent pas à bride abattue; on n'entend pas dans ses haltes, comme dans celles de Salvator Rosa, de Bamboche et de Bourguignon, le hennissement des cavales impatientes; mais, sans prendre le mors aux dents comme ces rares artistes, il galope avec un jarret plus ferme vers les hardiesses de l'art, qui sont les étapes du génie. Il est plus ferme dans sa touche, sans rien perdre de sa finesse; il est plus harmonieux parce qu'il est moins doux et moins fondu, parce qu'en peinture l'harmonie aime mieux les brusques oppositions logiquement amenées que les transitions timides. Il saisit avec plus de vérité, presque avec poésie, les nuances aériennes et les magies du lointain.

Jean Van Bréda (1683-1740) a peut-être, dans ses batailles et ses foires, surpassé Wouvermans en l'imitant; il n'avait pas sa pâte précieuse, mais il avait plus d'élan.

Antoine Van der Meulen, quoique né à Bruxelles, appartient au siècle de Louis XIV, dont

---

(1) Paul Wouvermans était peintre d'histoire.
(2) Pierre Wouvermans peignit aussi des haltes dignes de Philippe dans sa première manière; Jean Wouvermans était un paysagiste d'une touche assez vive.

(3) Ce fils devait être peintre. On raconte que le père, se voyant mourir, brûla tous ses dessins, voulant ôter à son fils des études qui l'auraient empêché d'en faire lui-même.

il fut le compagnon de guerre. Non-seulement il est Français pour l'art, mais aussi pour l'histoire. Ses tableaux sont des bulletins de la grande armée de Louis XIV.

Albert Cuyp, comme Bamboche, vit un nouveau venu lui enlever la palme avec moins de génie. Ce nouveau venu, c'est Paul Potter. Ce n'est pas l'amour du paradoxe qui nous pousse à dire cela, c'est l'amour de la vérité. En effet, Cuyp est plus varié, moins servile et plus vrai que Potter : il a plus de relief et de chaleur. Nous aimons beaucoup la naïveté toute printanière de celui-ci, mais nous aimons beaucoup aussi le style de celui-là. Chez Cuyp, l'art n'est pas caché par la nature; chez Potter, c'est la nature, mais est-ce encore l'art dans toute sa liberté?

Albert Cuyp est en outre le premier par la date. Il est né en 1606 à Dordreek. Il fut élève de son père, Jacques Gerritz Cuyp, qui peignait aussi des animaux dans des paysages. Le père ne tarda pas à recevoir des leçons du fils. « Comment peux-tu rendre si heureusement ce clair de lune? lui demandait son père. — Parce que j'ai passé trois heures à ma fenêtre la nuit dernière. » Le vieux Cuyp n'avait jusque-là étudié la lune que dans des tableaux. Il ne paraît pas que Cuyp ait jamais voyagé; il n'a connu que la nature de son pays. Il peignait des vues de Dordreek, des rendez-vous de chasse, des hivers animés par des patineurs, des intérieurs de ferme, des bergeries ouvertes, des rivages du Rhin ou de la mer parsemés de barques ou de vaisseaux. Nul ne peignait avec plus de pieuse ferveur le ciel, l'eau et la prairie. Comme il aimait la vie et le mouvement, il faisait courir les nuages dans ses ciels, précipitait les vagues sur ses rives et groupait sur ses prairies des broussailles ou des plantes à larges feuilles qui coupaient l'uniformité des paysages hollandais. Mais pour lui, d'ailleurs, la nature n'était que le lieu de la scène; il y représentait le drame de la création. Ses chevaux sont plus grands que ceux des peintres hollandais; il montre ainsi que sa belle manière pouvait s'élever aux grandes pages. Dans tous ses tableaux si variés, Cuyp se montre toujours un grand artiste, fertile en ressources, maître de sa palette, amoureux de l'effet comme de la vérité, dessinateur plein d'esprit, coloriste plein de chaleur. Albert Cuyp mourut en 1664. Nul ne l'avait salué grand peintre; l'histoire contemporaine ne l'a pas jugé digne d'une de ses pages. Hobbéma mourait en même temps, sans qu'on songeât à recueillir son nom (1).

Bien qu'il fût né à Francfort et qu'il étudiât en France et en Italie, Jean Lingelback est considéré comme un peintre hollandais; la Hollande fut sa seconde patrie et il y mourut. La seconde patrie d'un artiste est toujours sa vraie patrie. Il peignait avec beaucoup de talent les ciels, les eaux et les montagnes, semant avec goût des débris d'architecture. Ses animaux sont bien groupés et bien vivants. Ces petites comédies de Lingelback, ses charlatans, ses mar—

---

(1) Il en fut de même de Fabricius, un grand artiste dont il reste quelques belles scènes de chasse, et de Momers, qui peignait des animaux avec une touche grasse et spirituelle.

chandes de poisson, ses carnavals, ses joueurs de gobelets, ont quelque chose du mordant et de la malice d'Aristophane. Il y a quelques réminiscences de Lingelback dans Karel Dujardin.

Karel Dujardin naquit à Amsterdam en 1640 et mourut à Venise en 1678. Il eut pour maître Berghem; il fut d'abord plus naïvement épris des saveurs de la prairie. Il serait bientôt tombé dans la recherche, s'il n'était parti pour l'Italie. Il fut bien accueilli à la joyeuse bande académique illustrée par les saillies de Bamboche; il y fut surnommé *barbe de bouc*. On s'était lassé à Rome des grandes pages religieuses de l'école de Bologne; on commençait à aimer les petits tableaux familiers, qui amusaient les yeux par l'esprit de la touche et de la composition. Karel Dujardin trouva une mine d'or dans son talent; tous ceux qui possédaient une galerie à Rome voulaient compter un Karel Dujardin. Cependant il quitta la ville éternelle, toute peuplée d'amis et d'admirateurs, pour retourner à Amsterdam. En passant à Lyon, il retrouva des amis et des admirateurs. Il s'y arrêta. Comme il aimait le luxe de la table, du costume et des aventures, il fit des dettes. Son hôtesse, qui le trouvait galant, lui offrit sa bourse. Il lui offrit son cœur, comme il l'avait offert cent fois à d'autres. L'hôtesse avait quarante ans, l'âge de la diplomatie pour les femmes. Celle-ci environna si bien le jeune peintre dans les mille lacs invisibles de son amour, qu'il fut contraint de l'épouser. Elle l'avait étourdi par l'appât de l'or, elle l'avait entraîné par les dehors d'une passion bien jouée. Pour tout homme, même pour le plus fort, il y a une heure dans la vie où Dalila peut lui couper les cheveux. Revenu à lui-même, furieux de sa faiblesse, Karel Dujardin partit pour Amsterdam, pensant que la victorieuse Lyonnaise ne voudrait pas habiter la Hollande. Mais les Lyonnaises sont familiarisées avec le brouillard; celle-ci suivit le peintre à Amsterdam et lui déclara qu'elle le suivrait partout, fût-ce au bout du monde. Karel Dujardin se promit bien de rompre des chaînes si lourdes. En effet, peu de temps après, il repartit pour Rome, laissant à sa femme pour tout adieu une lettre où il lui disait : Je reviendrai. Elle l'attendit; il ne revint jamais. A Rome, il avait repris son joyeux train de vie d'autrefois. C'est l'époque de sa meilleure manière; jusque-là il était resté franchement Hollandais, égalant Paul Potter par le réalisme. « Il sentit alors se développer en lui des facultés toutes nouvelles, sa manière s'imprégna d'un noble sentiment, qui se répandit même dans ses plus petits ouvrages et leur donna presque du style. » De Rome il alla à Venise, où sa renommée était allée avant lui. De belles années, faites de talent et de gloire, l'attendaient en cette ville; mais il y mourut bientôt, le dirais-je? d'une indigestion.

La touche de Karel Dujardin était vive, légère et spirituelle, comme celle de Berghem, son maître; mais elle était plus large et plus lumineuse. L'œil est souvent ébloui devant ses après-midi, qui gardent quelque chose du soleil et du ciel italiens. Plusieurs de ses paysages, par le jeu de l'ombre et de la lumière, sont tout pétillants, comme s'ils étaient dorés par un vif rayon. Il n'est d'ailleurs ni abondant ni riche dans sa composition; mais tout ce qu'il crée a un air de joyeuse santé. Il saisit la vérité par son caractère, soit dans le paysage, soit dans les animaux.

Ses vaches répandent bien l'odeur du lait, de l'étable et de l'herbe foulée; ses ânes sont admirables : il n'y a pas d'autre mot. Plus qu'aucun maître en pareil genre, il séduit l'œil par la virginité du coloris.

Dans quel genre placer Weeninx, qui était peintre d'histoire, de portraits, de paysages; qui peignait l'architecture comme de Witte, la scène familière comme Metzu? Son vrai talent éclatait surtout dans la nature morte. C'était un Vénitien pour l'exécution. Il lui est arrivé de faire un portrait sans autre pinceau que l'index; ce portrait était d'une frappante ressemblance et d'une grande fraîcheur de coloris. Il mourut près d'Utrecht en 1660, à peine âgé de trente ans, disant : « Il s'en faut bien que j'aie rendu sur la toile tout ce que j'ai dans l'esprit. » Weeninx fut le peintre universel de la Hollande. Pendant son séjour à Rome, il peignait de grandes pages d'histoire, des chasses, des intérieurs d'église, pour le cardinal Pamphile. A son retour en Hollande, il égala les paysagistes et les peintres de genre. Il passait sans transition d'une exécution abrupte à une exécution courtoise, tantôt énergique et flamboyant comme Sneyders, tantôt spirituel et fini comme Gérard Dow.

Jean Fyt est aussi célèbre pour ses natures mortes. Sa touche est pleine de feu, de légèreté et de hardiesse. Ses vases et ses bas-reliefs en pierre ou en marbre sont d'un très joli goût.

Jean Weeninx (1644-1719) fut le digne élève de son père. Il eut presque son universalité, tout en se gardant d'un certain ton gris qui voilait les œuvres du vieux Jean-Baptiste. Il peignait avec beaucoup de verve et de chaleur de ton les chasses au cerf et au sanglier. Quoiqu'il eût gardé les principes de son père, il avait une touche personnelle et peignait sans souci des entraves et des préjugés de l'art.

Si Weeninx excellait à représenter les conquêtes de la chasse, Melchior Hondekoeter (1636-1695), son neveu et son élève, excellait à peindre les coqs en fureur. Il avait accoutumé un coq à poser devant lui avec toute l'obéissance d'un modèle intelligent. L'éducation était si bien faite, que le volatile demeurait des heures entières dans la même attitude, tantôt menaçant, tantôt pensif. Les galeries italiennes sont riches en combats de coqs de Hondekoeter; ces combats sont des chefs-d'œuvre en leur genre, où l'on voit éclater toute la comique jalousie des Othello de basse-cour, toute la vaillance chevaleresque de ces héros déterminés.

Quand je regarde le portrait de Hondekoeter, j'y découvre un accent de cruauté. Ce peintre original avait commencé par prêcher les grandeurs du christianisme avec une pieuse et vive éloquence. Tout le monde était édifié de sa religion plutôt que de son talent; on voulait le décider à devenir ministre; mais on s'aperçut bientôt que ce beau faiseur de sermons allait au cabaret, et même plus loin dans la débauche. On dit, il est vrai, qu'il avait épousé une mauvaise femme et qu'il la fuyait du soir au matin.

XV

RETOUR AU STYLE ÉTRANGER

BERTHOLET FLEMAEL. — STOKADE. — GÉRARD DE LAIRESSE. — GASPARD NETSCHER. — POLENBURG. — VAN DER NEER. — VAN DER WERFF. — LE PETIT VAN DYCK.

Entre le réalisme de Rembrandt et celui de Paul Potter, l'homme et la nature dans leur plus puissante vérité, il y eut comme un essaim de rêveurs amoureux de poésie, timides chercheurs de style.

Bertholet Flemael, né à Liége en 1614, fut destiné à la musique; mais le jeune homme, au lieu d'aller apprendre à chanter, entrait en secret dans l'atelier d'un mauvais peintre. Il partit pour l'Italie, s'arrêta à Rome et y étudia sérieusement. Dès qu'on vit son premier tableau, sa fortune fut faite. Il fut appelé à Florence par le grand-duc, qui lui confia quelques pages de sa célèbre galerie. De Florence il vint à Paris. Il ne fit qu'y passer. Il y peignit toutefois, à la coupole des Carmes, *le Prophète Élie enlevé sur son char de feu*. Il retourna à Liége après neuf années d'absence. On l'avait apprécié en France, on voulait l'y ramener. On le reçut à l'académie de peinture et on le nomma professeur. Il revint en France, mais ne s'y fixa point. Il peignit le plafond des Tuileries représentant la Religion couronnée à l'antique, entourée de figures allégoriques avec les symboles de la France. Tous les rois lui écrivirent pour le détacher de son pays; il demeura fidèle à sa bonne ville de Liége, où il avait été pauvre, où sa mère l'avait nourri de lait et de larmes, comme tant d'autres enfants nés pour les grandes choses. Il était devenu riche à ce point qu'il dépensa sans y regarder cinquante mille florins à un château sur les bords de la Meuse. Vers la fin de sa vie, un peu revenu des vanités humaines, mais enivré de son talent, il tomba dans une sombre tristesse. Il ne voulait plus entrer dans son atelier, il cherchait l'austère solitude des couvents, des églises et des rives de la Meuse. Il usa de tout son crédit pour être reçu chanoine d'une collégiale et obtenir la tonsure. On dit qu'ayant aimé la Brinvilliers, réfugiée à Liége, il voulait en faire pénitence. On dit même qu'il fut empoisonné par cette grande pécheresse. On ne sait pas pourquoi. Peut-être la Brinvilliers se croyait-elle légataire du peintre? peut-être était-ce tout simplement par habitude? Flemael avait soixante ans.

Ce peintre, nourri aux bonnes sources du génie, avait beaucoup de feu et d'imagination; sa composition était savante, son dessin correct, sa couleur harmonieusement fondue. Il avait un grand goût architectural, aussi ses tableaux sont-ils enrichis de portiques, de colonnes, de ruines majestueuses, ce qui contribue à leur donner un caractère élevé. Il composait avec le même goût l'histoire sacrée et l'histoire profane, sachant à propos changer les nuances du style. On a beaucoup vanté ses *Assomptions* et ses *Adorations des bergers*. Un de ses meilleurs tableaux représente *l'Iliade d'Homère trouvée dans le tombeau d'Alexandre*.

Helt Stokade, né à Nimègue en 1613, peignit presque toujours à Rome ou à Venise. Il vint passer quelques années en France, avec le titre de peintre du roi. Il était portraitiste et peintre d'histoire. Il a fait peu de petits tableaux. Il peignait largement, armé d'une palette vive et harmonieuse. Il avait dans le dessin plus de goût que de correction.

Gérard de Lairesse fut surnommé le Poussin hollandais : c'était plutôt le Guide hollandais. Il naquit à Liége en 1640. Son père était peintre et travaillait en même temps que Flemael pour le prince de Liége. C'était presque la même manière, le même goût de style et de composition; seulement Flemael était plus savant et meilleur coloriste. Gérard de Lairesse eut pour maîtres son père d'abord, Flemael ensuite, qui le familiarisa avec l'antique par l'étude des médailles et des estampes. Flemael avait un recueil de gravures d'après Poussin qui entraînèrent surtout le goût de Lairesse vers la poésie de l'histoire. A cette époque de sa jeunesse, si Lairesse fût parti pour Rome, il fût, on n'en doute pas, devenu un grand peintre; mais il quitta son maître pour suivre à Utrecht une aventurière qu'il aimait. Il y avait d'ailleurs en lui quelque chose d'aventureux, qui le poussait aux singularités. A Utrecht, il n'eut d'autre ressource que de peindre des enseignes et des paravents. Il avait, par malheur pour son talent, franchi le seuil du cabaret et du mauvais lieu. Un ami voulut sauver de l'abîme un homme né pour devenir grand; il lui commanda deux tableaux, lui disant qu'il était sûr d'en obtenir cent florins d'un marchand d'Amsterdam. Non seulement le marchand les paya cent florins, mais il vint tout de suite à Utrecht et parvint à emmener Lairesse à Amsterdam. Cet homme avait un atelier où peignaient à la journée Grebber et quelques autres peintres. Dès le lendemain de son retour, il y conduisit Lairesse, lui indiqua un escabeau, lui donna une palette et lui dit : « A l'œuvre, vous êtes chez vous. » Lairesse demeura quelques minutes devant le chevalet sans dire un mot et sans mouvement. « Au lieu de se mettre à dessiner, il tira de dessous son manteau un violon et joua quelques airs; après quoi, saisissant le crayon et les pinceaux, il ébaucha un *Enfant-Jésus dans sa crèche*. Comme ses compagnons de travail voulaient voir ce qu'il avait fait, il reprit son violon et joua de nouveau; ensuite il reprit sa palette et peignit de nouveau. Il peignit la tête de l'enfant de Marie, de saint Joseph et du bœuf, au premier coup, et d'un si beau fini qu'il laissa les spectateurs dans l'admiration de la beauté de son travail et dans l'étonnement de la manière dont il s'y disposait. » — Descamps. —

Durant deux mois, il joua du violon et peignit chez le marchand d'Amsterdam. « J'ai assez fait pour reconnaître votre hospitalité, dit-il à cet homme, je vais jouer du violon et peindre pour moi. » Il ouvrit un atelier où tout le monde accourut, plutôt encore par curiosité que par admiration. C'était comme une gageure; les figures tombaient de sa palette comme des mains du Créateur. C'était la rapidité de Rubens avec une apparence de travail et de fini. Il paria de peindre en un jour, sur une grande toile, *Apollon et les Muses au mont Parnasse*. C'était là un des travaux d'Hercule; il en vint à bout. Ce tableau passa même pour un de ses meilleurs.

Il fût devenu riche en peu d'années, s'il n'eût conservé l'habitude de vivre en franc débauché, buvant et gaspillant la nuit ce qu'il avait gagné le jour. « Ce fut, dit son historien, la seule et malheureuse régularité qui resta dans sa conduite. » En vain il avait épousé une femme digne de lui donner d'autres habitudes, en vain il avait vu à son foyer des berceaux où Dieu lui parlait par les cris de ses enfants; les folles passions, comme des nuages grossiers, lui cachaient le bleu du ciel. Un grand malheur, le plus grand peut-être qui puisse frapper un peintre amoureux de la ligne, de la lumière et de la couleur, tomba sur lui comme une vengeance d'en haut : Lairesse perdit la vue. Il se convertit, mais il était trop tard. « Hélas! disait-il à ses amis avec le désespoir d'un esprit résigné, je ne vois clair sur ce que j'aurais dû voir que depuis que je suis aveugle. » Que lui restait-il à faire? Comment nourrir sa femme et ses enfants? Il fit de son atelier une espèce de chaire où il professa les beaux-arts une fois par semaine. Il eut beaucoup d'auditeurs. Il fit un cours de dessin et un cours de peinture qui furent recueillis après sa mort, arrivée en 1711. Il laissa trois fils : l'un passa aux Indes, les deux autres peignirent des fleurs et des figures en bas-reliefs.

Le titre qu'on lui donne de Poussin hollandais tient du dithyrambe. Il n'a jamais possédé le beau et savant dessin ni la suprême élégance du peintre français; mais comme lui il a été poëte et historien. Quoiqu'il ait toujours vécu en Hollande, il s'était formé un idéal pour les figures qui ne manque ni de goût ni de noblesse. Il exprimait avec fidélité les mouvements de l'âme; il drapait avec ampleur et simplicité; sa couleur est dorée et vraie, sa touche gracieuse et légère.

Il gravait avec une manière large; dans l'in-folio qui compose son œuvre, la plupart des estampes sont de sa main.

Gaspard Netscher naquit à Heidelberg en 1639. Son père était un pauvre sculpteur, qui avait passé sa vie à faire la guerre, errant de ville en ville, de désastres en désastres. Il mourut à la peine, laissant une femme et quatre enfants à la grâce de Dieu. Dieu n'accepta pas l'héritage, car « sa veuve, obligée de quitter Heidelberg avec ses quatre enfants, se retira dans un château fortifié, où elle eut la douleur de voir deux de ses fils mourir de faim dans ses bras. Elle eut le courage de se sauver avec sa petite fille et son fils Gaspard, qui n'avait que deux ans, pendant une nuit obscure qui la déroba aux yeux des ennemis dont le château était environné. » Elle chercha un refuge à Arnheim, où le médecin Tulsekens, son nom est bien digne de l'histoire, adopta son dernier enfant. Il voulait qu'il fût médecin, en conséquence il lui donna des maîtres de latin; mais il découvrit bientôt que le jeune Gaspard Netscher n'avait de goût décidé que pour le dessin. Il le plaça chez Koster, un peintre d'oiseaux et d'ornements, où Gaspard ne tarda pas à montrer son talent précoce. Il voulut voir l'Italie; le hasard l'attira à Bordeaux, la destinée l'attendait là. Il devint amoureux d'une Liégeoise qui allait s'embarquer pour les Indes; il l'épousa; elle n'alla point aux Indes, il n'alla point en Italie. Ils vinrent se fixer à La Haye, où Gaspard peignit tout à la fois le genre et le portrait. Il mourut jeune comme son père, mais laissant près de cent mille florins à ses neuf enfants. Ses deux fils, Théodore et Constantin, ont eu son talent pour le portrait en petit avec des fonds ornés et des figures épisodiques. Gaspard Netscher composait avec goût ses petites pages d'histoire. Il imitait les étoffes, le satin blanc surtout, à faire illusion. Son dessin est naturel, sa couleur dorée, sa touche moelleuse. Il avait l'intelligence du clair-obscur et drapait largement ses figures. Il répandait à propos des fleurs et des fruits. Il n'a jamais eu l'esprit de faire des sacrifices; il épuisait sa sollicitude à tous les détails du tableau. Une certaine élégance domine dans son œuvre, surtout quand il traduit l'histoire romaine et la fable.

Cornille Poelemburg (1586-1660) partit tout jeune pour l'Italie, où il s'attacha à la manière d'Elzheimer et à celle de Raphaël, deux points extrêmes dans l'histoire de l'art. Il étudia longtemps ces deux peintres, sans jamais arriver à la science du dessin. Né Hollandais, il était né coloriste. Grâce à son coloris, à sa touche molle et légère, à sa galante imagination, il fit fortune à Rome, à Florence, à Londres, enfin à Utrecht, où il était né et où il avait voulu vivre. Qui n'a vu ses gracieuses compositions de nymphes au bain vêtues de l'air du temps? Un examen sévère leur nuirait beaucoup; mais, au premier regard, elles vous séduisent, en vous faisant respirer la rosée qui baigne leurs pieds légers. On ne saurait refuser à Poelemburg un rayon de poésie qui dore ses lointains.

Eglon Van der Neer voulut regarder, comme tant de réalistes de son pays, la nature de trop près; il copiait des fleurs qu'il cultivait lui-même, espérant les embellir encore. Il les coupait dans leur éclat et les apportait dans son atelier; mais, s'apercevant qu'elles se fanaient trop vite pour qu'il eût le temps de les copier, il se fit un atelier portatif qui le promenait à son gré par tout le jardin. Ainsi il pouvait saisir la nature vivante. Aussi on vantait à Bruxelles la fraîcheur de ses tableaux, qui étaient nommés les jardins de Van der Neer. Il ne peignait pas seulement des fleurs, il était bon portraitiste et bon peintre de genre; il montrait même un goût distingué pour l'histoire. Sa touche rappelle un peu celle de Terburg dans ses assemblées à la mode. Il eut trois femmes, qui toutes les trois peignaient avec talent, surtout la seconde, qui était fille de Du Châtel. La première lui laissa, le croira-t-on? seize enfants, la seconde neuf; la troisième en avait eu douze ou treize.

Il fut le maître d'Adrien Van der Werff, qui naquit près de Rotterdam en 1659, dans un moulin, comme Rembrandt, et mourut trois fois millionnaire, en 1722. Ce qui a perdu cet esprit distingué, c'est le succès de Miéris, c'est le mauvais goût de toute la Hollande, tombée en pleine décadence. Van der Werff était né poëte; toutes les pages rêvées par Homère et par Virgile, il les avait dans l'imagination. Malheureusement il manquait du feu de la création, ou plutôt son amour du poli avait glacé sa touche. Avec beaucoup d'étude et d'imagination, il fut donc le plus froid et le plus doucereux des peintres. Il semble qu'il n'ait peint que sur ivoire. Son nu n'a ni relief, ni mouvement, ni vie. Les figures de Boucher ne sont nourries que de roses, mais au moins elles sont nourries; celles de Van der Werff n'ont mangé que du lait et des figues. C'est le dernier degré du poli. « Otez-moi ces magots de devant les yeux. » Cependant tous les contemporains de cet heureux peintre ont salué son immortalité, et l'artiste qui de son vivant fut le mieux payé en Flandre et en Hollande, ç'a été Van der Werff. J'ai vu de lui un *Jugement de Pâris* qui lui fut payé cinq mille florins par le régent. Le duc d'Orléans était pourtant né artiste, mais le mauvais goût est une épidémie qui ne respecte personne. Il y aurait de l'injustice à trop décrier Van der Werff; son dessin est lourd et raide, sa couleur est éteinte, même dans sa fraîcheur; mais il n'a jamais montré un goût mesquin; ses draperies sont larges et bien jetées; il bannissait les petits ornements, il avait du style dans son architecture. Ce qu'il faut encore louer en lui, c'est l'art de grouper les figures ou de les répandre dans le paysage. Après tout, Van der Werff n'est-il pas digne de l'Albane? Il n'est pas meilleur, mais est-il moins bon? Il a eu deux élèves qu'il faut confondre avec lui, Pierre der Werff et Henri Van Limborg. Nicolas Verkolie peignit dans le goût de Van der Werff. Il fut recherché pour ses portraits; le sien a inspiré des vers au poëte hollandais Boyaert. Ses petits tableaux bibliques sont d'un poëte qui écrit avec un pinceau.

Il ne faudrait pas oublier Philippe Van Dyck (1680-1752). Il ne fut pas seulement un peintre d'histoire romanesque; il peignit quelques grands tableaux, même des plafonds. C'était en outre un portraitiste qui pouvait sans trop rougir signer son nom glorieux de Van Dyck.

STEINWICK. — PETER NEEFF. — DE WITTE.

Je n'ai jamais compris les peintres d'intérieurs commme les Steinwick ou les Neeff. C'est l'art encore, mais à son dernier degré. Les paysagistes, les peintres de fleurs et de fruits, représentent dans tout son éclat, dans tout son mystère, dans tout son sentiment, l'œuvre vivante de Dieu; les peintres d'intérieurs ne représentent que l'œuvre inanimée des hommes. Ces peintres-là devaient naître en Hollande, au milieu des réalistes. Les deux Steinwick font illusion pour leurs églises ou leurs temples; ce sont des modèles d'architecture, mais ils n'ont pu y imprimer le sentiment religieux; ce sont des pierres. En vain le vieux Steinwick y répand les tons sombres du recueillement, en vain son fils y fait descendre gaiement la lumière du ciel : Dieu n'y est pas.

Peter Neeff (1570-1651), élève du vieux Steinwick, est plus animé dans son architecture; il est tout à la fois sombre et clair, vigoureux et transparent; il s'amuse à toutes les poétiques singularités des rosaces, des spirales, des ogives, des colonnes à hautes tiges; il saisit la grâce toute céleste de l'ogive, l'élégance des filaments et des ramifications qui courent sur les voûtes comme les lettres bizarres d'un mystérieux poëme. Les intérieurs de Peter Neeff sont remarquables en outre par les contrastes intelligents de la lumière; il passe du jour à l'ombre avec une vapeur aérienne d'un grand artifice; son fils l'a suivi, mais à distance.

Emmanuel de Witte (1607-1672) n'était pas moins savant sur la perspective et sur les oppositions de lumière. Peut-être est-il moins patient et moins fin, mais il a plus d'esprit. Peter Neeff ne sut jamais peindre une figurine. Les Franck, les Teniers, les Breughel, répandaient dans ses églises des religieux, des prédicateurs, des baptêmes, des enterrements, des messes de minuit. Emmanuel de Witte peignait lui-même ses figures avec beaucoup d'esprit; sa touche était heureuse et sa couleur harmonieuse.

La Hollande a eu d'autres peintres d'intérieurs d'église plus ou moins estimés, comme Théodore Babeur, Lieven de Witte et Jacques Bloek, dont Rubens a fait l'éloge, ce qui le dispense du nôtre. Pierre et Jean Bronkhorst sont dignes de l'histoire, le premier par ses intérieurs, le second par ses vitraux.

XVI

LES PAYSAGES

I

Jean Van Eyck, qui descendait Dieu sur la terre au lieu de s'élever jusqu'à Dieu; Jean Van Eyck, qui ouvrait de vertes et aventureuses échappées dans les fonds d'or de l'école de Cologne, fut le premier paysagiste flamand. C'est déjà la belle prairie de Gand et la montagne boisée des bords de la Meuse qu'il reproduit dans ses fonds aériens. Patenier, de Bles, Van Helmont, presque tous les paysagistes du xv⁰ siècle, ont étudié d'après Jean Van Eyck.

Les paysages de Van Eyck resplendissent sous les rayons d'un soleil d'avril ou de mai, c'est le printemps dans tout son vif épanouissement. Les paysages de Hemling sont ceux de l'été : verdure plus sombre, arbres plus touffus, ombres plus vigoureuses, masses de lumière plus grandes et plus calmes : c'est un peintre austère, même devant le sourire de la nature.

Les premiers paysagistes hollandais n'ayant pas sous les yeux la grandeur des lignes, la majesté des horizons, l'éclat pittoresque des sites, cherchèrent bien plutôt la couleur que le style, ils s'attachèrent plus ardemment au détail qu'à l'ensemble, ils ne cherchèrent pas à réunir beaucoup d'effets dans un tableau : la moindre échappée les séduisait. Ainsi une vache agenouillée dans l'herbe, un bateau sur le canal, une cascade au coin d'un bois, une maison au bord de l'eau, voilà de quoi contenter vingt artistes épris du simple spectacle de la nature.

Le premier paysagiste hollandais fut Albert Van Ouwater, qui fut d'ailleurs le premier peintre connu; il fit école à Harlem, après avoir sans doute étudié les chefs-d'œuvre de Van Eyck. On n'a jamais poussé plus loin, avant Ruysdael, la science de la perspective et la poésie des horizons. Albert Van Ouwater vivait au commencement du xv⁵ siècle. Vers le même temps, à Bois-le-Duc, le premier peintre de fleurs et de fruits, Jean Bosch, luttait avec Dieu par l'éclat et la vérité. Il trouvait sur sa palette toutes les délicates nuances des lys et des roses, des pêches et des raisins. Il ne manquait à ses créations, pour qu'elles fussent égales à celles de Dieu, que le parfum, qui est l'âme des fleurs et des fruits.

De tout temps les Hollandais furent surtout des paysagistes; ce n'est pas seulement à Harlem et à Bois-le-Duc qu'on voit poindre cette aurore de l'œuvre de Dieu. Dans le même siècle, à Leyde, à Groningue, en Ostfrise, à Wick-sur-Mer, en Noord-Hollande, sur tous les points de ce pays sans paysages, il s'élève un paysagiste. Il faudrait tout un volume pour inscrire seulement le nom et l'œuvre des paysagistes que compte la Hollande, depuis Albert Van Ouwater jusqu'à Hobbéma, depuis Jean Bosch jusqu'à Van Huysum. Ce n'est point ici le lieu de faire un catalogue. Contentons-nous d'étudier les trois hommes qui marquèrent le plus vivement; cependant indiquons au passage, à leur point de départ, les trois tendances, le réalisme, l'imagination et le sentiment, qui ont prédominé et qui se sont combattues jusqu'au jour où elles ont eu leur personnification bien distincte dans les trois artistes hors ligne que nous nous proposons d'étudier à part : Berghem, Paul Potter, Ruysdael.

C'est d'abord la manière poétique et finie de Van Eyck que saisissent les premiers paysagistes. Dès le début, ils ont trouvé la science de la perspective; ils sont un peu secs et froids; mais pourtant comme leurs paysages sont bien plus vivants que ceux d'Italie! Patenier atteignait presque au style par la belle forme de ses arbres et par l'art de son pointillé (1). De Bles a surpassé Patenier par le coloris. Van Helmont, vanté par le savant Lampsonius, était poétique et vrai. Schoreel peignit sur les bords du Jourdain et rapporta dans son pays des paysages des îles de Chypre et de Candie, des ruines de Rome, des vues de Venise; lui et les Kock furent des paysagistes d'imagination; ils n'appartiennent guère plus à la Hollande que Berghem, qui, un siècle plus tard, empruntait les tons chauds de l'Italie pour animer ses prairies de Harlem. Cependant un bon poëte et un grand comédien, Grimmer, peignait alors par distraction, telle qu'il la voyait, la nature hollandaise avec sa sève puissante et sa rusticité. Pierre Breughel vint, avec son école, ramener la rêverie dans ses fonds bleus, impossibles et charmants, que reproduisit plus tard, avec plus de poésie encore, Breughel de Velours. Walkemburg, comme Grimmer, fut bien de son pays : dès qu'on approche d'une de ses toiles, on salue

---

(1) Comme signature il peignait sur chacun de ses tableaux un petit bonhomme accroupi on devine pourquoi. C'était là le cachet, le coin, le monogramme de Patenier.

la Flandre. Molenaer, le grand artiste insouciant qui éparpilla ses forces avec tant de prodigalité, qui peignait pour sept à huit sous des fonds toujours remarquables dans les tableaux de la plupart de ses contemporains, puisait tout à la fois son talent dans la vérité et dans l'imagination. Les Bril sont un peu géographes dans leurs paysages; cependant le naturalisme ne les envahit pas; ils savent à propos chercher l'effet par l'imagination. Savery, quoiqu'il eût passé deux années à peindre les montagnes du Tyrol, était un paysagiste du Nord, presque un précurseur d'Everdingen. Dans son œuvre variée, on reconnaît tour à tour l'influence des Breughel et des Bril. C'est le même fini, le même feuillé, la même sécheresse de touche. Winckenbooms a laissé des paysages d'une couleur plus séduisante que vraie. Il recherchait trop les oppositions précipitées. Il manque d'air et d'harmonie. Sneyders, avec sa touche savante et fière, sa couleur chaude et dorée, vient donner plus de caractère au paysage. Wildens, qui naquit en même temps que Rubens et peignit des fonds dans les tableaux de ce grand maître, fut un des premiers, avant Ruysdael, qui créa des paysages de sentiment. Tour à tour vague et prononcé, libre et fidèle, son pinceau saisissait toutes les nuances, tous les effets, toute l'harmonie de la terre et du ciel. Poelemburg, qui étudia et qui voyagea beaucoup, fut encore un paysagiste d'imagination, confondant tous les pays, peignant des ruines romaines en pleine campagne hollandaise, faisant danser des nymphes sous le ciel d'Utrecht. Seghers, le jésuite, abrita sa poésie sous des guirlandes de fleurs d'un vif éclat, peintes largement. Qui n'a admiré ses lys blancs et ses roses rouges, ses tiges moussues et ses feuilles vivantes! Quelle transparence! quelle couleur harmonieuse! quelle légèreté aérienne! Asselyn fut un réformateur; quand il revint d'Italie, où il avait vu Claude Lorrain à l'œuvre, il protesta contre les teintes vertes et bleues de l'école de Breughel, de Bril et de Savery. Les Moucheron, ses élèves, n'ont pas comme lui l'apparence du style ni la science des effets pittoresques; avec leurs belles perspectives ils tombent dans la monotonie, parce que leur touche n'est ni large ni variée. Kierings copiait la nature avec trop de pratique et de servilité. Il en saisissait moins l'accent que le détail. Van Uden, qui peignait aussi des paysages dans les tableaux de Rubens, saisissait le sentiment et la vérité. Il avait son atelier ordinaire en pleine campagne, comme plus tard Ruysdael. Son coloris est naturel, tantôt tendre, tantôt vigoureux, mais un peu monotone; ses lointains sont baignés de vapeurs aériennes. Van Asch reproduisait les environs de Delft avec une touche vive, vraie et originale. Son maître, Pierre de Molyn, était un grand coloriste dans ses ciels et ses horizons. Albert Cuyp, né la même année que Rembrandt, vint, avec ses clairs de lune et ses prairies si bien peuplées, ses manéges bruyants et ses rivières tranquilles, élever le paysage au point de l'art et de la vérité. Ruysdael seul peut-être s'est élevé au-dessus de Cuyp, parce que le sentiment ne peut être égalé ni par la finesse de touche ni par l'éclat de la palette. Rembrandt fut comme Rubens, nous l'avons dit, un grand paysagiste, d'un souffle tout divin. David Teniers était bien moins un paysagiste qu'un peintre de *paysanneries*. Les Both, avec leurs échappées étincelantes, sont plus Italiens que Hollandais; ils sont nés du Lorrain et du Bamboche. Winants fut réaliste sans brutalité; il ne sépara pas la nature de ce rayon de poésie dont Dieu la dore et l'anime. Il éclate en beautés pittoresques. Tout en gardant l'effet de l'ensemble, il fut plein de sollicitude pour le détail. Pinaker rappelle Winants par la touche et la variété; il excellait dans les oppositions de lumières, dans les vapeurs aériennes et dans les eaux qui réfléchissent le ciel. Adrien Van der Velde, autre élève de Winants, a saisi la nature dans toute son expression, avec une chaleur qui frappe et surprend. S'il égale Winants, il égale aussi Paul Potter par le mouvement et la vie; il arrive, par une autre manière, à la magie de l'imitation. Jean Hakkert alla étudier en pleine nature, soit en Suisse, soit en Allemagne; il fut poétique et original, ayant en mépris les aspects déjà connus; il aimait les roches pendantes sur l'abîme, les sombres cavernes, les bruyants précipices. Et puis tout d'un coup, comme pour se reposer, il choisissait les sites les plus élégants, les arbres élancés, les parcs semés de plantes rares. Il luttait hardiment avec toutes les bizarreries de la nature. Il lui arrivait d'entrer dans une forêt et de peindre mot à mot, sans toutefois affaiblir l'effet, les grands arbres qu'il avait sur la tête. Zacht-Leeven passa sa vie à représenter les bords du Rhin, non loin d'Utrecht. Dans sa jeunesse, il imitait la nature mot à mot; plus tard, il se laissa prendre par la fantaisie qui domina Wouvermans et Bergheim; seulement il fut plus aérien dans ses ciels. Otho Marcelli, qui habita la cour de France sous Marie de Médicis, fut franc naturaliste, mais plus occupé des insectes et des reptiles que des animaux et des prairies. Il avait une ménagerie célèbre près d'Amsterdam. Van Artois débuta comme un artiste inspiré et finit comme un grand seigneur. Dans sa jeunesse, il vivait avec familiarité intime avec la nature, comme son maître Wildens; devenu célèbre, il vécut dans la familiarité des hommes de cour, qui ne lui laissèrent plus le temps d'étudier. Ses premiers tableaux sont des œuvres de prix. Sa manière était grande et large. Ses arbres ont de belles formes; « ils paraissent en mouvement dans l'air, » disait Teniers. Il se préoccupait des détails comme de l'ensemble. Il abusait même quelquefois des plantes, des ronces, des joncs et des mousses, sur le devant de ses tableaux. Son élève Huysmans, de Malines, arrive quelquefois aux magiques effets de Rembrandt; ses ciels et ses lointains sont baignés de rayons comme ceux de Roth et d'Asselyn. C'est le goût italien avec plus de sève. Nous ne reparlerons pas davantage de Wouvermans, qu'il faut étudier pour ses haltes, ses foires, ses charrettes embourbées, ses abreuvoirs et ses chasses, plutôt que pour ses paysages. Swanevelt, le farouche, qui vivait seul entre un tableau de Claude Gelée et une colline, a presque rappelé la fraîcheur odorante du Lorrain. Breenberg n'a conservé de son pays, en voyageant ailleurs, que la finesse de touche. Un peintre qui est le roi de son pays, c'est Everdingen. Saluons la nature dans ses forêts, ses chutes d'eau et ses rivages couverts de neige! C'est aussi un peintre de sentiment, car on s'attache à ses tableaux comme si on devait y trouver quelque pensée pour le cœur attristé. On voit régner ensuite ce robuste paysan qui s'appelle Hobbéma, un paysan de génie énergique et profond. Il semble que Hobbéma et Huysmans aient emporté le secret de la nature, car après lui l'ouvrier patient domine l'artiste inspiré, témoin Ommeganck. Pourtant n'avons-nous pas salué il n'y a pas longtemps Lutherburg et Waterloo, un poëte et un réaliste pleins de vie et d'effet?

II

LE RÉALISME : PAUL POTTER. — L'IMAGINATION : NICOLAS BERGHEM.
— LE SENTIMENT : JACQUES RUYSDAEL.

I

Paul Potter pouvait parler de ses ancêtres; il était issu, par sa grand'mère, de la maison d'Egmont. Son grand-père était receveur de la Haute et Basse-Swaluwe; enfin tous ses ancêtres avaient à peu près gouverné la ville d'Enkuisen, où il naquit, en 1635, d'un peintre médiocre, il est vrai, qui vivait à grand'peine de son petit talent à peindre les animaux. Pierre Potter fut pourtant le seul maître de Paul Potter; mais le fils n'avait pas douze ans que déjà il surpassait le père. Il vivait en familiarité intime avec les vaches, les chèvres et les moutons. Dès qu'il avait une heure de loisir, il courait au Melkplaatz, dans les prairies avoisinant la ville, pour observer les vaches de tout près pendant que les paysannes tiraient les pis jaillissants. Il lui arrivait de s'oublier au pied d'un arbre ou sur le bord d'un canal, contemplant non pas les splendeurs du monde inconnu, mais les airs de tête, les habitudes, les passions des animaux. Le pauvre Pierre Potter espérait bien que, dans ses tableaux, son fils daignerait prodiguer quelques coups de pinceau; mais la jeunesse, toujours ingrate, prend son vol sans vouloir regarder en arrière. Paul Potter trouvait que les tableaux de son père n'étaient guère meilleurs après ses recherches; il laissa le bonhomme à son œuvre et partit pour La Haye, à peine âgé de seize ans. A La Haye, il ouvrit une école (tous les biographes sont d'accord sur ce point) où quelques peintres, beaucoup moins jeunes, vinrent par curiosité. Ils y demeurèrent pour étudier (1).

(1) Ce fut, dit Descamps, un prodige dont il n'y a peut-être point d'exemple parmi ceux dont nous rapportons l'histoire. Il fut, dès quatorze à quinze ans, un maître habile. Ses ouvrages, même de ce temps-là, figurent au milieu de ceux des plus grands.

Il habitait à La Haye à côté de l'architecte Nicolas Bal-

A vingt-sept ans, Paul Potter avait épuisé tous les trésors de la vie; à vingt-sept ans, il était vieux, fatigué, hors d'haleine. Depuis douze ans il n'avait pas eu de loisir. D'abord, dominé par l'amour de l'art, il s'était laissé bientôt dominer par l'amour de l'argent. Il n'a pas compris qu'il y avait d'autres horizons dans la vie. Au premier mauvais vent, il se laissa abattre; il inclina la tête comme un vieillard qui trouve que ce n'est plus la peine de lutter. Les envieux firent contre lui une levée de sarcasmes; on avait admiré ses tableaux, on les jugea. Il apprit que ceux mêmes qui admettaient ses animaux pour de belles choses déclaraient ne pas accepter ses paysages. On disait que son talent était condamné à la monotonie; que d'ailleurs c'était un talent en déclin, perdant chaque jour en puissance et en vigueur. Son atelier devint peu à peu une solitude. Il s'aperçut un jour que sa femme, qu'il voyait à peine depuis quelques mois, était le seul ami qui lui fût demeuré fidèle. Il courut droit à elle, l'embrassa en pleurant et lui dit : « Il faut partir ! » Il quitta cette ville, qui d'abord lui avait été si hospitalière, qui déjà l'oubliait pour des gloires plus jeunes. Le bourgmestre d'Amsterdam l'appelait depuis longtemps, il retourna dans cette autre ville, où il avait quitté avec tant d'insouciance son vieux père et ses jeunes amis. Il retrouva des admirateurs à Amsterdam ; le bourgmestre lui acheta tous les tableaux qu'il lui plairait de faire; il vit s'épanouir sa petite fille sous les caresses d'une mère toujours belle, et, partant, toujours bonne. Tous ces bonheurs ne purent le relever. Il tenta de se consoler dans un travail obstiné : il peignit depuis l'aube jusqu'au crépuscule; il alluma sa lampe pour graver à l'eau-forte; il n'alla plus dans les prairies qu'un crayon à la main. Il ne survécut pas longtemps à ce terrible régime. Ce grand homme mourut à moins de vingt-neuf ans. Que d'autres artistes sont morts ainsi, épuisés par un labeur surhumain! Comprend-on cet aveuglement? Comment Paul Potter, l'ami des vaches et des bouviers, celui qui

kenende, surnommé le Vitruve hollandais. Nicolas Balkenende avait une belle fille; aussi Paul Potter ne tarda pas à montrer une vive amitié au père. « Quel grand architecte vous faites! » lui disait-il en regardant sa fille. On ne devient pas follement amoureux d'une belle personne de vingt ans sans lui inspirer un peu ou beaucoup de passion. Mlle Balkenende aima Paul Potter. Mais, Paul Potter s'étant avisé de demander la main de Mlle Balkenende, le Vitruve de La Haye leva fièrement la tête, regarda le peintre d'un air dédaigneux et lui répondit que jamais il ne donnerait sa fille à un *peintre qui ne peignait que des bêtes et non des hommes*. Paul Potter ne se rebuta point. Pour cette œuvre importante, « il mit en campagne les principaux de la ville, qui, plus justes appréciateurs du génie de Paul Potter, prononcèrent que Balkenende devait se trouver honoré de la recherche d'un pareil gendre. » L'architecte finit par comprendre qu'un peintre d'animaux n'était pas un peintre d'enseignes : il accorda sa fille à Paul Potter et n'eut pas lieu de s'en repentir. A peine marié, Paul Potter prit à lui seul une belle maison, qui devint pour ainsi dire l'académie de La Haye. Maurice, prince d'Orange, les ambassadeurs des grandes puissances, les personnages de la Hollande, les savants, les lettrés, les artistes, s'y rencontraient à toute heure. Paul Potter peignait comme en se jouant au milieu du bruit. Il était lui-même un des plus vifs parleurs. Il ne manquait ni d'esprit ni d'humour. Il passait aisément de la mélancolie à la gaieté. Il aimait la comédie et même les farces d'atelier. Il ne fut pas toujours d'un goût exquis dans sa manière de plaisanter. « La princesse Émilie, douairière et comtesse de Zolms, lui commanda un grand tableau pour son appartement; Potter voulut se surpasser lui-même. Mais un courtisan rapporta à la princesse que l'objet principal du tableau représentait une vache qui pisse. » La princesse lui fit dire qu'elle voulait une vache couchée dans l'herbe. La *Vache qui pisse* est un tableau qui a toujours été très-recherché. Il fut vendu du temps de Paul Potter deux mille florins.

comprenait si bien l'indolence des grands bœufs, n'a-t-il pas pris le temps de respirer en pleine prairie dans la paresse bénie des poëtes? Il ne savait donc pas qu'ainsi courbé sur le travail il allait tout droit à la tombe?

Paul Potter surprend plutôt qu'il ne charme; c'est la nature elle-même qu'il a fixée sur sa toile comme dans un miroir. Il n'a pas attendu que le nuage qui passait dans son ciel fût éclairci ou doré par un rayon de soleil; il n'a pas recherché tel arbre ou tel feuillage; il a vu, il a peint. Aussi est-il toujours vrai, quelquefois trop vrai. Dans son temps, on était si bien accoutumé au paysage italien, qu'on l'accusa de voir faux quand il donnait à ses prairies ce vert tendre et argentin qui est la verdure naturelle adoucie par l'air ambiant. Berghem, plus séduisant par ses tons chauds, donnait tort à Paul Potter. Au xviie siècle comme aujourd'hui, les peintres ne voulaient pas admettre que les prés fussent verts; quand le gazon n'était ni roux, ni gris, ni sale, ce n'était qu'un gazon d'écolier. Cependant qui oserait dire que la prairie n'est pas verte dans la patrie de Paul Potter, comme le ciel est bleu dans la patrie de Raphaël?

Ce qui distingue Paul Potter à un si haut degré dans ses animaux, c'est qu'il est en même temps énergique et naïf; il saisit le mouvement de la bête et son expression avec une candeur sans égale. Il prouve victorieusement que les bêtes ont une âme, un esprit, une pensée. Ses animaux vous parlent par leurs yeux, par leurs mouvements, par leurs attitudes. « En les fixant longtemps, disait Vernet, on croit respirer la saine odeur qu'ils exhalent. » Paul Potter aimait en tout la simplicité; de rien il faisait un tableau : un peu de gazon, quelques grandes fleurs des champs, un mouton égaré, un maigre arbrisseau, un coin de ciel, voilà pour lui un tableau bien assez compliqué. Il se complaisait même dans une simplicité toute rustique. S'il peignait un cheval, il ne voulait jamais pour modèle un cheval fastueux, fier de son harnais doré, ni un cheval de bataille dressé au bruit de la guerre; il allait en pleine prairie ou sur le bord d'un chemin. S'il peignait une figure humaine dans ses paysages, il ne s'inspirait pas des souvenirs de l'Arcadie; il représentait le premier pâtre venu, un bon paysan hollandais qui sentait bien son terroir. Il savait franchement représenter la nature à toute heure et en tout temps. Comme ses taureaux mugissent bien! comme on sent bien le lait dans les pis de ses vaches! comme on voit bien l'humidité du mufle de ses génisses! Nul n'est parvenu comme ce maître à montrer un bœuf qui s'agenouille sur la prairie ou un cheval qui marche dans l'abreuvoir. Il a merveilleusement compris la simplicité et la bonhomie de la nature; il est naïf jusqu'au sublime. Il arrivait presque au style à force de vérité, comme par la largeur et la solidité de sa touche. Jamais paysagiste ne fit mieux sentir l'ostéologie de ses quadrupèdes, soit qu'il peignît des chevaux, des vaches ou des moutons. On le reconnaît aussi à la netteté de ses ciels, à la vérité de ses mufles et de ses narines, à sa manière tout originale de peindre le flou et le velouté du gazon, à ses arbres à demi dépouillés dont il dessinait somptueusement l'écorce, au poil de ses animaux, étudié d'un pinceau si ferme et si vrai. Les rêveurs le reconnaissent à l'air de béatitude qu'il a donné ou plutôt qu'il n'a fait que rendre à ces grands bœufs nonchalants qui peuplent la Hollande, le paradis de l'herbe fraîche et tendre.

II

Nicolas Berghem est né à Harlem en 1624; son nom de famille était Van Haerlen. S'il faut en croire le chevalier Charles de Moor, Nicolas, encore enfant, fut un jour poursuivi par son père chez Van Goyen, dont il était l'élève. Van Goyen aimait Nicolas jusque dans ses espiègleries; il arrêta le père sur le seuil de l'atelier, et, se tournant vers les autres élèves, il leur dit : *Berghem,* ce qui signifie : Cachez-le. Le nom lui resta.

Pierre Van Haerlen était un assez mauvais peintre, qui gagnait son pain à copier avec patience pour les bourgeois de la ville des poissons, des vases d'argent, des magots de la Chine, des fruits, des oiseaux et des sucreries. Berghem commença à étudier sous son père, mais il comprit bientôt que Van Haerlen était un maître qui ne pouvait que devenir fatal à son jeune talent. Il alla prier Van Goyen de l'accueillir en son atelier. Son père lui prédit qu'il ne ferait rien qui vaille, voulant dire qu'en abandonnant les natures mortes il laissait échapper la fortune. En effet, avec un peu de talent, ou plutôt avec un peu de métier, le père trouvait un bon produit dans son œuvre journalière.

Berghem, comme toutes les natures bien douées, n'était pas homme à rester longtemps dans dans la même école. De l'atelier de Van Goyen il passa dans celui de Nicolas Moyaert; bientôt après il entra chez Pierre Grebber; enfin, séduit par les merveilles de Weeninx, il lui demanda la grâce de travailler sous ses yeux. « Tous ces maîtres, dit Descamps, il les a surpassés; il ne leur a laissé que la gloire de l'avoir eu pour élève et de travailler quelquefois avec lui. » Chez Weeninx lui-même il ne demeura que peu de temps. Toujours impatient des choses inconnues, il ouvrit lui-même un atelier; mais il devait avoir un cinquième maître : voici comment. Il avait remarqué à l'église une jolie fille dont la candeur et la grâce un peu chiffonnée le séduisaient de jour en jour davantage; c'était l'unique enfant d'un paysagiste assez remarquable, Jean Willis. Pendant six mois, il se contenta de la suivre quand il la rencontrait dans la rue et de l'adorer quand elle priait Dieu à l'église. Éperdument épris, il s'en alla un jour à l'atelier de Jean Willis : « Jusqu'ici j'ai pris des leçons de tous les bons maîtres; il ne me manque que les vôtres. » Jean Willis connaissait la manière hardie de Berghem dans les ciels, les eaux et les figures. « Je n'ai rien à t'apprendre, lui dit-il; mais, s'il te plaît d'étudier ici, je serai fier de peindre en si bonne compagnie. » Le bonhomme s'aperçut bientôt que Berghem n'était pas précisément venu pour ses leçons; il ne se passait pas de jour que le jeune paysagiste n'appelât

Mlle Willis à l'atelier pour lui demander des conseils. Un soir, il les surprit formant un joli groupe à la fenêtre de l'atelier. « C'est assez de leçons comme cela, mes enfants; il est temps d'en finir. Je ne suis pas fâché de vous donner ma fille, vous n'êtes pas fâché de la prendre; c'est bien trouvé. Appelez votre père et nous signerons le contrat. » En ce temps-là, dans la bonne ville de Harlem, les amoureux finissaient toujours par s'épouser : Berghem offrit de signer le contrat des deux mains. Cependant la fille de Willis n'apportait en dot que sa bonne mine et sa jolie figure. Mais un artiste qui tient sa fortune sur sa palette doit-il demander une autre dot? Berghem loua une petite maison aux portes de la ville, en vue des riches pâturages, des lointains brumeux et des soleils couchants. Il était l'homme du monde le plus heureux; il mettait en œuvre ce rêve de toutes les âmes poétiques : l'amour et l'art (1).

Just Van Huysum, élève de Berghem, le père du fameux peintre de fleurs, a rapporté que

---

(1) Il espérait découvrir de jour en jour en sa femme ces mille charmes qui embaument le foyer; il disposa pour elle, au rez-de-chaussée de sa petite maison, sous son atelier, une chambre élégante. Or, un jour, dans l'après-midi, par un de ces rares soleils de Hollande qui donnent tant d'attrait au paysage et qui égaient si poétiquement les cœurs, Berghem, penché à sa fenêtre, semblait interroger la nature elle-même avant de donner à un tableau ces derniers coups de pinceau qui sont l'œuvre du génie. Sa femme survint; il la regarda tendrement, lui passa le bras autour du cou, baisa ses tresses blondes et lui dit avec ce doux accent qui part du cœur et que le cœur seul entend : « Le beau soleil ! la belle femme! le beau paysage! » En prononçant ces derniers mots, Berghem avait entraîné sa femme devant son tableau. « Dieu merci! lui dit-elle, vous en êtes toujours au même point; c'est bien la peine de savoir son métier pour peindre comme une tortue! » Berghem regarda sa femme à diverses reprises : « Vous ne comprenez donc pas que les chefs-d'œuvre ne se font pas en courant? Que dites-vous donc en voyant peindre votre père, qui n'a que le génie de la patience? — C'est un vieux fou qui perd son temps à repolir ses tableaux, qui n'en sont pas meilleurs pour cela. Aussi voyez la belle fortune qu'il m'a donnée : tout argent comptant, j'ai eu sa bénédiction. Vous avez peut-être la belle idée d'en laisser autant à vos enfants; mais, grâce à Dieu, je veillerai sur vous et sur eux. » Berghem n'en revenait pas; c'était la première fois que sa femme parlait ainsi. « Vous êtes folle, lui dit-il en essayant de rire. N'avez-vous donc pas confiance en mon talent? ce paysage n'est-il pas vendu au juif Samuel pour cent cinquante florins? — C'est vous qui êtes fou : puisque le tableau est vendu, pourquoi y perdre du temps? Que n'en commencez-vous un autre sur l'heure? »

Berghem, quoique né libre et insouciant, se laissa, on ne sait pourquoi, dominer par sa femme. Après quelques mois de mariage, il se trouva pour ainsi dire emprisonné chez lui; non-seulement sa femme ne lui permettait pas de sortir, mais elle veillait sans cesse à ce qu'il ne perdît pas une heure. Le pauvre homme, pour avoir la paix, se laissait traiter comme un enfant, espérant d'ailleurs qu'après quelque temps d'un si singulier esclavage il parviendrait, à force d'argent gagné, à désarmer sa femme. Mais la fille de Willis était insatiable; tous les historiens sont d'accord sur ce point. Voici ce que raconte Hagedorn : « Cette femme était d'une avarice extrême; ce ne fut pas assez pour elle que son mari ne sortît point du matin au soir de son cabinet, il fallait qu'il travaillât sans discontinuer un seul instant. Quand elle ne pouvait être dans le même endroit, elle restait dans la chambre au-dessous de son atelier, et lorsqu'elle ne l'entendait ni remuer ni chanter, dans la crainte qu'il ne perdît un moment ou qu'il ne s'endormît, elle frappait au plancher pour le réveiller. Cette lésinerie fut poussée au point qu'elle s'empara de ce qu'il gagnait et ne lui laissa pas un sou à sa disposition. » Est-il possible qu'un homme de génie, tout bête qu'il fût, comme le sont un peu tous les hommes de génie, se soit laissé enchevêtrer dans un pareil esclavage? On raconte que le pauvre Berghem, qui aimait beaucoup, — c'était sa seule joie après les joies du travail, — à acheter des dessins et des estampes, était obligé pour cela d'emprunter de l'argent à ses élèves. Il finit par avoir la passion des gravures, au point de payer soixante florins des épreuves comme le *Massacre des Innocents* de Raphaël par Marc-Antoine. Pour payer ces gravures, il parvenait la nuit à faire quelques ébauches qu'il vendait sans en parler à sa femme. Ses amis se moquaient un peu de lui sur sa manière de vivre en reclus; il était le premier, le pauvre homme, à se moquer de lui-même. « Si vous saviez, disait-il, comme l'argent que je gagne fait plaisir à ma femme! j'ai promis de vivre pour elle; si elle est heureuse, n'est-ce pas tout ce qu'il me faut? »

ce brave homme travaillait presque toujours en chantant. Just Van Huysum n'alla jamais une fois à l'atelier sans y trouver son maître, qui était à l'œuvre au soleil levant, en été comme en hiver. Il ne se plaignait jamais, pas même de sa femme. « Que voulez-vous? disait-il avec une résignation douce et mélancolique, je me console en peignant; *je vis bien plus dans mes paysages que dans ma maison.* » Il était de cette bonne école de philosophie qu'a chantée La Fontaine. Il avait toujours sur les lèvres quelque maxime consolante. Il n'avait pas d'enfants, mais il regardait ses élèves comme étant de sa famille.

Quelques historiens ont fait voyager Berghem en Italie, quelques autres déclarent qu'il n'est jamais sorti de la Hollande. Avec une femme comme la sienne, il ne pouvait guère se permettre un pareil voyage. A ceux qui découvrent chez lui des souvenirs de la campagne de Naples ou de Florence, on pourrait répondre qu'il fut avant tout un peintre de fantaisie, cherchant avec sollicitude tous les effets de la nature, autant dans les tableaux des paysagistes d'Italie que dans les paysages de la Hollande. Cependant il est difficile de se prononcer sur ce point. Ne peut-on pas dire que Berghem, ne pouvant aller vivre sous le ciel de Naples, cherchait à se faire illusion en copiant des sites de ce paradis perdu et en empruntant au soleil ses plus chauds rayons (1)?

Un grand seigneur l'entraîna au château de Benthem, près d'Utrecht, avec sa femme, en s'obligeant à le payer dix florins par jour. Il y demeura un an à peindre des chasses et des saisons dans les paysages d'alentour. Il s'était doucement accoutumé à la vie élégante et joyeuse du château, bien qu'il ne fût pas de toutes les fêtes; mais sa femme ayant reconnu, tout compte fait, qu'il gagnait davantage à peindre chez lui, elle se décida à retourner à Harlem. Ce fut dans cette ville qu'il mourut, le pinceau à la main, en février 1683, au temps où naissait Van Huysum. Il était âgé de cinquante-neuf ans. On lui fit des funérailles dignes de son cœur et de son talent. Il fut inhumé dans l'église occidentale de Harlem. Sa collection d'estampes et de dessins fut vendue à un très-haut prix. Or, qui recueillit cette fortune péniblement amassée par la fille de Willis? L'histoire n'en dit rien. Sans doute quelque cousin qui n'avait jamais admiré les paysages du bon Nicolas Berghem !

---

(1) Lebrun affirme que certains tableaux de Berghem, témoin *le Coucher du Soleil à quatre heures*, ont été peints en Italie sur des toiles du pays. N'avait-on pas en Hollande des toiles préparées à Rome? Certaines toiles de Ruysdael et de Paul Potter pourraient prouver qu'ils ont peint à Rome leurs prairies hollandaises.

Jean Both, à son retour d'Italie, vint disputer la gloire de Berghem; les académies et les amateurs se partagèrent sur la question de savoir quel était le plus grand paysagiste. Le bourgmestre de Dordrecht voulut que la cause fût jugée; il demanda, en forme de concours, un tableau à Berghem et un tableau à Both. Le prix fut fixé à huit cents florins; en outre, un riche présent devait être offert au vainqueur. Berghem se surpassa. Il peignit en peu de jours un paysage montagneux couvert d'une multitude d'animaux variés comme dans la *Création du monde* de Breughel de Velours. Son paysage surprit tout le monde; on reconnut que ses animaux vivaient et que ses arbres avaient de la sève. Le paysage de Both, plus simple et plus vaporeux, digne souvenir de ceux de Claude le Lorrain, fut tout aussi admiré. Voici la décision du juge : « Messieurs, vous ne m'avez pas laissé la liberté du choix, et vous méritez tous deux le présent qui a été promis, puisque tous deux vous avez atteint au plus haut but de l'art. »

L'imagination emportait trop souvent Berghem loin de la nature. Cependant plus d'un de ses tableaux atteste qu'il a eu ses bonnes heures, où la vérité conduisait son pinceau (1). Le caractère de son talent, c'est la liberté de touche, la variété, l'intelligence de la lumière et des ombres. Comme Ruysdael, il a eu trois manières : la première, qui rappelle Weeninx, était peu étudiée, jaune et roussâtre. Il n'atteignait alors qu'à une certaine vérité de convention qui n'avait ni style ni naïveté. Dans sa seconde manière, il se rapprocha de la nature. Ce fut alors qu'il imita justement Jean Both, Ruysdael, Zacht-Leeven, Jean Meel. C'est dans cette seconde manière qu'il faut chercher ce maître pour le trouver avec toute sa force, avec sa touche large et pétillante, avec son amour du fini, avec son accent poétique et pittoresque. Dans sa troisième manière, on voit que sa facilité l'a perdu. On ne le retrouve plus vivant et ferme; sa couleur a pris des tons briquetés; son feuillé n'est plus soulevé par le vent; on ne respire plus dans ses gorges désertes; on ne se mouille plus les pieds en traversant son gué. Griffier, qui jusque-là avait en vain tenté de l'imiter, l'imita dans cette troisième manière, au point que les connaisseurs s'y trompent souvent. Cela prouve que Berghem avait perdu.

Il composait avec beaucoup d'harmonie et de variété. Dans ses tableaux, ce sont toujours de grandes masses, où les détails, quelque finis qu'ils soient, n'interrompent pas les accords. Il excellait à tirer des tons vifs dans les ombres, qu'il reflétait par l'eau ou par des corps lumineux, en sorte que ses tableaux, bruns de premier abord, ont des effets clairs et transparents. Il répandait avec beaucoup d'art et de piquant des figures dans ses paysages ou dans ceux de son ami Ruysdael. Ses animaux sont d'un dessin correct, d'une certaine finesse de touche, d'une couleur trop vive. Les divinités païennes lui étaient familières. Il aimait autant Io que la vache hollandaise de Paul Potter. En feuilletant son œuvre, on y trouve tour à tour des paysages

---

(1) Ainsi il a représenté *le Matin*, *le Midi*, *le Soir* et *la Nuit*, sans laisser aucun doute au spectateur. Voilà les quatre tableaux :

Le Matin : le soleil se lève et dissipe le brouillard; on sent encore la fraîcheur de la nuit; la nature s'éveille toute silencieuse. Cependant les paysans reviennent au travail. Déjà le gazon, tout couvert de rosée, montre l'empreinte des pieds du bœuf nonchalant, qui va rejoindre la charrue, tout engourdi encore par le sommeil. D'un côté, c'est la fermière qui chasse son âne vers le marché; de l'autre, c'est le voyageur avec sa monture devant la forge du maréchal. Le mouvement n'existe pas encore, mais on sent que toute la création va s'agiter.

Le Midi : le soleil est au haut du ciel, la chaleur vous saisit, une vapeur oscillante embrase l'air de la vallée. Les vaches, toutes haletantes, abandonnent les pâturages et vont chercher l'ombre, les unes dans les creux des rochers, les autres sous les arbres touffus. Les pâtres, couchés sur l'herbe, partagent avec leurs chiens le frugal dîner.

Le Soir : le soleil s'incline vers l'horizon où s'étendent des sillons de couleur orange et pourprée. Les nues se confondent avec les lointains dans un ton violâtre et vaporeux. Les troupeaux s'en retournent à l'étable; il semble qu'on entende leur mélancolique clochette. Pour fermer la marche, Berghem n'a pas oublié son éternel passage du gué. Le pâtre, pittoresquement juché sur un des chevaux confiés à sa garde, vient de prendre en croupe la paysanne qui a peur de tomber et qui s'appuie amoureusement contre le jeune gars.

La Nuit : une longue ligne d'un jaune pâle et livide annonce que le soleil est couché depuis longtemps. Des voyageurs et des animaux traversent la prairie au clair de la lune. Dans la prairie, un marécage se présente devant eux; ils allument des faisceaux de paille pour éclairer leur marche. La vive lumière de la paille répand une teinte brillante sur les terrains et se réfléchit dans l'eau avec un éclat éblouissant. Malgré cet épisode, on sent merveilleusement le calme et le silence de la nuit.

historiques, des paysages de fantaisie et des paysages de son terroir. Tantôt c'est une paysanne romaine qui se baigne, tantôt c'est une églogue biblique comme *Ruth prosternée devant Booz*, tantôt c'est *Jupiter allaité par une chèvre*, tantôt c'est un site des environs de Harlem. Rien n'est plus varié : on y trouve des dames romaines en habit de chasse, un pêcheur flamand sur les bords d'un canal, une vue du Colisée, une vue d'Orient avec des esclaves, une vue de Groningue avec des matelots. Il a peint les saisons sous leurs aspects variés. On pourrait dire qu'il a représenté les trois cent soixante-cinq jours de l'année. En vrai poëte, il s'attardait dans les derniers jours d'automne. Il a représenté, dans ses heures de distraction, des scènes de charlatans, sans faire tort à Karel Dujardin. On a de lui quelques batailles qui manquent de fureur. Il a même peint un tableau religieux, mais c'était avant de se connaître lui-même. Cependant les critiques assurent que ce tableau, la *Vocation de l'apôtre saint Mathieu*, où Weeninx peignit des oiseaux, est un de ses plus considérables. On y remarque la variété des airs de tête et l'élégance de l'architecture (1). Mais il faut se contenter d'admirer Berghem dans son paysage habituel, qui est le roman de la nature, comme le paysage de Paul Potter en est l'histoire, comme le paysage de Ruysdael en est la poésie intime.

III

Jacques Ruysdael naquit à Harlem vers l'an 1635, peut-être en 1640. Son père était ébéniste, un intelligent ouvrier. Né avec l'instinct de la sculpture, il savait donner aux meubles qu'il produisait pour son pays et pour les Indes un certain style pittoresque et charmant. Ce brave homme, ayant gagné quelque argent, voulut faire de son fils un médecin : Jacques Ruysdael étudia donc en conséquence; mais sa vocation n'était pas dans la médecine. Il avait connu Berghem à l'école des enfants : il alla le voir un jour et le surprit à l'œuvre devant un paysage. Rien qu'en voyant peindre son camarade, quoique à peine âgé de douze ans, Ruysdael sentit qu'il était né pour faire la même chose. Berghem ayant déposé sa palette pour deviser plus librement avec lui ou même pour jouer un peu, Ruysdael saisit un pinceau et barbouilla

---

(1) Comme la plupart des peintres de son pays, Berghem gravait à l'eau-forte. On peut dire qu'il gravait avec sa manière de peindre. Sa pointe fine et spirituelle avait beaucoup de feu et de piquant. On connaît de lui une suite curieuse de moutons et de chèvres. J'ai vu une pièce curieuse d'assez grande proportion datée de 1652 et signée Berghem. Cette estampe, d'après le joli tableau de Bamboche, représente un pâtre jouant de la flûte sous une voûte sur le bord d'un puits; près de lui une jeune fille, vue par le dos, file au fuseau et semble l'écouter. Son chien est à côté d'elle, des vaches et des moutons paissent dans la campagne. S'il y a un reproche à faire à cette eauforte, c'est qu'elle pèche par trop d'esprit, comme un grand nombre des tableaux de Berghem.

Il a aussi composé une suite considérable de dessins sur un trait de plume, presque tous lavés au bistre ou à l'encre de Chine, que les plus fameux graveurs hollandais se sont disputés. L'œuvre de Berghem est immense. Les frères Wischer, Le Bas, Alliamete, ont traduit ses meilleures créations avec un burin digne de son pinceau.

le ciel de Berghem avec une audace qui étonna son ami (1). On ne donne pas de maître à Ruysdael. Sans doute, Berghem lui fut d'un grand secours, car, nous l'avons dit, c'était un homme d'esprit, un artiste savant, ayant possédé de bonne heure toutes les ressources du métier, sans jamais permettre au métier d'envahir l'art. La nature surtout fut le maître de Ruysdael. Il étudiait en plein vent, par le soleil ou par la pluie, courant les prairies et les bois. La nature n'avait pas de secret pour lui; il l'étudiait avec amour. On l'a surpris, comme plus tard notre La Fontaine, rêvant du matin au soir sous le même arbre, émerveillé des richesses semées à ses pieds, ne voyant pas seulement l'œuvre de Dieu, sentant que Dieu lui-même était dans son œuvre (2).

Par la fenêtre de son atelier, Ruysdael voyait les vertes prairies qui bordent l'Amstel, les bois de l'Ye, les hauts moulins égayant le paysage, les clochers aigus dominant les grands chênes; il assistait, depuis le mois de mai jusqu'au mois de septembre, au spectacle, toujours solennel et doux, du soleil couchant dans les arbres et sur les eaux. Il ne se contentait pas de vivre ainsi familièrement avec la nature : il avait des fleurs et des herbes dans son atelier. Ce qu'il étudiait surtout avec passion, c'était le contraste des lumières. Nul paysagiste n'a mieux entendu le clair-obscur. Il a eu trois manières bien distinctes : il a d'abord imité, mais toujours avec un accent original dont il ne pouvait se dépouiller, Berghem et Everdingen. On reconnaît les tableaux de sa première époque par la vivacité du ton. Quoiqu'il fût alors moins près de la nature, quelques amateurs recherchent ces tableaux plutôt que les autres, séduits qu'ils sont par je ne sais quel piquant attrait qui frappe vivement le regard. Dans la seconde époque, Ruysdael a passé à cette belle manière dont l'étude et le fini font une merveille; alors il a

---

(1) De retour à la maison paternelle, Ruysdael déclara à l'ébéniste qu'il avait la médecine en horreur et qu'il voulait devenir peintre, comme son ami Berghem. « C'est un jeu d'enfant, dit le brave homme. — Vous verrez si c'est un jeu d'enfant, » répliqua Ruysdael avec tout le sérieux grotesque d'un enfant. Jusque-là il s'était distingué dans les études latines; le père, qui tenait à ses idées, le renvoya à l'école et le recommanda plus sévèrement à la sollicitude des maîtres. Jacques Ruysdael, nature douce et timide, se soumit en silence; mais, tout en voulant obéir à son père, il ne put bannir de son cœur la passion de la peinture, qui déjà l'agitait. Ses historiens sont ici en contradiction : Houbraeken affirme que Ruysdael s'était déjà signalé dans la chirurgie par plusieurs opérations brillantes avant de commencer à peindre; cependant tous les autres historiens, s'appuyant sur des tableaux signés et datés, déclarent qu'à l'âge de douze ans, c'est-à-dire en 1647, Ruysdael avait déjà peint sept ou huit paysages dignes de son talent. Sans trop nous élever contre les merveilles des enfants illustres, nous n'ajoutons pas foi à ces talents qui se révèlent tout d'un coup, sans l'étude,

sans l'expérience, sans le temps, qui est un grand maître. Il faut croire plutôt à quelque supercherie d'un peintre qui, déjà célèbre à vingt ans, aura voulu augmenter sa célébrité par des œuvres attribuées à son enfance. D'ailleurs, on n'est pas bien fixé sur l'époque où naquit Ruysdael.

Quoi qu'il en soit, ce grand paysagiste, une fois sûr de son pinceau, abandonna la médecine et courut à Amsterdam, près de son ami Berghem, qui l'accueillit comme un frère. Ceux-là seuls peut-être entre tous les artistes vécurent sans jalousie, comme on l'a dit, en communauté de gloire, sans vouloir jamais partager.

(2) Presque tous ses biographes déclarent qu'il ne consentit jamais à se marier, ne voulant vivre que pour son père. Quelques-uns affirment qu'une passion malheureuse l'éloigna du mariage. Nous partageons plutôt cette dernière idée. Si le cœur de Ruysdael n'eût jamais battu que pour un sentiment filial, ses paysages nous toucheraient moins, tout bons fils que nous soyons. Maintenant, quelle a été cette passion malheureuse? On interroge en vain tous les historiens de l'art hollandais, les poètes de Leyde

répandu dans ses tableaux un charme qui vous prend au cœur, car on y retrouve toute la pensée et tout le sentiment du peintre. Il ne copiait plus seulement la nature : il lui donnait une âme. Enfin, dans sa troisième époque ou sa troisième manière, il a peint des marines, des vues de Harlem, de Skeweling et autres villes ou bourgades hollandaises avec un ton plus grisâtre et un pinceau plus facile. Ces derniers tableaux sont les moins estimés. Ruysdael, le rêveur et poétique Ruysdael, celui qui peignait avec amour et avec passion tout ce que la nature lui montrait de charmant, de triste et de pittoresque, avait fini par ne plus peindre que pour s'enrichir. L'âge d'or des rêveries était passé; il survivait à ses illusions et à son beau talent. Appelé par son père mourant, il retourna à Harlem. Il mourut avant lui, peu de temps après, le 16 novembre 1681, âgé de quarante et un à quarante-six ans.

Comme il vécut souvent en solitaire, dans le silence des bois et de l'atelier, ses historiens n'ont conservé de lui aucun trait capable de peindre son caractère. Nous ne pouvons étudier sa vie que sur des notes éparses çà et là. Nous savons à peine qu'il fut triste, rêveur, timide, poëte surtout : toutes ses œuvres nous l'ont dit. Il n'a pas vécu dans le monde, parce qu'il a trouvé un autre monde dans la nature, où son âme candide était moins effarouchée; il a vécu familièrement avec les eaux qui coulent, les feuilles qui s'agitent, les buissons du sentier, les herbes de la prairie, les bois où sifflent les merles, la petite barque qui s'endort sur la rivière, les lointains bleuâtres où passent pour le rêveur les images de la jeunesse, le rayon qui joue sur la branche et sur le canal, la cascade qui parle toujours cette langue mystérieuse que d'abord on n'entend pas, qui bientôt vous dit, à vous qui rêvez, des hymnes éloquentes, et, à vous qui souffrez, mille paroles sympathiques.

Ruysdael fut un paysagiste élégiaque; il aima les coups de vent, les orages, les tristesses de

---

et de La Haye. Mais, comme nous l'avons dit déjà, il n'y a de littérature nationale en Hollande que celle qui palpite dans les tableaux : les poëtes comiques sont Brauwer, Steen et Teniers; les bucoliques sont Berghem et Paul Potter; les élégiaques, Ruysdael et Everdingen; les philosophes, Lucas de Leyde et Rembrandt; les romanciers, Ostade et Metzu, Gérard Dow et Terburg; les poëtes légers, Seghers et Van Huysum. On trouverait toutes les nuances, on ferait le tour du cercle.

Les biographes de Ruysdael, de Weyermans à Van Gool, ont mieux aimé expliquer ses tableaux (expliquer les tableaux de Ruysdael!) qu'étudier son cœur. Puisqu'ils n'ont pas raconté le roman de sa vie, le champ est plus vaste pour les rêveurs. Nous avons mille fois suivi Ruysdael dans ses paysages : nous l'avons vu s'asseoir devant la cascade qui emportait ses larmes, nous l'avons accompagné dans la sombre forêt où se perdaient ses soupirs; peu à peu nous avons surpris son secret : il aimait! C'était quelque fraîche et douce fille d'Amsterdam. Elle s'est promenée avec lui dans les prés, il l'a conduite devant la cascade, il lui a parlé de ses espérances sur la lisière du bois. Dieu seul a vu toute la joie de Ruysdael. Mais un jour elle s'est embarquée avec son père et n'est jamais revenue. Il l'a attendue pendant des heures, pendant des années, pendant des siècles! Pour se consoler, il peignait : il exprimait sur la toile toute la poétique douleur de son âme. Les bois qu'ils avaient vus ensemble, la branche qui leur touchait le front, l'herbe qui arrosait leurs pieds, la cascade qui leur chantait les délices du cœur avec la voix douce et mystérieuse de Dieu lui-même, le soleil couchant qu'ils avaient contemplé, l'orage qui les avait surpris, l'arbre cassé par la tempête un jour qu'ils passaient en bateau sur le canal : tous ces vivants souvenirs d'une belle saison, il les fixait avec son âme sur ses paysages. Qui sait? cette âme ardente était peut-être tourmentée par cette poétique passion des poëtes pour l'infini et l'inconnu. Ruysdael ne fuyait-il pas le monde pour se réfugier, craintif et rêveur, dans le silence des prairies, dans la solitude des bois? Peut-être avait-il compris ce que lui disaient la cascade, les forêts et les brins d'herbe.

novembre; la nature avait pour lui plus de larmes que de sourires; quand il la voit sourire, ce n'est pas encore le sourire de la gaieté ni de l'espérance, mais plutôt celui du souvenir qui console; s'il peint le soleil, c'est le soleil couchant, celui qui s'en va et non celui qui vient. Il aima surtout les chutes d'eau : nous ne dirons pas, comme un de ses historiens, parce que son nom de Ruysdael peut se traduire par *chute bruyante*, mais parce que ces chutes d'eau servaient son goût pour les oppositions de couleur, parce qu'il aimait à rêver auprès d'elles, elles qui calmaient son cœur agité! Ce qui surtout séduisait Ruysdael, c'était la mélancolie du soir. Il attendait que le soleil fût couché. Quand la vapeur se répandait chaude encore des derniers rayons, quand le feuillage assombri des arbres se détachait plus vivement du ciel adouci, quand la lumière plus vague fuyait lentement sur les prairies, il prenait son pinceau et saisissait l'inspiration au passage. Nul mieux que lui n'a rendu l'agreste poésie d'un beau soir, la fraîcheur déjà pénétrante de la brise qui répand la rosée, les tons mystérieux des petits coins de bois. Il aimait avant tout les eaux et les bois. On a de lui des marines agitées, des cascades écumantes. Le plus souvent, il se contentait de reproduire le bord tranquille du canal ou le cours indolent du ruisseau. Comme alors ses eaux étaient transparentes! comme on y retrouvait le ciel, les nuages, les arbres de la rive! Ses arbres n'étaient pas majestueux; il n'a jamais rien compris aux cimes superbes de ces beaux arbres du Poussin, qui s'élèvent glorieusement dans les nues: les arbres de Ruysdael sont bien ceux de la solitude, pittoresques bien plus que nobles. Il avait cru d'abord pouvoir se passer de figures dans ses paysages, disant qu'il valait mieux se promener dans un paysage solitaire que dans un paysage habité; mais les amateurs ne furent pas de son avis : on lui représenta que les figures donnaient plus d'accent, plus de perspective et plus de mouvement. Il reconnut sans peine qu'il n'avait aucun talent pour peindre les figures. Il appela à son aide tour à tour Van der Velde, Berghem, Wouvermans et Lingelback, qui peuplaient ses paysages, on le sait, avec une merveilleuse adresse de main. A l'élégie de Jacques Ruysdael ces maîtres ajoutaient une églogue.

Ruysdael avait une nature trop exquise pour laisser des élèves dignes de lui. On ne cite guère que Devries et son frère Salomon Ruysdael (1). On a souvent confondu Hobbéma (2) et Devries avec Ruysdael, comme on peut confondre une prairie de Harlem et une prairie de Leyde; ceux qui ne reconnaissent pas de prime abord un paysage de Ruysdael n'entendront jamais rien à la poésie de l'art et de la nature. Pour peu qu'on ait étudié les maîtres hollandais, on n'oublie pas que Ruysdael est matériellement reconnaissable par la vérité de sa touche, par

(1) On a bien oublié Salomon Ruysdael, qui précéda son frère de vingt ans. C'était un froid paysagiste qui suivait la vieille manière de Van Goyen. La gloire de son frère a rejailli plus tard sur lui. Sur la fin de sa carrière, il imita Jacques, mais plutôt dans le but de mieux vendre ses tableaux à ceux qui achètent surtout les noms. Les seuls paysages signés de lui et recherchés à cette heure sont ceux dont Wouvermans a peint les figures.

(2) Un grand paysagiste longtemps méconnu, Hobbéma, s'est inspiré des pages poétiques de Ruysdael. Hobbéma est tout à fait inconnu dans l'histoire. Admirable temps, où l'on s'inquiétait plus d'avoir du talent que de laisser un nom !

son feuillé ferme et aigu, par ses troncs d'arbres vigoureusement peints, qui se détachent si bien sur les masses vertes. Comment ne pas reconnaître un Ruysdael à cette chaumière argileuse, moulin, ferme ou masure de pâtre, qui se découpe sur un ciel vif et argentin! à ces grands effets d'ombres et de lumières dans ces vastes campagnes attristées par le passage d'une giboulée, çà et là égayés par les rayons furtifs d'un soleil d'avril! Mais on reconnaît surtout Ruysdael parce que, seul peut-être entre tous les paysagistes, il a mis son âme dans son œuvre. Il a fait des paysages d'*impressions;* il a su fixer un sentiment dans un rayon qui passait, dans un coup de vent, dans une ombre de soleil. Pas une de ses pages où ne se retrouve cette âme mélancolique, même sauvage, qui n'a confié qu'aux arbres émus et aux chutes d'eau toutes ses sombres rêveries. On aime Ruysdael; on peut être séduit par Berghem, émerveillé par Paul Potter; mais on revient à Ruysdael avec une passion sérieuse et profonde : les autres vous prennent par les yeux, lui vous prend par le cœur (1).

IV

Berghem était un homme d'imagination comme Ruysdael était un homme de sentiment; mais l'imagination, qui fait presque toujours son charme, égare quelquefois son talent. Il a eu le tort de vouloir ennoblir la nature des animaux par la grâce plutôt que par la force. Un de ses admirateurs l'appelle avec enthousiasme l'Albane des vaches; selon nous, c'est une grande injure, d'abord parce que l'Albane est un mauvais peintre, qui a toujours cherché la grâce sans la saisir, ensuite parce que, les vaches ne posant pas et ne visant pas aux belles manières, il faut se contenter de les peindre comme elles sont.

Berghem arrangeait la nature; Ruysdael la reproduisait fidèlement, mais il attendait l'heure poétique; Potter seul copiait avec une pieuse exactitude, quelle que fût l'heure. Berghem, homme d'imagination et de fantaisie, considérait un peu la nature comme un théâtre pour les créations : aussi dans ses paysages la figure domine la nature; la figure vous frappe de prime abord; il y a presque toujours un tableau de genre sur le premier plan, une scène d'ailleurs en harmonie avec le paysage : ainsi une rencontre de charbonniers, le passage d'un gué, un déjeuner de bûcheron. Ruysdael, plus épris de la nature, se contente d'en montrer les joies intimes, les accidents, la fécondité, les désastres, les beautés pittoresques; il fait couler la sève, il fait fleurir l'herbe, il agite les arbres, il les casse ou les renverse, il révèle le mystère des bois. Le premier est un poëte charmant plein d'entrain et de gaieté, dont la verve vous surprend et vous retient au point de départ; le second est un rêveur qui vous entraîne dans le silence de la solitude, au

---

(1) Ruysdael a aussi gravé à l'eau-forte. On retrouve dans ses gravures l'effet, l'harmonie, presque l'âme de ses tableaux.

fond des forêts, au bord de l'eau, sur la roche déserte. Paul Potter n'est ni poëte ni rêveur, c'est un peintre naïf. La nature, pour lui, n'est pas un harmonieux théâtre; il ne veut pas y rêver : peintre avant tout, il veut lutter avec elle par la vérité extérieure.

Ainsi on voit qu'en même temps, dans le même pays, dominaient les trois caractères du paysage hollandais. Après Paul Potter, Berghem et Ruysdael, cet art de peindre avec vérité, fantaisie ou sentiment, l'œuvre de Dieu, dégénère et expire bientôt. Quelques paysagistes rappellent encore tour à tour les trois maîtres illustres, jusqu'au jour où Van Huysum réduit l'art hollandais à un coquelicot. Le naturalisme, né dans les fonds vert et bleu du naturalisme des Van Eyck et d'Albert Van Ouwater, va expirer dans un bouquet de Van Huysum.

III

GRIFFIER. — VAN GOYEN. — PARCELLIS. — KNIPHERGEN. — LES VAN DEN VELDE. — BONAVENTURE PETERS. — BACKUYSEN.

La Hollande est célèbre pour ses peintres de marines comme pour ses paysagistes. Pour moi, les trois premiers sont Guillaume Van den Velde, Albert Cuyp et Jacques Ruysdael.

Dans les premiers âges de la peinture nationale, il se trouva, en Hollande, des peintres de marines très-familiarisés avec la mer, témoin le vieux Jean Griffier, qui passa toute sa vie en pleine mer. C'était une si grande passion qu'il acheta un vaisseau, disant qu'il y voulait vivre et mourir. Il fit avec la mer un bail de trois ans, allant au hasard, confiant sa famille aux caprices de Neptune. Au bout des trois ans, sa femme et ses enfants se mirent à crier : Terre! terre! Il les conduisit au rivage et retourna dans sa maison voyageuse. Cependant, pour saluer un grand peintre de marines, il faut aller jusqu'à Van den Velde. Jean Van Goyen (1596-1656) est un marin d'eau douce, sobre de tons et d'effets, qui n'a jamais saisi l'altière fureur ou la voluptueuse sérénité de la mer. Il avait étudié chez Isaïe Van den Velde, peut-être l'oncle de Guillaume Van den Velde. Il avait presque la touche légère et expéditive de David Teniers; ses tableaux semblent faits de rien. Et, en effet, ce ne sont pas des œuvres de patience. Le temps, qui enrichit tant de toiles centenaires par son travail invisible, a fait beaucoup perdre à celles de Van Goyen. Ses paysages et ses marines ont tourné au gris, parce qu'il employait le fameux bleu de Harlem, qui a trompé tant d'artistes dans la même période.

Parcellis et Kniphergen ont été renommés pour leur talent à peindre la mer dans ses fureurs, comme les coups de vent et les naufrages. Avant Vernet, ils avaient cherché en compagnie les mêmes périls, pour rendre mieux l'effroi des tempêtes. Aussi n'est-ce pas sans impression qu'on regarde une de leurs marines où le ciel est confondu avec la mer par les éclairs, la pluie, les vaisseaux brisés.

Guillaume Van den Velde le vieux, né à Leyde en 1610 et mort à Londres en 1693, fut presque l'homme de génie du genre. Dès son enfance, il avait été interroger la mer sur le rivage. A douze ans, il se jetait dans quelque fragile barque de pêcheur pour recevoir, au premier coup de vent, le baptême des flots. A quinze ans, il aurait pu construire un vaisseau et le conduire au bout du monde. On fut surpris, à La Haye et à Amsterdam, des beaux dessins de Guillaume Van den Velde. Les états de Hollande, comprenant qu'il leur était né un amiral ou un peintre de génie, firent équiper à ce jeune homme une petite frégate très-élégante et très-légère, donnant l'ordre à celui qui la commandait de conduire Guillaume Van den Velde partout où il l'indiquerait. Il devait y avoir un combat naval entre les Anglais et les Hollandais; Van den Velde voulut en être. « On vit alors un dessinateur s'engager dans le feu d'un combat, voltiger tour à tour vers la flotte des ennemis et revenir à son poste. L'amiral Opdam n'était pas peu surpris de voir un homme exposer sa vie pour une autre gloire que celle des armes (1). » Van den Velde passa presque toute sa vie en pleine mer. Il avait cinquante-six ans quand, sous les ordres de Monck et de Ruyter, les Anglais et les Hollandais se livrèrent le fameux combat du port d'Ostende. L'intrépide dessinateur subit le feu des deux côtés, dessinant toutes les manœuvres et tous les mouvements des deux flottes avec beaucoup de feu et d'exactitude(1). Charles Iᵉʳ l'appela à sa cour et l'y retint. On s'étonne bien un peu de cette ingratitude pour son pays, qui, dès ses premières années, l'avait traité en homme de marque. Le vieux Van den Velde était un grand dessinateur, la mer lui avait dit tous ses secrets; mais le pinceau fut toujours rebelle à cette main si sûre du crayon ou de la plume. Ce qui reste de lui en dessins sur toile ou sur papier prouve qu'avec la plume et le crayon il parvenait à rendre tous les aspects d'un combat ou d'une tempête sur mer.

Guillaume Van den Velde le fils naquit à Amsterdam en 1633 et suivit son père à Londres, où il mourut en 1707. Le père n'avait pas eu de maître; le fils n'eut guère que les dessins de son père. Il étudia chez Wieger, un peintre de marines comme il y en avait tant, qui, dès les premières leçons, lui déclara qu'il ne pouvait rien lui enseigner. Le père était déjà à Londres; il montra quelques petites marines du jeune homme à Jacques II, qui en fut émerveillé. Il l'appela à la cour d'Angleterre et lui fit, comme à son père, une pension considérable avec la charge de peintre des combats sur mer, à peu près comme Van der Meulen était peintre des batailles sur terre.

(1) — HOUBRAEKEN. —   (1) Van Gool. —

FLAMANDE ET HOLLANDAISE.

Guillaume Van den Velde eut le génie que son père avait rêvé. Il dessinait comme lui ses vaisseaux avec la même précision, mais il répandait sur ses marines cette couleur vigoureuse, dorée et transparente, dont le père n'avait pas eu le secret. Comme il représentait avec vérité l'agitation des vagues et leurs brisements! Quelle suprême harmonie entre cette mer furieuse qui roule des flots écumeux et ce ciel inquiet qui roule des nuages chargés de tempêtes! Comme le peintre a bien exprimé la poésie du danger et la grandeur de celui qui donne ces spectacles! Ses mers calmes sont peut-être encore plus belles par la transparence des eaux, par l'harmonie des tons aériens, par la splendeur de l'infini.

Bonaventure Peters (1614-1652) n'a jamais bien compris la mer en repos. Il vivait dans un ouragan perpétuel; là il engloutit le vaisseau, plus loin il le fait sauter par l'incendie, ici il le brise contre un écueil. Il aimait à aventurer les pauvres passagers sur des barques légères soulevées par le mauvais vent comme les ailes d'un aigle. Ses petites figures sont touchées avec beaucoup d'esprit. Son frère, Jean Peters, cherchait comme lui tous les épouvantements de cette grande tombe toujours ouverte. Il a moins d'esprit et plus d'incertitude dans la touche. Bonaventure Peters se reposait çà et là des ouragans par la poésie galante. Il était renommé pour ses jolis vers et sa gaie science.

Ludolphe Backuysen commença à se révéler par une belle écriture. Il tenait les livres de comptes chez un négociant. Il dessinait à la plume des barques et des vaisseaux dans ses heures de loisir; on reconnut bientôt son talent; on le força pour ainsi dire à apprendre l'art de peindre. Il se décida avec peine à demander des leçons à Everdingen, qui comprenait avant Ruysdael toutes les profondes tristesses de la mer et de la nature en ces jours de deuil si communs en Hollande. Backuysen ne fut pas peintre du premier coup; il lui fallut, comme ses devanciers, aller en pleine mer et s'exposer aux tempêtes pour arriver au sentiment de la vérité. Les matelots les plus intrépides, effrayés du danger, l'ont plus d'une fois ramené à terre malgré lui : « Je ne connais d'autre danger, dit-il un jour au roi de Prusse, que celui de rester ignorant. » A peine débarqué d'une promenade en mer, il courait à son atelier sans penser à personne; il s'enfermait à tour de clef et peignait avec passion tout ce qu'il avait encore sous les yeux. Nul n'a mieux saisi les grands effets, si passagers, de la tempête.

Ce qui doit sembler étonnant, c'est que, malgré sa renommée, il demeura jusqu'à sa mort maître d'écriture; il est vrai que c'était le temps des lettres jetées avec style et qu'il avait pour élèves les principaux personnages d'Amsterdam. Nous nous permettrons pourtant d'en chagriner sa mémoire. Il ne devait pas se faire maître d'école, fût-ce pour un roi ou un bourgmestre. C'était un philosophe aimable, aimant les poëtes et la poésie, riant un peu des vanités humaines et voyant venir la mort comme un lendemain. Un vieil usage en Hollande, comme en d'autres pays, était de présenter un verre de bon vin à ceux qui devaient conduire un mort au cimetière. Se sentant chanceler vers la tombe, Backuysen alla chez un cabaretier, acheta le meilleur vin qu'il put trouver, le mit lui-même en bouteille, le scella de son cachet, et invita au funèbre voyage ceux qu'il jugeait dignes de le boire. Né à Embden en 1631, il mourut à Amsterdam en 1709.

Nous avons parlé d'Albert Cuyp, reparlerons-nous de Ruysdael? Ce furent deux grands peintres de marines, les plus grands avec Van den Velde. Pynaker par ses lointains, ses ciels vaporeux et ses vagues en mouvement, Lingelback par ses beaux tons et ses effets poétiques, Antoine Blankhof par son énergie et sa fidélité, Abraham Storck par ses lignes sévères, son abondance et son style, Minderhout malgré le mauvais coloris de ses ciels et la pauvre exécution de ses figures, sont dignes d'être remarqués en cette illustre compagnie.

IV

DANIEL SEGHERS. — VAN THIELDEN. — CORNILLE KIEK. — VAN KESSEL. — WEYERMAN. — DAVID DE HEEM. — MOORTEL. — MARIE OOSTERWICK. — KALF. — RACHEL RUISCH. — VAN HUYSUM.

La Hollande, où les fleurs ne s'épanouissent qu'entre deux giboulées, devait être le pays des peintres de fleurs. En effet, c'est une mission toute poétique de continuer le sourire de la nature, de vaincre le climat, de donner par l'art ce que refuse le soleil. L'hiver est si long et les fleurs sont si douces au regard! la nature est ensevelie sous un linceul de neige ou sous un voile de brume, mais du moins ce qui fait sa gaieté et sa poésie lui survivra dans les mauvais jours. Quand viendra novembre avec son déluge, les peintres prendront les roses et les tulipes sur leur palette.

Daniel Seghers (1590-1660) était né grand peintre et ne peignit que des fleurs, mais ce fut avec un sentiment et un style que n'ont pas trouvés ceux qui l'ont suivi. Il étudia, nous l'avons dit, sous Breughel de Velours, cette fée perdue dans le bleu. Il entra dans l'ordre des jésuites et voyagea en Italie, d'où il revint bientôt avec la gerbe d'or des études et des souvenirs. A son retour, Rubens, émerveillé de sa touche à la fois large et délicate, le rechercha pour encadrer de fraîches guirlandes ses madones souriantes. On voit encore à Anvers, dans l'église des jésuites, une de leurs communes merveilles, la Vierge et l'Enfant-Jésus dans une guirlande de fleurs et de fruits. Tout ce que donne d'avril à octobre la bonne mère nature se trouve réuni dans cette pieuse guirlande avec l'harmonie et le caractère des belles œuvres. En un mot,

Seghers s'y montre digne de Rubens. Il aimait surtout à représenter les lys blancs et les roses rouges, les tiges et les feuilles. Ses houx font illusion. Depuis longtemps nous avons sous les yeux une de ses guirlandes; nous l'aimons toujours, non pas pour l'illusion, mais pour le style. Ces fleurs-là sont pour nous celles du jardin de l'idéal. Si nous recherchions les vraies fleurs que créait Dieu dans son sourire, nous aurions une jardinière toute peuplée ou un bouquet de Van Huysum; car Dieu et Van Huysum, c'est la même chose, c'est le même éclat, la même couleur, la même délicatesse, j'allais dire le même parfum.

Van Thielden (1618-1667) et ses trois filles, Thérèse, Catherine et Marie, ont suivi de près Daniel Seghers.

On confond quelquefois Van Thielden avec le jésuite, qui fut son maître, et on confond quelquefois les trois filles de Van Thielden avec leur père. Cependant le père avait moins de style et de fraîcheur que Seghers, et Thérèse, Catherine et Marie Van Thielden ont un accent bien féminin. Cornille Kiek, d'Amsterdam, imitait aussi Seghers; mais la patience altérait un peu son coloris. Il groupait ses fleurs avec beaucoup de goût; les tulipes et les hyacinthes dominent trop dans ses bouquets.

Jean Van Kessel imitait Breughel de Velours; dans ses fleurs, ses fruits, ses oiseaux et ses reptiles, son dessin est précis, sa couleur intelligente, sa touche un peu sèche. Il a, comme Breughel, représenté plus d'une fois *les Quatre Éléments,* non sans quelque poésie.

Jacques Campo Weyerman (1679-1747), qui a publié une vie des peintres en hollandais, fut élève de Van Kessel; il peignit comme lui des fleurs et des fruits. Croira-t-on qu'avec un goût très-prononcé pour cette peinture innocente Weyerman était un libelliste et un coquin qui n'échappa à la corde que par la prison perpétuelle? Son livre sur les peintres de son pays est plus curieux que sérieux. C'est un esprit licencieux, qui s'amuse à raconter des libertinages. Cependant, soit dans ses écrits, soit dans ses tableaux, il a prouvé qu'on peut avoir du talent sans avoir du cœur.

David de Heem, né à Utrecht en 1600 et mort à Anvers en 1674, avait une touche large et légère. Ses fleurs ont beaucoup d'éclat, de transparence, d'harmonie et de relief. La renommée courut au devant de lui; il fut chanté par les poëtes et payé par les rois d'une manière dithyrambique de part et d'autre. Il avait l'art de cacher le travail, quoique très-amoureux du fini. Il avait à un plus haut degré que Seghers la science du clair-obscur; variant à l'infini ses vases d'or, d'argent, de marbre et de cristal, il trouvait plus de ressources pour les jeux du coloris; il éblouissait par le reflet des corps polis sur les corps mats. Ses bouquets sont de jolis poëmes où toutes les fleurs chantent une strophe.

Parmi ses élèves, on distingue en première ligne son fils Cornille de Heem et Abraham Mignon, qui n'eut ni son harmonie ni sa légèreté. Cornille de Heem a le même relief et le même éclat; Abraham Mignon est plus patient et tombe dans la sécheresse. Moortel de Leyde.

né en 1650, mort en 1719, imitait de Heem et Mignon. Ses fleurs n'ont pas de sève, mais ses fruits sont quelquefois nourris par le rayon et la rosée du matin.

Marie Oosterwyck, née près de Delft en 1630, fut aussi élève de David de Heem; elle est citée au nombre des femmes illustres de la Hollande. Louis XIV lui écrivit de sa main toute royale pour avoir un de ses bouquets. Cette célèbre bouquetière vécut dans la retraite; « elle ne voulut pas recevoir, dit Descamps, les vœux de l'Hymen, car, s'étant dévouée à la déesse Flore, elle eût craint de rompre son engagement. » Ses fleurs sont peintes avec un vrai talent; elle avait l'art d'assortir les bouquets avec la main toute délicate d'une femme; aussi, ce qui domine dans son jardin, c'est le charme.

Wilhem Kalf était coloriste et touchait avec force. Il commença par peindre des fleurs et des fruits; il abandonna bientôt les fleurs, trouvant leur parfum et leur coloris dans les pêches, les fraises, les framboises et les raisins. Il était toujours vrai et lumineux. Ses vases, ses coupes et ses verres sont d'une forme élégante et variée. Il tranchait ses melons dans le vif. C'était un gai conteur, qui passait la nuit à se faire écouter.

Rachel Ruisch « parcourut sur les fleurs les quatre-vingts ans de sa carrière. » Elle avait l'art de faire des bouquets et de grouper les fruits. Elle vivait enfermée, toute à la peinture, comme la belle Marie Oosterwyck, mais elle fut moins rebelle au dieu d'hymen; il est vrai qu'elle se laissa surprendre par l'amour. « Un peintre aimable et jeune, Pool, s'introduisit chez elle; s'il n'eût été qu'aimable et jeune, il n'aurait pas réussi; mais il était bon peintre, il fut aimé. » Nous croyons qu'il faut retourner la phrase. Qu'importe! elle eut du talent, elle fut chantée par les poëtes, elle reproduisit avec candeur les joies du printemps et de l'automne.

Le père de Van Huysum avait une boutique de peinture où étaient employés tous ses enfants : l'un peignait des dessus de portes, l'autre des paravents, celui-ci des batailles, celui-là, c'était Jean Van Huysum, des fleurs, des fruits et des paysages. Voulant être plus libre, il quitta son père et se maria. Sa femme prit un amant pour qu'il eût toute liberté : elle le laissa seul avec ses fleurs. Il se consola en cette compagnie, toujours jeune et souriante. Il mourut en 1749; il était né à Amsterdam en 1682.

Les fleurs de Van Huysum sont des merveilles de délicatesse et de fraîcheur; on n'oserait les toucher, de peur de les flétrir. Elles vivent dans ses cadres comme s'il les eût semées en pleine terre; elles sont soulevées par le vent, baignées par la rosée; c'est au soleil qu'elles doivent leur éclat (1). Van Huysum est d'une précision admirable; il y arrive par la justesse de touche et non par la patience, car il n'est ni froid ni poli, hormis dans ses fruits, qui ne sont pas dignes

---

(1) J'ai rencontré à Lyon un studieux admirateur devant des corbeilles de fleurs de Van Huysum, des merveilles qui font tort à celles de la nature; cet admirateur, c'était Saint-Jean, le peintre de fleurs, qui va toutes les semaines saluer son maître, Van Huysum, et qui, tout en approchant de sa légèreté, de son éclat et de sa sève, désespère de plus en plus de l'égaler jamais.

de ses fleurs. Il n'a point de manière, tant il a celle de la nature. C'est comme par merveille qu'il a rendu le duvet, l'éclat, le velouté, la transparence des roses, des lys, des tulipes, des coquelicots, des mille bouquets qui sont tombés de sa palette. Quelle illusion dans ses nids d'oiseaux, ses papillons, ses guêpes et ses gouttes de rosée! Il ne trompe pas seulement les yeux, il trompe l'esprit. Ses paysages sont remarquables et dignes de sa renommée. Un chaud rayon dore ses ciels, ses lointains, ses vallées et ses montagnes. Ils sont habités par de jolies figures touchées avec esprit, dans le style de Gérard de Lairesse.

Van Huysum est le dernier mot du réalisme, la nature à sa dernière expression. Après lui on peut trouver encore des peintres estimables, mais on ne trouve plus de grands artistes. A son nom se doit fermer le livre. L'art des Pays-Bas s'était épuisé en œuvres de génie; il donnait encore, sur ce sol fécond, un chêne dans Rembrandt, il ne donnait plus qu'une tulipe dans Van Huysum. Les peintres flamands et hollandais ont parcouru le cycle de l'art. Ils sont descendus peu à peu du ciel en pleine nature, représentant d'abord Dieu dans sa gloire céleste, finissant par le représenter dans sa gloire terrestre, passant des splendeurs austères du christianisme aux splendeurs éclatantes du panthéisme.

APPENDICE

JEAN D'YPRES. — LES VAN CLEEF. — LYS. — LELY. — MIREVELT. — HOUBRAEKEN. — OVERBECK. — HONTHORST. — VAN MOOL. — ROOS. — VAN DER DOES. — HENRIETTE WOLTERS. — LES PEINTRES MODERNES.

Nous avons omis quelques noms secondaires pouvant entraver la marche de l'histoire. Nous avons essayé de peindre un grand tableau et non une galerie de petits tableaux. Nous avons étudié avec ferveur toutes les figures grandioses ou seulement originales, toutes celles qui ont un caractère dans l'art. Les imitateurs, les copistes serviles, les ouvriers, les artistes même qui n'ont eu que des éclairs, nous les avons oubliés dans le fond du tableau. Cependant il y a parmi ces oubliés quelques noms dignes d'être recueillis, sinon glorifiés; nous voulons ici les indiquer au passage.

Jean d'Ypres qui se tuait d'un coup de couteau en 1565, parce que sa femme était trop belle et qu'il était trop vieux, était un artiste doué de hautes qualités. Il y avait dans sa manière savante et hardie trop de réminiscences de celle du Tintoret. Son *Jugement dernier* et sa *Résurrection* lui ont valu les éloges de Van Mander.

Parlons aussi de la famille des Van Cleef. Le premier du nom, Wilhelm Van Cleef, a laissé des Vierges et des anges d'une couleur chaude dans le style italien. Van Cleef le Fou, le contemporain de Moro, a laissé quelques pages religieuses et quelques bacchanales où l'on remarque du style et de la couleur : l'orgueil avait amené sa folie; il se croyait plus grand que Titien; à la fin, ne trouvant personne de son opinion, sa folie devint furieuse, il ne voulut plus peindre que sur ses habits; aussi est-il plus célèbre aujourd'hui par cette extravagance de peindre son pourpoint, son haut-de-chausses et son feutre à plumet que par son talent. Il y eut encore Henri Van Cleef qui peignait des paysages dans les tableaux de Franz Floris avec beaucoup de légèreté et d'harmonie. Martin Van Cleef excellait à peindre les petites figures; il fut le collaborateur de Coninxloo. Il laissa quatre fils qui devinrent quatre peintres distingués.

Jean Lys avait une passion sérieuse pour les grâces de l'antique; il avait profondément étudié, mais sa main était rebelle aux inspirations de la science. Ses fêtes galantes, ses triomphes de Bacchus, ne sont que des travestissemens de la mythologie à la manière de Paul Véronèse. Il passa sa vie à voyager et à voir plutôt qu'à peindre. Ce qui reste de ses tableaux religieux trahit assez une vigoureuse nature tempérée par beaucoup d'esprit; il mourut de la peste en 1629, âgé d'environ 50 ans.

Lely (Pierre Van der Faes), né en 1618, mort en 1680, fut un des successeurs de Van Dyck dans les bonnes grâces de la cour d'Angleterre. Il avait comme Van Dyck une table de douze couverts et un concert de douze musiciens pendant ses repas. Mais il ne se ruina pas comme Van Dyck, « parce qu'il eut moins de maîtresses et qu'il ne donna pas dans les folies de l'alchimie. » Il est beaucoup moins riche dans la postérité; cependant Lely est un portraitiste d'un grand mérite, plein de tournure et d'éclat. Il a été tour à tour peintre ordinaire de Charles 1er, de Cromwell et de Charles II. Il mourut subitement, empoisonné, dit un de ses historiens, par les succès de Kneller à la cour de Londres; empoisonné, dit un autre, sans doute avec plus de raison, par une méprise de son médecin.

Michel Mirevelt fut un portraitiste patient et fidèle, ne cherchant son effet que dans la vérité. Son exécution est un peu douce dans les figures d'hommes, qui rappellent un peu celles de Holbein; c'est la même sollicitude pour la ressemblance extérieure, pour la vie à la surface. Mais Holbein vous fait voir par le front, le regard et le sourire, ce que le modèle avait dans l'esprit ou dans le cœur, tandis que les portraits de Mirevelt sont des hommes qui passent sans vous parler. Tout patient qu'il fût, il a laissé plus de dix mille portraits. Né à Delften 1568, il y mourut en 1641 sans avoir voyagé. Malgré les prières de Charles 1er, il ne voulut pas sortir de son pays; il faut dire que la peste était alors à Londres. Il avait commencé par manier le burin sous Weeninx; il laissa le burin pour le pinceau et n'eut pas lieu de le regretter. Son élève Moreelze a été confondu avec lui. Son fameux tableau *les Oiseaux de Vénus* a fait du bruit dans son temps.

Arnold Houbraeken, élève de Samuel Hoogstraeten, fut médiocre comme peintre et comme historien : c'est le peintre qui a sauvé de l'oubli l'historien et l'historien qui a sauvé le peintre. L'érudition n'est pas toujours un signe de génie; Houbraeken était savant, mais toute sa science ne valait pas un instinct vrai. Il commença, ne pouvant vivre de ses tableaux, par dessiner des vignettes pour les libraires d'Amsterdam; peu à peu il revint à la peinture; il finit par faire rechercher ses petits tableaux d'histoire et ses portraits. Pour se reposer, il prenait la plume et écrivait ses idées sur l'art et sur la manière des peintres de son pays. Plus tard, ce fut en rassemblant ces feuillets épars qu'il publia ces trois volumes diffus et prolixes où les jugements sont plus passionnés que réfléchis. Ces trois volumes, qui continuent Van Mander, ont pourtant leur intérêt pour l'histoire de l'art : Houbraeken avait beaucoup vu. On a dit que Houbraeken était en outre un bon poëte; un bon poëte sans poésie, comme il y en a tant. Comme peintre, il n'a qu'un mérite très-secondaire; il était confus dans ses compositions comme dans ses écrits; pour obtenir du ton, il variait ses étoffes et rompait le repos. Il ne manquait pas de goût pour les ajustements et pour les fonds; mais ses expressions ne sont pas plus naturelles que sa couleur, qui est rouge sans avoir de feu. Né à Dordreck en 1660, il mourut à Amsterdam en 1719, laissant un fils, Jacques Houbraeken, graveur distingué.

Bonaventure Van Overbeck, surnommé Romulus, fut l'ami, l'élève et on pourrait dire le maître de Gérard de Lairesse, l'élève avant son voyage en Italie, le maître à son retour. Comme Gérard de Lairesse, il aimait les joies du corps autant que celles de l'esprit. Il vécut et mourut dans la débauche, laissant quelques tableaux où il avait prouvé sa science de l'antique. Son

APPENDICE.

œuvre capitale est son grand recueil de gravures, qui parut après sa mort sous ce titre : *Les restes de l'ancienne Rome*.

Gérard Honthorst peut être regardé comme le Valentin ou le Caravage de la Hollande. Il aimait les scènes de débauche et de fureur. Il peignit avec passion *Judith coupant la tête d'Holopherne* et l'*Enfant prodigue* attendu chez les courtisanes. Il voyagea en Italie et vint se fixer à La Haye avec le titre de peintre du prince d'Orange. Il eut la gloire de compter parmi ses élèves l'abbesse de Maubuisson et la princesse Sophie, les deux plus belles femmes de leur temps. Il ne travailla que pour les princes et pour les châteaux. Né en 1592, il peignait encore en 1662. Ses tableaux du musée du Louvre ne sont pas les meilleurs; ceux que j'ai vus en Hollande et en Italie sont d'une touche plus fière et plus vive.

Pierre Van Mool (1580-1650), né à Anvers et mort à Paris, a peint tour à tour dans le goût de Rubens, de Van Dyck, de Rembrandt. Ses sujets religieux sont moins dignes d'éloges que ses sujets profanes; sa couleur grasse et chaude fait passer sur ses fautes de dessin.

Henry Roos (1631-1685) et Jacques Van der Does (1623-1676) ont peint des paysages remplis d'animaux, dans la manière de Karel Dujardin. Roos avait une touche décidée et une couleur vigoureuse. Ses arbres sont d'un joli choix, ses animaux sont d'un dessin énergique. Roos périt dans un incendie; il emportait une coupe de porcelaine, dont il ramassait le couvercle en or; un tourbillon de fumée et de feu l'enveloppa; des amis s'exposèrent pour le sauver, mais il était trop tard. Van der Does est plus ingénu dans sa touche; ses petits enfans gardant les troupeaux sont merveilleusement en harmonie avec le paysage; on sent qu'ils respirent, comme les plantes et les animaux; c'est la même bouffée d'air, c'est le même sourire et la même quiétude; sous tous les paysages de ce peintre on peut écrire, sans se tromper: PANTHÉISME.

Gérard Hoet, né à Bommel en 1648, mort à La Haye en 1733, était un peintre érudit qui peignait tout à la fois des grandes pages pour les églises, des plafonds pour les hôtels et des tableaux de chevalet pour les cabinets. Dans ses petits tableaux il rappelle Polemburg avec plus de dessin et moins d'attrait; ses tableaux religieux ou historiques sont plus dignes de sa renommée. Il s'y est montré grand artiste plein d'imagination, composant l'allégorie en vrai poète, harmonieux dans sa couleur, savant dans les oppositions d'ombres et de lumières. Les travaux gigantesques n'effrayaient pas son génie: il représenta dans une grande salle, ancienne synagogue, les vertus chrétiennes sous la figure de belles femmes portées par les nuages, avec les caractères et les attributs qui les marquent, au-dessus d'un beau paysage varié comme ceux de Berghem. *Le Banquet des dieux*, son œuvre capitale, a été chanté par les poètes comme une page digne des poètes. Hoet eut beaucoup de peine à révéler son talent; il vint en France et y fut réduit, pour gagner son pain, à graver des paysages de Milé. Sa jeunesse traversa toutes les douleurs de la pauvreté et du génie méconnu. Heureusement qu'il retrouva par la fortune et par la famille une seconde jeunesse à quatre-vingts ans.

Un des derniers peintres dignes de remarque en Hollande,

c'est une femme, Henriette Wolters, née à Amsterdam en 1692. Elle dessinait déjà des figures à sept ans; elle étudia en copiant en miniature des portraits et des tableaux de Van Dyck. Son petit pinceau avait une vigueur et un éclat qui surprirent tous les amis de son père. De la miniature elle passa à la peinture, sans rien perdre en énergie et en talent; mais elle revint bientôt à la miniature. Elle fut célèbre en peu de temps. Pierre-le-Grand, passant à Amsterdam, lui fit pompeusement une visite et lui offrit douze mille livres de rente à sa cour. Elle répondit avec un certain accent de fierté nationale qu'elle ne voulait pas vivre dans le tourbillon et l'esclavage. C'était une républicaine décidée. Le roi de Prusse, Frédéric-Guillaume, à son tour, la visita et chercha à l'emmener à Berlin: « Je n'irai jamais à la cour de Prusse, je n'aime point les gouvernemens despotiques; je suis née Hollandaise, c'est-à-dire libre. » Charlotte Corday et Mme Roland n'eussent pas mieux parlé. Henriette Wolters fut recherchée pour sa beauté comme pour son talent. Elle épousa un peintre médiocre, qui, ne pouvant vendre ses tableaux, se mit à vendre ceux des autres. Cette femme, digne à tant de titres d'une renommée durable, eut encore le bonheur de ne pas mourir vieille.

Tout en reconnaissant la force et l'éclat de quelques nobles tentatives modernes, il faut bien avouer qu'en Flandre et en Hollande, le siècle d'or des arts est depuis long-temps évanoui; mais le pays n'est pas devenu stérile: Ary Scheffer est né en Hollande. Schlegel citait avec éloges, il y a vingt ans, Ommeganck, Van Os, Pieneman, Van Spaendonk, Knipers, Van Brée, Hoodges, Wonder. Plus d'un nouveau nom s'est révélé depuis vingt ans.

Les paysagistes d'aujourd'hui se sont souvent éloignés de la nature pour avoir voulu la voir de trop près: il leur manque un peu la saveur de Paul Potter, la poésie de Berghem, le sentiment de Ruysdael. Les peintres de genre, pour la plupart, n'ont pas ce charme de vie et de lumière des anciens maîtres d'Anvers, de Leyde et d'Amsterdam. Au lieu d'imiter la nature avec le sens de l'art et d'interpréter les leçons des Torburg, des Brauwer et des Metzu, ils copient trop volontiers mot à mot. Quant aux peintres de portraits, ils ne se souviennent pas tous qu'ils sont du pays de Rubens, de Van Dyck et de Rembrandt.

Il y a une loi qui gouverne l'art et le rapproche de Dieu, c'est l'infini; ce qui perd la plupart des peintres modernes de la Flandre et de la Hollande, c'est l'amour du fini. Au lieu de se jeter hardiment dans l'espace, ils prennent la loupe de Gérard Dow. Ils épuisent dans le détail toutes les forces de l'inspiration; ils regardent le ciel dans un puits, croyant y trouver la vérité; le soleil les effraie par ses magiques effets, ils allument la bougie comme le vieux Schalken. S'il y a eu deux maîtres détestables au monde, c'est Gérard Dow et Schalken.

Que les artistes du Nord, s'ils veulent arriver à la poésie, étudient les belles pages de la renaissance et entr'ouvrent leurs lèvres à la source toute jaillissante du sentiment moderne; s'ils veulent arriver au réalisme comme Rembrandt et Paul Potter, qu'ils se retrempent en pleine nature et n'étudient plus dans les galeries de tableaux; il n'y a qu'un maître qui soit digne d'imitation: c'est Dieu.

TABLE DU TEXTE.

INTRODUCTION. — DE L'ART. — DU BEAU DANS LES ARTS. — LE BEAU IDÉAL. — LE BEAU PITTORESQUE. — DES DESTINÉES DE L'ART. — LES POETES ET LES HISTORIENS EN FLANDRE ET EN HOLLANDE. — LE COMMENCEMENT ET LA FIN.   1

I. — NAISSANCE DE L'ART EN FLANDRE.

Les Van Eyck. — Origines de la peinture à l'huile. — École des Van Eyck.   21

II. — NAISSANCE DE L'ART EN HOLLANDE.

Van Ouwater. — Enghelbrechtsen. — Érasme.   35

III. — L'ART NATIONAL.

Hans Hemling et Lucas de Leyde.   41

IV. — ALLIANCE DU CARACTÈRE FLAMAND ET HOLLANDAIS AVEC LE STYLE ITALIEN.

Metzys. — Van Orley. — Coxcie. — Jean de Mabuse. — Schooreel. Moro. — Hemskerke. — Barentsen.   51

V. — L'ÉCOLE FLAMANDE ET HOLLANDAISE A LA RENAISSANCE.

Franc Floris. — Lucas de Heere. — Les Porbus. — Les Franck. — Martin de Vos. — Van Mander. — Goltius. — Spranger. — Wilhem Key.   64

VI. — SECONDE PÉRIODE DE L'ART NATIONAL.

Aertgen. — Mostaert. — Bloemaert. — Aertsen. — Beukalaer. — Baker. — Cornelis. — Lastman. — Pinas. — Schooeten.   77

VII. — LES FANTAISISTES.

Breughel-le-Drôle. — Breughel-d'Enfer. — Breughel-de-Paradis.   82

VIII. — RUBENS ET SES CONTEMPORAINS.

Tobie Verhaegt. — Adam Van Oort. — Gaspard de Crayer. — Van Balen. — Sneyders. — Jordaens. — Otto Venius. — Liemacker ou Roose. — Janssens. — Rombouts.   100

IX. — ÉCOLE DE RUBENS.

Van Dyck.   121

X. — ÉCOLE DE RUBENS.

Gérard Seghers. — Snayers. — Van der Horst. — Soutman. — Cornille Schut. — Van Thulden. — Diepenbeke. — Van Hoeck. — Van Oost. — Wildens. — Van Uden. — Les Quillyn. — Philippe de Champagne.   134

XI. — LES PEINTRES DE CABARETS ET DE KERMESSES.

Hals. — Brauwer. — Craesbeke. — Les Ostade. — Les trois Teniers. Zaft-Leven. — Ryckaert. — Aart. — Béga. — Zorg. — Tilborg. — Steen.   141

XII. — PÉRIODE SUPRÊME DE RÉALISME.

Rembrandt.   165

XIII. — ÉCOLE DE REMBRANDT.

Flinck. — Van der Helst. — Bol. — Eeckout. — Bramer. — Fictoor. — Maas. — Koning. — Hoogstraeten. — Kneller.   176

XIV. — LES PEINTRES DE LA VIE PRIVÉE.

Terburg. — Le Duc. — Gérard Dow. — Slingelandt. — Schalken. — Buys. — Miéris. — Metzu. — Gonzales Coques. — Peter de Hooge. — Jacques Vanloo. — Brackemborg. — Troost.   179

XV. — HALTES, CAVALCADES ET BATAILLES.

Bamboche. — Wouvermans. — Van Bréda. — Von der Meulen. — Albert Cuyp. — Lingelback. — Karel Dujardin. — Weeninx. — Hondekoeter.   185

XVI. — RETOUR AU STYLE ÉTRANGER.

Flemael. — Stokade. — Gérard de Lairesse. — Netscher. — Polembourg. — Van der Neer. — Van der Werff. — Verkolie. — Le petit Van Dyck.   191

XVII. — INTÉRIEURS D'ÉGLISE.

Steinwick. — Peter Neefs. — De Witte.   196

XVIII. — LES PAYSAGES.

Patenier. — Grimmer. — Walkenburg. — Molenaer. — Bril. — Van Asch. — Savery. — Asselyn. — Moucheron. — Molyn. — Both. — Van Artois. — Swanevelt. — Wynants. — A. Van den Velde. — Hackert. — Breemberg. — Everdingen. — Hobbéma. — Huysmans. — Ommeganck. — Luterburg. — Waterloo.   197

LE RÉALISME : Paul Potter. — L'IMAGINATION : Berghem. — LE SENTIMENT : Ruysdael.   204

XIX. — MARINES.

Griffier. — Van Goyen. — Parcellis. — Knipbergen. — Les Van den Velde. — Bonaventure Peters. — Backuysen.   213

XX. — DERNIÈRE EXPRESSION.

LES PEINTRES DE FLEURS : Seghers. — Van Thielden. — Van Kessel. — Weyerman. — David de Heem. — Moortel. — Marie Oosterwyck. — Kalf. — Rachel Ruish. — Van Huysum.   216

APPENDICE.

TABLE DES GRAVURES.

G. DE CRAYER.	La Danse des nymphes.	
RUBENS.	Nessus et Déjanire.	
P. POTTER.	Le jeune Taureau.	
BRACKENBURG.	Le Musico hollandais.	
A. VAN OSTADE.	Les Politiques de village.	
REMBRANDT.	La Présentation au temple.	
VAN HUYSUM.	Fleurs dans un vase.	
VAN DYCK.	Suzanne au bain.	
HACKERT.	Le Départ pour la chasse.	
DAVID TENIERS.	Le Paradis flamand.	
RUYSDAEL.	Les Roseaux.	
BERGHEM.	Troupeau de bœufs aux champs.	
A. VAN OSTADE.	Fête de famille.	
CAMILLE BÉGA.	Le Musicien ambulant.	
PYNACKER.	Un Bac sur l'Escaut.	
NETSHER.	Le Déjeuner.	
ALBERT DURER.	L'Ascension.	
Q. METZYS.	Taverne flamande au XVe siècle.	
VERKOLIE.	Histoire de Léda.	
CORNILLE TROOST.	Corps-de-garde hollandais.	
G. KALF.	Intérieur flamand.	
DIEFENBECK.	Le Déluge.	
ROGIER DE BRUGES.	Mascarade sur la place d'Anvers.	
HOLBEIN.	Deux ambassadeurs.	
WOUWERMANS.	Un Bivouac.	
MIÉRIS.	Récréation.	
GÉRARD HOET.	Le Banquet des dieux.	
FRANZ HALS.	Béatitudes.	
MOUCHERON.	Paysage.	
BERGHEM.	Le Miroir des vaches.	
VAN GEEL.	La Nourrice de Leyde.	
WOUWERMANS.	Les Baraques de Schaken.	
BRACKENBURG.	Les Joies du cabaret.	
VAN GOYEN.	Marine.	
BUYS.	Le Berceau.	
ROTHENHAMER.	Le Jugement de Pâris.	
BOTH ET BERGHEM.	La Montagne.	
LÉONARD BRAMER.	Pyrame et Thisbé.	
HOBBÉMA.	Les Pêcheurs.	
FERDINAND BOL.	Vertumne et Pomone.	
EECKOUT.	Agar renvoyée par Abraham.	
VAN DER DOES.	Panthéisme.	
WYCK.	Les Trésors de l'alchimie.	
REMBRANDT.	Un Philosophe.	
PAUL BRIL.	La Chasse.	
BRACKENBURG.	Le Musico hollandais.	
G. VAN DEN VELDE.	Marine.	
GÉRARD DOW.	Cuisinière hollandaise.	
SNEYDERS ET RUBENS.	La Laie et ses marcassins.	
JEAN STEEN.	Les Joueurs de boules.	

VAN ASCH.	Le Pont rustique.	
ABRAHAM TENIERS.	Propos galants.	
WEENINX.	Le Passage du bac.	
PETER DE HOOGE.	Quiétude maternelle.	
RUYSDAEL.	La Chaumière sur l'eau.	
FYT.	Les Fruits de la chasse.	
LE DUC.	Un Concert en famille.	
WOUWERMANS.	Une Rencontre.	
A. VAN OSTADE.	La Treille.	
S. RUYSDAEL.	Solitude.	
P. POTTER.	La Prairie ou le jeune taureau.	
G. FLINCK.	La petite Bergère.	
WEENINX.	Nature morte.	
POLEMBURG.	Diane au bain.	
FICTOOR.	Le Marchand de reliques.	
G. MAES.	Le Cerf apprivoisé.	
BERGHEM.	Les Jeux de la prairie.	
VAN MOOL.	Danaë.	
ISAAC VAN OSTADE.	Les Marchands de poissons.	
BREUGHEL DE VELOURS.	La Flandre.	
TERBURG.	Le Message.	
ISAAC VAN OSTADE.	La Porte de la chaumière.	
A. VAN DEN VELDE.	Cavaliers et mendiants.	
CORNILLE SCHUT.	Triomphe de Cérès et de Neptune.	
BEGA.	La Commère hollandaise.	
P. BRIL.	Fuite en Égypte.	
ZORG.	Philosophes du Nord.	
KAREL DUJARDIN.	Le petit Pâtre.	
RISBRAECK.	Les Rives de la Meuse.	
MIÉRIS.	Le Sommeil de Galatée.	
WOUWERMANS.	Cavaliers en belle humeur.	
FLEMAEL.	Mercure amoureux d'Hersé.	
H. ROOS.	Le Rendez-vous des pâtres.	
JACQUES VANLOO.	Les Courtisanes.	
ASSELYN.	Passage du souterrain.	
G. COQUES.	Le Retour de la chasse.	
LINGELBACH.	L'Auberge isolée.	
BREUGHEL DE VELOURS.	Rives du Rhin.	
E. DE WITTE.	Intérieur d'église protestante.	
MORRELZE.	Les Oiseaux de Vénus.	
BRAUWER.	L'Amour paternel.	
VAN DER HELST.	Repas de la Garde civique.	
METZU.	Le Coup de l'étrier.	
BAMBOCHE.	La Saint-Jean.	
VAN HUYSUM.	La petite Cascade.	
KONING.	La Mort d'un jeune prince.	
HUYSMANS.	Pays de Liège.	
LUTERBURG.	Le Sommeil interrompu.	
G. TERBURG.	Le Concert de famille.	
DAVID TENIERS.	La Kermesse.	

Selon la rigoureuse logique, les 100 gravures de cette histoire auraient dû être classées par dates ou par écoles; mais dans l'art la variété, le désordre même prévaut quelquefois sur la logique. Nous avons fait pour ces gravures ce que nous eussions fait pour une galerie de tableaux, cherchant les contrastes soit par le genre, soit par le style, soit par la couleur.

Il a été gravé 220 gravures pour cet ouvrage. On en a choisi 100; il en a été envoyé quelques-unes en plus aux souscripteurs, qui devront les rejeter du livre. Les seules à conserver sont celles qu'indique la table.

On trouvera deux gravures d'après Albert Durer et Holbein; les écoles flamandes, hollandaises et allemandes, ne doivent pas être confondues, mais elles se touchent par plus d'un point. Nous croyons donc la galerie plus complète avec ces deux peintres illustres.

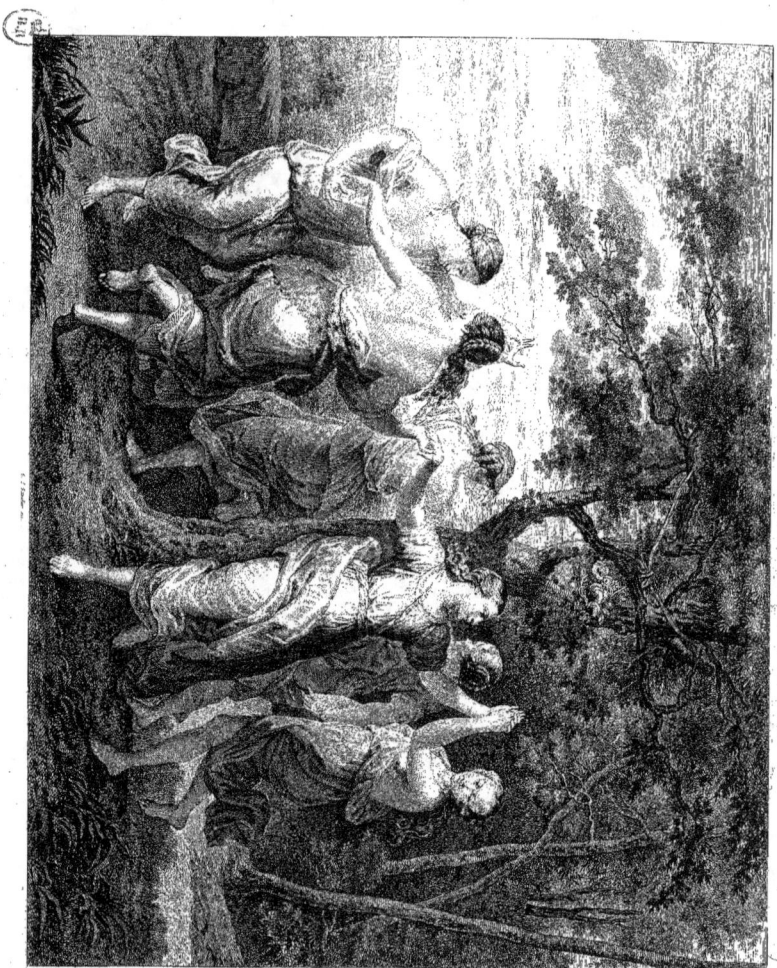

LA DANSE DES NYMPHES.

C. DE CHAYER.

RUBENS.

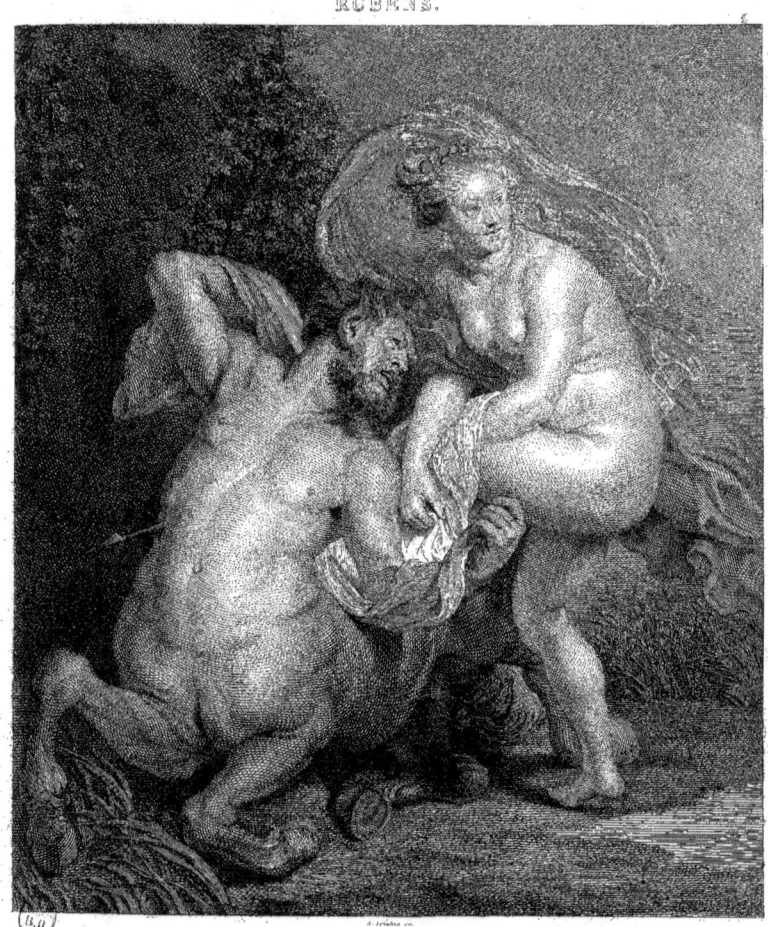

NESSUS ET DEJANIRE.

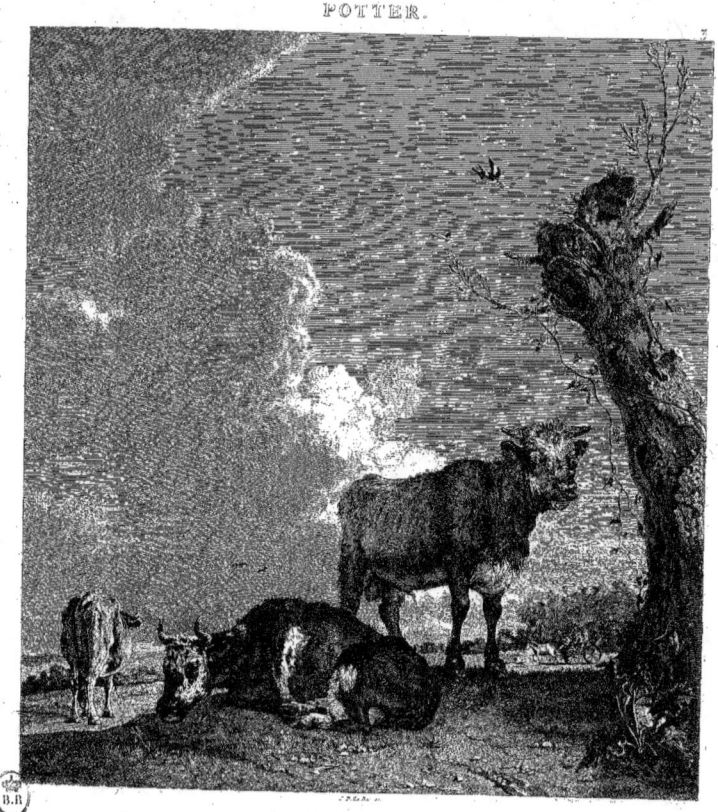

POTTER.

LE JEUNE TAUREAU.

MUSICO HOLLANDAIS.   BRACKENBURG.

A. VAN OSTADE.

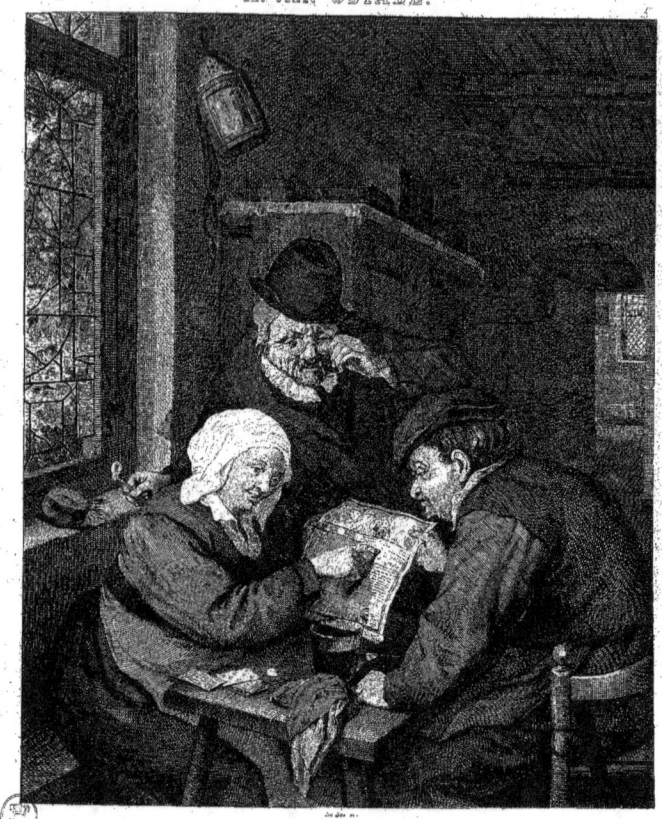

LES POLITIQUES DE VILLAGE.

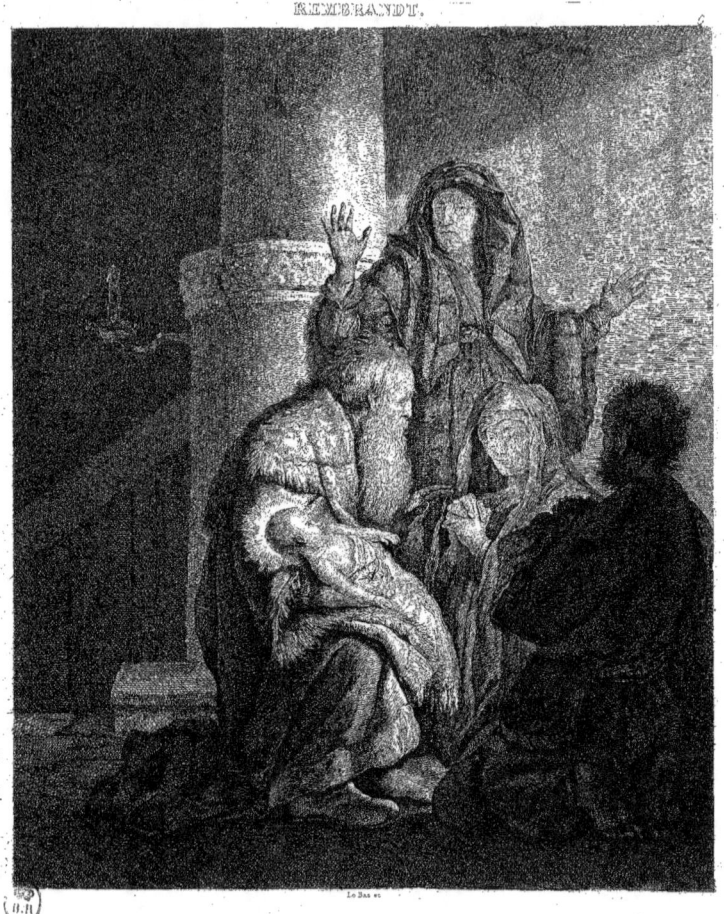

LA PRÉSENTATION AU TEMPLE.

VAN HUYSUM.

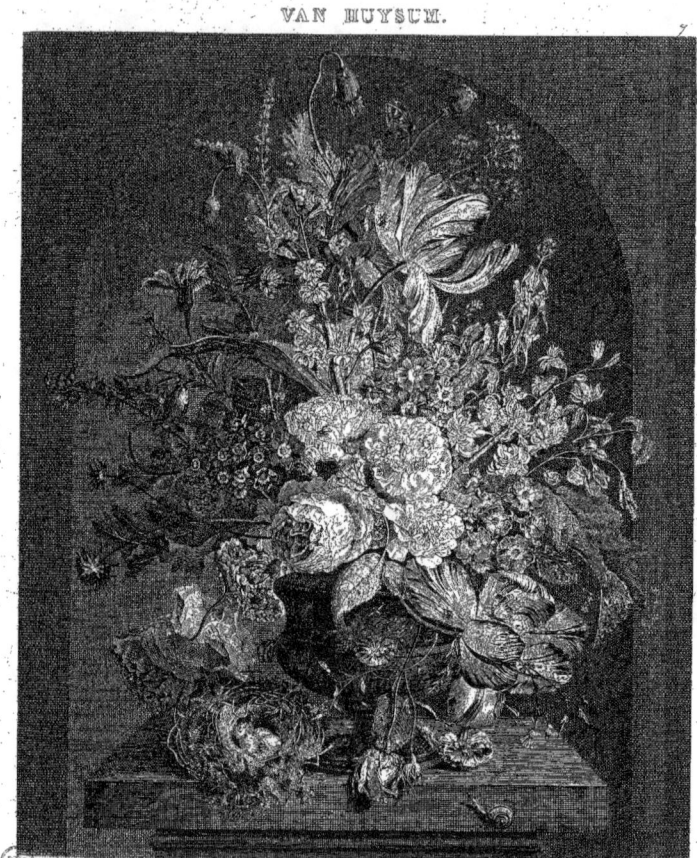

VAN DICK.

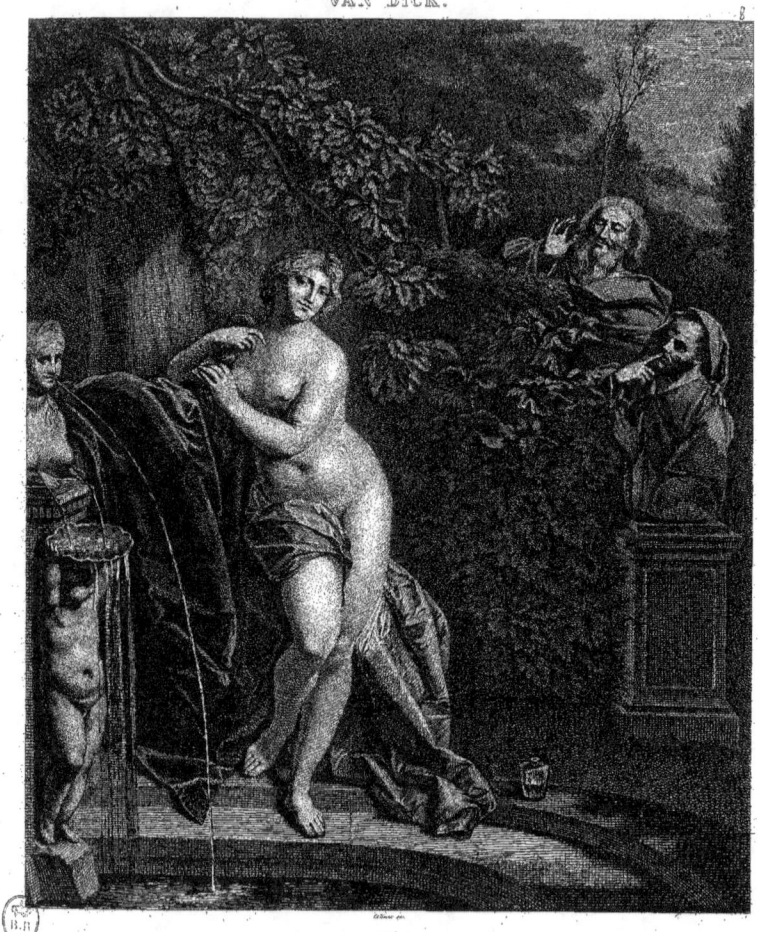

SUZANNE AU BAIN.

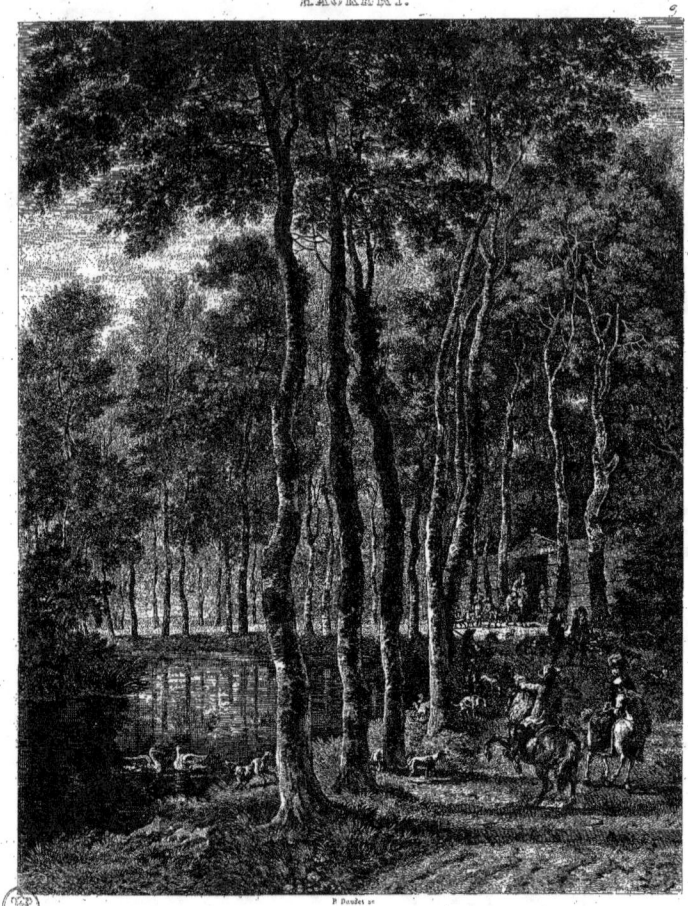

LE DÉPART POUR LA CHASSE.

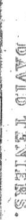

LE PARADIS FLAMAND.

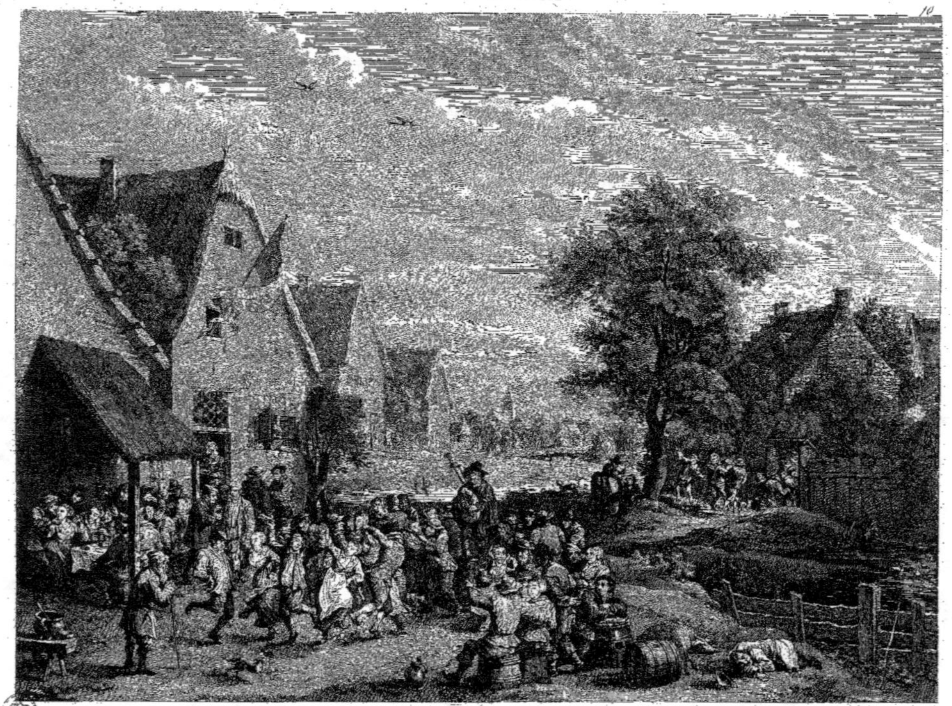

DAVID TENIERS.

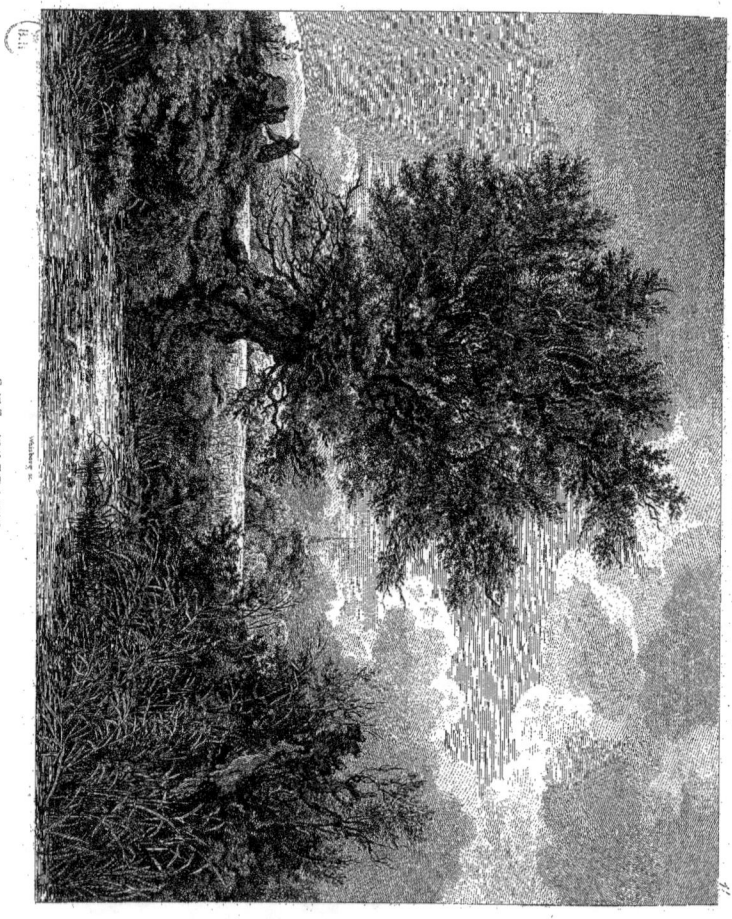

RUYSDAEL.
LES ROSEAUX.

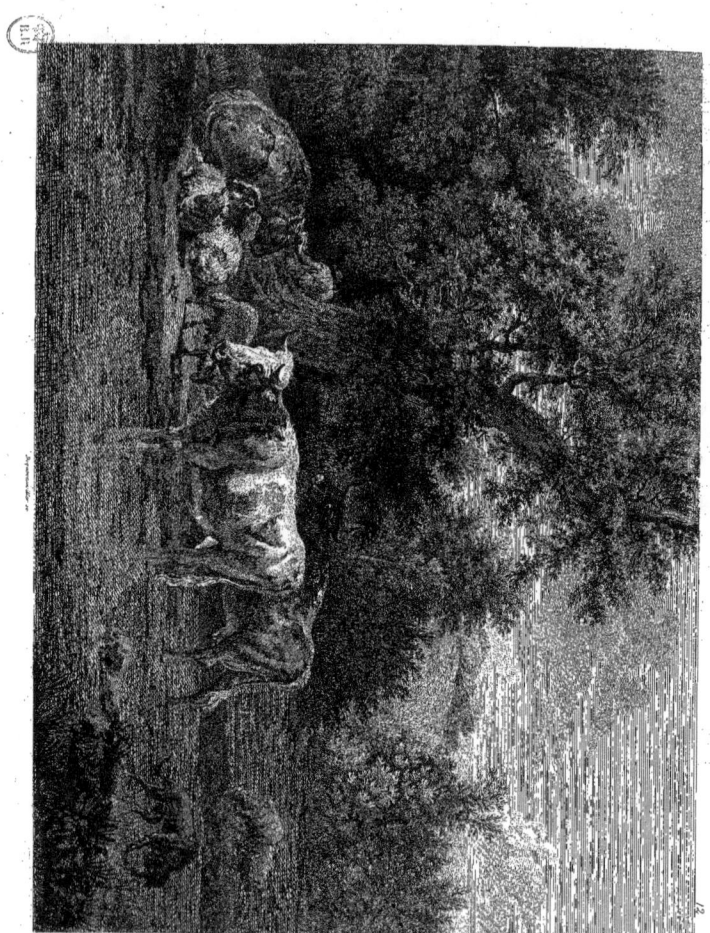

BERGHEM.

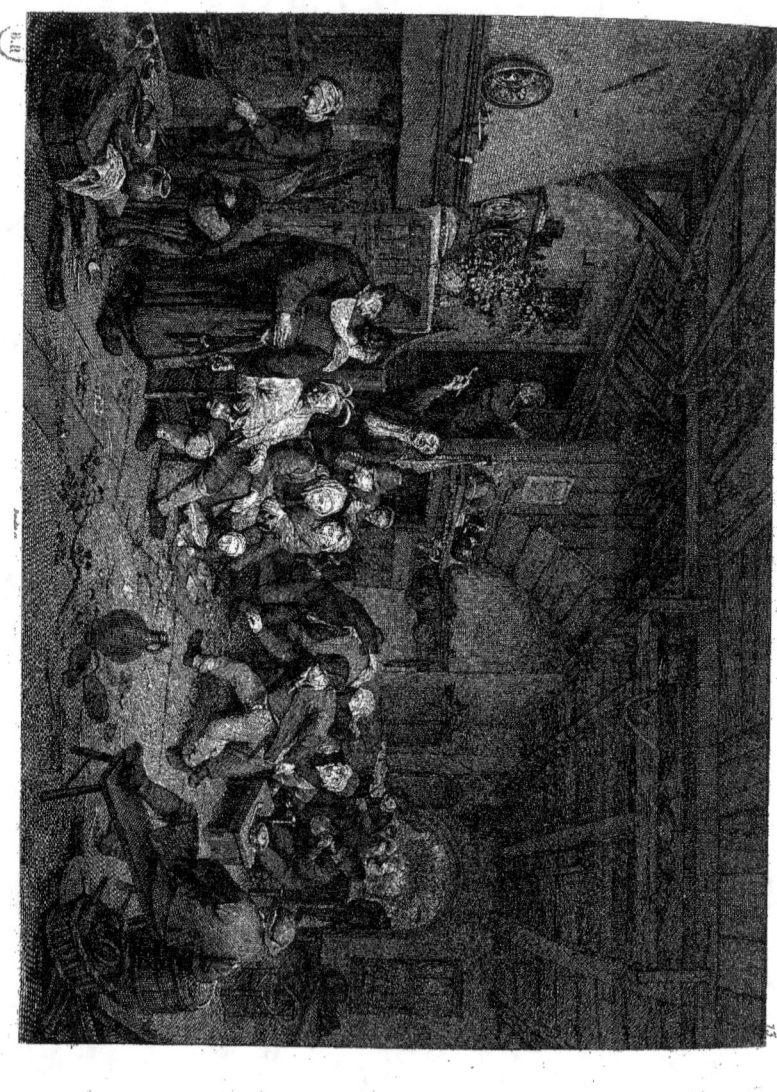

FÊTE DE FAMILLE.

A. VAN OSTADE

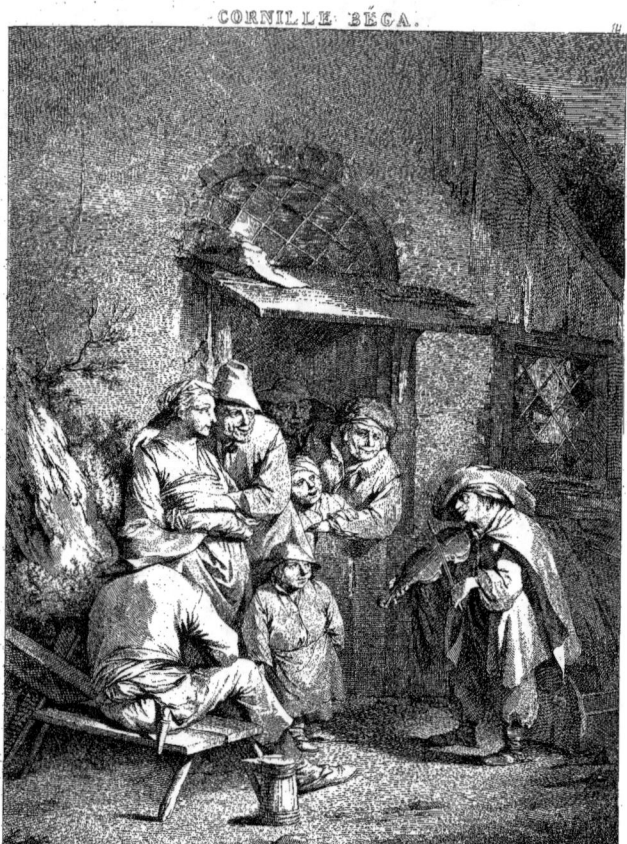

LE MUSICIEN AMBULANT.

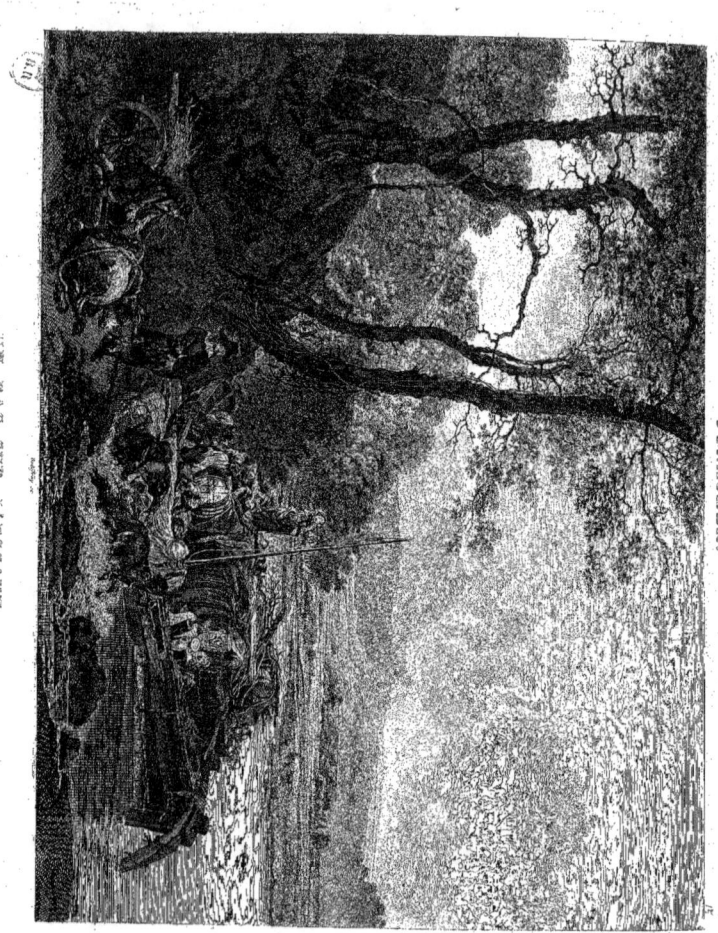

UN BAC SUR L'ESCAUT.
PYNACKER.

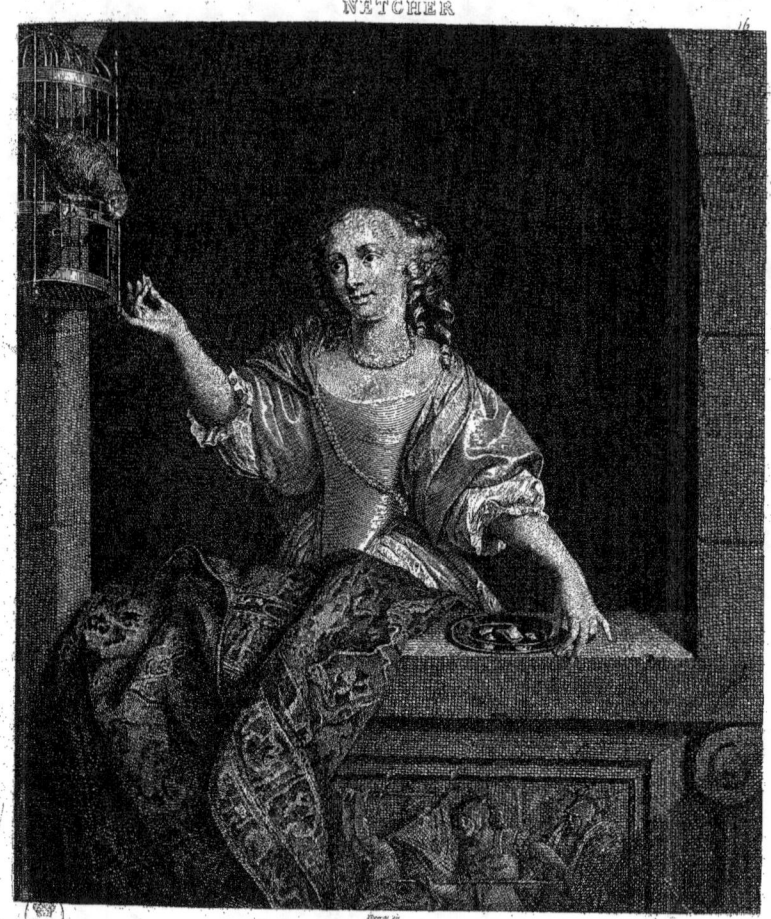

LE DÉJEUNER.

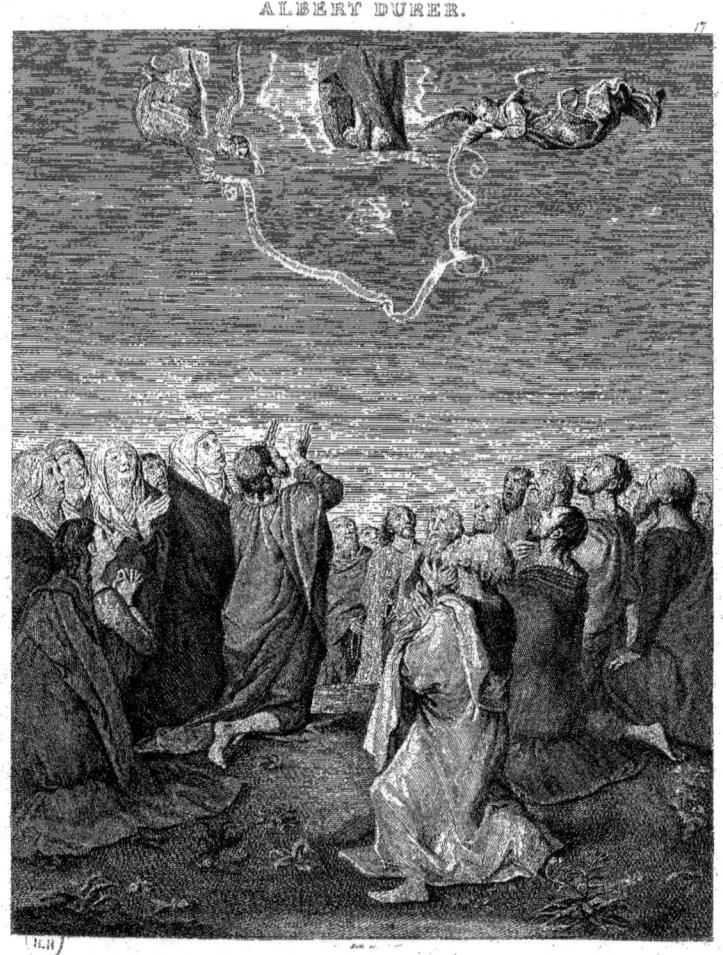

L'ASCENSION.

TAVERNE FLAMANDE AU 15ème SIÈCLE.

Q. MESSIS.

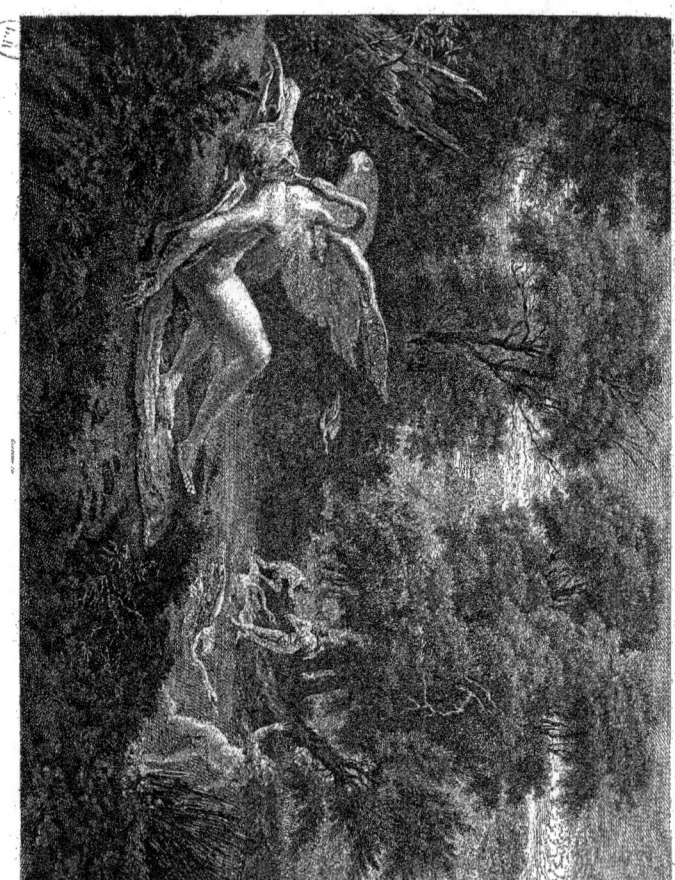

HISTOIRE DE LÉDA.

VERKOLJE.

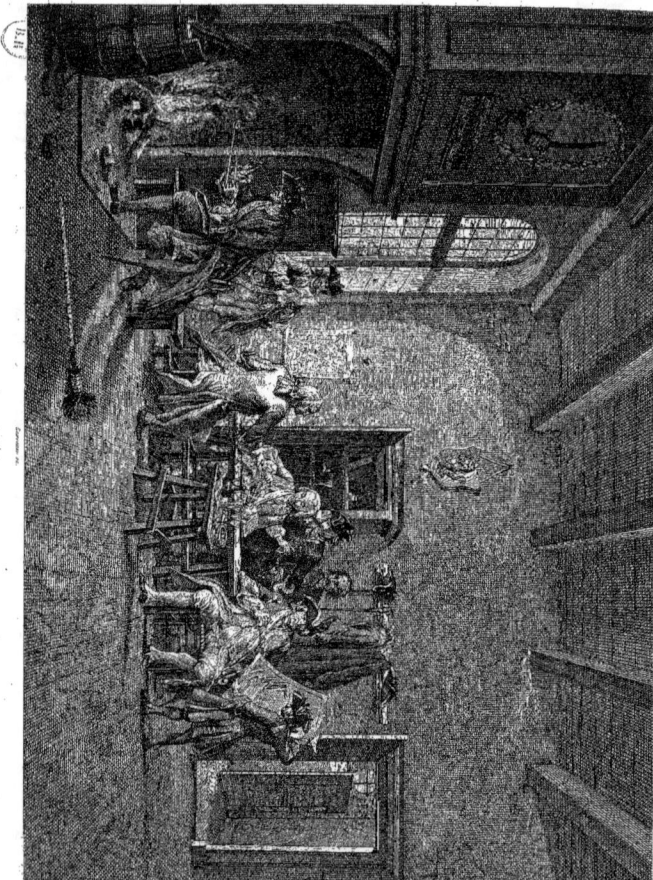

CORPS DE GARDE HOLLANDAIS.

CORNILLE-TROOST

G. KALF.

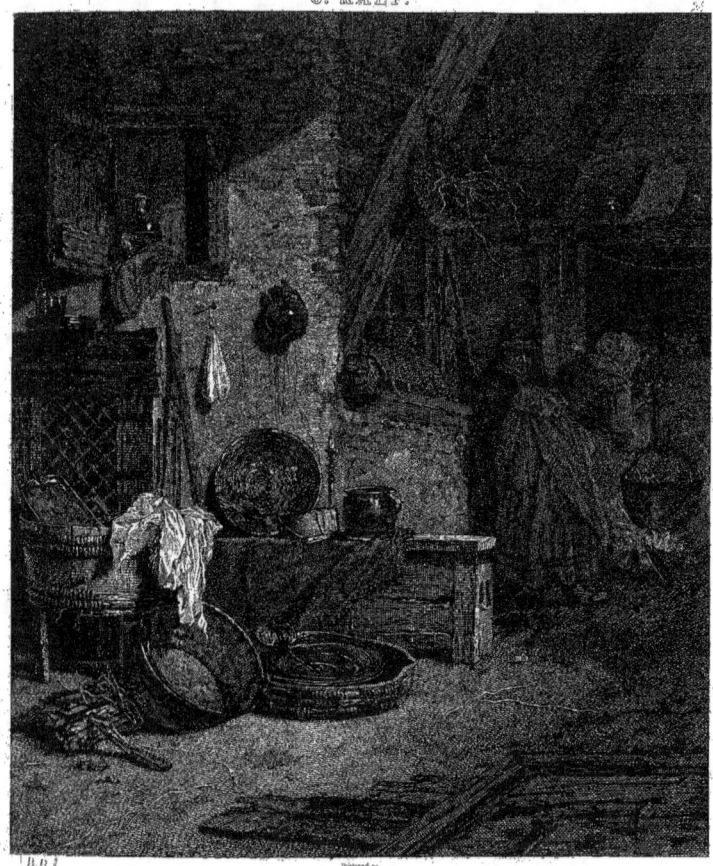

INTÉRIEUR FLAMAND.

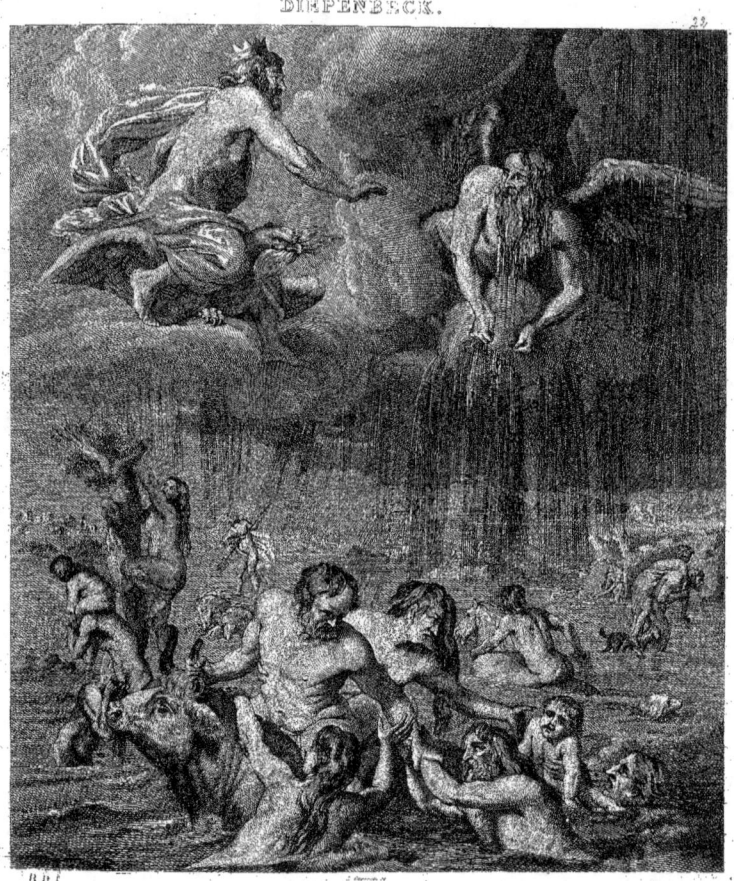

LE DÉLUGE.

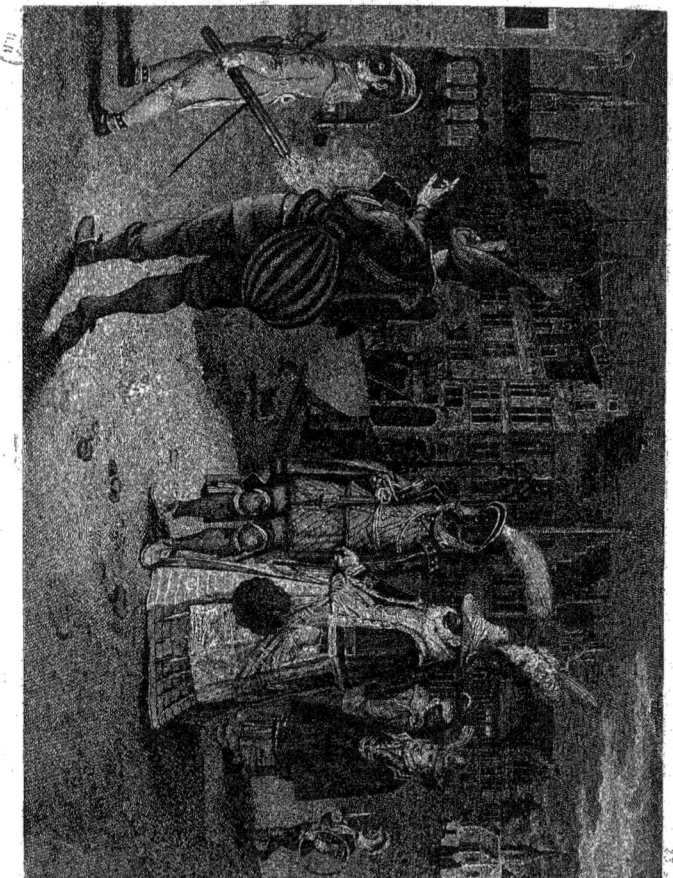

MASCARADE SUR LA PLACE D'ANVERS.

ROGIER DE BRUGES.

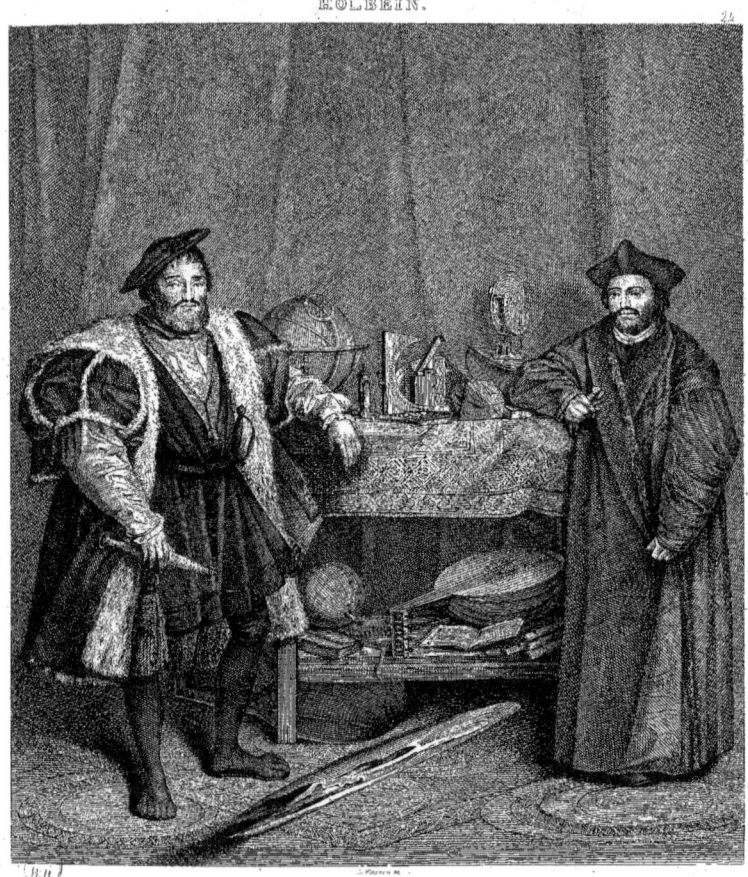

DEUX AMBASSADEURS.

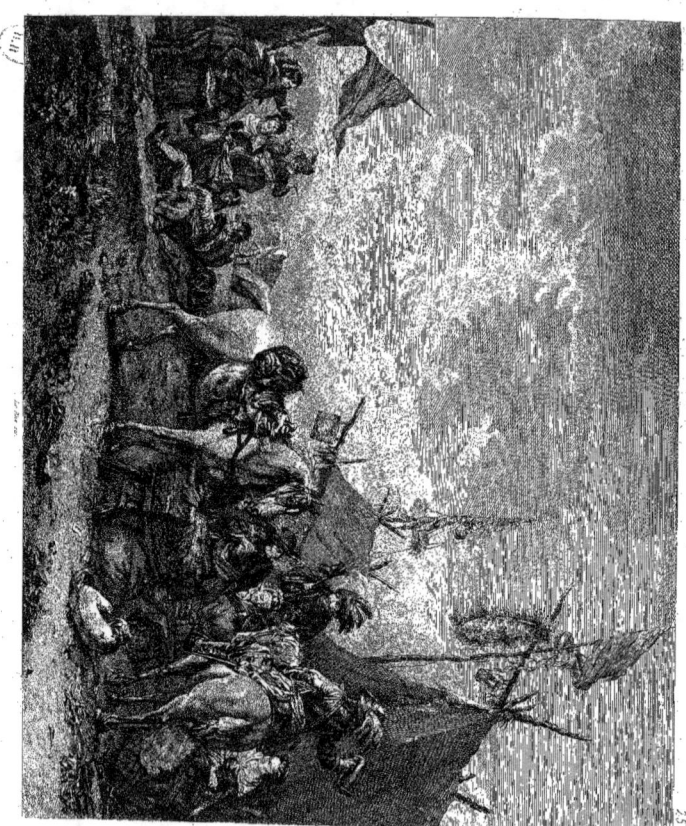

WOUVERMAN. A BIVOUAC.

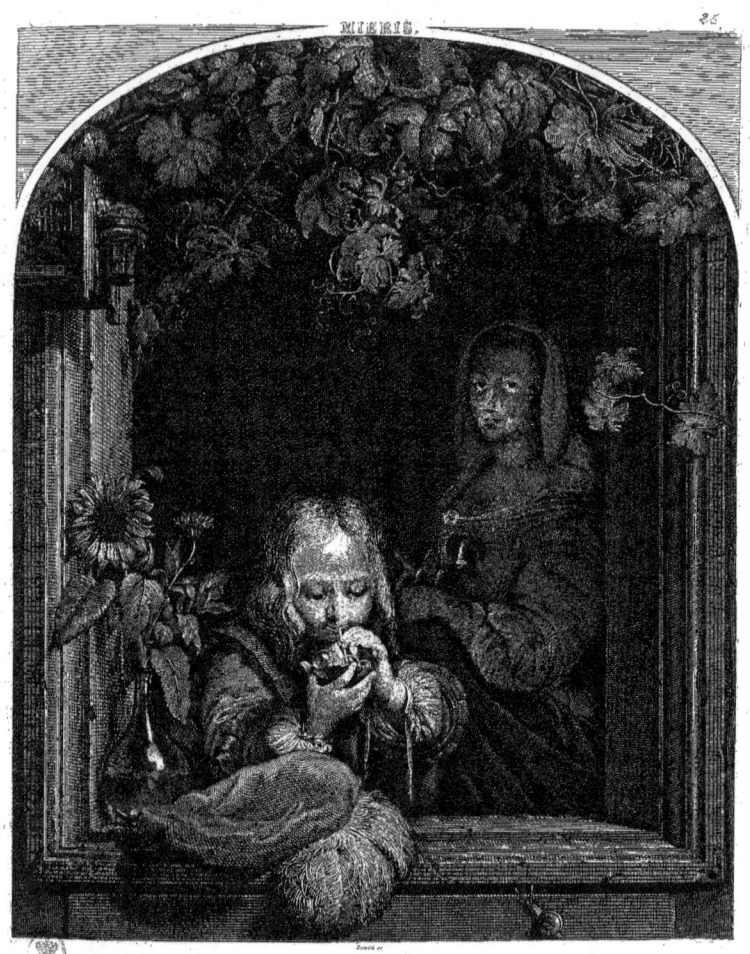

RÉCRÉATION.

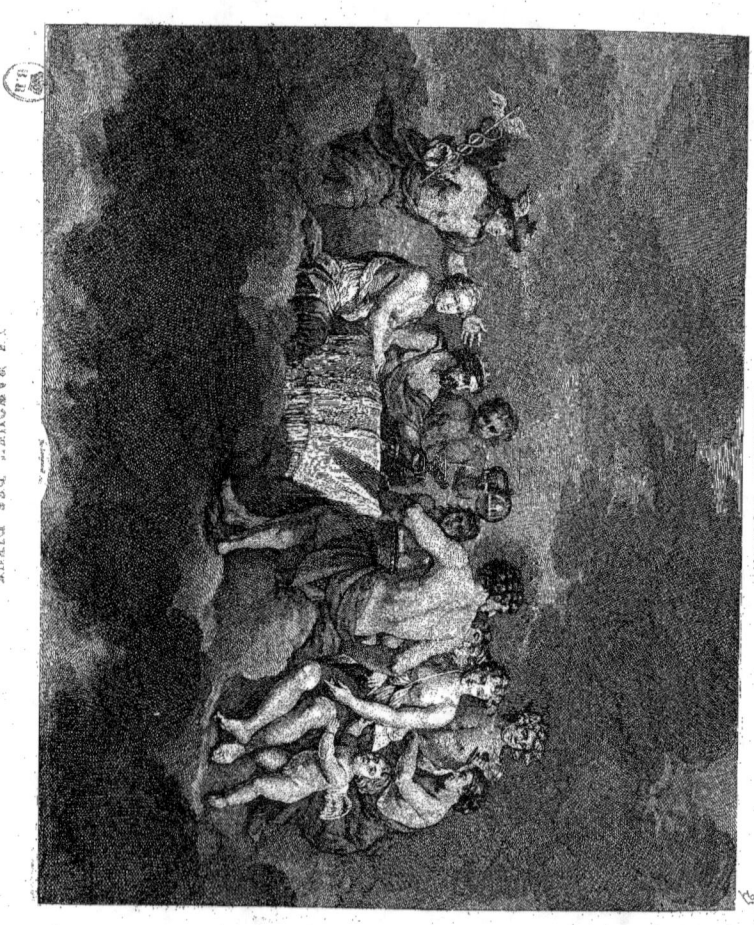

LA BARQUE DES DIEUX.　　　　GERARD HORT.

FRANZ HALS.

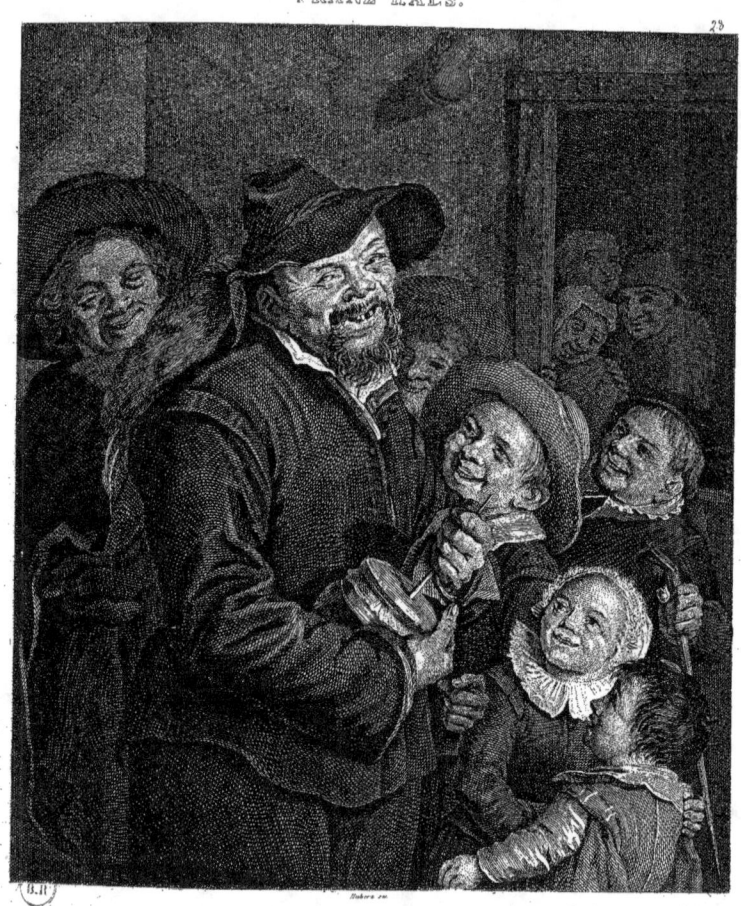

BÉATITUDES.

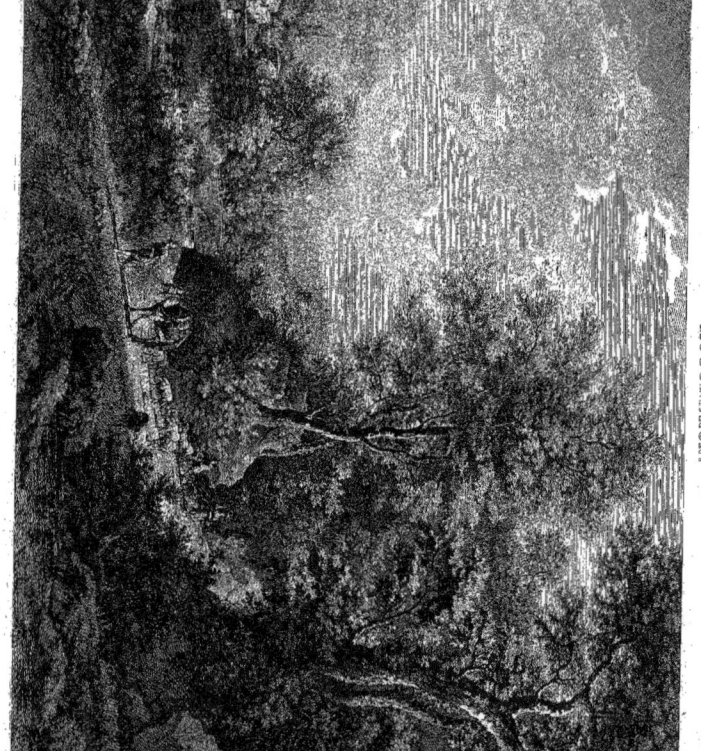

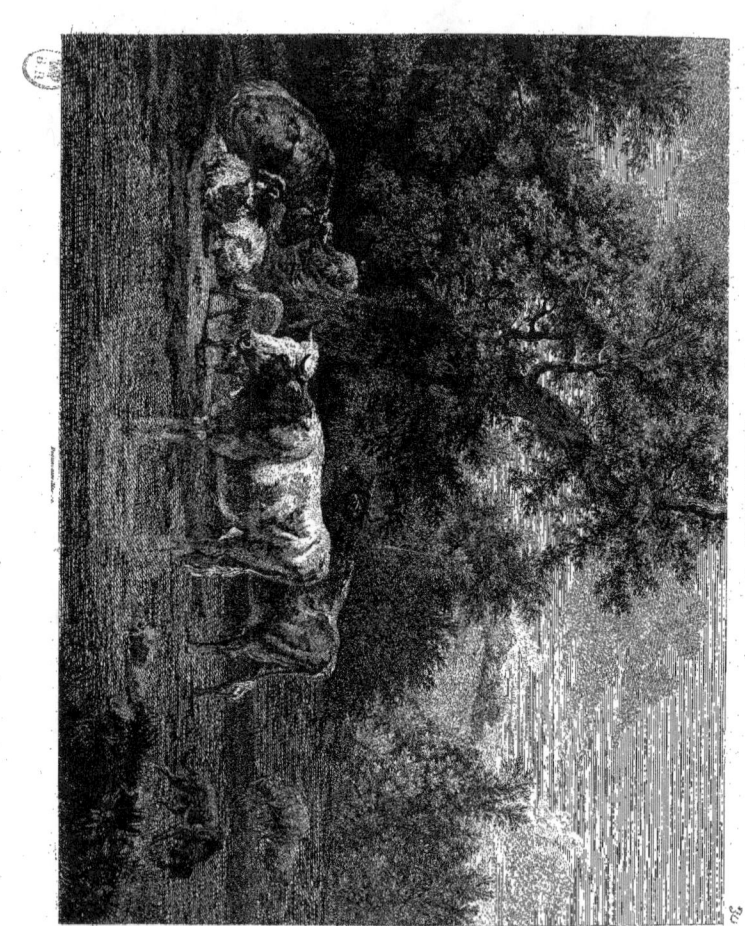

BERGHEM.

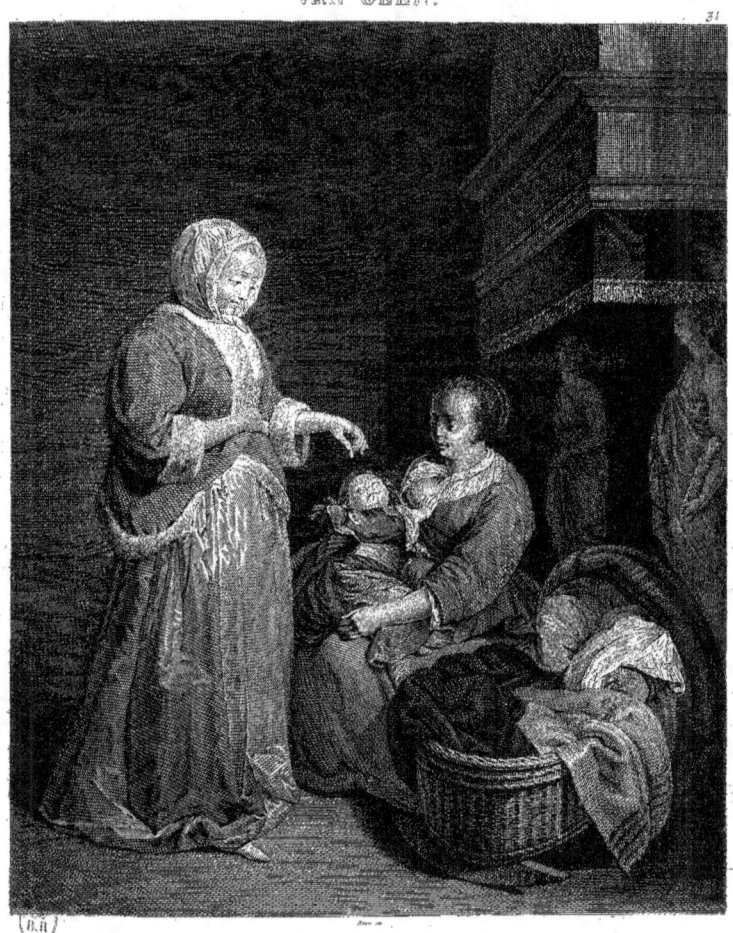

LA NOURRICE DE LEYDE.

P. WOUWERMANS

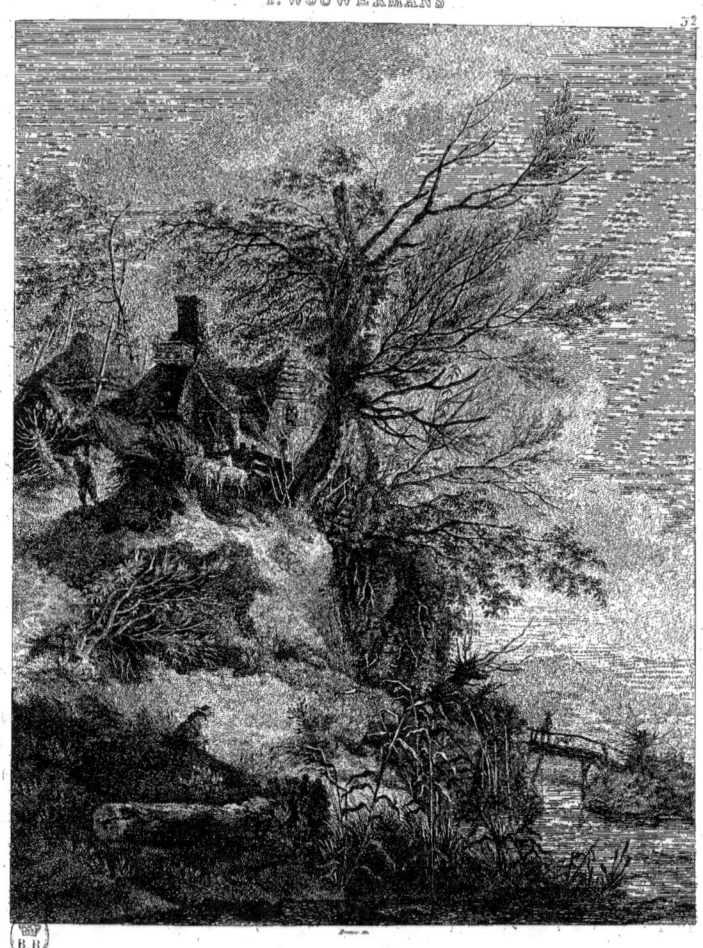

LES BARAQUES DE SCHAKEN.

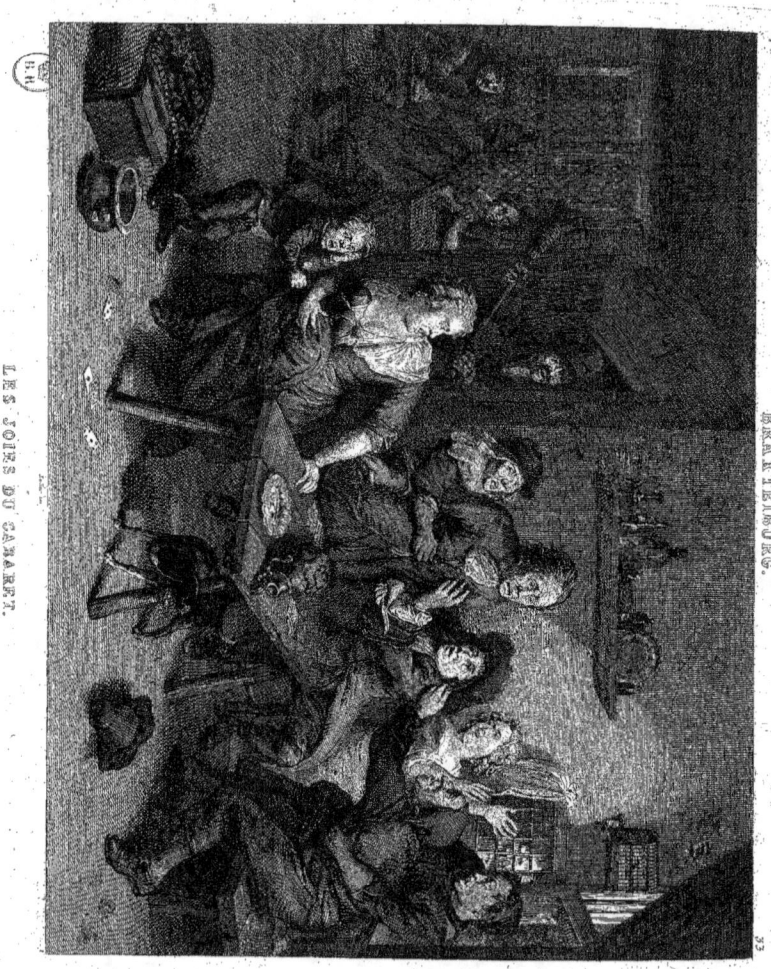

LES JOIES DU CABARET.

BRAKTEMBURG.

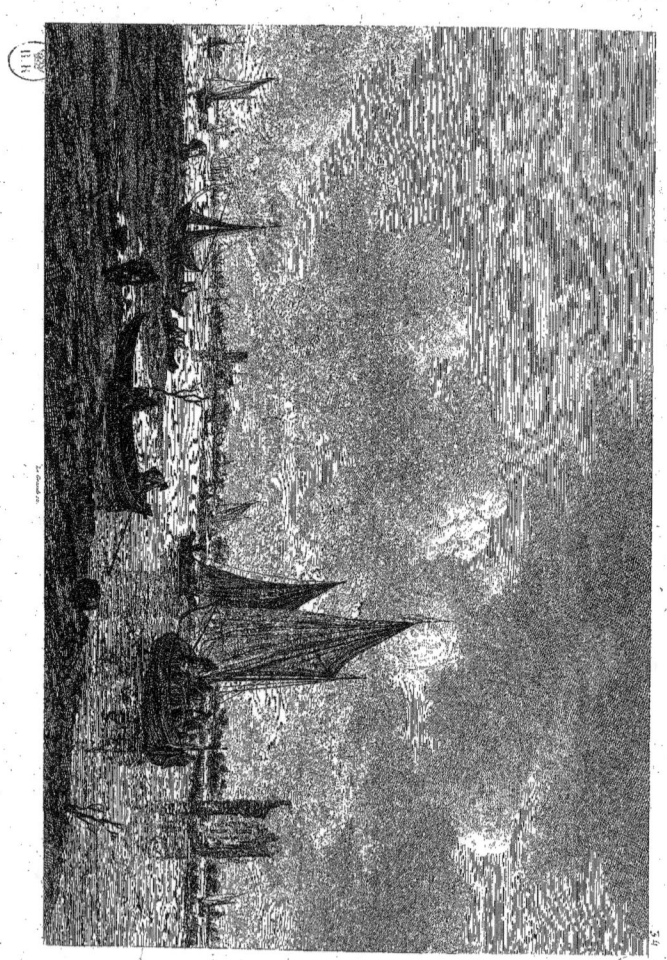

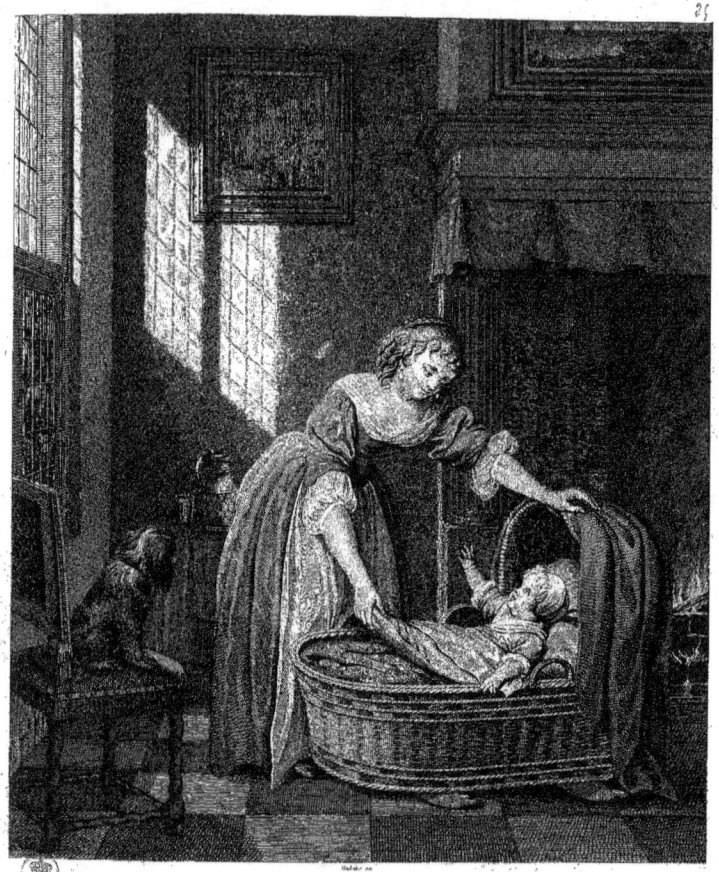

LE BERCEAU.
DIE WIEGE.

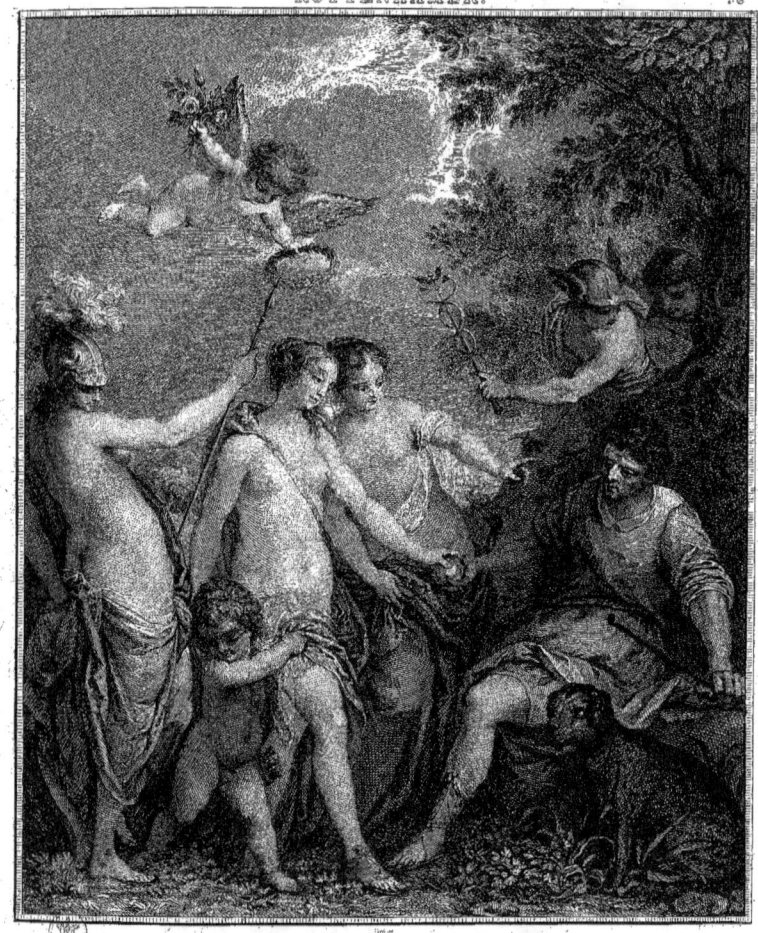

LE JUGEMENT DE PÂRIS.

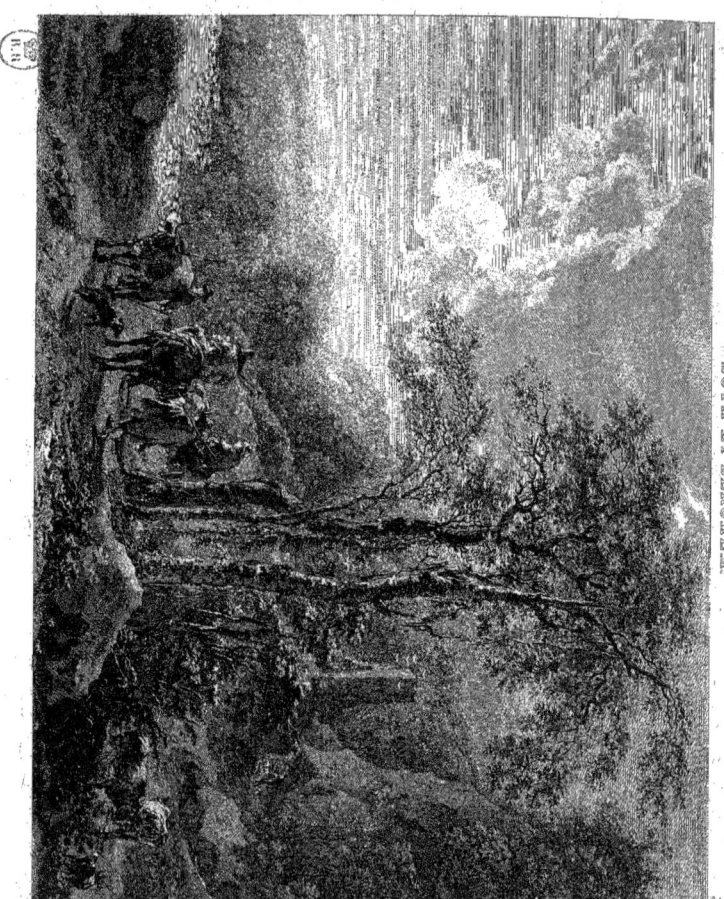

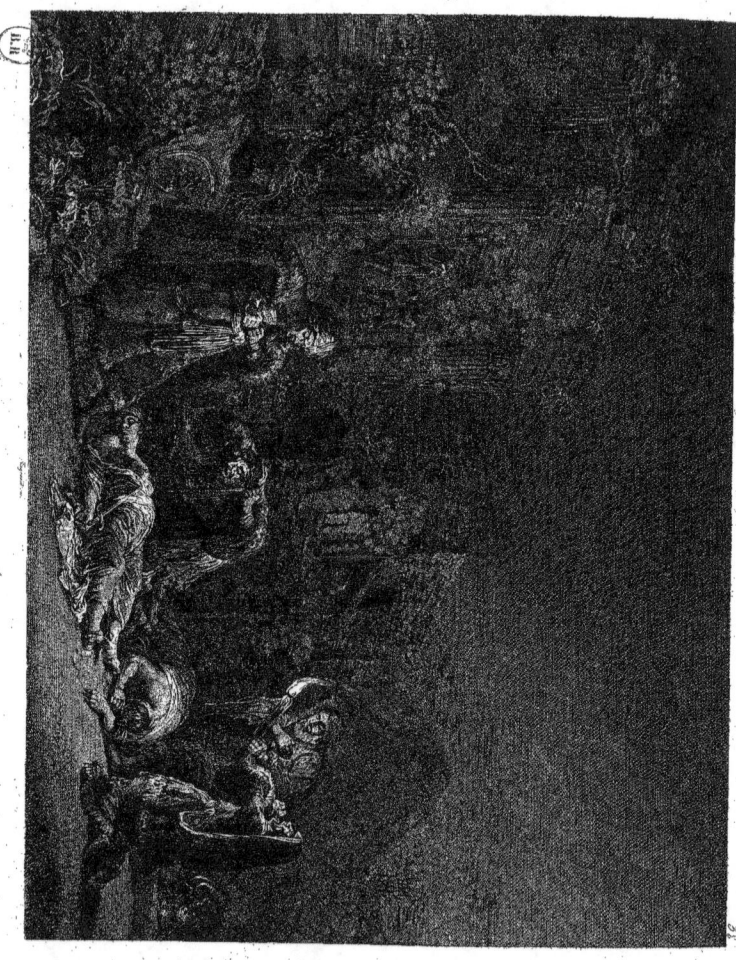

LÉONARD BRAMER

PILATE EN PRISON.

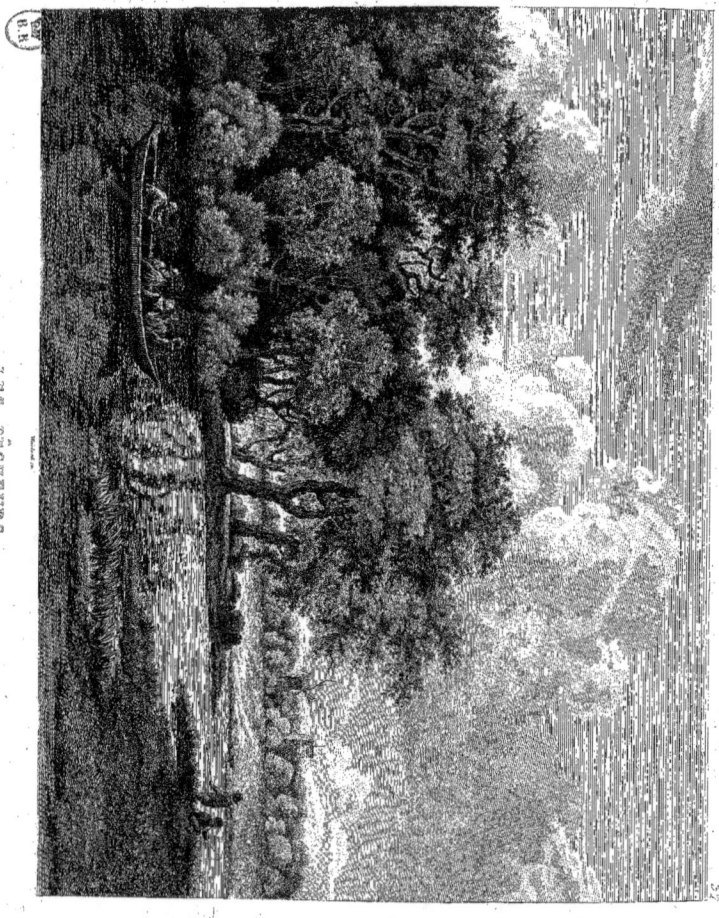

LES PÊCHEURS.

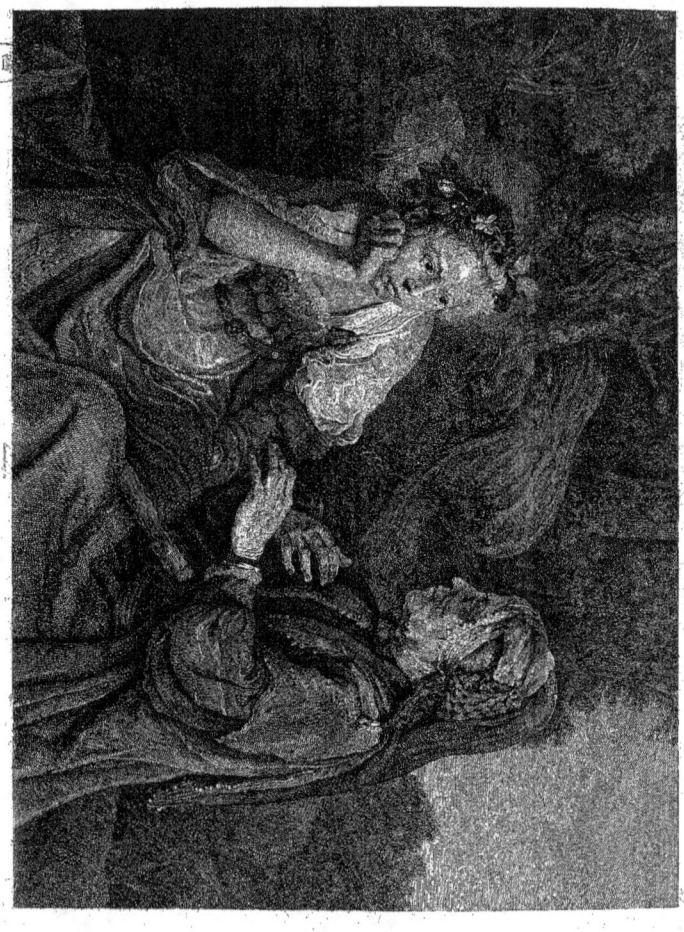

VENUS ET HONORE.   FERDINAND BOL.

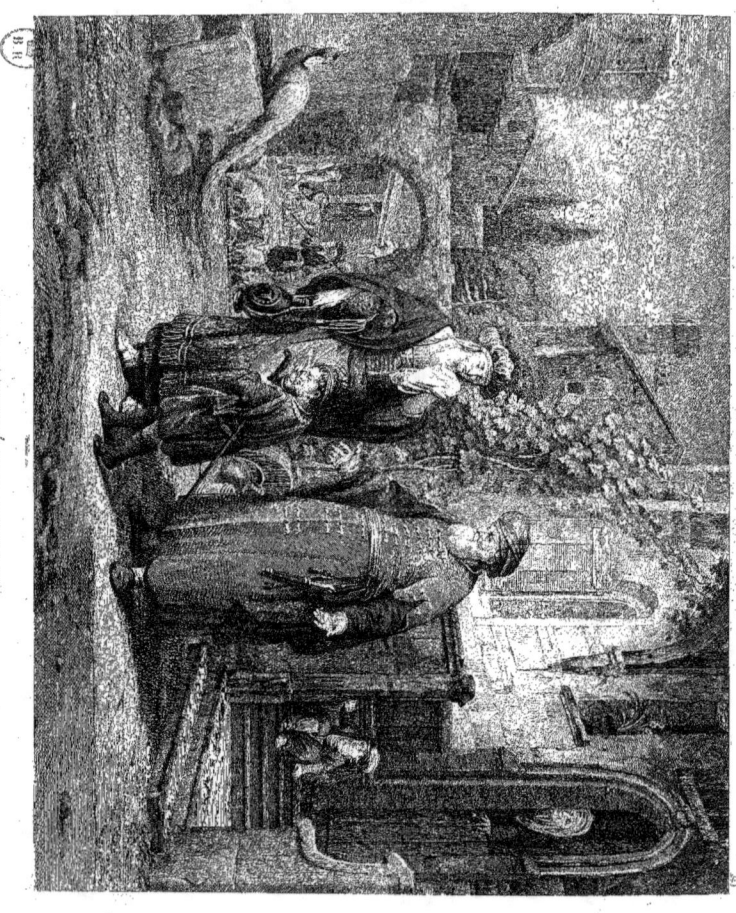

AGAR CHYOTÉ PAR ABRAHAM.

G. V. ECKHOUT.

VAN DER DOES.

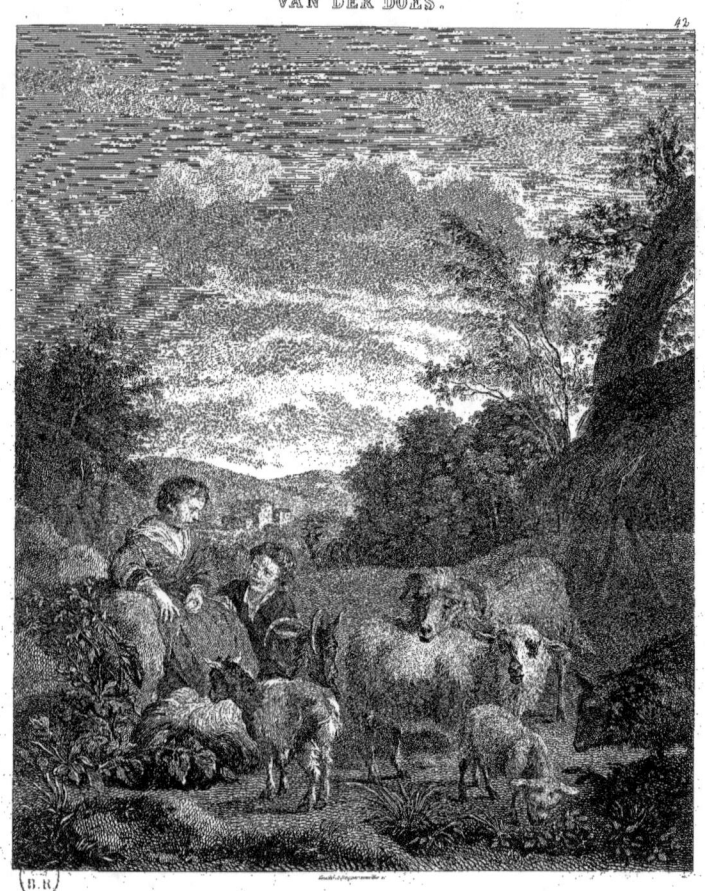

PANTHEÏSME.

T. WICK.

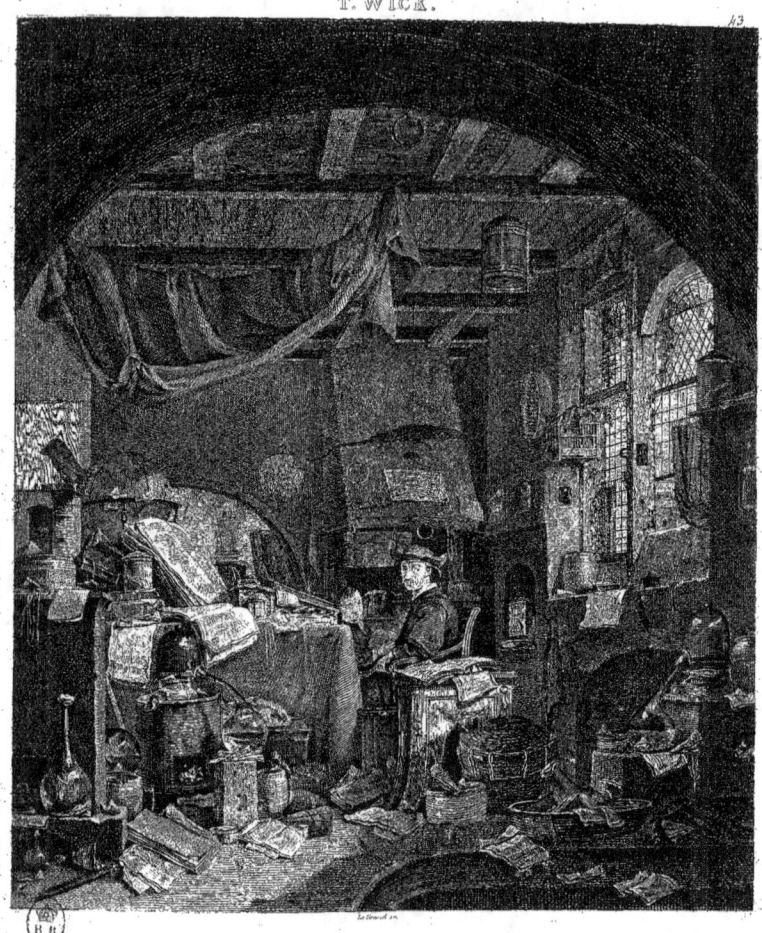

LES TRÉSORS DE L'ALCHIMIE.

REMBRANDT

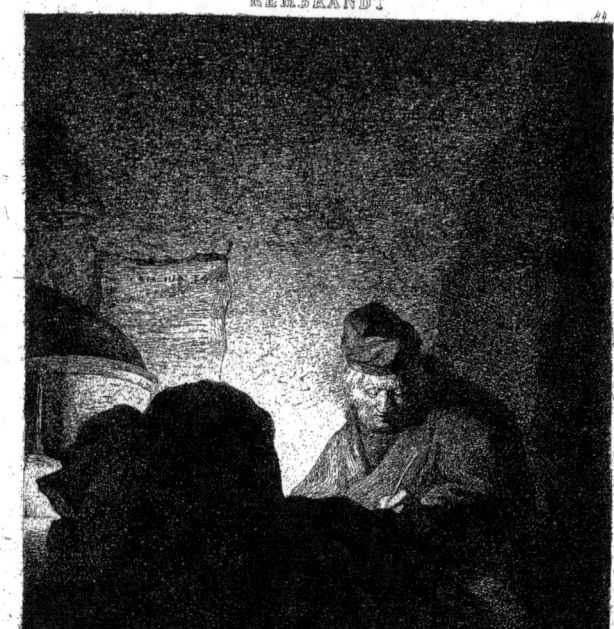

UN PHILOSOPHE.

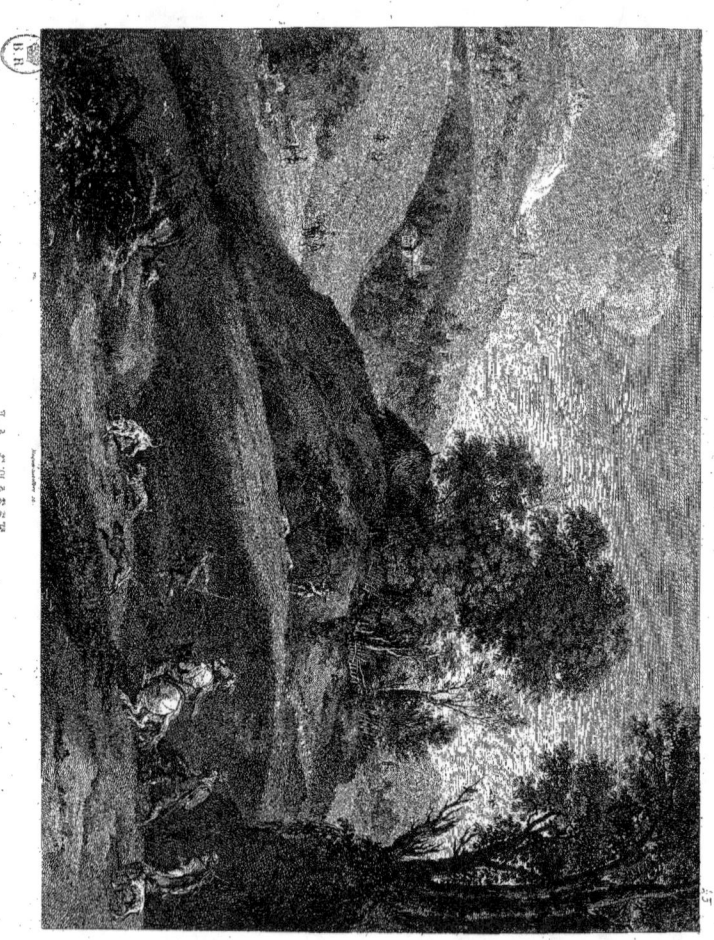

PAUL BRIL

LA CHASSE.

BRACKENBURG

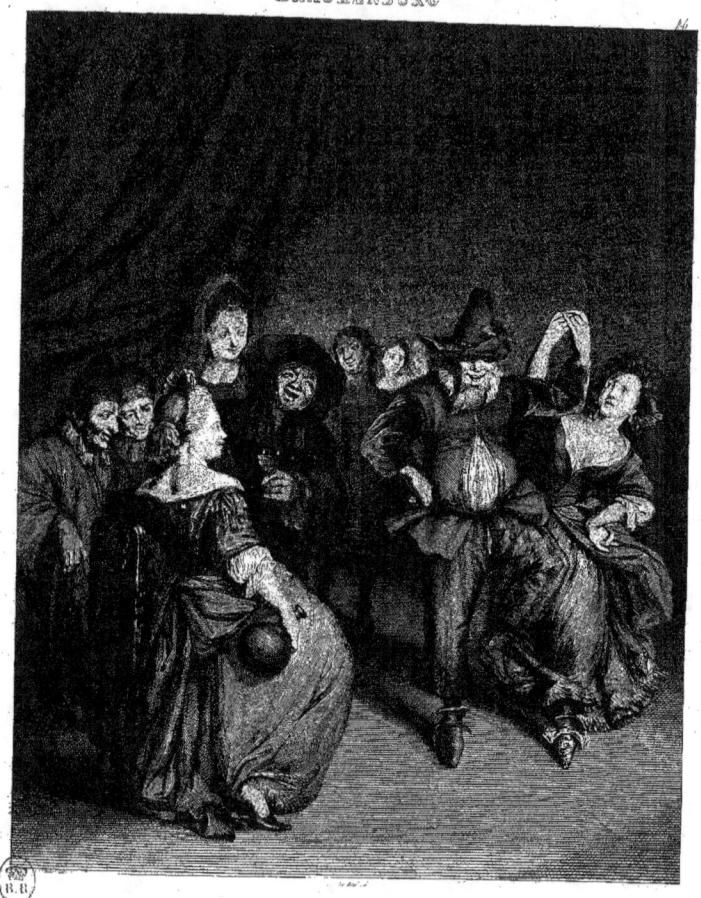

MUSICO HOLLANDAIS.

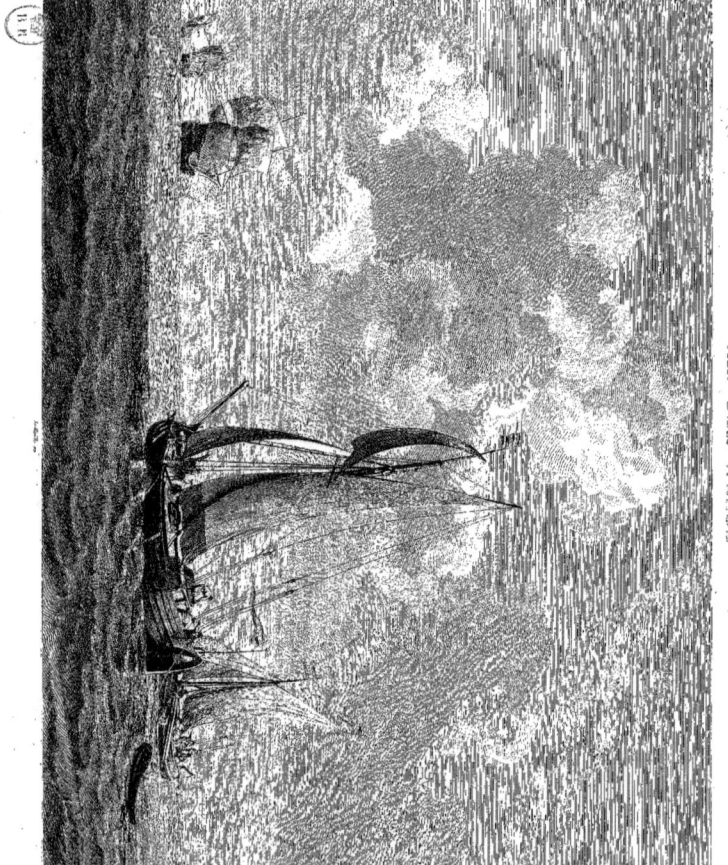

VAN DER WELDE

GÉRARD D'OW

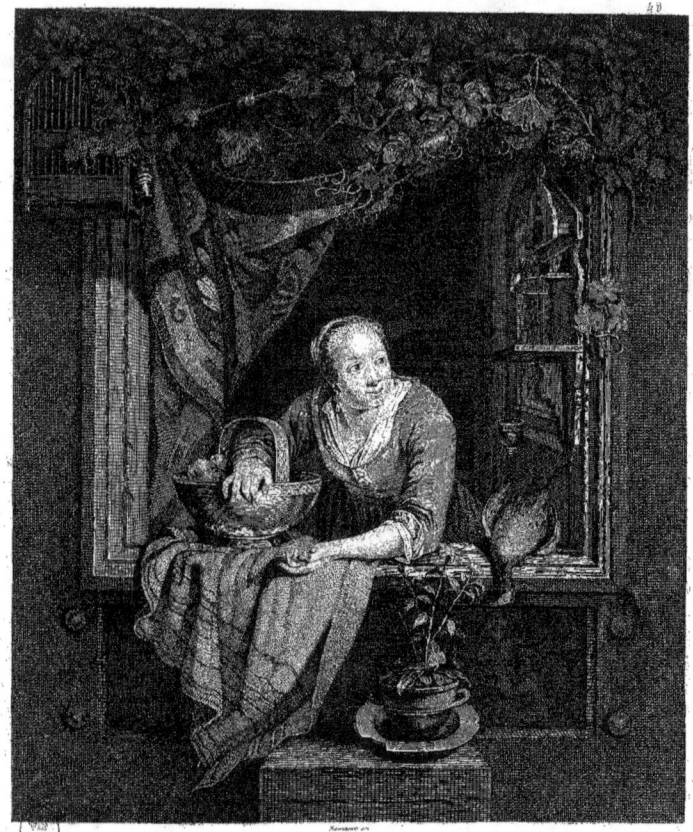

CUISINIÈRE HOLLANDAISE.

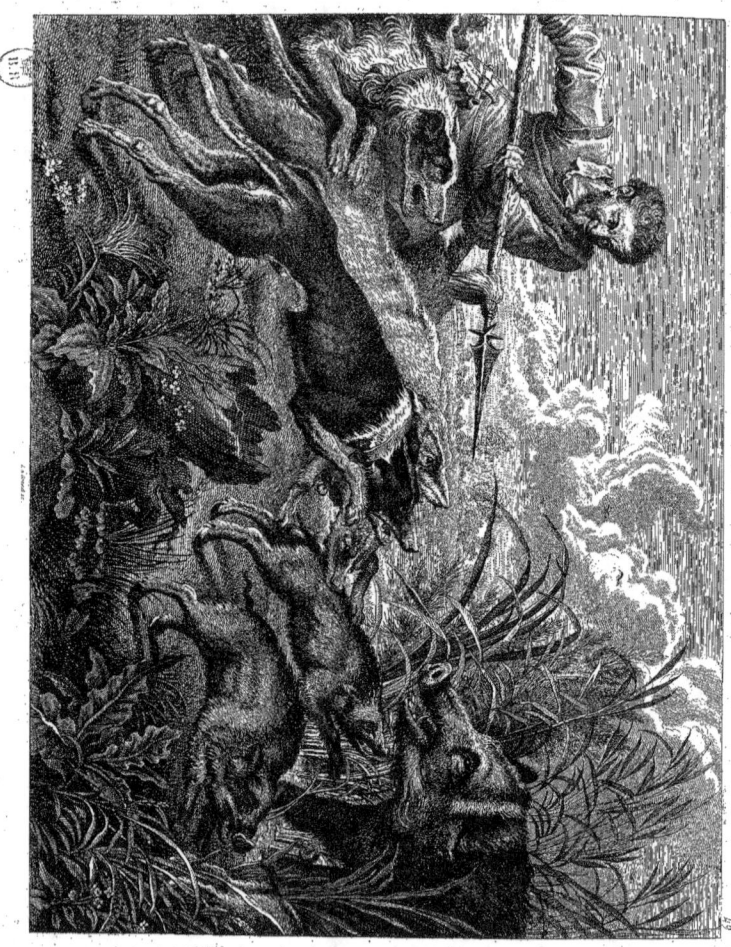

SNEYDERS ET RUBENS.

LA LATZ ET SES FARCASSINS.

JEAN STEEN

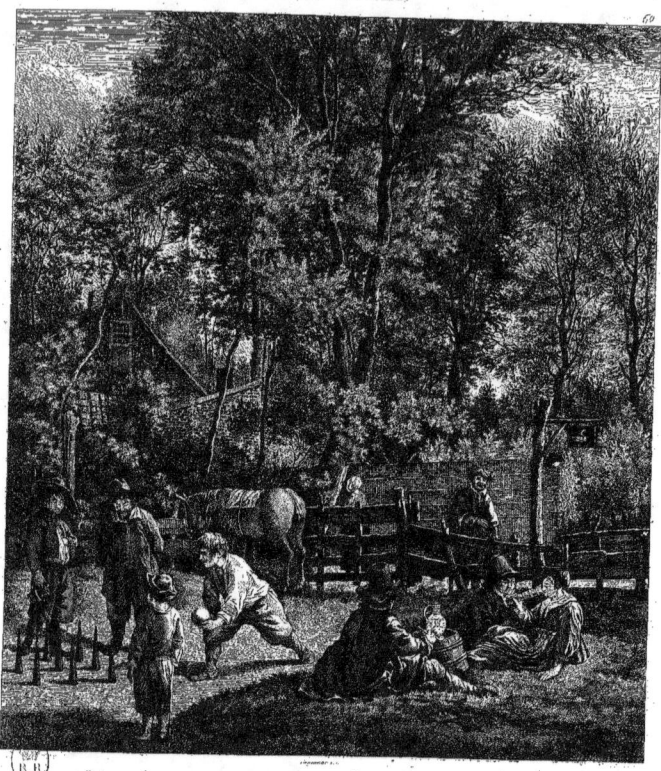

LES JOUEURS DE BOULE.

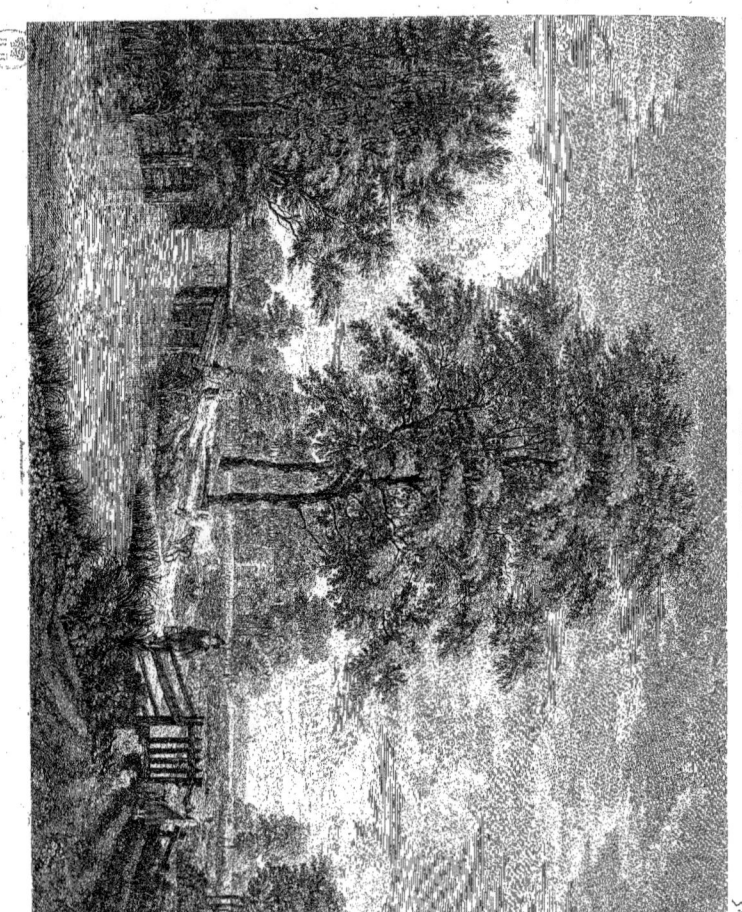

THE FERRY HOUSE FROM LONG ISLAND.

VAN ASCH

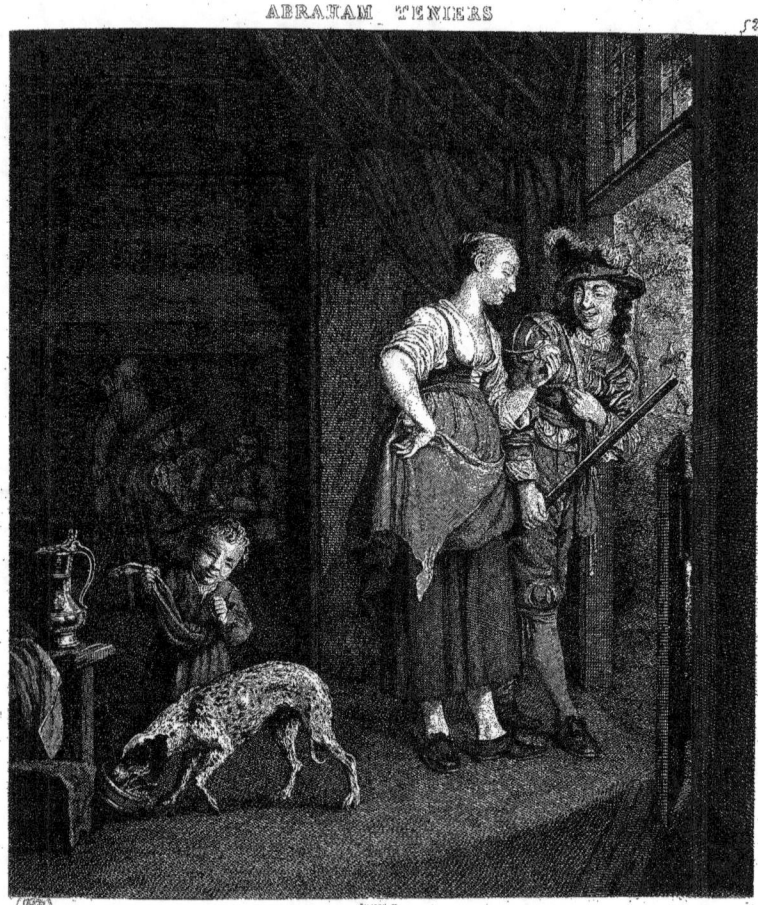

PROPOS GALANTS.

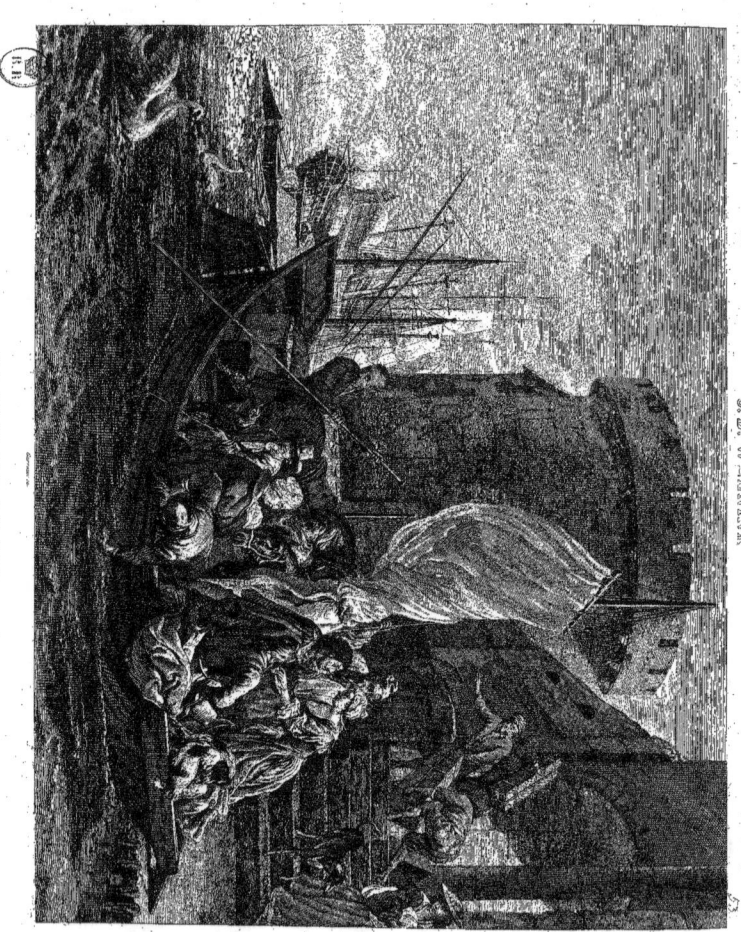

LE PASSAGE DU BAC.

J. B. WEENINX.

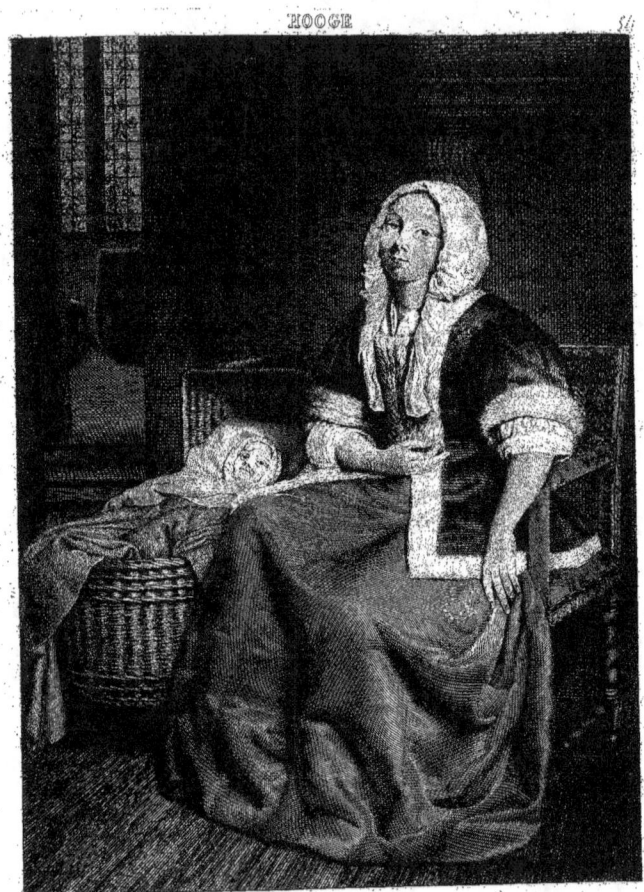

QUIÉTUDE MATERNELLE.

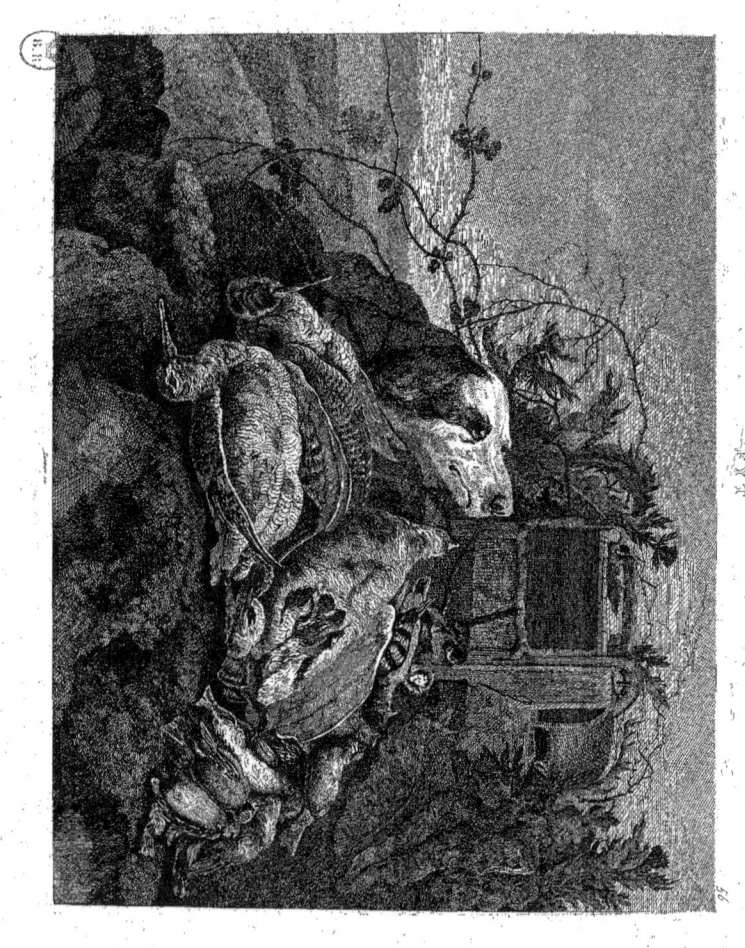

LE DUC

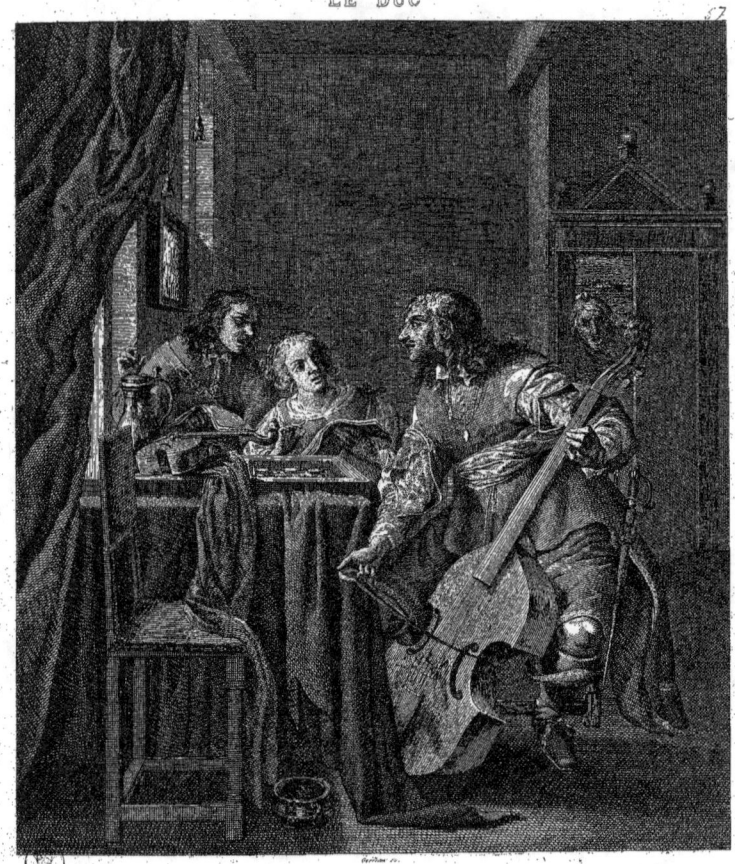

CONCERT EN FAMILLE.

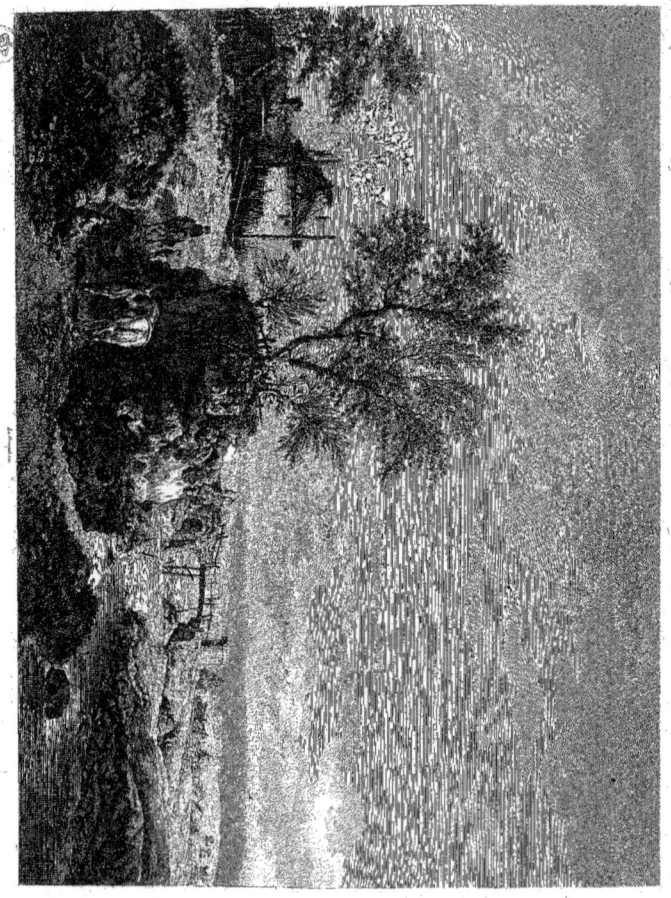

LA RENCONTRE.

WOUWERMANS

A. VAN OSTADE.

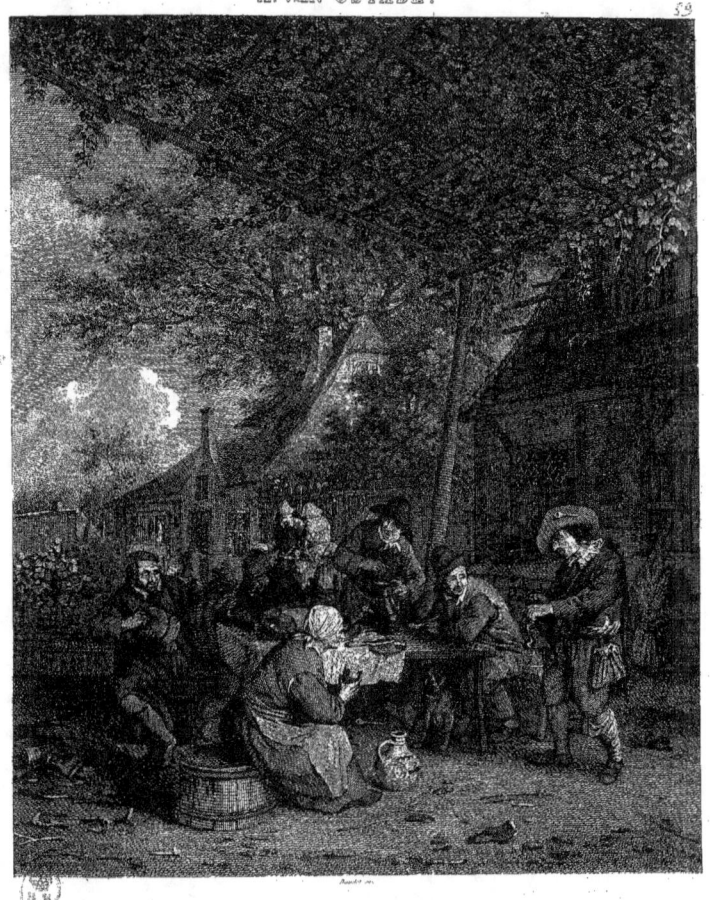

LA TREILLE.

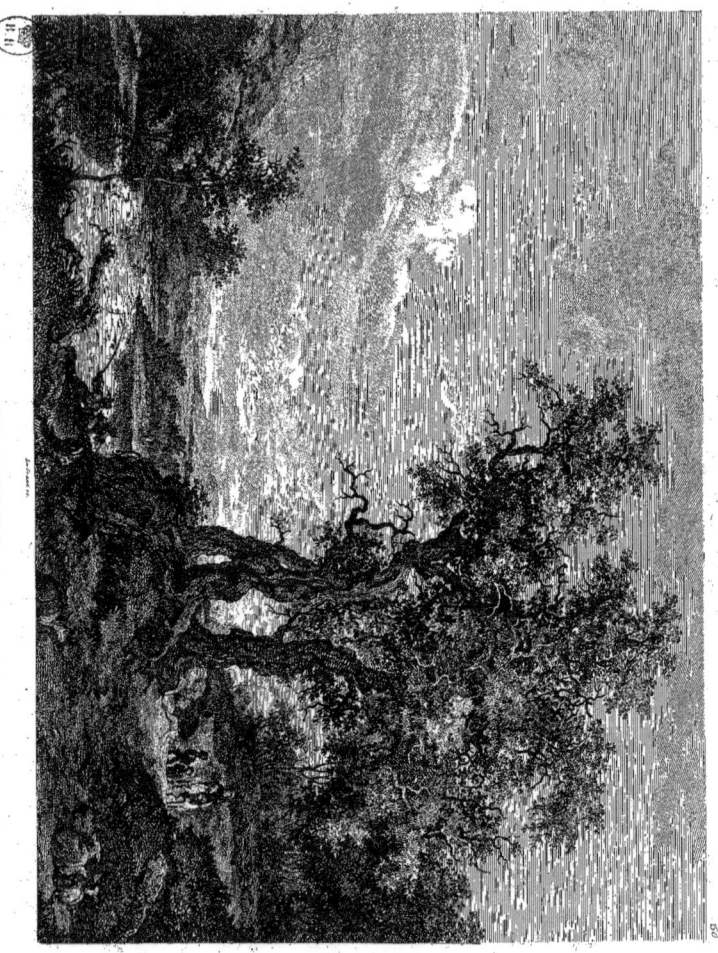

THE SOLITUDE.

SALOMON RUYSDAEL.

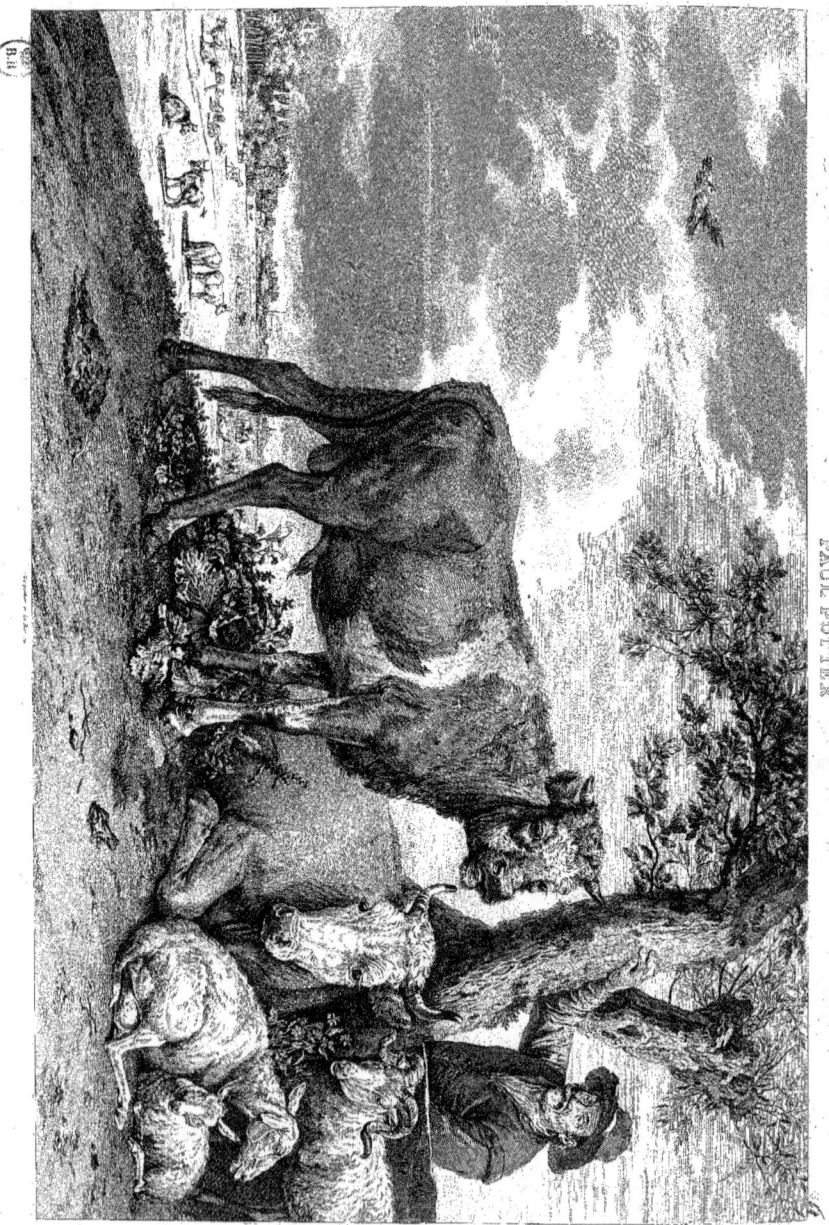

PAUL POTTER.

CATTLE PIECE.

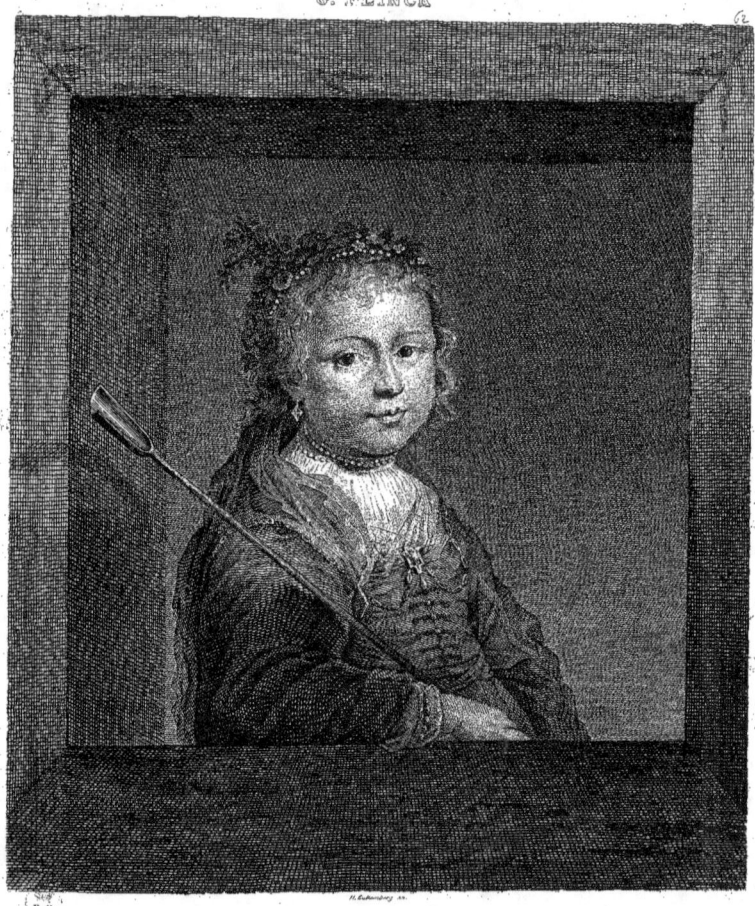

LA PETITE BERGÈRE.

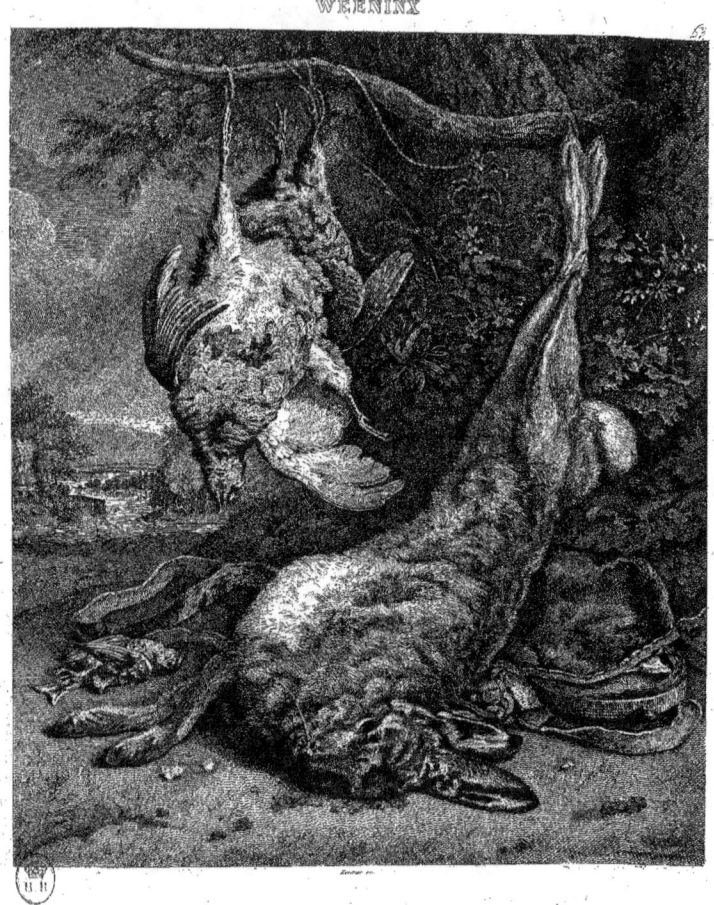

WEENINX

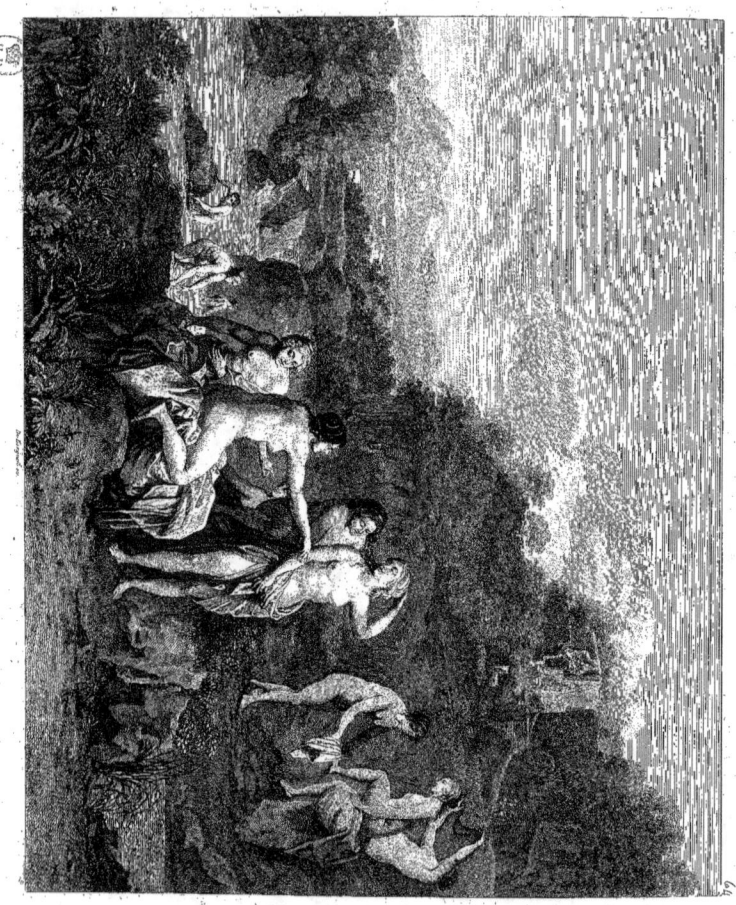

DIANE AU BAIN. — C. POELENBURG.

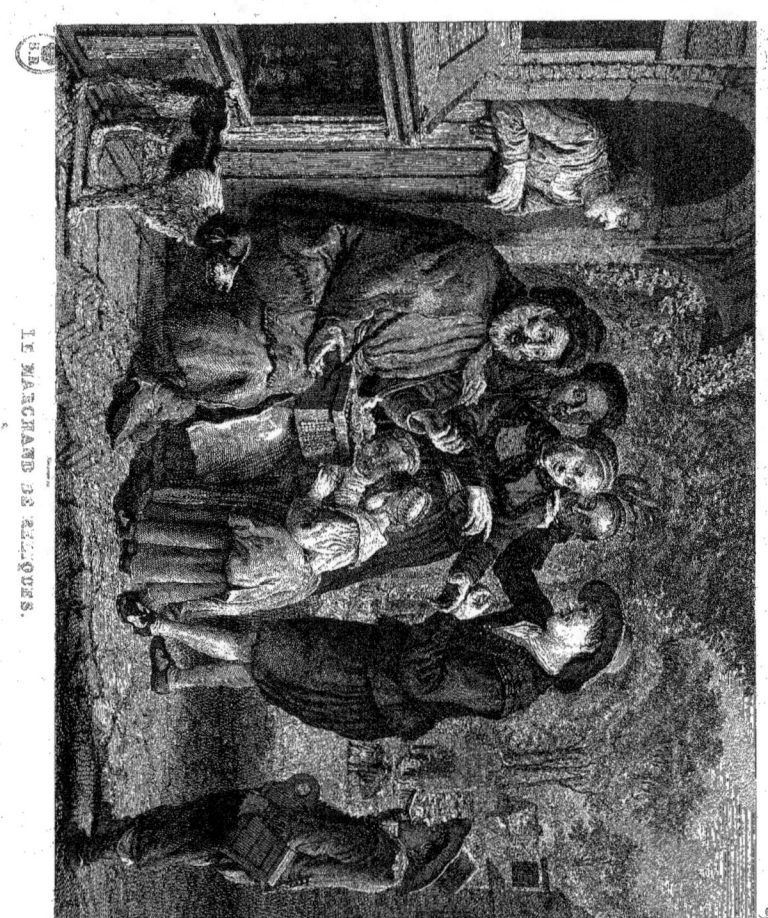

LE MARCHAND DE RELIQUES.

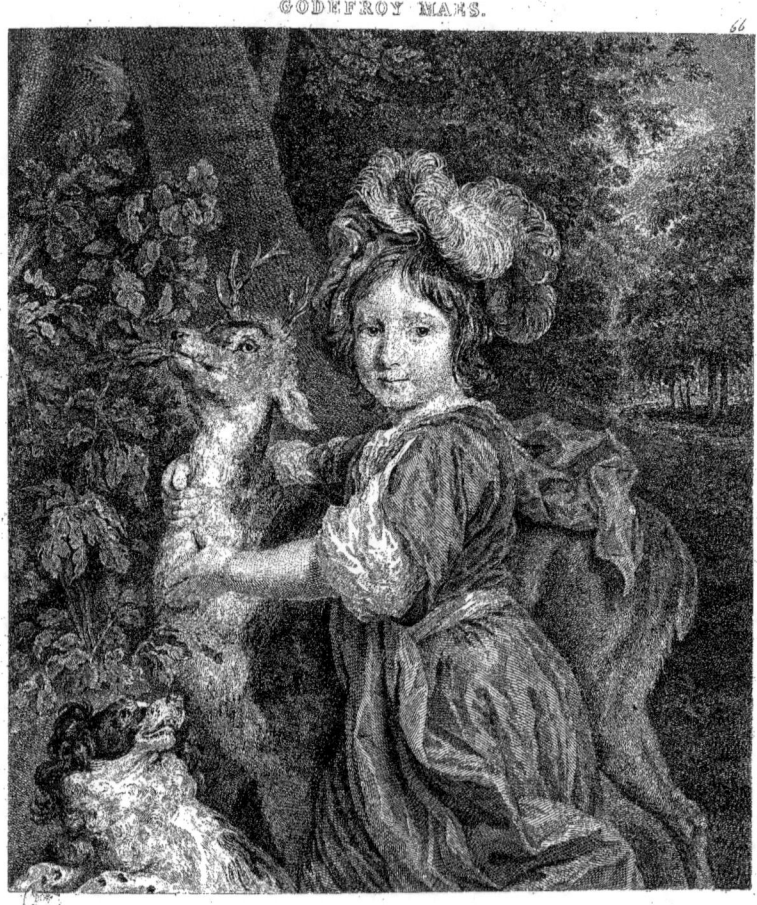

LE CERF APPRIVOISÉ.

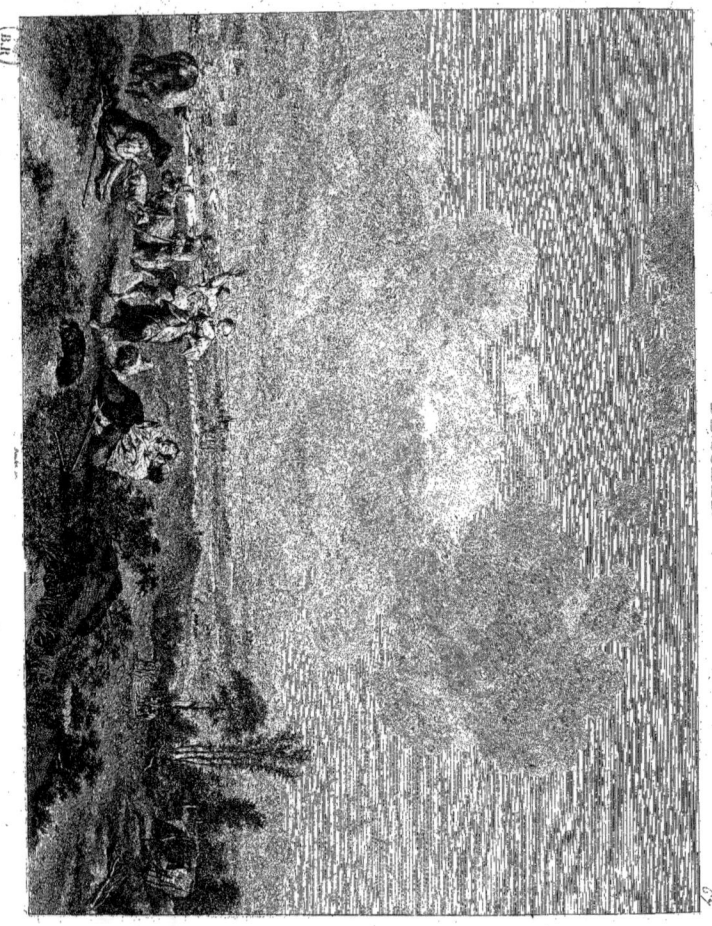

LES JEUX DE LA PRAIRIE.

VAN MOOL.

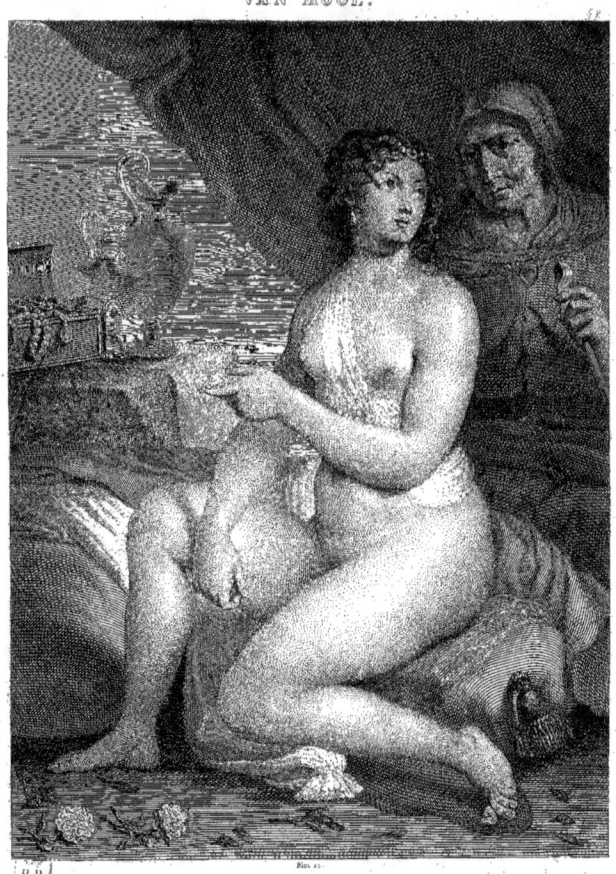

DANAÉ.

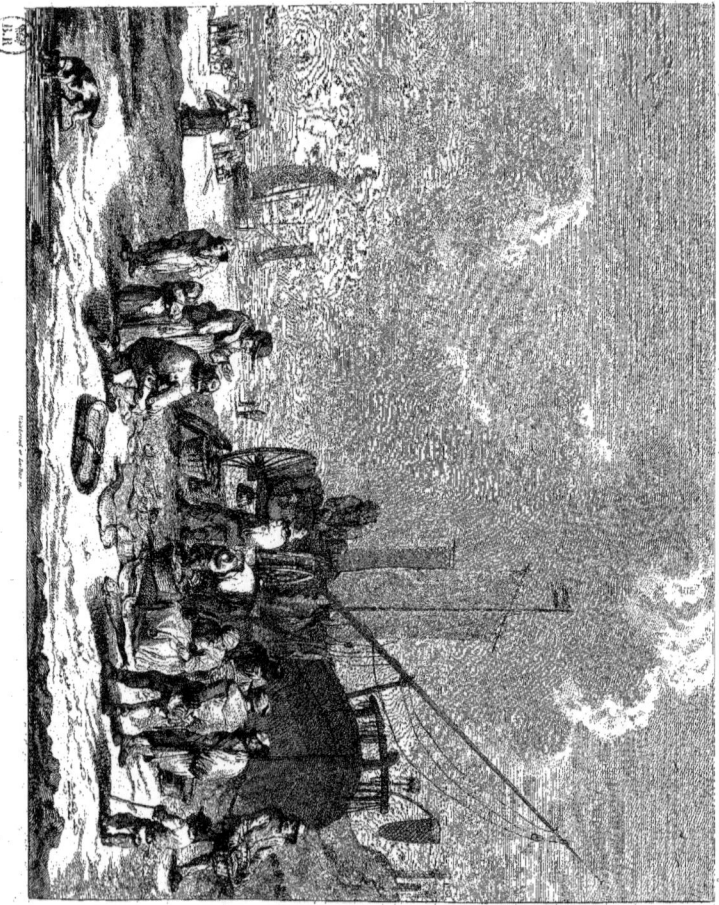

ISAAC VAN OSTADE.

LES MARCHANDS DE POISSONS DE SKAVVELING.

G. TERBURG.

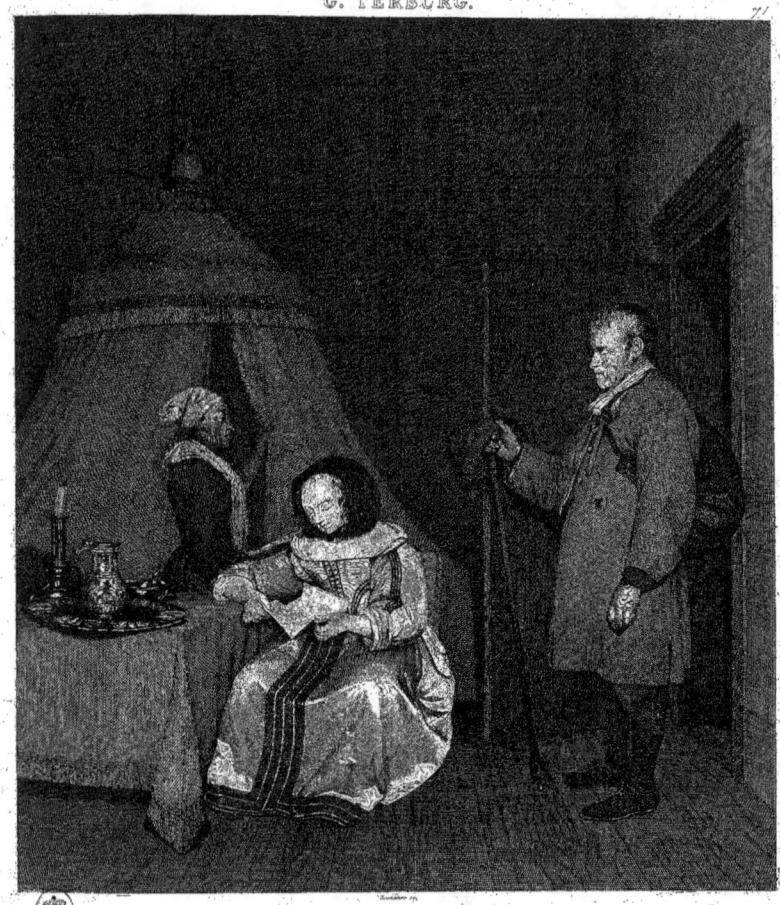

LE MESSAGE.

ISAAC VAN OSTADE.

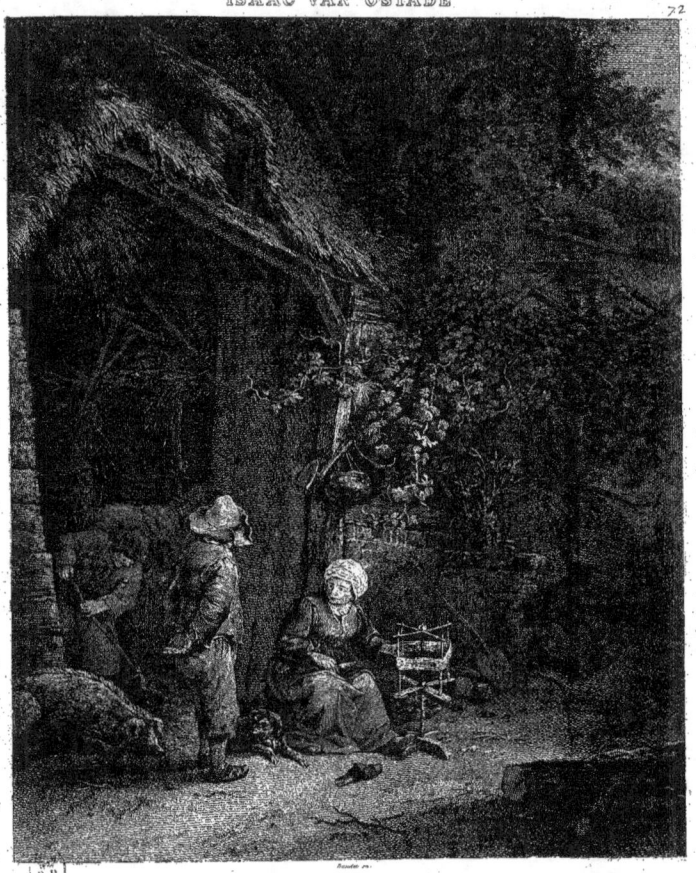

LA PORTE DE LA CHAUMIÈRE.

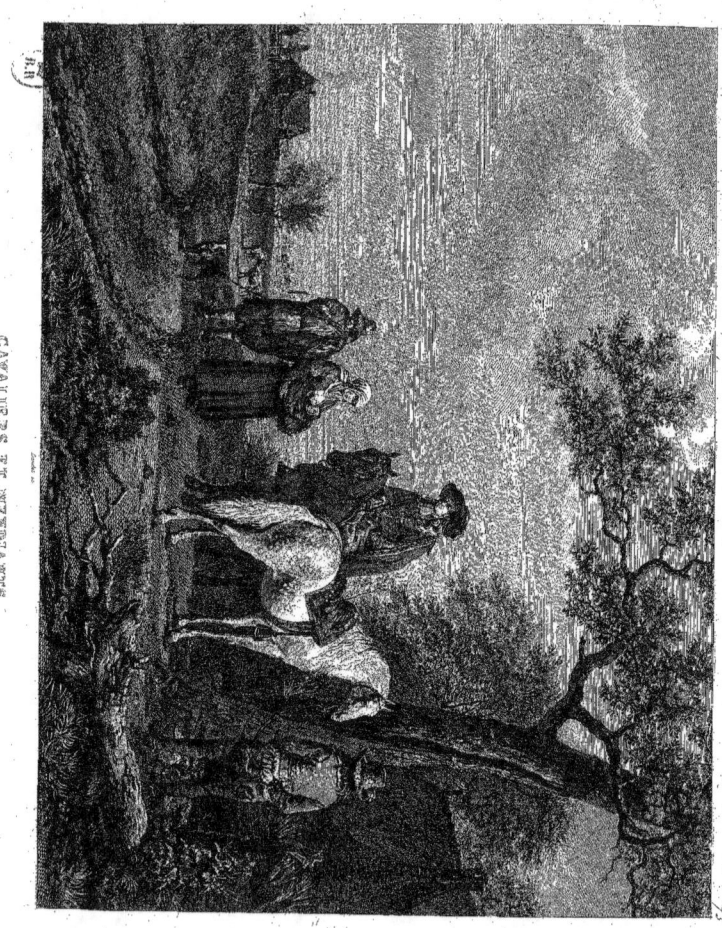

CAVALIERS ET MENDIANTS.

VAN DEN VELDE.

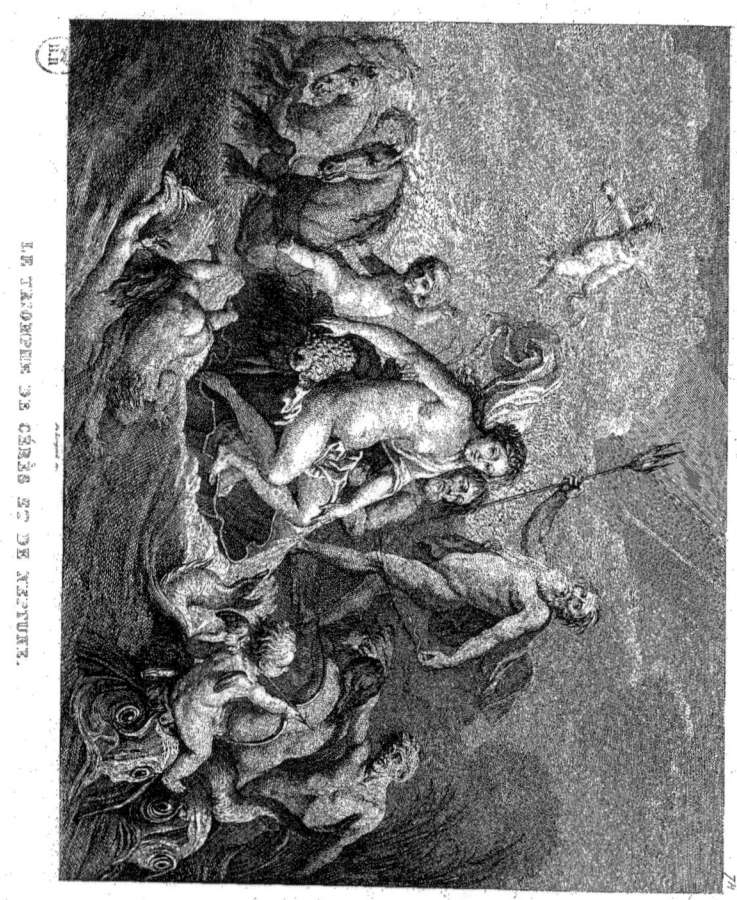

LE TRIOMPHE DE CÉRÈS ET DE NEPTUNE.

CORNILLE SCHUT.

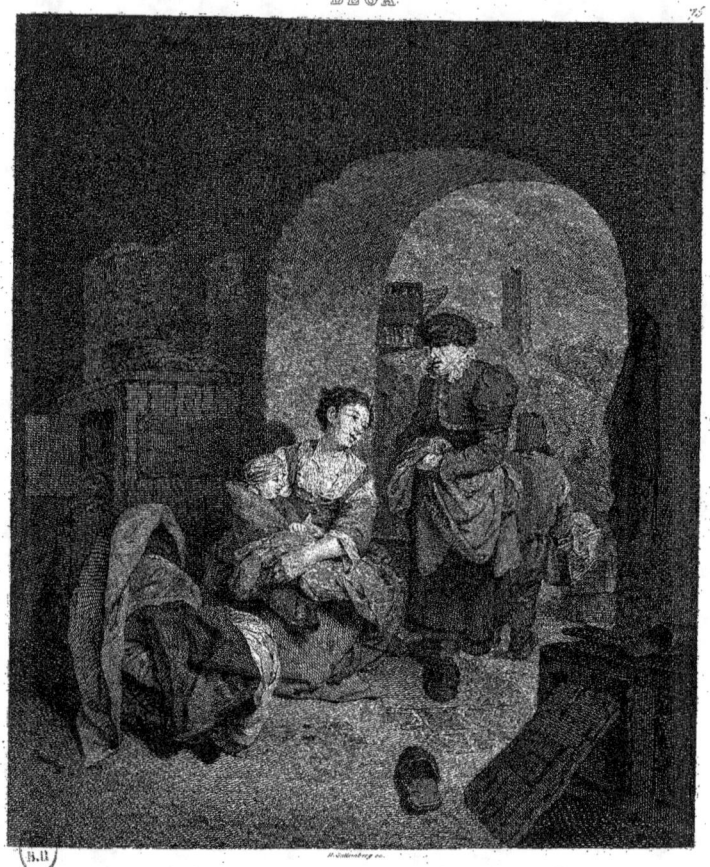

LA COMMÈRE HOLLANDAISE.

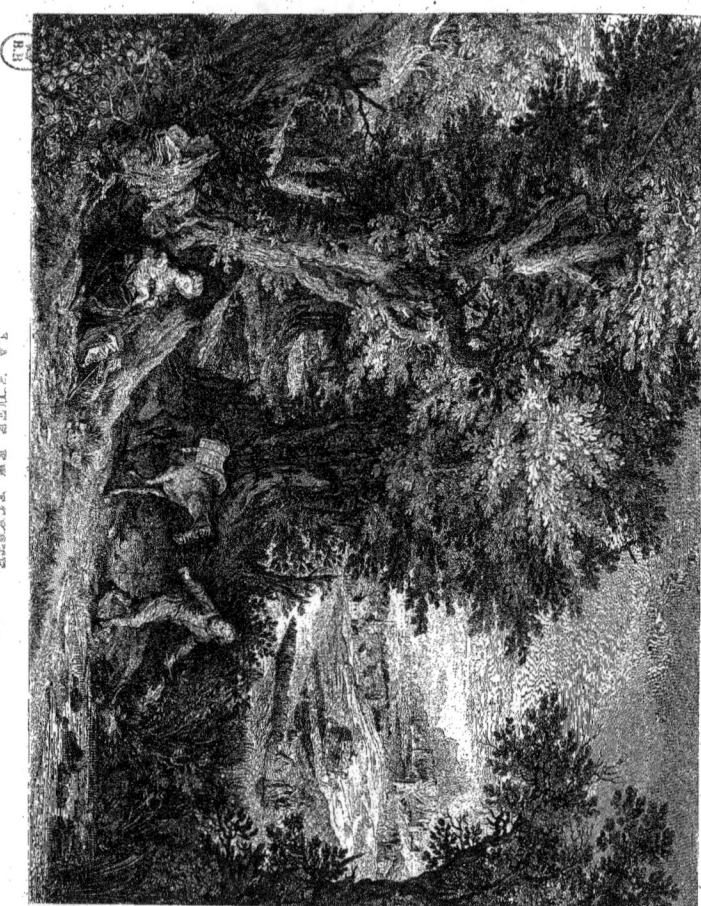

PAUL BRIL.

LA FUITE EN ÉGYPTE.

ZORG.

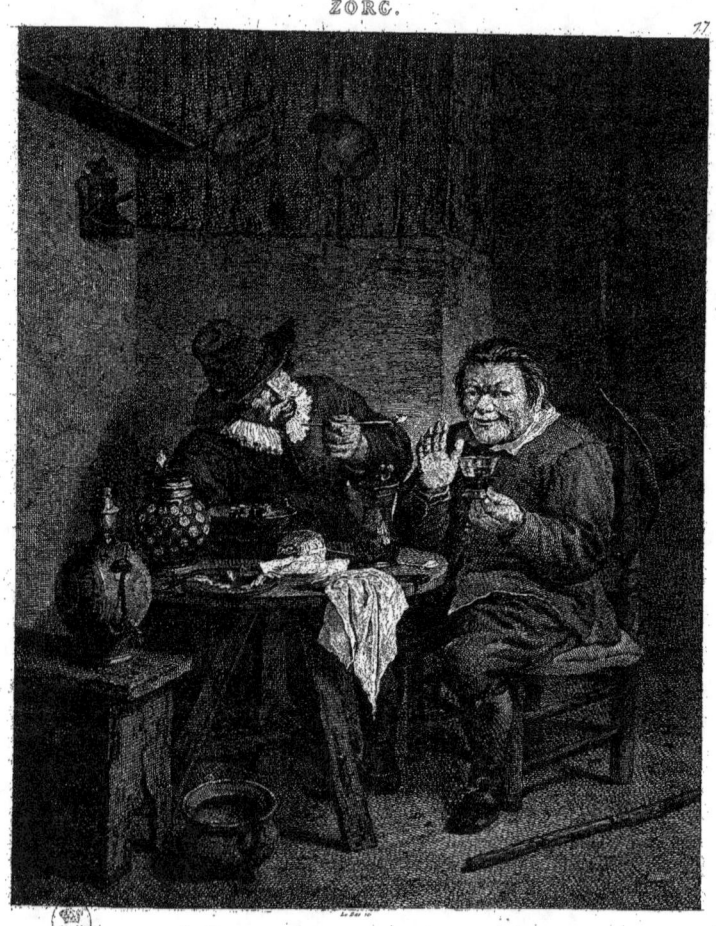

PHILOSOPHES DU NORD.

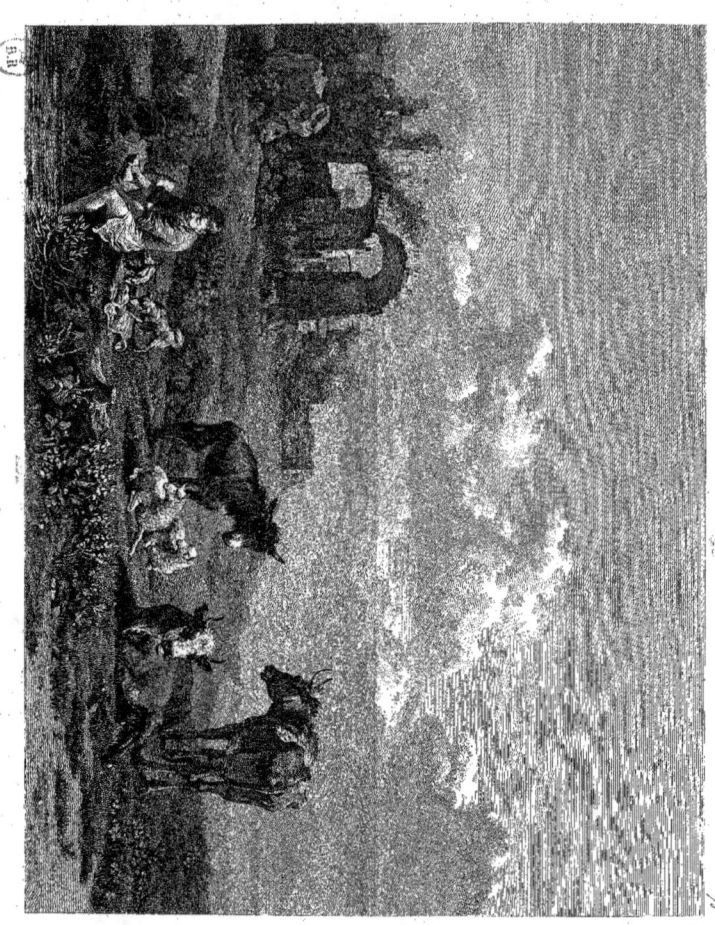

KAREL DUJARDIN

LE PETIT PÂTRE.

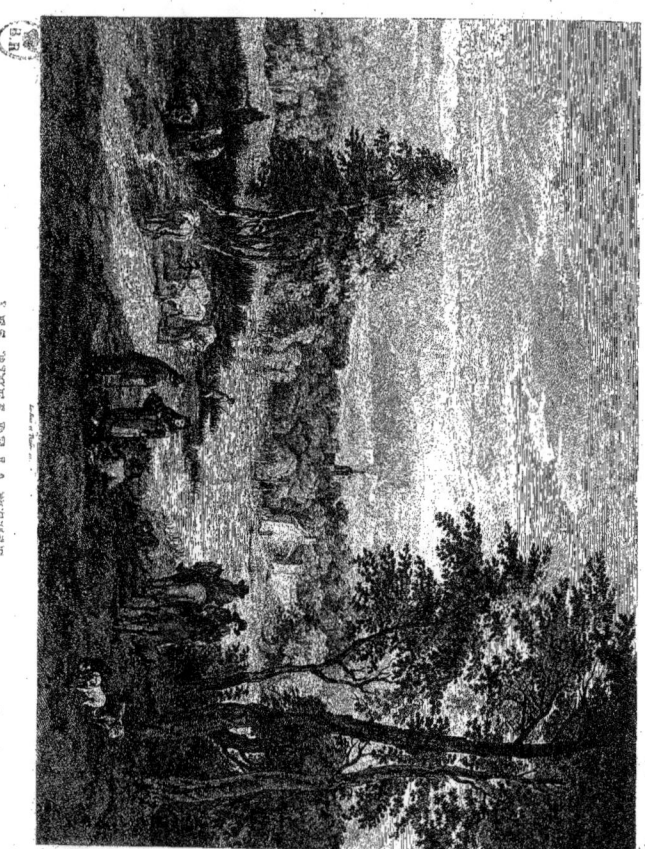

LES RYVES DE LA MEUSE.

RISBRAECK.

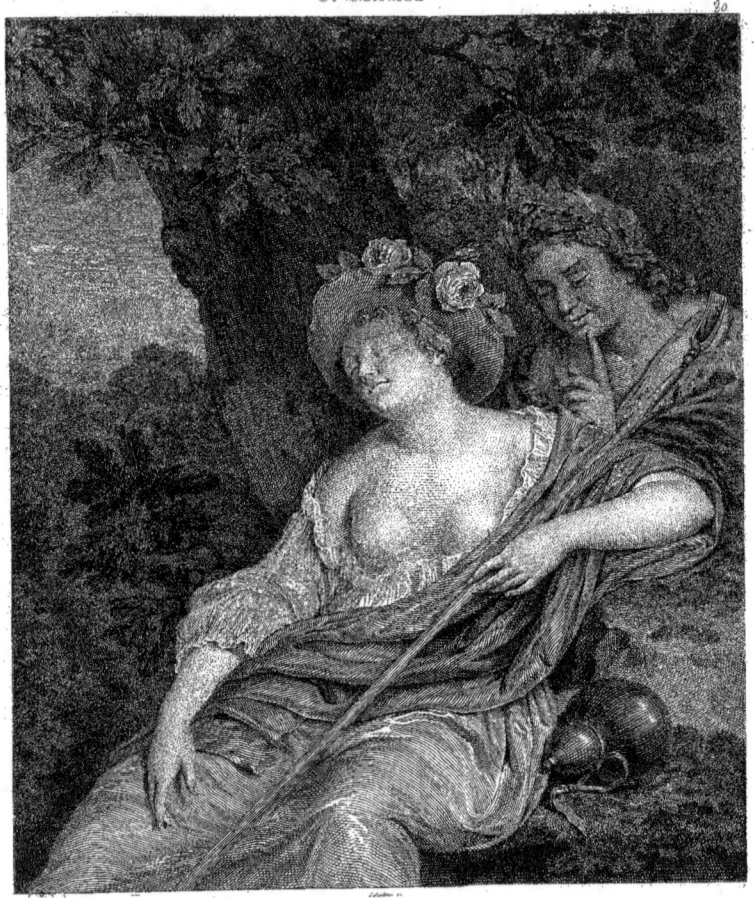

LE SOMMEIL DE GALATHÉE.

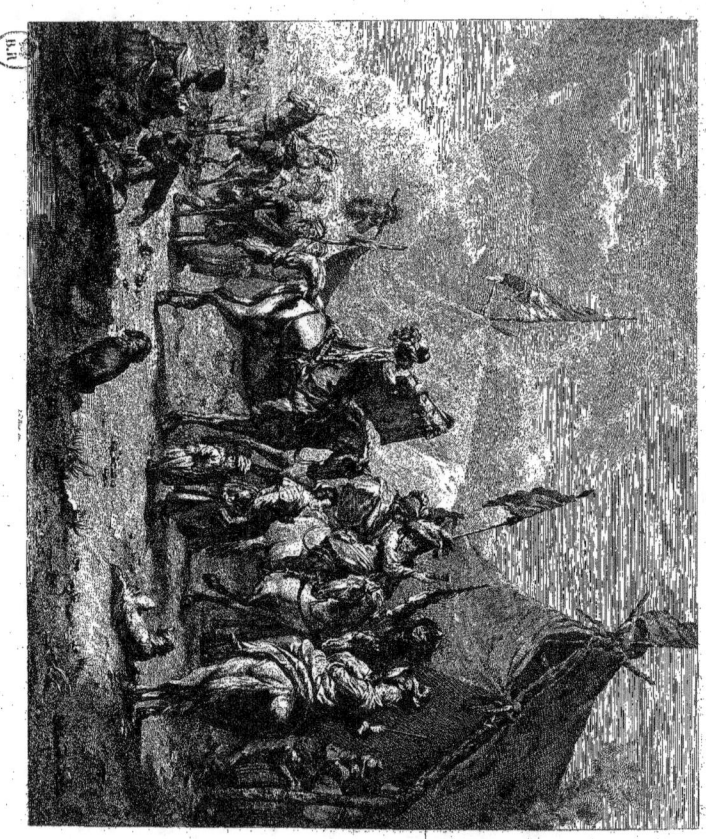

CAVALIERS EN BELLE HUMEUR.   P. WOUVERMANS

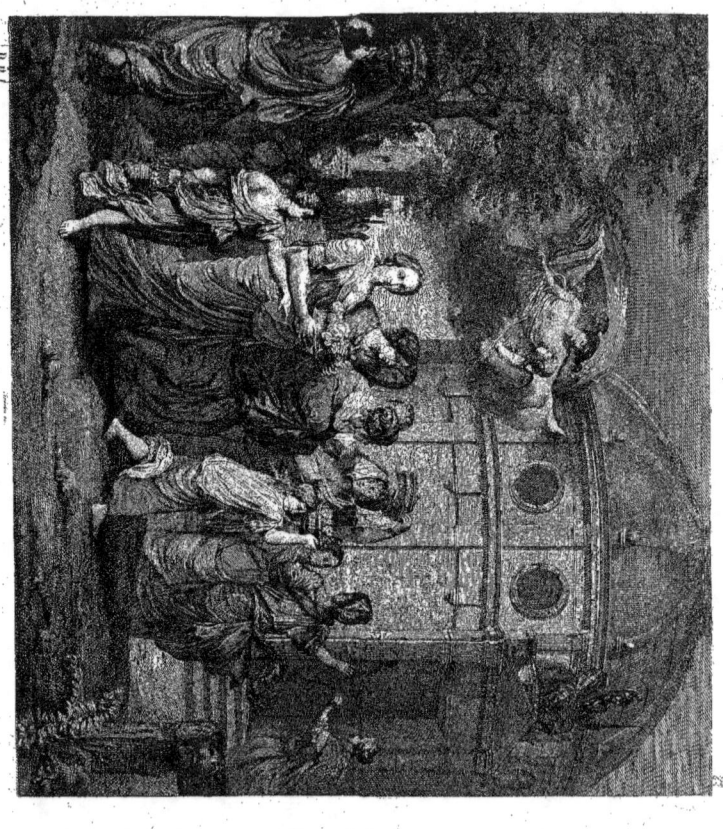

BERTHOLE FLEMAEL.

HECTOR AMOUREUX D'ERSÉ.

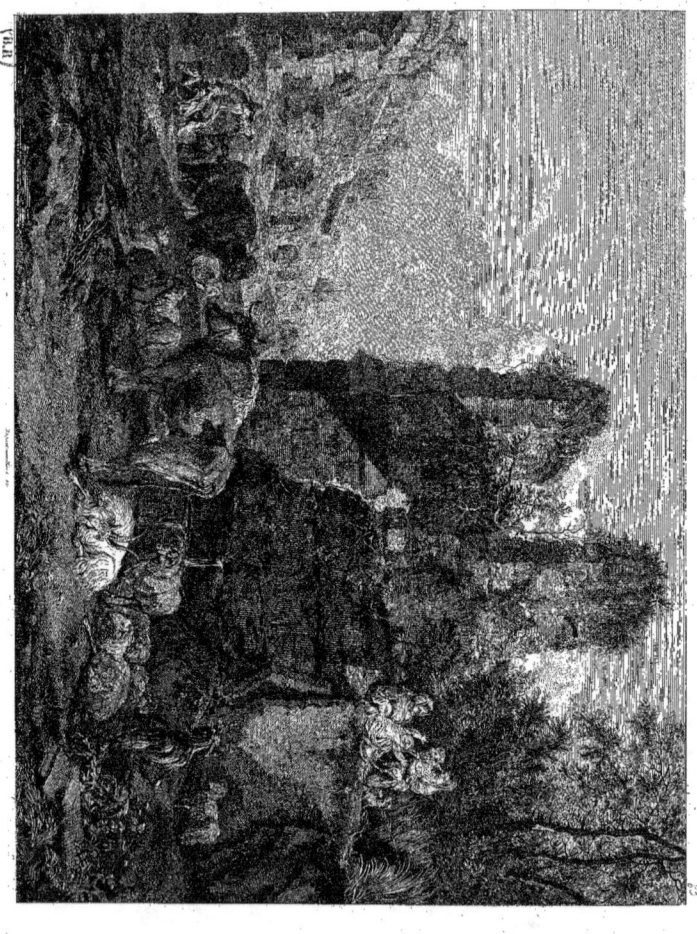

LE RENDEZ-VOUS DES PÂTRES.

HENRI ROOS

JEAN VAN LOO

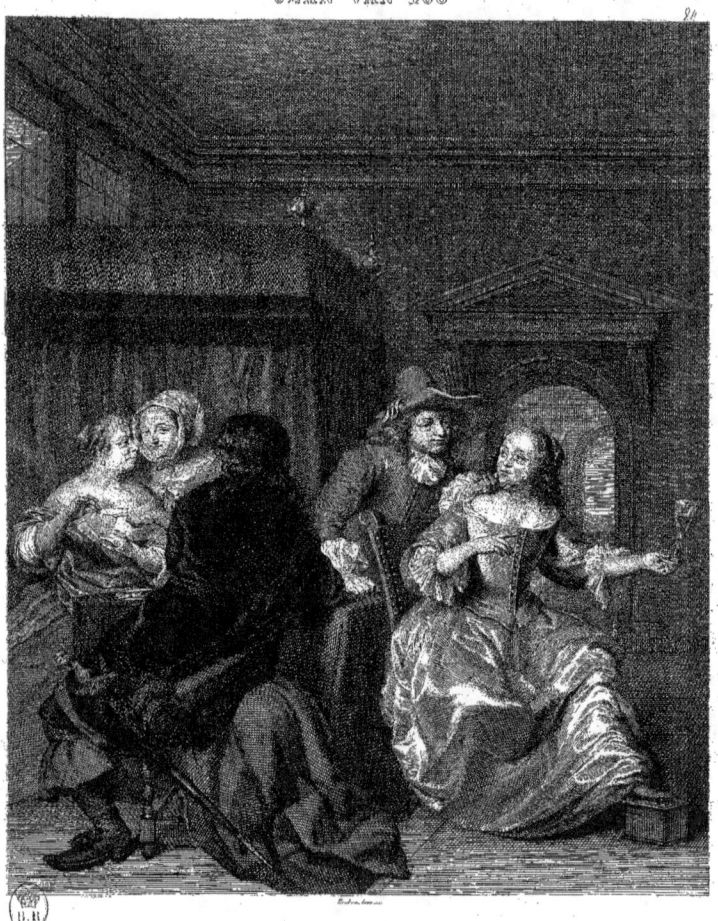

LES COURTISANES.

ASSELYN

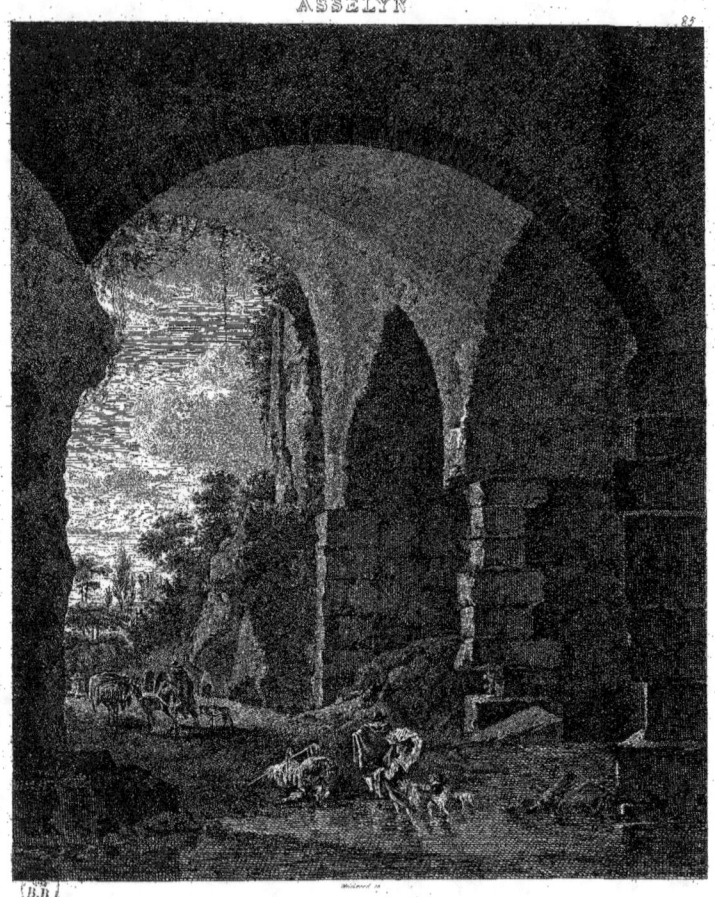

PASSAGE DU SOUTERRAIN.

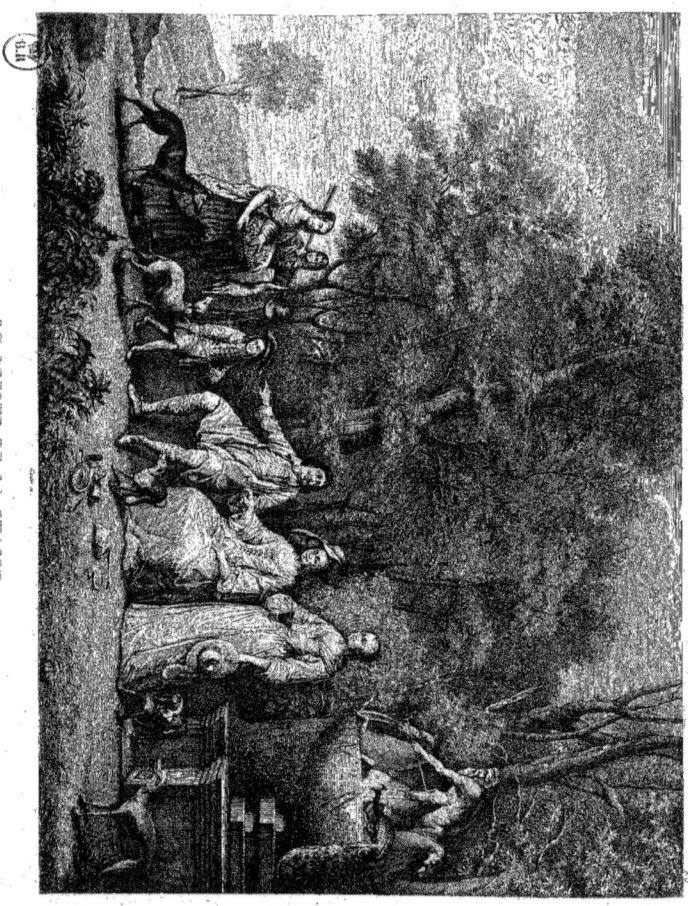

LE RETOUR DE LA CHASSE.

LINGELBACH

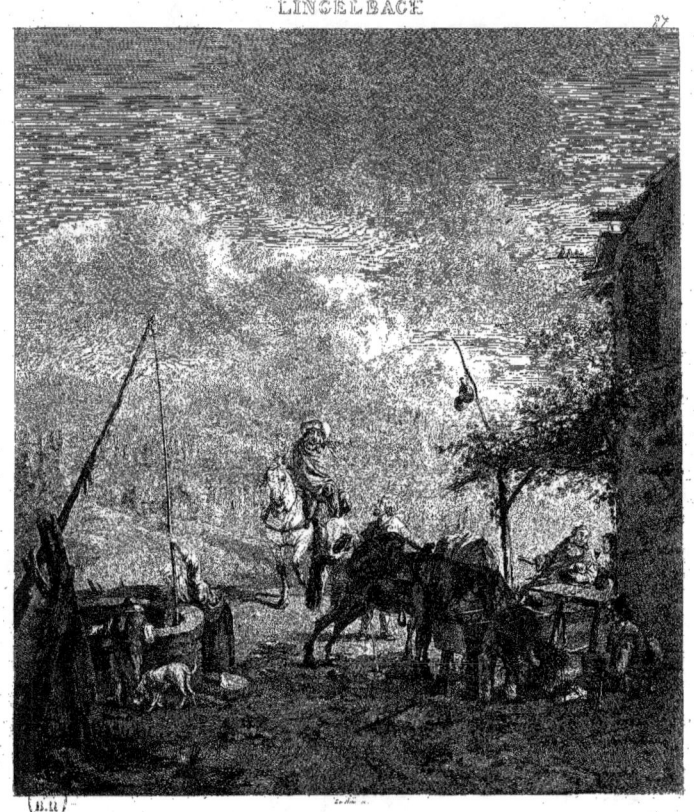

L'AUBERGE ISOLÉE.

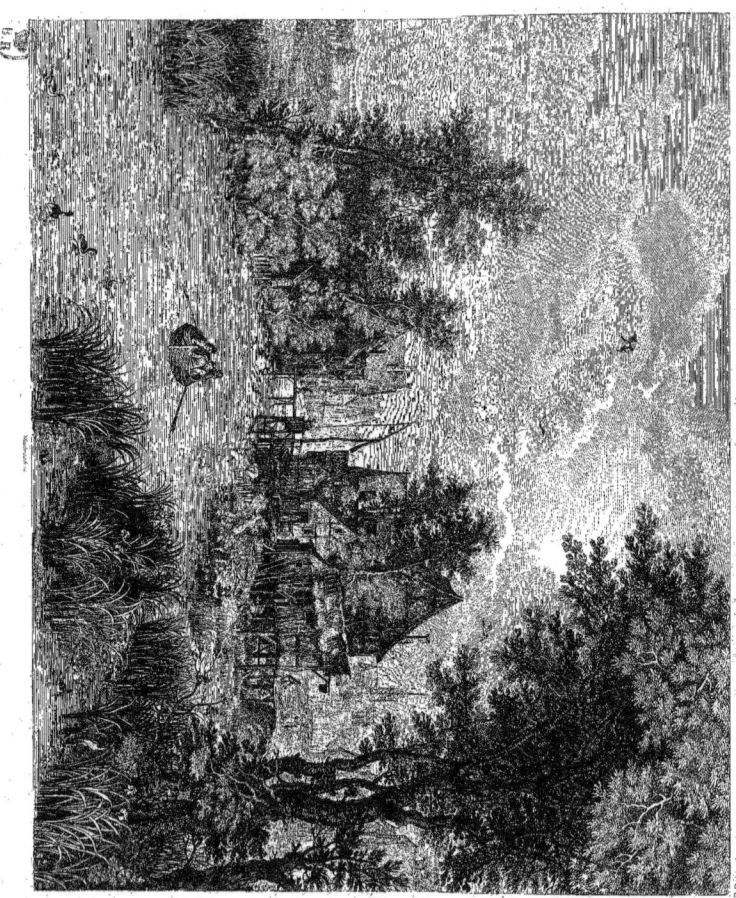

RIVES DU RHIN.

BREGHEIS DE VELOURS.

E. DE WITT.

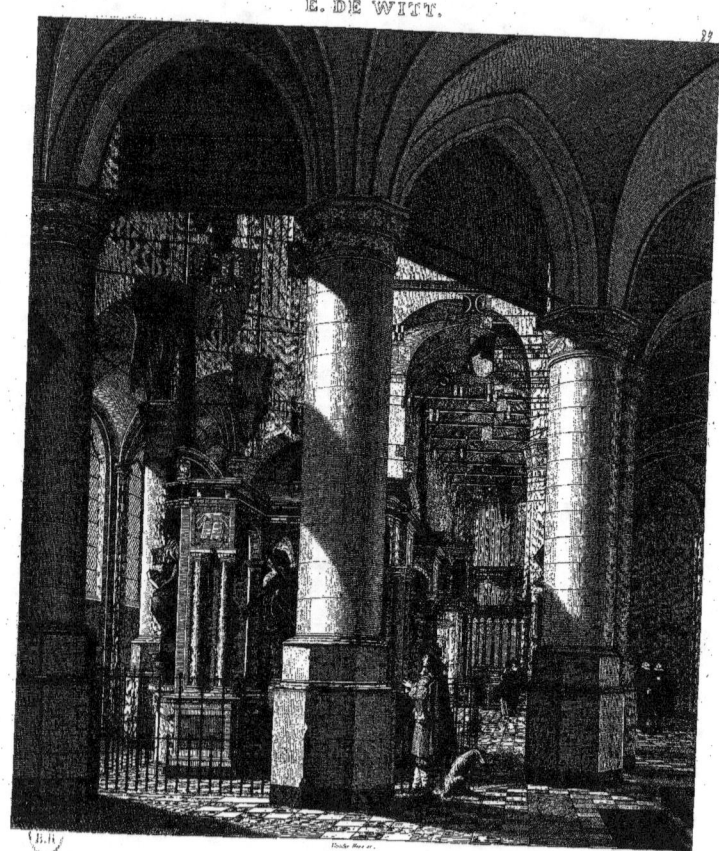

EGLISE PROTESTANTE.

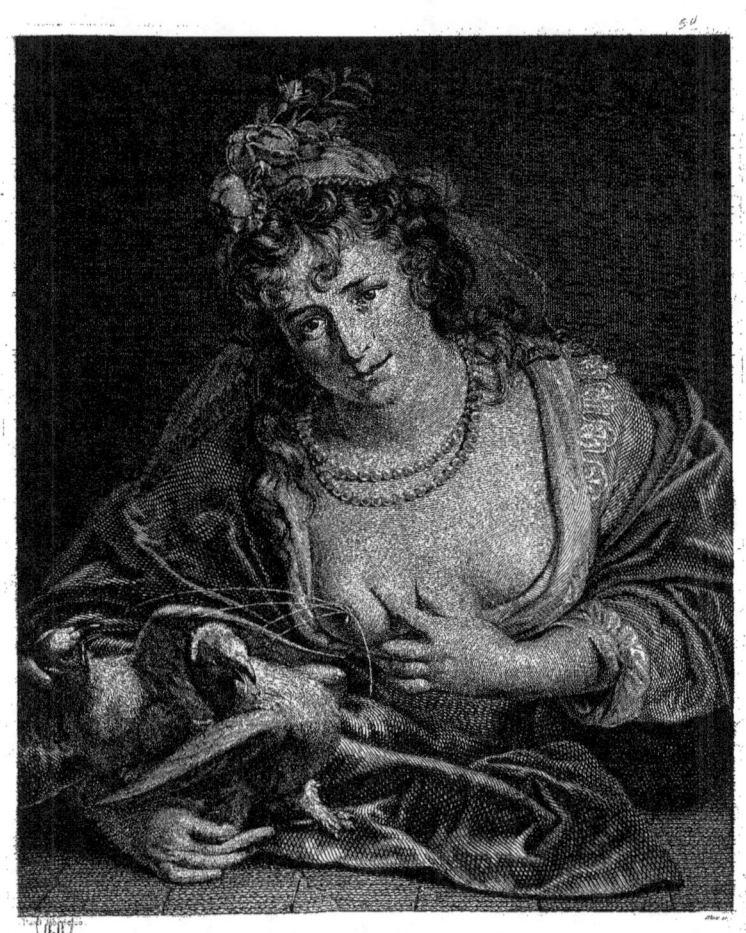

LES OISEAUX DE VÉNUS.

A. BRAUWER.

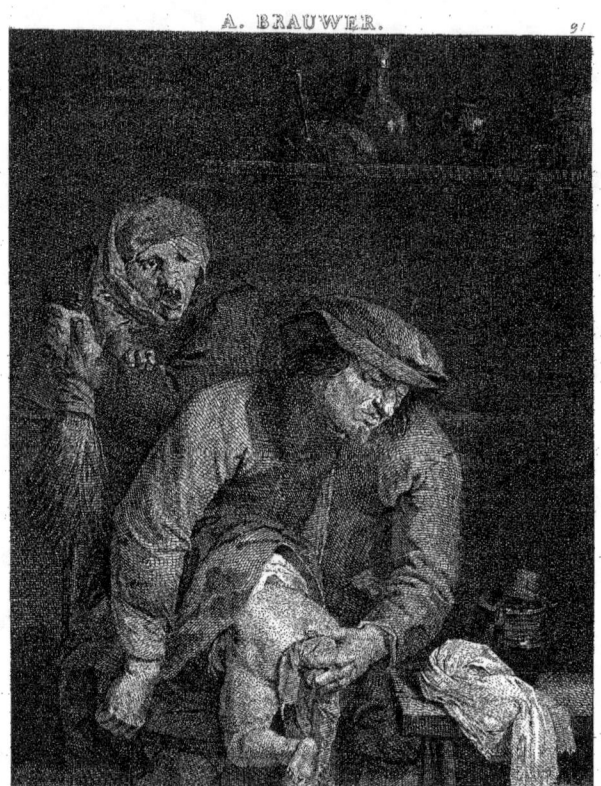

L'AMOUR PATERNEL.

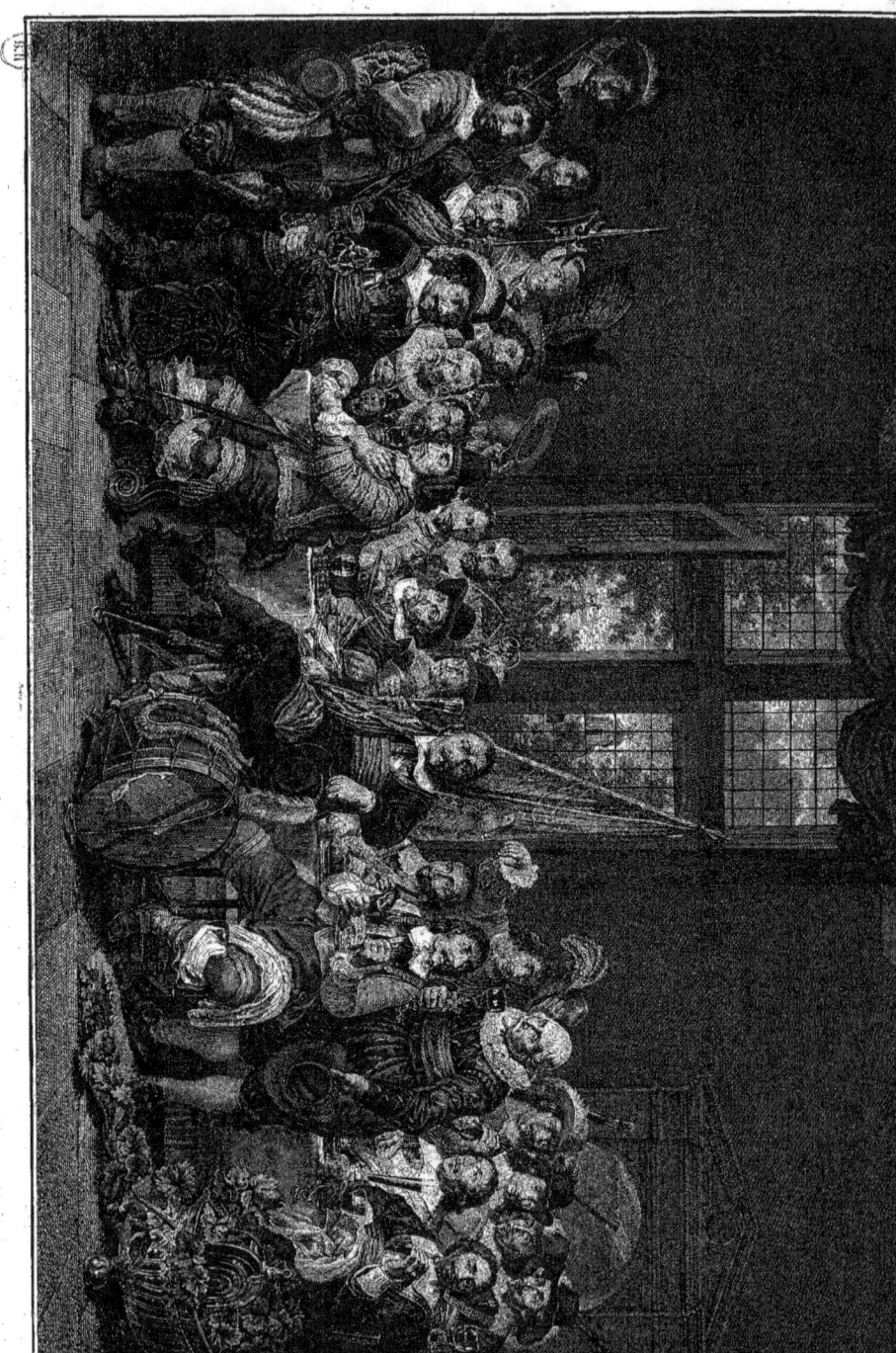

LES HOLLANDAIS JURANT LA TRÊVE DE 1609.

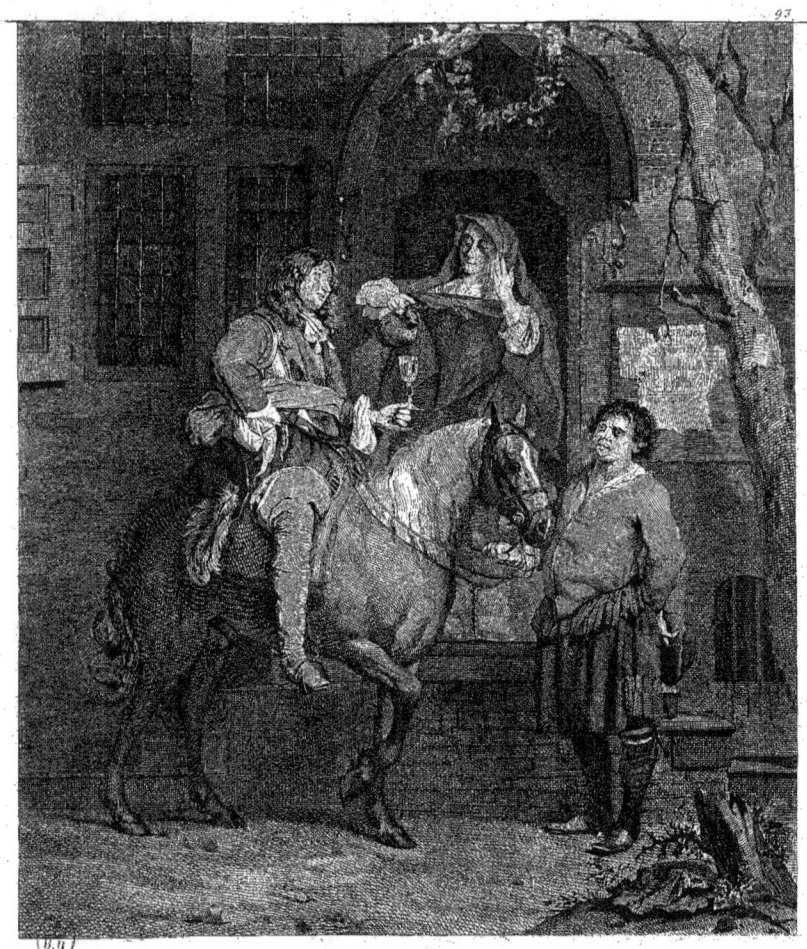

LE COUP DE L'ÉTRIER.

peint par Netru

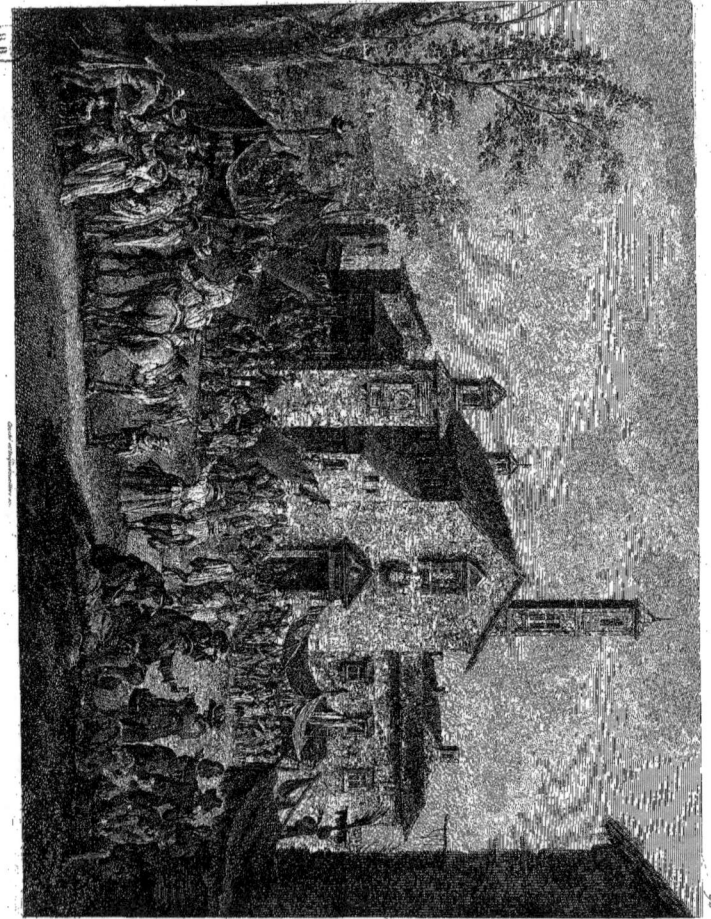

LA SAINT JEAN.

RAMBOCHE.

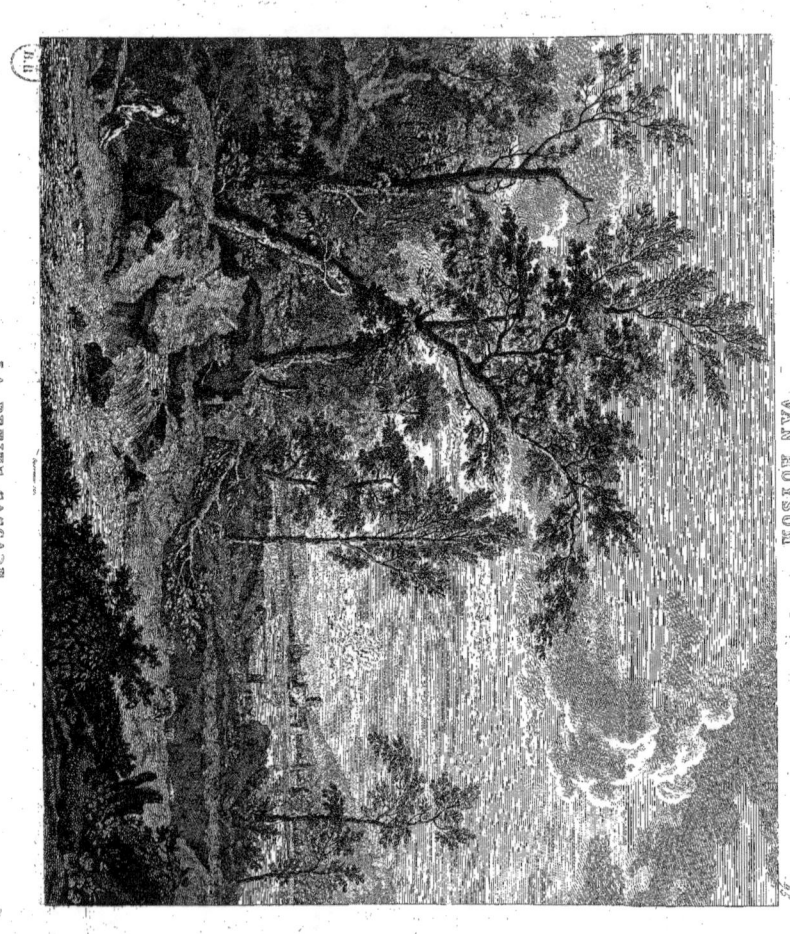

LA PETITE CASCADE.

VAN HUYSUM.

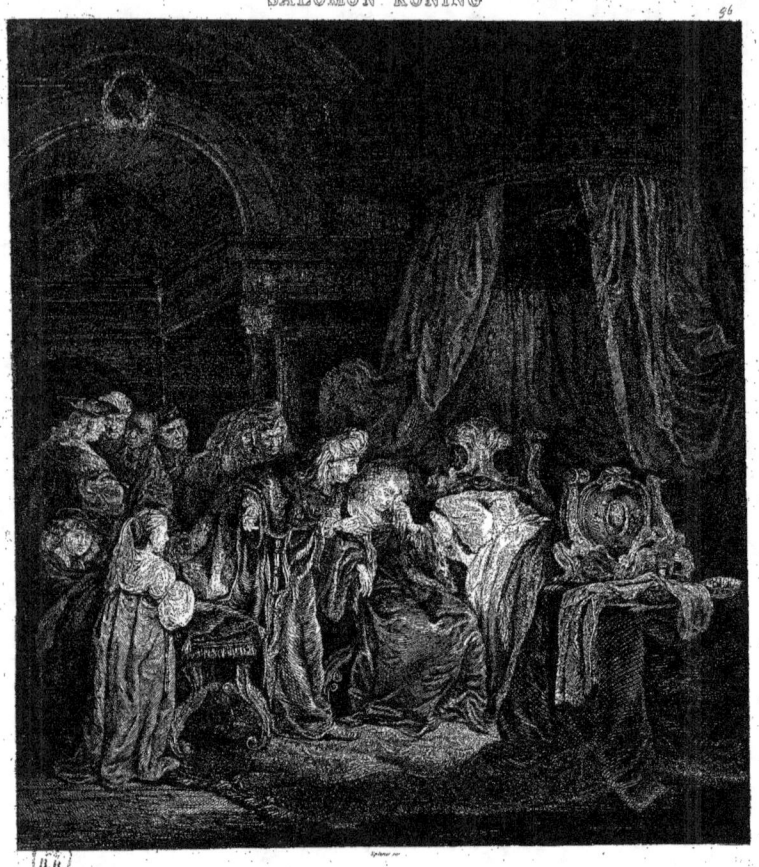

MORT D'UN JEUNE PRINCE.

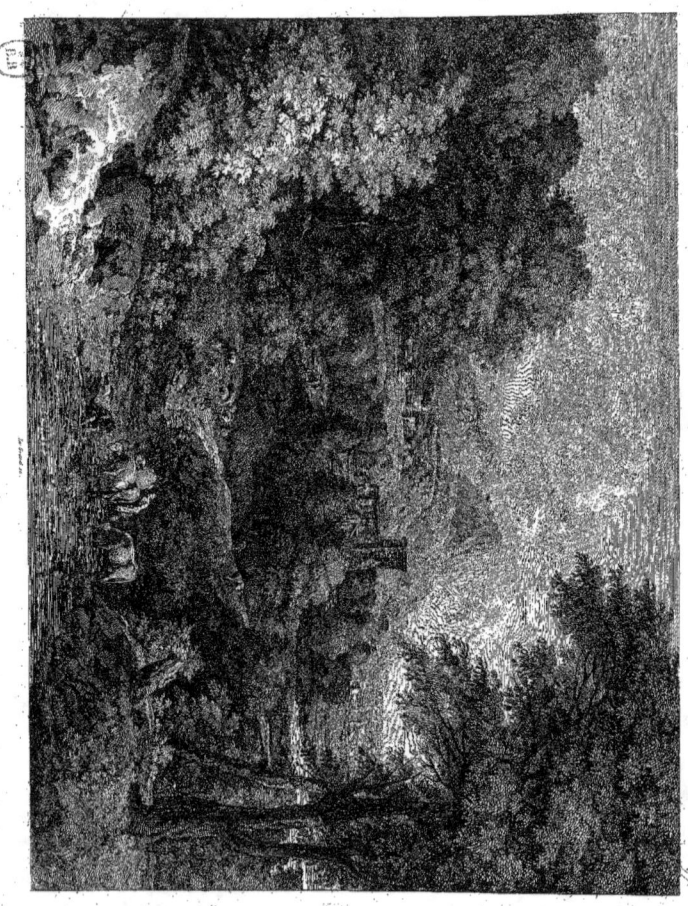

PAYS DE LIÈGE.

HOMMES SAUVAGES.

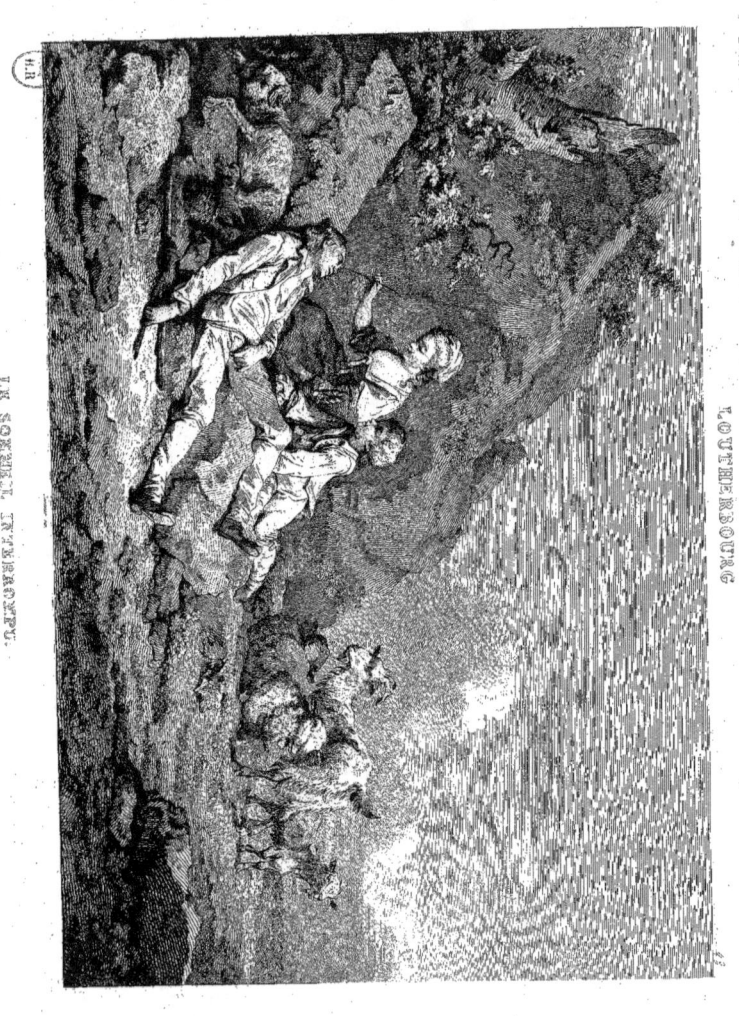

LOUTHERBOURG.

IK SOERBEL IKHERRTYL.

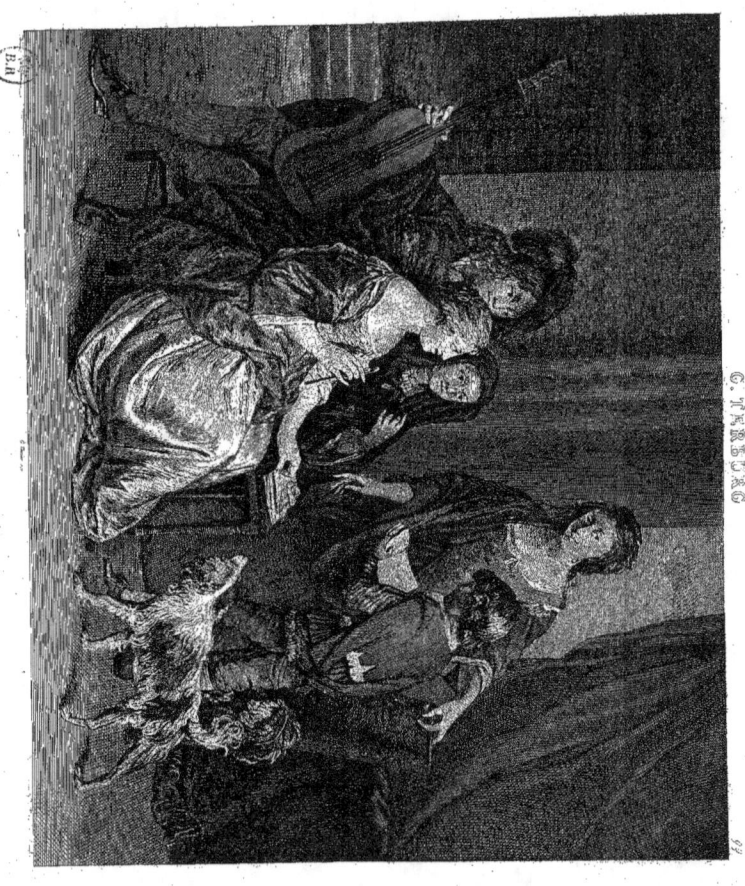

UN CONCERT DE FAMILLE.

G. TERBURG

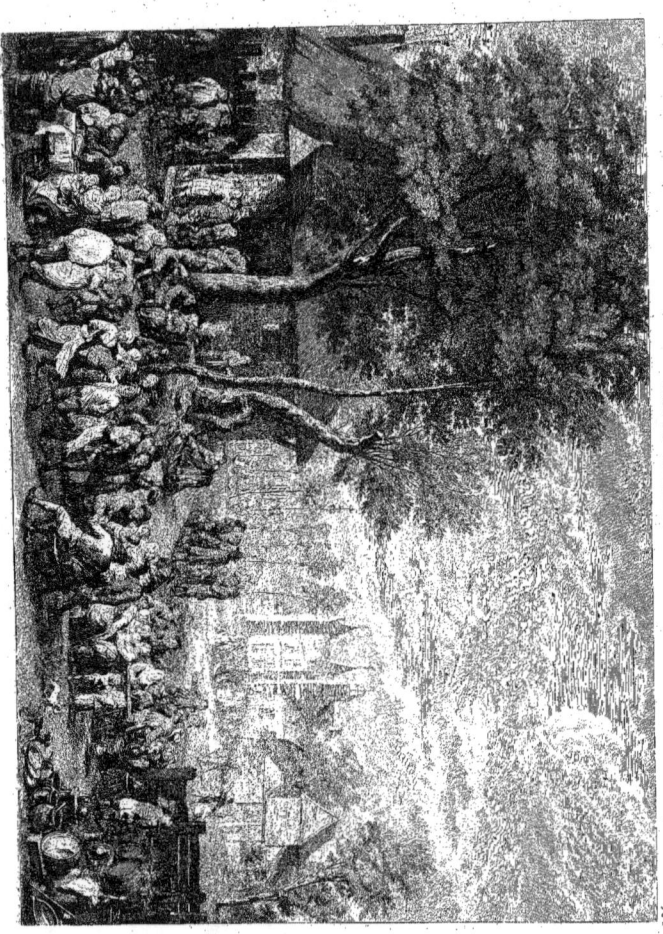

LA KERMESSE.
DE TENIERS.

DAVID TENIERS

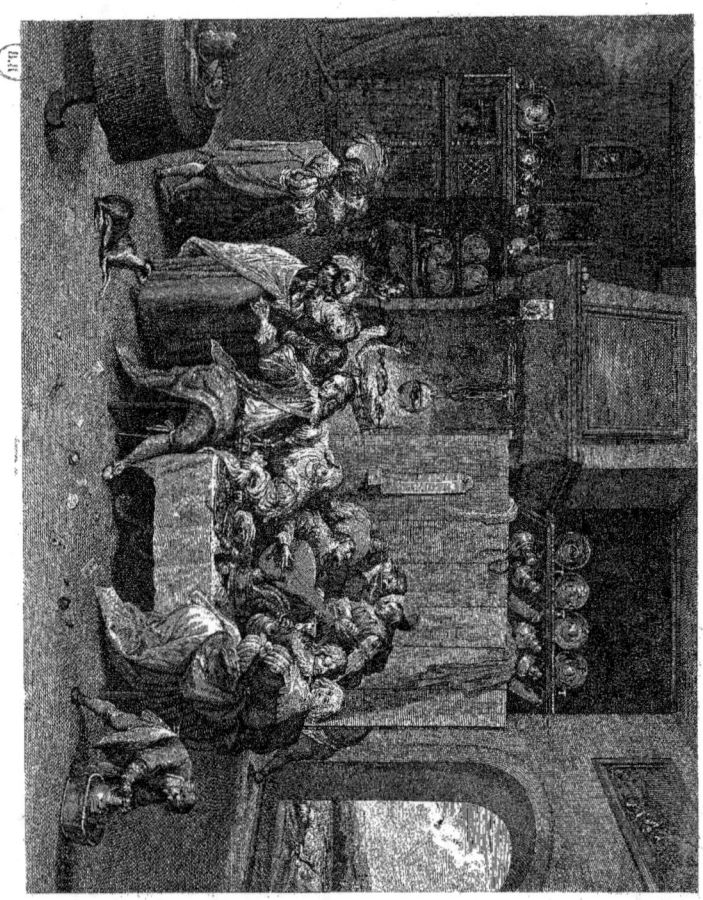

L'ENFANT PRODIGUE.

FRANCK.

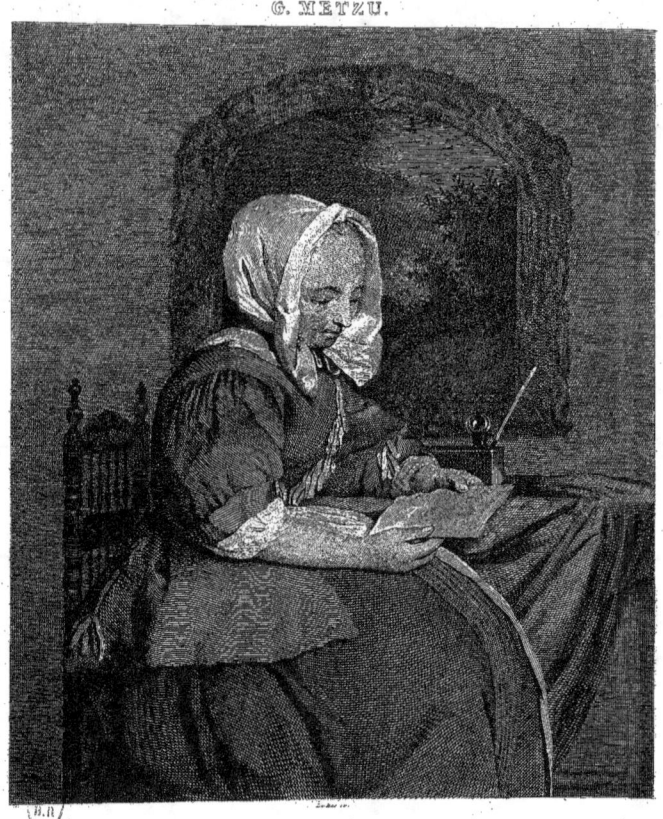

LE BILLET DOUX.

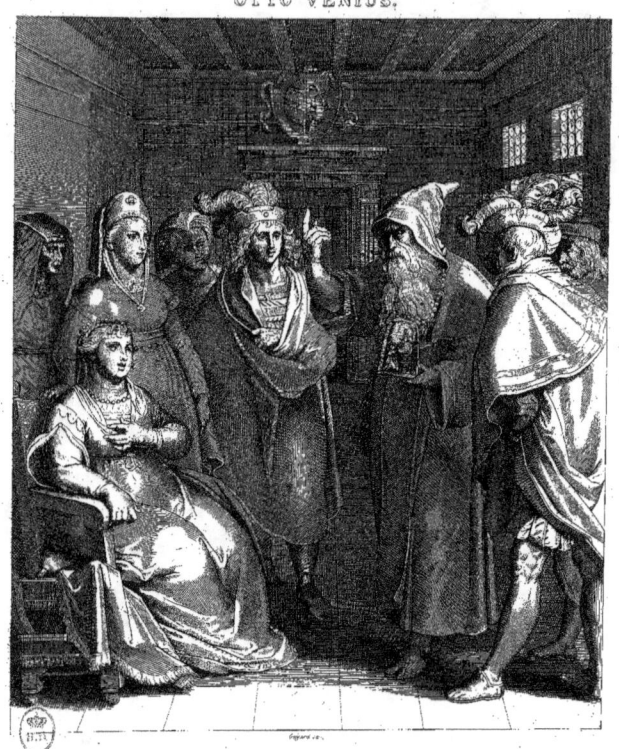

OTTO VENIUS.

THOMAS D'AQUIN.

J. VERNER.

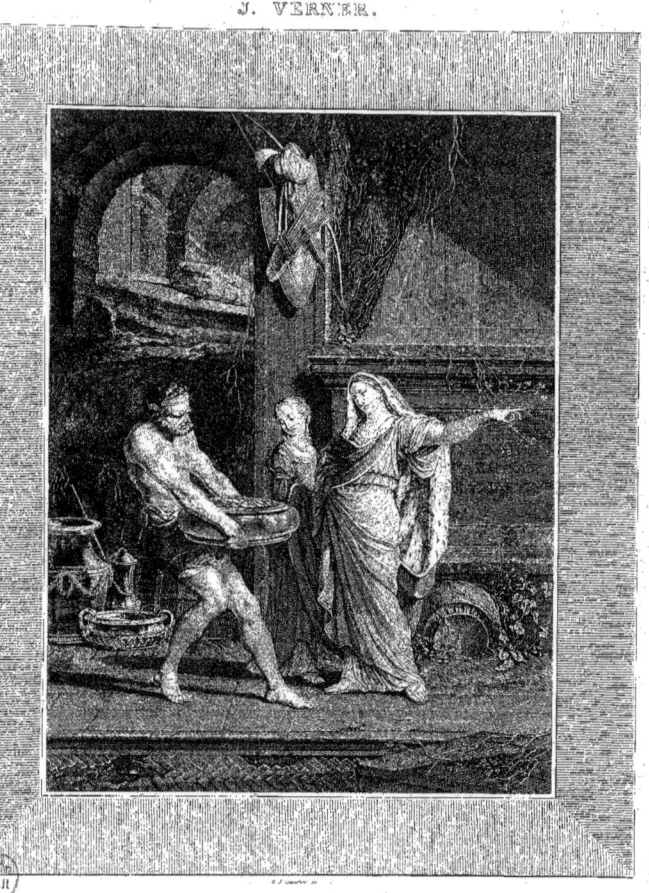

ZÉNOBIE.

www.ingramcontent.com/pod-product-compliance
Lightning Source LLC
Chambersburg PA
CBHW071041240526
45471CB00014B/44